KB268822

중국
주영신
교육문집
2

濫觴與輝煌

근원과 찬란

중국 고대 교육사상사

주영신 지음 ● 최영준 옮김

어문학사

페이샤오퉁(費孝通) 교수와 함께.

1999년 5월, 저자가 주최한 「신세기교육문고(新世界敎育文庫)」
학술 심포지엄에서 학계 전문가들과 함께.

조업 현장 시찰 중 지시 사항을 체크하고 있는 저자.

공연 차 수저우(蘇州)를 방문한 베이징 청소년 실내 관현악단과 함께.

순중산(孫中山) 생가를 방문한 저자.

저자 개인 서재
'적석재(滴石齋)'의 한 켠.

출간에 즈음하여

우리 출판사는 '교육에 이바지하고 학술을 발전시키며 문화 인프라를 구축한다服務敎育, 繁榮學術, 積累文化.'는 목표 아래,《차이위안페이 연보장편蔡元培年譜長篇》,《예성타오 교육문집葉聖陶敎育文集》,《우바이쑤 문집吳伯簫文集》,《류정 문집劉征文集》,《량헝 문집梁衡文集》등 여러 권의 중점 도서를 기획 출판하여 사회에 커다란 영향을 미쳤다. 이 가운데서 많은 도서들이 국가도서상, 중국도서상, 국무원 각 부와 각 위원회급 우수상 등을 수상하였다. 이를 바탕으로 본 출판사는 다시《十五》출판 계획의 중점 프로젝트로서 중점도서를 기획하였는데,《주영신교육문집朱永新敎育文集》이 바로 이중 하나이다.

주영신朱永新 교수는 일찍이 쑤저우대학蘇州大學 교무처장, 교육과학부 주임, 중국심리학회 상임이사 겸 이론심리학·심리학사 전문위원회 부주임, 대만 잡지《본토심리학 연구》의 학술고문, 일본 조치대학上智大學 연구원 등을 역임했다. 지금은 중국 인민정치협상회中國人民政治協商會議의 전국위원회 상무위원, 중국 민주건국회의 중앙위원회 상무위원, 쑤저우시蘇州市 인민성부 무시장, 쑤저우대학 교수, 박사학위 지도교수, 북경사범대학 등의 겸임교수, 교육부 교사교육 전문가위원회 위원, 고등교육기관 심리학 교수지도위원회 위원을 맡고 있다. 주영신 교수는 교육정책, 중국교육사, 중국심리학사, 일본교육 등의 영역에 관한 연구가 깊고, 그가 추진한 신교육 실험은 이미 중국의 수백 개 초·중고등학교에서 전개되고 있다. 이렇게 바쁜 업무 가운데서도 그는 집필 활동을 멈추지 않고, 《중화교육사상 연구》, 《곤경과 초월―당대 중국교육 논평》, 《영혼의 자취―중국 본토심리학 초고》, 《나의 교육이상》, 《신교육의 꿈》 등 영향력 있는 저서를 저술하였고, 《당대 일본교육 총서》 등 30여 권의 편집을 주관하였다. 이 밖에도 《신세기 교육문고》《교육과학 우수교재 번역집》의 편집·출판을 주재하면서, 중국 및 외국 학술지에 300여 편의 논문을 발표했다. 또한 주영신 교수는 일찍이 여러 차례 유네스코에서 위탁한 연구 프로젝트, 국가 자연과학기금 프로젝트, 국가 사회과학기금 프로젝트, 성급省級, 부급部級 연구 프로젝트를 진행하였다. 이러한 저서들은 국가도서상의 노미네이트상, 중국도서상, 중국 우수 대중정치이론 도서 1등상, 장쑤성江蘇省과 산시성山西省의 《오개일五個一》 프로젝트상, 국가 자연과학기금 프로젝트 우수성과상 등을 수상했다.

《주영신 교육문집》은 전 10권으로 구성되어 있다.

1. 1권은 총론으로, 작가가 교육에 대한 거시적인 사고와 이상적인 교육에 대한 청사진을 그린 것이다.

2. 2권~4권은 작가의 중국 교육사상에 관한 연구로, 상고시대부터 당대까지의 중국교육과학의 성과와 공헌을 논술하였다.

3. 5권, 6권은 중외中外 교육문제에 관한 작가의 분석과 논평으로 이루어져 있으며, 교육 정책에 대한 연구와 건의가 포함되어 있다.

4. 7권, 8권은 중국 심리학과 교육심리학에 대한 작가의 연구 성과를

담은 저작물이다.

5. 9권, 10권은 작가의 교육수필과 중국 각지 교사들의 답변, 기자와
   네티즌의 다양한 물음에 대한 기록 등을 담고 있다.

인민교육출판사
2004년 1월

쉬자루許嘉璐

주영신朱永新 교수 문집 출판을 앞두고, 주영신 교수는 제게 문집의 서문을 써달라고 부탁했습니다. 아마도 제가 교육에 관심이 많아 자주 교육에 대한 견해를 발표하는 것을 보았거나, 혹은 우리가 마쉬룬馬敍倫, 저우젠런周建人, 예성타오葉聖陶, 뢰이졔충雷潔瓊 등과 함께 중국 민주촉진회의 후진들이기 때문일 것입니다. 우리는 중국 민주촉진회의 회원입니다. 주영신 교수가 어떻게 생각할는지 모르지만, 저는 그의 학술적 성취에 탄복하였고 또한 젊은 학자에 대한 사랑과 교육에 대한 관심으로 그 제안을 응낙하게 되었습니다. 하지만 제가 직접 서문을 써도 좋겠다는 생각을 한 것은 단지 이것 때문만은 아닙니다. 교육 분야에 줄곧 관심을 가진 비전문가의 안목으로써 이 문집과 작품에 대한 견해를 말하는 것이, 어쩌면 더욱 냉정하고 객관적일 수 있기 때문입니다.

저는 누구나 중국교육에 대해 말할 수 있다고 이야기한 적이 있습니다. 왜냐하면 교육문제 자체가 너무 복잡하고, 특히 중국의 교육문제는 더욱 심각한 수준이기 때문입니다. 중국이 개발도상국가로서의 미약한 실력으로 세계에서 가장 규모가 큰 교육을 실시하고 있다는 사실은 차치하고라도 지금 중국이 시대적 전환기를 맞아 도시와 농촌, 동부와 서부 사이에 불균형이 심각하고, 몇 세대 간의 사상과 관념이 서로 부딪히고 요동치고 있는 것 자체만으로도, 오늘날 세계에서 찾아볼 수 없는 유일무이唯一無二한 현상이 벌어지고 있다고 말할 수 있습니다.

교육 보급률이 향상됨에 따라 교육에 대한 평론을 발표하는 사람들도 당연히 증가하고, 거의 집집마다 항상 논의할 정도로 많아지고 있습니다. 이렇게 교육과 유관한 연구에 많은 것을 제기하는 것은 어쩌면 다른 나라에서는 별로 부각되지 않는 문제일 것입니다. 저는 이 가운데서 두 가지 문제가 가장 시급하다고 생각합니다. 하나는, 교육에 관한 일은 머리카락 한 올만 뽑아도 몸 전체가 움직이는 것처럼 교육만을 가지고 교육을 논할 수 없는 일이며, 교육의 일부분만을 논하고 다른 부분을 고려하지 않아 사람들의 일상적인 담론에서 벗어나서는 더욱 안 된다는 것입니다. 다른 하나는, 교육학이 어떻게 하면 협소한 교육이론의 틀을 벗어나 더욱 많은 사람들이 그것을 이해하고, 평론하고, 실천하게 하며, 더욱 큰 범위 내에서 일반 대중들에게 받아들일 수 있을지를 검증함으로써 전문가와 사회가 쉽게 공감대를 형성하도록 하는 것입니다. 주영신 교수의 이 문집은 바로 이 두 가지 문제에서 저에게 큰 기쁨과 위안을 주었습니다.

주영신 교수는 이 문집에서 국내외 정치·경제·사회·문화, 고금古今의 넓은 시각으로 중국의 교육 문제에 대해 면밀히 고찰하고 생각하였습니다. 주영신의 논술은 교육을 받은 사람이면 누구나 경험한 전반적인 교육 과정에 두루 걸쳐 있습니다. 크게는 교육이념과 원칙, 그리고 작게는 수업시간의 개혁 및 방과 후 활동에 이르기까지, 그는 이 모든 것에 대해 진지하게 생각하고, 체계적으로 조사하고, 성실하게 실험함으로써 언제나 체계적인 이론적 과정까지 끌어올렸습니다. 심리학은 교육학과 밀접하게 관련되어, 중국교육을 연구할 때 동시에 전개되는 국제교육에 대한 인식과 분석을 필요로 하는데, 이러한 내용 또한 그가 언급한 범위 내에 있습니다.

주영신 교수는 결코 '순수한' 학자는 아니지만, 교육이론연구만큼은 그가 진행하는 많은 업무 가운데서 언제나 머릿속을 맴도는 핵심 내용입니다. 주영신 교수는 교사, 고급공무원, 그리고 연구자로서 일인 삼역을 해오다, 아이가 태어남에 따라 학부형이라는 또 하나의 신분을 갖게 되었습니다. 이를 계기로, 그는 교육체계를 연구할 때 어느 한 단락 혹은 어느 한 방면만을 관찰할 수 없게 되었으며, 반드시 전면적이고 다각적이며 과정적인 연구를 해야만 했습니다. 나는 그가 극도로 지쳤을 때의 모습을 보고서 '이것은 하늘이 장차 이 사람에게 큰 임무를 맡기려는 시험인가, 아니면 그의 '운명'이 이와 같아서 어쩔 수 없는 것일까?'라고 마음속으로 생각한 적이 있었습니다. 그러나 사실 이것은 바로, 다른 사람은 얻기 어려운 절호의 연구 환경과 조건을 그에게 제공해 준 셈입니다. 언제나 역할을 바꾸게 되면 생각의 각도와 방법을 바꾸고, 거시적 안목과 미시적 안목을 자연스럽게 결합하는 시간들이 켜켜이 쌓여야 하는데, 그만의 독특한 연구 방법과 스타일은 이렇게 만들어진 것입니다.

우리가 어떤 사물에 대해 연구할 때 이성적인 추진력은 있으나 그 사물에 대한 깊은 인식에 기초하여 나오는 지극한 애정이 없다면, 즉 연구 대상에 대한 폭넓은 애착이 없다면 사물을 창조적이고 특색 있게 만들어 낼 수 없습니다. 주영신 교수의 교육연구의 특징 중 하나는 바로 전심전력으로 몰두한다는 것입니다. 몸은 하나의 신분으로서 세 가지 역할을 맡아야 했기에, 그는 자연히 역할을 완수하기 위해 모든 시간과 정력을 쏟아야 했습니다. 마음은 볼 수 없는 것이지만 그의 모든 일에 꿰어져 있고, 그의 모든 논저에 표현되어 있는 선명한 사랑은 가장 좋은 증거라 할 수 있습니다.

그는 "교육은 한 편의 시다."라고 말하고, 그의 교육문집 제10권을 '시의와 이성詩意與理性'으로 명명하였습니다. 그는 시적인 언어로 교육을 노래하였으며, 그의 교육사상을 표현하였습니다.

교육은 한 편의 시
이 시의 이름은 열애.
모든 아이들의 눈동자 속에
어머니의 마음이 있듯이,
교육은 한 편의 시
이 시의 이름은 미래.
문명을 계승하는 긴 강 위에
파도 헤치는 한 척 배처럼.

만약 너무도 이성적이기만 하고 넘쳐흘러 억제할 수 없는 감정이 없다면, 어떻게 이러한 시적 정서를 뿜어낼 수 있겠습니까? 그러나 그는 낭만주의자는 아닙니다. 그는 원래 매우 바빴습니다. 하지만 오히려 솔선수범하여 자비를 들여서 교육 웹사이트를 개설하고, 여기저기 교육 개혁 일선에서 분투하는 많은 네티즌의 친구가 되었습니다. 그는 날마다 피곤한 발걸음을 이끌고서 집으로 돌아온 후에 인터넷 사이트 쪽지와 메일을 한 편씩 차례로 검색하고 일일이 리플을 달아주었습니다. 사실 이것은 사서하는 고생입니다. 그러나 그는 이것을 "시적 감성이 이성과 함께 하는 동행"이며 "즐거움이자 행복"이라고 여겼습니다.

그는 '인간 세상의 천당人間天堂'이라 불리는 쑤저우蘇州에서 일하고, 생활하며, 이곳에서 이미 12년 동안 교육을 널리 펼쳤습니다. 지금은 대학교육을 보급하는 목표를 추진하고 있는데, 전체 도시의 문교사업을 주관하는 부시장이면서도 마음은 오히려 서부 지역에 가 있습니다. 그는 어떻게 하면 동·서부 간의 교육 격차를 축소할 수 있을지 숙고하며 끊임없이 외치고 있습니다……. 그는 어떻게 이렇게 오랫동안 활동할 수 있었을까! 저는 그 가장 큰 원동력은 바로 '위대한 사랑'이라고 생각합니다.

감성과 이성을 빈틈없이 연결하려는 노력은 교육사업과 교육이론 연구를 오로지 돈벌이 사업으로 간주하는 태도와 구별되는 가장 큰 차이점이며 또한 성공의 요소입니다.

교육은 인류사회가 끊임없이 발전하게 할 수 있는 근본적인 보장입니다. 사람이 사람답고 다른 동물과 구별되는 까닭은 어떤 의미로 말하자면, 서로 다른 경로를 통해서 서로 다른 수준과 내용의 교육을 받은 결과입니다. 한 국가로 말하자면, 교육은 바로 국가가 발전하고 강대해지는 것을 보장하는 기초적인 프로젝트입니다. 이러한 견해는 이미 우리의 공통된 인식입니다. 그러나 교육은 지극히 복잡하고 방대한 시스템으로서 많은 교육이론 전문가와 관리 전문가를 필요로 합니다. 왜냐하면 교육에 몸담고 있는 사람은 그 안에서 즐거움을 찾겠지만, 제3자의 입장에서 볼 때 교육이론연구는 무미건조하고 어려운 것이기 때문입니다. 지나치게 많은 교육학 저서도 사람들의 이러한 느낌을 더욱 확실히 강화시켰습니다.

관리업무가 사람들에게 주는 인상은 번잡하고 자질구레합니다. 이러한 느낌과 인상은 종종 교육이론연구가, 관리자와 포괄적 교육 참여자(학부모와 학생, 그리고 방관자를 포함함)가 서로 거리감을 느끼도록 만드는 원인 중 하나였습니다. 우리 사회는 이론 연구와 관리를 한 몸에 집중시키고, 자신의 교육에 대한 애착심을 사회의 학자들에게 전달함으로써 사람들과 함께 교육이라는 바다에서 노니는 즐거움과 행복을 누리기를 바라고 있습니다. 그러나 오늘날 이러한 저서와 학자는 너무도 적습니다.

우리는 교육이론과 같은 인문사회과학의 이른바 '학문'에 대해 오해하였습니다. '오로지 특정한 전문 용어를 사용하고, 산더미 같은 술어와 독자들이 반복적으로 음미해야 알 수 있는 문장을 포함하고 있어야 학술인 것일까? 아니면 가장 명확한 언어로 복잡한 사물을 표현하는 데 뛰어난 사람이 그다지 많지 않아서일까? 그렇지 않으면, 교육이론은 확실히 오묘하고 깊어 예측하기 어려운 학문이기 때문에 반드시 사회관습을 '초월'하는 언어를 사용해야 분명하게 말할 수 있어서일까?' 라고 생각했던 것입니다. 하지만 나는 진리는 언제나 매우 소박하고 지극히 간단하다는 이치를 굳게 확신합니다. 진정한 '대가大家'는 분명 심오한 사상과 복잡한 법칙을 쉽고도 생동감 있는 언어로 표현할 수 있는 능력을 갖추고 있으며, 역사상으로도 그러한 예는 적지 않습니다.

주영신 교수는 젊은 교육이론가로서 이러한 목표를 향해 노력하고 있으며, 게다가 이미 자신의 스타일을 만들어냈습니다. 논술, 서정, 문답의 병용, 논리적이고 엄밀한 이성적 언어, 보통 사람들이 듣고 말하는 것에 습관화된 통속적 구어, 생각이 통통 튀며 열정이 넘치는 시구 등을 구비하여 생각이 이르는 곳, 감정이 머무는 곳, 글이 필요한 곳에 그것들을 펼쳐냈습니다. 어떤 문장은 읽을 때에는 엄숙하고 경건해지고, 어떤 것은 감탄을 금치 못하며, 어떤 것은 반복해서 음미해야 했습니다. 더욱 값진 것은, 이러한 글들이 결코 그가 고심하여 쓴 것이 아니라 천성이 이러하여 자연스럽게 드러난 것이라는 점입니다. 이러한 천성은 바로 그의 교육 사업에 대한 사랑이며 그 귀결점은 바로 국민에 대한 사랑인 것입니다.

어떤 스타일이 이미 사회에 만연하고 많은 사람들에게 익숙해져 그들의 잠재의식 속으로 스며들 때 또 다른 종류의 스타일이 출현하게 되는데, 초기에는 그런 스타일이 언제나 '다른 종류'(나는 잠시 '이단'이란 말을 쓰지 않겠다)'로 간주됩니다. 주 교수도 이러한 경험이 있었는지는 모릅니다. 저는 진정 설사 누군가 "이것은 논문이 아니다." 라고 하더라도 그가 흔들리지 않기를 간절히 바랍니다. 왜냐하면 학술적 생명력의 강하고 약함은 최후에 가서 사람들이 판단하는 것이지, 결코 작은 학술 그룹에 의해 단정 지어지는 것이 아니기 때문입니다. 저는 또한 그가 이 방면에서 끊임없이 단련하여 교육이론계에 신선한 바람을 계속 불어넣기를 바랍니다.

사람들의 생활과 밀접하게 관련되어 있는 다른 모든 사물과 마찬가지로 교육은 민감하게 시대의 흐름을 바짝 따르고 사람들의 수요에 찰싹 달라붙어 시대에 따라 달라지고 지역에 따라 맞춰집니다. 주영신 교수의 문집은 주로 그가 교육학 분야에 발을 들여놓은 때부터 2003년까지 발표한 논문과 저서들을 수록하고 있습니다. 이것은 중국 개혁개방 이래 교육영역의 이론연구와 실천과정을 반영한 것입니다.

"선투는 어려운 시기에는 일어나지 않는 법이다." 기본적으로 먹고 살만한 수준小康의 사회에서, 대체적으로 먹고 살만한 수준의 사회로 접어든 20여 년 동안 한도 끝도 없는 교육문제가 대량으로 나타났습니다. 이를 해결해야 했기 때문에 끊임없이 관찰하고 생각하고 연구해야 했습니다. 중국의 교육학은 이러한 과정에서 발전하고 성장하고 있습니다. 중국만의 특색을 지닌 교육학도 이러한 시기에 형성된 것입니다.

주영신 교수는 한창 나이인데다 이름인 '永新'처럼 영원히 새로울 것입니다. 백 년에 한 번 있을까 말까 한 이 기회를 절대 놓치지 말고 반드시 자신의 연구를 심화하고 넓혀 나감으로써 중국교육 사업을 위해서, 그리고 중국의 교육이론을 위해서 자신의 모든 재주와 지혜를 바쳐서 더욱 훌륭하고 많은 글을 써내길 바랍니다.

우리는 기대하고 있겠습니다.

이것으로 서序를 대신합니다.

2003년 12월 14일

日讀一卷(날마다 책 한 권을 읽는) 서재에서

흔히 교육은 '백년지대계百年之大計'라고 한다. 인재 양성은 '백 년 앞을 내다보는 원대한 계획'으로서 국가와 사회 발전의 근본 초석이 되며, 그 영향 또한 지대하기 때문이다. 그래서 어느 나라, 어느 사회, 어느 가정에서든지 교육에 대한 관심과 열정은 그만큼 뜨겁다.

중국은 유구한 역사만큼이나 교육의 역사도 깊고 그 내용도 매우 풍부하다. 특히 교육에 대한 문제의식과 문제의 해결 방법도 우리와 놀라우리만치 비슷한 점을 많이 갖고 있다. 이러한 중국의 교육제도, 교육철학, 교육이론, 교육현황 등을 살펴보는 것은 우리의 교육을 되돌아보고 가다듬는 데도 매우 유익한 일이 아닐까 여겨진다.

역자는 대학에서 '중국어교수법연구' '중국어교과교재연구 및 지도법' '중국어교육론' 등을 강의하면서 우리 사회에 중국의 교육에 대한 전문서적이 매우 드물다는 것을 늘 안타깝게 생각해왔다. 이에 대해 고민하던 중 중국 교육학 대가인 주영신 교수의 《교육문집敎育文集》을 접하게 되었고, 중국교육 연구에 대한 서광을 발견한 기쁨을 느꼈다. 그의 저서는 교육 철학, 교육 사상, 교육 역사, 교육 심리, 교육 평론, 교육 수필, 교육 상담 등 중국교육 전반에 대해 체계적이고 일목요연하게 기술하여, 중국교육 연구에 대해 충분한 내재적 가치를 포함하고 있었기 때문이다.

저자 주영신 교수는 중국 쑤저우대학苏州大学 교무처장, 쑤저우시 인민정부 부시장 등을 역임하였으며, 심리학자이자 교육학자 그리고 교

육 실천가로서 중국에 널리 알려진 저명인사이다. 지금은 중국의 전국
정협상위全国政协常委 민진중앙상위民进中央常委의 부위원장으로서 정치
활동뿐만 아니라 교육 관련 활동으로 각계의 주목을 받고 있다. 그는
《주영신교육문집朱永新敎育文集》 10권외에, 《당대일본교육총서當代日本
敎育叢書》, 《교육온라인문고敎育在線文庫》 등 30여 종을 주편하였고, 《신
세기교육문고新世紀敎育文庫》 편집과 출판을 주관하였으며, 국내외 학술
간행물에 200여 편의 논문을 발표하기도 하였다. 이 가운데서 역자는
주영신 교수의 《주영신교육문집朱永新敎育文集》 10권을 번역 텍스트로
삼았는데, 그 내용은 다음과 같다.

1권: 《신교육의 꿈－이상적인 도덕교육》은 도덕교육, 지식교육, 체육
교육, 심미교육, 노동기술교육에 대한 이상理想과 해법을 제시하고 있
으며, 이상적인 학교·교사·교장·학생·학부모 등 상호 유기적인 역할
관계를 분석하고 있다.
2권: 《근원과 찬란－중국고대교육사상사》는 중국고대교육사상의 기원
과 주요 특징, 이론적 기초, 고대 덕육관, 고대 교학론, 고대 교사론, 과
거제도, 고대의 독서법, 서원, 몽학 등을 다루고 있다.
3권: 《소통과 융합－중국근현대近現代교육사상사》는 중서中西교육사상
의 교류와 융합, 양무교육사상, 유신교육사상과 중국 현대의 개성 교
육, 직업 교육, 평민 교육, 농촌 교육, 생활 교육, 산 교육 사상, 그리고
혁명교육사상을 다루고 있다.
4권: 《변천과 구조－중국당대當代교육사상사》는 당대 교육사상의 변천

과정, 마오쩌둥, 덩샤오핑 등 지도자의 교육이상, 당대 도덕교육사상, 당대 교육심리사상, 당대 교육개혁이론, 당대 교육발전전략, 당대 교육과학 등을 다루고 있다.

5권: 《곤경과 초월—중국교육문제 분석》은 중국교육의 성과, 학업에 대한 심리적 분석, 가정교육 문제점, 의무교육, 독서, 시험, 인터넷 등 교육문제를 분석하고 있다.

6권: 《반성과 배움—중외中外교육 평론》은 중국교육 평론에서 거시교육 정책, 중국교육 주제 연구, 지역교육 발전 연구를 다루었고, 외국교육 평론에서는 비교교육 연구, 일본교육 연구, 교육사상 연구 등을 다루고 있다.

7권: 《마음의 궤적—중국심리학 연구》는 응용심리에서 중국 고대 교육심리, 인재심리, 범죄심리, 군사심리, 의학심리, 관리심리, 꿈에 관한 학설, 근대 교육심리 사상을 다루었으며, 인물학파에서는 이정二程, 주희朱熹, 육구연陸九淵, 왕정상王廷相, 왕부지王夫之, 안원顔元, 현학자玄學者의 심리 사상을 다루었다. 그리고 종합평론에서는 지의志意의 본질, 중국인의 사회 정치 심리분석, 중국인의 '파리스 콤플렉스', 중국 고대 학자의 대뇌 연구, 중국 사회개혁 심리 연구 및 중국심리학사 연구를 다루고 있다.

8권: 《교정의 파수꾼—중국교육심리학 논문》은 '학교 심리 상담'에서 학교 심리 상담의 정의·준비·실제, 학습 심리, 진로 선택, 정신 건강, 상담의 원칙, 심리 측정, 심리 치료 등을 다루었고, '학생들과의 서신 상담'에서는 올바른 자기 인식을 위한 조언, 강한 의지를 기르는 방법,

원만한 관계 형성법, 능률 학습법 등을 다루었다. 그리고 '주영신 교수의 연구 논문'에서는 현대 학습 이론, 학습동기 소고, 협동 학습과 집단 심리학, 대학 커리큘럼의 심리적 기초 등을 다루고 있다.

9권: 《누림과 행복－중국교육수필 선집》은 성장과 깨달음, 교단에 대한 평가, 과학적 연구에 관한 이야기, 명사들과의 대화, 인터넷에 대한 단상, 교육의 법칙 등에 관한 수필들을 다루고 있다.

10권: 《시와 이성－중국교육 문답록》은 교사와의 대화, 교사의 새로운 사고, 이슈 토론, 초점 토론, 교육 방침에 관한 토론 등 질문과 응답 방식을 통해 교육에 관한 문제를 알기 쉽게 다루고 있다.

이처럼 주영신 교수의 《교육문집敎育文集》 10권은 중국교육 전반에 대한 이론과 실제, 그리고 담론을 거시적인 안목으로 총체적으로 망라하고 있다. 이러한 이유만으로도 그의 저서는 중국교육 연구의 중요한 지침서가 되기에 충분하다고 생각한다. 따라서 중국교육에 관심 있는 사람이라면 누구나 일독해 볼만한 책으로 망설임 없이 추천하고자 한다.

역자로서는 중국교육에 대한 역사성, 이론성, 현실성 등을 분명하게 전달하고자 하는 원저자의 저작 의도를 최대한 존중하면서도, 이념적 배경과 사회적 환경에 의한 정서적 충돌을 줄이기 위해서 부득이하게 일부 선역과 우회적 번역이 불가피했음을 밝혀둔다. 또한 짧은 시간에 방대한 분량의 책을 번역하여 충분한 검토를 거치지 못한 상태에서 출판에 임하여, 번역의 오류와 역주의 미진한 부분들이 발견될 가능성이 높다는 점을 부인할 수 없다. 앞으로 발견되는 문제점들은 향후 철저한 수정 보완 작업을 통하여 보다 완벽한 역서로 재출간한다는 계획으로 위안을 삼고자 한다.

끝으로 이 책을 번역하여 세상에 내놓는 데는 많은 분들의 도움이 있었다. 우선 중국어 교육 등을 공부하면서 번역 수업에 함께 참여했던 교직이수 학부생, 교육대학원생, 그리고 직 간접적으로 참여했던 여러 번역자들에게 진심으로 감사드린다. 아울러 번역 교정에 수고를 아끼지 않은 성은기, 조아라, 서조원 석사생과 이경훈, 이은영, 이승매, 김영 선생에게 깊은 감사의 마음을 전한다. 또한 훌륭한 저서의 번역을 허락해주신 주영신 교수님, 중국 인민출판사 관계자에게 감사드리며, 특히 여러 가지 어려운 상황을 무릅쓰고 중국교육 관련 역서를 정성 들여 출판해주신 어문학사 윤석전 사장님과 편집부 직원 여러분께 심심한 감사를 드린다.

2009년 11월

최영준

차 례

큰 스승의 가르침에 귀를 기울이다(서문을 대신하여)

오천 년 문명의 밝은 빛을 온몸에 받으며
교육의 큰 스승 곁으로 한걸음 나아간다.
그들이 남긴 위대한 글들을 읽으며
나는 지혜의 가르침을 듣는다.

나는 공자의 음성을 듣는다.
"가르침에 차별이 없다."는 사상은 사학을 창시했고
"천성은 비슷하나 습관에 따라 큰 차이가 생긴다."는 사상은 배움의
참뜻을 널리 알렸으며
"배우되 싫증을 내지 않으며, 남 가르치길 게을리 하지 않는다."는
사상은 선생 된 자들의 발걸음을 이끌었다.

나는 《학기學記》의 음성을 듣는다.
"백성을 가르쳐 아름다운 풍속을 세우려면 반드시 교육이 먼저 이뤄
져야 한다."는 가르침부터 "나라를 세움에 있어 반드시 교육을 우선으
로 한다."는 가르침까지
"장점을 키우고 단점을 보완한다." "가르치고 배우며 서로 성장한
다."는 가르침부터 "가르침으로 인해 폐하는 바와 일어나는 바를 알
라."는 가르침까지
천여 자의 적지만 심오한 글들이 교육의 큰 뜻을 밝힌다.

나는 한유韓愈의 음성을 듣는다.

"학업은 부지런해야 정진하게 되고 노는 데서 황폐해진다. 행실은 생각하는 데서 이루어지고 마음대로 하는 데서 허물어진다."

"스승은 도를 전하고 학업을 가르쳐주고 의혹을 풀어주지만 제자가 반드시 선생보다 못한 것은 아니다."

그의 《사설師說》은 선생 된 자들의 좌우명이 되었다.

나는 주희朱熹의 음성을 듣는다.

《백록동서원학규白鹿洞書院學規》는 고대 학교 관리의 규칙이었으며
《주자독서법朱子讀書法》은 오늘날까지도 그 빛을 잃지 않았고
유명한 아호鵝湖논쟁은 아직도 수많은 지식인에게 회자되고 있다.

나는 큰 스승들의 음성을 듣는다.
과거제도의 시작과 변화를 이해하고
서원의 역할과 사회에 공헌한 바를 알게 되었다.
나는 옛 스승들이 남긴 교육사상이 끊임없이 발전하고 새로워지길
마음속 깊이 바란다.

교육사상사는 왜 필요한가?

사람들은 인류의 교육과정을 연구할 때 규모가 방대하고 영향력이 큰 교육적 사건이나 혁신적인 교육 제도 및 교육 법규, 정책에 관심을 갖는다. 교육사에서 일부 위대한 교육가들의 사상은 그다지 큰 관심을 끌지 못한다. 그러나 인류 문명 발전 과정에서 일어난 교육적 사건이나 교육 제도의 등장에 그들의 사상이 큰 영향을 미친 것은 분명하다. 어느 시대든 교육가들은 과거에 논의되었던 문제에 대해 열띤 토론을 벌이며 탐구하고 위대한 교육가들과 영혼의 대화를 나눈다. 이처럼 위대한 교육사상에 대한 깊이 있고 치밀한 분석과 연구는 교육의 발전 과정과 발전 규칙을 이해하는 데 매우 중요한 역할을 한다. 문명사적으로 볼 때 이런 교육가들이 제시한 풍부하고 다채로운 교육사상은 인류의 교육을 크게 발전시켰다. 따라서 교육사상에 대한 연구를 지속적으로 진행한다면 오늘날 우리가 추구하는 교육 사업에 큰 도움이 될 것이다.

1. 교육사상사의 성질과 특징

(1) 교육사상사의 성질

교육사상사는 동서고금의 위대한 교육가들의 교육에 대한 견해와 이론 및 사상을 체계적으로 연구하는 학문으로, 최근 들어 많은 사람들의 관심을 끌고 있다. 학자들은 교육사상사의 이론적 측면에서 서로 다른 견해를 보이고 있는데 특히 교육사상에 대한 정의와 해석을 서로 달리한다. 대표적인 해석을 예로 들어보면 아래와 같다.

"교육사상은 교육현상에 대한 이성적인 인식이다. 주로 교육에 대한 견해, 이론, 학설 등을 포괄하고 있는데…… 대체로 두 가지로 나뉜다. 하나는 비교적 자질구레하고 체계적이지 못한 교육사상이다. 예를 들면, 교육 전반 혹은 일부에 대한 단편적이고 초보적인 관점, 주장, 요구, 제안 등이다. 다른 하나는 비교적 체계적이고 구체적인 교육사상이다. 예를 들면 선인들의 경험을 지속적으로 탐구, 검증하고 정리와 수정을 거쳐 제시한 교육이론과 학설이다." (구밍위엔顧明遠, 《교육대사전敎育大辭典》, 상해교육출판사, 1998년, p. 776)

"교육사상이 어떤 형식(관점, 주장, 학설, 이론)을 취하든지 교육사상은 교육을 이성적으로 이해하는 것을 뜻한다. 쉽게 말해 교육사상은 인류의 교육이라는 광활한 세계에 대한 인식의 결과이나 이는 첫째로 감성적이거나 직관적이지 않으며, 둘째로 모호하거나 불확실하지 않고, 셋째로 임의적이고 즉흥적으로 일어나지 않는다. 이러한 측면에서 교육사상은 교육현상과 교육문제에 대한 비평, 느낌, 체험과 다르다. 이는 인류의 이성적 인식의 산물로 교육현상에 대한 개념과 범주를 이해하는 것이며, 모종의 형식으로 확립하거나 모종의 방식으로 표현하는 것이다."(장빈셴張斌賢, 추훙치褚洪啓, 《서양교육사상사西方敎育思想史》, 사천교육출판사, 1994년, p. 3)

"교육사상은 각종 교육현상 및 그 규칙에 대한 사람들의 인식과 개괄이다. 이는 일부 교육이론과 교육실천에서 오는 경험과 관점을 포괄하고 있다. 교육 사업은 다양한 문제로 인해 야기된 교육 방법과 교육 방식에 관한 의론과 답안을 어떻게 도출해야 할지에 착안해야 한다. 교육사상은 교육문제 자체에 대한 의론으로 등장한 교육이론과 다르다. 교육이론은 교육문제를 객관적으로 탐구하고 '교육이란 무엇인가?'에 대한 답을 찾는 것이며, 교육사상은 '어떻게 교육해야 하는가?'에 대한 답을 찾는 것이다."라고 말했다(장환팅張煥庭, 《교육사전敎育辭典》, 강소교육출판사, 1989년, p. 763).

이상의 교육사상에 대한 정의는 모두 합리적이고 나름의 근거가 있지만 학자마다 교육사상에 대한 견해와 표현 방식이 다르기 때문에 차이를 보인다. 글자만 보면 '사상'이란 단어는 '사고' '견해' '생각' 등을 뜻할 뿐만 아니라 어떤 계급, 어떤 정당이 가진 일정한 관점, 개념, 관념 등을 의미하기도 한다. 마오쩌둥은 일찍이 "감성적인 인식의 재료가 많이 쌓이면 비약이 생겨 이성적인 인식으로 변하는데 이것이 바로 사상이다."라고 말했다(마오쩌둥毛澤東, 《사람의 정확한 사상은 어디에서 오는가?人的正確思想是從哪裏來的?》, 《마오쩌둥정선 하편毛澤東著作選讀 下》, 인민출판사, 1986년, 839p). 즉 마오쩌둥은 사상을 사람의 이성적인 인식이라고 보았다.

사상의 본뜻과 기타 학자들의 교육사상에 대한 이해를 종합해 보면 교육사상이란 일정한 역사적, 사회적 상황에서 나타나는 교육현상과 교육문제에 대한 인식과 견해이다. 따라서 교육사상사는 교육사상의 탄생과 변화 및 발전규칙에 관한 학문이기도 하다. 분명한 것은 교육사상이 규칙적인 발전과정을 보인다는 점이다. 교육사상은 교육사상가와 연구자들의 끊임없는 반성과 연구, 분석으로 체계를 구축하고 나서 하나의 학문으로 발전하게 되었다.

중외中外의 교육사상사는 고금의 중외中外 교육사상의 탄생, 형성, 발전, 변화의 역사과정을 연구하는 것이고, 과거 교육 사상가들의 교육사상에 대한 연구와 총체적인 귀납을 기초로 이루어졌기에 역사적인 성격과 특징을 띤다.

첫째, 교육사상의 형성과 발전은 역사적인 조건의 영향을 받는다. 각 시대의 교육은 그 시대의 사회 상황과 밀접한 관계를 가지며, 정치, 경제, 문화 등의 영향을 받는다. 그리고 교육사상은 일정한 사회조건에서의 교육현상과 문제에 대한 사람들의 인식을 의미하기 때문에 교육사상은 각 시내의 사회석, 역사석 소건과 밀접한 관계를 가진다. 교육사상의 내용은 사회적, 역사적 조건에 따라 결정되며 사회적, 역사적 조건과 배경이 다르면 교육사상의 내용도 달라진다.

종縱적으로 볼 때 중국과 기타 국가들은 서로 다른 역사발전 단계를 거쳐 왔으며 교육사상의 내용도 서로 다르게 형성되었다. 서양의 교육사상은 고대 그리스·로마 시기, 중세 르네상스 시기, 17세기에서 지금의 근·현대사회 발전에 이르기까지 몇 단계의 발전 과정을 거치며 다양한 교육사상이 형성, 발전했다. 예를 들면 웅변가 교육사상, 스콜라 교육사상, 종교개혁 교육사상, 범지Pansophism 교육사상, 신사양성 교육사상, 자유 교육사상, '신교육'사상과 진보주의 교육사상, 항존주의 Perennialism 교육사상 등이 있다. 이중 교육사상의 체계를 형성한 교육이론과 유파는 수십 가지에 달하며 이는 당시의 사회적, 역사적 조건에 큰 영향을 받았다. 예를 들면 '신교육'사상과 진보주의 교육사상의 탄생은 19세기 말 20세기 초 유럽과 아메리카 국가들의 사회, 경제적 상황과 밀접한 관계가 있다. 당시 이들 국가는 혼란한 경제상황과 불안정한 정치, 심각한 계급대립 등의 사회문제로 두 가지 교육문제에 직면해 있었다. 하나는 산업화에 발맞춰 일정 수준 이상의 교육과 훈련을 받은 능동적이고 혁신적인 노동자를 양성하는 것이다. 이들은 "자산계급을 위해 이윤을 창출해야 하며 자산계급의 안녕과 휴식을 방해하지 않는 사람"이여야 한다(우스잉吳式穎, 《외국교육사간편外國敎育史簡編》, 교육과학출판사, 1995년, p. 365).

다른 하나는 자신이 속한 계급의 이익에 충성하고 다양한 지식과 혁신정신을 갖춘 지도자와 인재를 양성하는 것이다. 당시 구미는 사회적 수요를 만족하기 위해 전통적인 교육이론과 방법을 비판하고 새로운 교육형식과 내용을 주장하는 '신교육' 사상과 진보주의 교육사상이 등장하면서 새로운 사회개량 운동으로 떠올랐다. 중국 교육사상은 고대, 근대, 현대 3단계의 발전 과정을 거치며 다양한 교육사상과 유파가 나타났다. 예를 들면 유가교육, 도가교육, 묵가교육, 이학교육, 양무교육, 유신교육, 평민교육, 생활교육 등이다. 중국의 교육이론과 사상은 유럽과 아메리카 국가들이 그랬던 것처럼 역사적, 사회적 영향을 받았다. 예를 들면 중국 고대 춘추전국 시기, 공자와 묵가의 교육사상은 노예제가 봉건제로 넘어가는 과도기의 사회수요를 반영했으며 당시 '관직에 있는 사람들만 학습하는' 관습에 반기를 들고 사교육의 발전을 촉진했다.

횡橫적으로 볼 때 어느 한 시기의 교육사상은 다원적인 특징을 보인다. 일반적으로 주류를 이루는 교육사상이 나타나는 동시에 비주류의 교육사상도 함께 존재한다. 주류의 교육사상은 대부분 사회적, 역사적 발전수준과 정치, 경제상황에도 부합한다. 그렇지 않았다면 사회에 받아들여지거나 사람들에게 인정받지 못했을 뿐만 아니라 주도적인 역할도 할 수 없었을 것이다. 예를 들어 서양의 르네상스 시기에는 사람중심주의가 대두하면서 중세의 신중심주의에 반기를 들었다. 그리고 인간의 위대함과 '자유의지'를 부르짖으며 인간의 세속생활과 욕망을 중시하고 세속적인 교육과 과학 지식을 받들었다. 엥겔스는 일찍이 "이는 인류가 이제까지 한번도 겪지 못했던 위대한 변혁이며 뛰어난 사고능력과 열정을 갖춘 다재다능하고 박식한 거인의 시대가 시작된 것이다."(프리드리히 엥겔스Friedrich Engels, 《자연변증법소개Introduction to Dialectics of Nature》, 《마르크스-엥겔스 선집Collected Works of K. Marx and F. Engels》 인민출판사, 1995년, p. 261~262)라고 했다.

따라서 당시 사회발전의 요구에 부응하여 스콜라 교육사상을 비판하는 것을 시작으로 인간의 전면적인 발전을 강조하고 교과내용과 학문의 범위를 확대할 것을 주장했으며, 새로운 교육방법을 제창한 인문주의 교육사상이 발전했다. 인문주의 교육사상은 르네상스 시기 교육사상을 발전시키고 교육수준을 제고하는 데 매우 중요한 역할을 했다. 반면 신학이 주도적인 위치를 차지했던 중세의 스콜라 교육사상은 공격과 냉대를 받았다.

이외에도 르네상스 시기에는 초기 공상사회주의 교육사상과 초기 과학 교육사상, 마틴 루터Martin Luther의 종교개혁 등의 교육사상이 등장했으나 그 영향은 인문주의 교육사상을 따라가지 못했다. 예를 들면 중국 고대사회에서 유학의 교육사상은 봉건사회의 정치, 경제적 요구에 부합했을 뿐만 아니라 문화와 교육은 정치, 경제와 밀접한 관계를 맺어야 한다고 주장한 유교의 기본정신 때문에 주도적인 위치를 차지할 수 있었다. 유가의 교육사상은 "기술만 하고 창작하지 않는다述而不作."와 "옛것을 믿고 좋아한다信而好古."라는 정신을 제창했으나 사실은 "전술하는 것으로 창작을 대신以述代作"하고, "전술하는 것에 창작을 의탁寓作於述"한 것이어서 중화민족의 유구한 문화전통과 성현들의 지혜를 응집하여 민족이라는 토양에 깊게 뿌리내리고 사회의 각 계층과 분야에 민족문화를 전파하는 데 최선을 다했다(왕빙자오王炳照, 옌궈화閻國華, 《중국교육사상통사 제1권中國敎育思想通史》, 호남교육출판사, 1994년, p. 6). 그리고 유가의 교육사상은 사회가 끊임없이 발전하고 변함에 따라 조절할 수 있는 능력을 갖추고 있었다. 당시 유가사상이 주도적인 위치를 차지할 수 있었던 이유는 중국사회와 교육발전의 요구에 부응했기 때문이다. 반면 법가, 도가, 묵가 등의 교육사상은 사회의 요구와 역사 발전을 따라가지 못했기 때문에 통치계급의 중시를 받지 못했고 크게 발전하지 못했다.

둘째, 교육사상의 형성과 발전의 역사성은 교육사상의 역사적인 계승으로 나타난다. 엥겔스는 "각 시대의 철학은 하나의 특정한 영역으로 선구자에게 전수받고 이에서 출발하는 특정한 사상 자료를 전제로 한다."라고 밝혔다(엥겔스, 《콘라트 슈미트Conrad Schmidt에게 보내는 편지》, 《마르크스－엥겔스 선집》 제4권, p. 703~704). 그는 또한 "역사 사상가는 학문마다 재료를 가지고 있는데, 이는 과거 세대의 사유를 통해 독자적으로 형성된 것이며 계승을 반복하면서 독자적으로 발전한 것이다."라고 말했다(엥겔스, 《메링Mehring에게 보내는 편지》, 《마르크스－엥겔스 선집》 제4권, p. 727).

인류가 교육현상과 본질에 대해 인식하고 연구하는 과정에서, 본질이 같은 현상도 존재한다. 한 시대의 교육현상은 그 시대의 교육실천경험에 대한 이론적 사유를 거쳐 규율적인 인식을 얻게 된다. 이러한 인식의 결과는 역사사상의 자료가 되어 후대에 계승됐다. 후대의 교육가들은 교육현상과 문제를 인식하고 연구할 때마다 전 세대의 교육연구 성과와 교육사상 자료를 종합하여 당시 사회의 특징과 상황에 맞추어 변화, 계승함으로써 신, 구 교육사상을 연계하고 계승시켰다. 서로 다른 시대와 사회의 교육사상 사이에 내재적인 연관관계가 나타나는 것은 교육이 서로 다른 시대와 사회마다 독특한 특징과 규칙을 가지고 있기 때문이다. 그러나 교육이 출현한 이래로 나타난 본질적인 특징은 모

든 인류활동의 근본적인 성질과 기본적인 관계를 구분하고 확정지었으
며 끊임없이 강화시키고 있다(장빈셴張斌賢, 추홍치褚洪啓, 서양교육사상사
西方敎育思想史》, 사천교육출판사, p. 6).

어떠한 시기를 막론하고 교육의 기본요소는 교육자, 피교육자, 교육
목적, 교육내용, 교육방법으로 구성되어 있다. 이는, 교육이 끊임없이
발전하는 과정에서 자체적으로 가지는 안정적인 본질로 인해 서로 다
른 사회에서 새롭게 확장, 발전한다. 따라서 후세 사람들은 전 세대의
사상적 성과를 받아들이고 이를 자신의 사상적 도구와 재료로 전환할
수 있다. 이처럼 인류는 끊임없이 계승, 발전하는 과정에서 진리에 더
욱 가까이 다가서고 있다.

(2) 교육사상사의 특징

이상에서 살펴본 교육사상의 성질과 중외 교육사상 발전과정에 대한
분석과 고찰에서 아래와 같은 몇 가지 특징을 발견할 수 있다.

① 실천성

중외 교육사상이 발전하는 가운데 수많은 교육가가 교육적 실천을
통해 자기만의 독특한 교육사상을 형성했다. 그들은 유명한 교육사상
가이자 이론가이며 위대한 교육실천가이다. 예를 들면 중국 고대의 공
자는 30세부터 개인 강의를 시작하였으며, 일생 대부분의 시간과 힘을
학생들에게 가르침을 전하고 고대 문헌을 정리하는 데 사용했다. 그의

제자는 3,000여 명에 달했고, 육예六藝에 정통한 제자만도 무려 72명이나 되었다. 공자는 직접 교육을 실천하면서 교육역할, 교육대상, 교육목적, 교육내용, 도덕교육, 교육원칙 및 방법 등 교육에 대한 독특한 견해를 제시했다. 그는 당시의 교육발전에 큰 공헌을 했을 뿐만 아니라 세계의 교육사상사에도 깊은 영향을 끼쳤다.

예를 들어 고대 로마시대의 유명한 교육사상가 퀸틸리아누스Marcus Fabius Quintilianus는 58년에 처음으로 교사가 되었고 로마 역사상 처음으로 국고에서 지원금을 받아 국립라틴어웅변학교와 그리스어웅변학교를 설립하였다. 퀸틸리아누스는 20여 년 동안 라틴어웅변술 학교에서 교편을 잡다가 90년에 퇴직했다. 그는 퇴직하면서 자신의 경험을 바탕으로 《웅변교수론Institutio Oratoria》이라는 책을 편찬하여 교육 노하우를 제시하고 교육의 목적과 역할, 웅변가교육, 교학이론, 교사를 둘러싼 문제에서 다양한 견해를 밝힘으로써 로마 교육의 발전을 가져왔다. 사실 동서고금의 교육사에서 이와 같은 예는 비일비재하다.

교육실천은 교육사상의 기초이다. 교육실천 없는 교육사상은 수원이 없는 물이나 뿌리가 없는 나무와 같다. 교육사상은 교육실천을 기초로 하지만 반대로 교육사상은 정도에 따라 교육실천에 영향을 미치며 교육실천을 이끈다. 이러한 역할은 적극적일 때도 있고 소극적일 때도 있다.

② 민족성

민족은 저마다 그들만의 생활공간과 역사, 문화를 가지며, 그들만의 사회, 경제, 정치제도를 가지고 있어서 독특한 교육전통과 특징을 가진다. 교육사상가에 의해 형성된 교육사상도 이상의 요소에 영향을 받을 수 있으며 뚜렷한 민족성을 띤다. 예를 들면 중국 고대 유가 교육사상에서 제창한, 교사를 존중하고 교육을 중시하고尊師重敎, 가르침에 차별을 두지 않으며有敎無類, 도덕교육을 중시하고注重德育, 인재마다 맞춤교육을 하며因材施敎, 가르치고 배우면서 서로 성장하고敎學相長, 지식의 일방적인 전달을 배제하고 스스로 깨달을 수 있도록 유도하며啓発誘導, 배움과 사고의 실천을 결합해야學思結合 한다는 관점은 중국의 우수한 교육사상이 되었고 세계 어떤 민족보다 독특한 특성으로 자리 잡았다. 이번에는 서유럽의 중세 스콜라 교육사상을 예로 들어보자. 중세 교회는 사회를 통제하는 것은 물론 교육에도 깊은 영향을 미쳤고, 이는 종교적 색채가 짙은 스콜라 교육사상을 탄생시켰다. 스콜라 교육사상은 교육의 목적을 교회와 신학에 복종하고 경건한 기독교 신자를 양성하는 데 두었다. 그리고 《성경》 등을 주요 신학 교재로 사용하고 도덕교육도 신학 입장에서 진행되었다. 신학을 중심으로 하는 스콜라 교육사상은 중세에 전면적이고 결정적인 영향을 미쳤다. 그리고 이후 수백 년의 교육 발전과정에서 교육활동과 교육사상에 스며들어 중국의 교육사상과 차이를 만들었다.

③ 계급성

  사상은 의식영역의 형식으로 계급성과 필연적인 상관관계를 가진
다. 정치, 경제, 교육의 관계에서 교육은 정치, 경제제도의 제약을 받
으며 교육사상 역시 통치계급의 사상과 경제제도의 제약을 받는다. 교
육은 정치, 경제의 발전에 부합될 때 비로소 발전하며 교육사상 역시
통치계급의 이익에 부합해야만 발전할 수 있다. 물론 통치계급의 이익
에 부합하지 않는 교육사상도 있긴 하지만 배척과 공격의 대상이 되기
일쑤이며 주류 사상으로 발전하기 어렵다. 한마디로 계급성은 교육사
상의 중요한 특징이다. 예를 들면 양한兩漢 시기의 유명한 교육가 동중
서董仲舒는 '성삼품설(중국 철학의 성론 중 인간의 본성에는 상·중·하의 3
등급이 있다는 설)'을 제시하고 《대책對策》을 통해 유교숭상과 태학太學
설립, 인재선발이라는 3대 문교정책을 내놓았으며, 교학, 도덕수양 등
에서 자신의 견해를 밝혔다. 동중서의 사상과 정치 주장이 양한의 교
육발전에 중요한 역할을 했음은 부인할 수 없는 사실이지만 그의 교육
사상은 봉건 통치계급의 이익에 바탕을 두고 있다. 그는 공자가 세운
원시유학을 신학으로 받들었고 통치계급은 이를 국민을 노예로 부리
는 도구로 삼아 계급질서를 유지했다. 그리고 현대 중국의 유명한 교
육가 쉬터리徐特立는 교육의 역할, 교육의 방짐, 교학, 교사 능의 측면
에서 치밀하게 서술했다. 무산계급 혁명가이자 교육가였던 쉬터리의
교육사상은 마르크스·레닌주의와 마오쩌둥 사상에 근거하며 국민의
이익에서 출발했으며 신중국 사회와 교육의 발전을 위한 것이었다.

④ 규칙성

변증 유물주의는 모든 사물의 발생과 발전은 규칙을 가지고 있으며 교육사상의 발생과 발전도 예외가 아니라고 여겼다. 우선 교육사상의 내용으로 보면 일반적으로 교육의 역할과 지위, 교육의 방침과 목적, 교육의 내용, 교학 방법, 학생과 교사 및 교육의 관리 등이 포함한다. 동서고금을 막론하고 모든 교육가는 이를 기본으로 연구를 진행하며 자신만의 교육사상체계를 형성한다. 교육사상의 발전과정에서 보면 일반적으로 평면적인 것에서 전면적인 것으로, 얕은 곳에서 깊은 곳으로, 간단한 것에서 복잡한 것으로 발전하는 규칙이 있다. 이런 규칙에서 출발해야 비로소 체계적이고 전면적이며 객관적으로 교육사상을 연구할 수 있다.

2. 교사는 왜 교육사상사를 배워야 하는가?

서부의 어떤 학자는 일찍이 "역사는 젊은이를 주름과 백발이 없는 노인으로 변하게 하여 노인이 겪은 바를 경험하게 하면서도 노화로 인한 질병과 불편은 느끼지 않게 해줄 뿐만 아니라 미래를 합리적으로 예측할 수 있게 도와준다." 이 말은 역사를 배우고 이해하는 것이 인류발전에 중요한 의의가 있다는 사실을 말해준다. 따라서 글을 가르치고 인재를 키우는 교사는 반드시 교육을 알고 이해해야 한다. 특히 다른 사람의 교육경험을 배우고 교육사상사를 이해하는 일은 목적을 달성하는 좋은 지름길이다. 옛말에 '역사를 배우면 지혜를 얻는다.'라는 말이 있다. 교사는 교육사상사를 배우고 교육의 역사와 발전과정을 이해해야만 비로소 교육의 현재와 미래를 정확히 이해하고 역사상 위대한 교육사상가들의 사상을 흡수할 수 있다. 그리고 교육사상사의 정수를 익히고 이용할 줄 알아야만 불필요한 탐색과 실수를 줄이고 교학 능력을 효과적으로 제고할 수 있다. 교사가 교육사상사를 배워야만 하는 이유는 다음 몇 가지 부분으로 살펴볼 수 있다.

(1) 교육사상사는 교사의 지식을 넓혀준다

교사가 학생에게 미치는 영향은 어느 한 분야에 국한된 게 아니므로 반드시 광범위한 영역의 지식을 갖추어야 한다. 교사는 교육사상사를 통해 동서고금의 위대한 교육가의 교육사상을 배울 수 있다. 여기에는 시대별, 국가별 교육상황을 포함할 뿐만 아니라 서로 다른 역사단계에서 각국의 정치, 경제, 문화 등의 발전상황과 특징도 반영한다. 우리는 교육사상가의 사상을 통해 철학, 정치, 종교 등에 관한 지식과 학습방법을 배울 수 있다. 예를 들면 중국 송대宋代 성리학자 주희는 일반적인 교육문제를 서술하면서 녹서방법에 대한 자신의 견해를 밝혔다. 이것이 바로 '주자독서법'이다. 그는, 독서는 반드시 순차적이고 점진적으로 행하고循序漸進, 정독하며 깊이 사색하고熟読精思, 마음을 비우고 넉넉한 마음을 갖고虛心涵泳, 실제 생활에서 몸소 체험하며切己體察, 문제에 부딪혀 힘쓰며著緊用力, 정성어린 마음으로 성실함을 지녀야居敬持志 한

다는 여섯 가지 독서법을 제시했다. 교사는 주희의 교육사상을 배우면
서 여섯 가지 독서 방법을 공부한다면 많은 도움이 될 것이다. 그리고
중세의 아우구스티누스Aurelius Augustinus와 토마스 아퀴나스Thomas
Aquinas 등의 교육사상을 소개할 때 신학이 중세 사회 전반을 통치했던
상황을 이해할 수 있다면 교부철학이 스콜라철학으로 넘어가는 과정과
유명론과 유실론의 논쟁 등 철학과 종교적인 문제까지도 이해할 수 있
게 된다. 한마디로 교육사상사에 대한 체계적인 학습은 교사의 지식을
확장하는 데 중요한 역할을 한다.

(2) 교육사상사는 교사의 이론 수준을 향상시킨다

많은 교사가 교육과 교학 과정을 통해 다양한 경험을 쌓고 있지만 개
인적인 경험에는 한계가 있다. 개인의 감성적인 경험을 이성적인 경지
로 승화하려면 다른 사람의 경험을 거울로 삼고 이론지식을 체계적으
로 배워야 한다. 교육사상사는 바로 그러한 것을 교사들에게 제공한다.
교육사상사는 위대한 교육가들의 실천 경험을 집대성하여 이성적인 경
지로 승화시켜놓은 것으로 교사의 이론 수준을 제고하는 데 유리하다.

(3) 교육사상사는 교사의 업무능력을 제고한다

교육사상사라는 학과에서 수많은 교육사상가가 교육, 교학 방법에
대하여 설명하고 있다. 예를 들면 중외 교육가들이 제시한 인재마다 맞

춤교육을 하고因材施教, 배움과 사고를 중시하고學思並重, 지식의 일방적인 전달을 배제하고 스스로 깨달을 수 있도록 유도하며啓発誘導, 순차적이고 점진적으로 행하고循序漸進, 다양한 문서를 접하고 귀납을 도출하며由博返約, 이론과 실제를 결합시키는 교육방법 등은 모두 그들의 실천 경험에서 나온 것이다. 또 예를 들면 도덕교육에서는 뜻을 세우고 도를 즐겨라立志楽道, 몸소 체험하고 힘써 실천하라身體力行, 스스로 반성하고 비판하라自省自訟, 개과천선하라改過遷善 등의 도덕원칙을 제시하고 있다. 이러한 고금의 경험을 교사가 이해하고 실천한다면 반드시 교육의 효과를 높일 수 있을 것이다. 따라서 교사가 선인들의 경험을 배우고 익힌다면 시행착오를 줄이고 교학 능력을 크게 제고할 수 있다. 일부 교사들은 교육사상사를 배우고 나서 "너무 늦게 배워 한스럽다."라는 말로 심정을 표현하며 감탄을 금치 못했다.

(4) 교육사상사는 교사가 교육의 규칙을 파악하는 데 유리하다

위에서 교육사상은 규칙성을 가진다는 설명을 했다. 사실 이러한 규칙성은 교육의 기본 내용과 그 본질 및 규칙에 대한 수많은 교육가들의 탐구와 연구의 결과이다. 오늘날 교사들은 교육의 규칙을 파악하고 있어야만 순조롭게 교육을 실천할 수 있다. 교육사상사에 대한 학습을 통해 선인들 교육의 규칙성에 대한 연구를 이해한다면 우리는 직접 그들의 연구 성과를 거울로 삼아 오늘날의 교육 현실과 자신의 실천경험을 결합하고 현대교육의 규칙에 대해 지속적인 연구를 진행할 수 있을 것이다. 이것이야말로 적은 노력으로 큰 성공을 거두는 효과가 아니겠는가.

(5) 교육사상사는 교사의 책임감과 사명감을 고취한다

인류 교육발전의 역사 속에서 위대한 교육가들은 수없이 많이 등장한다. 그들은 이론적으로 자신의 견해를 제시하였을 뿐만 아니라 인류 교육의 발전을 위한 교육사상을 제공해주었다. 그들은 사람들의 존경을 한 몸에 받았고, 부지런하고 성실하게 교육을 위해 사심 없이 봉사했고, 심지어 자신의 일생을 교육 사업에 바치기도 했다. 이 밖에도 그들은 학문하는 면에서도 특출함을 보여주었으며 교사들의 본보기가 되었다. 중국의 저명한 교육가 양셴장楊賢江은 전형적인 실례이다. 1917년 사범학교를 졸업한 그는 바로 교사의 길을 걷기 시작했다. 그는 공산주의 노선을 유지하면서 무산계급의 교육 사업을 위해 큰 공헌을 했다. 그는 1927년 대혁명이 실패로 끝나고 외지로 피난을 가서도 여전히 교편을 놓지 않고 《교육사敎育史 ABC》를 편찬했다. 그는 일본경찰의 감시와 박해로 다시 상하이로 돌아오고 나서도 계속 교육에 관한 책을 번역하며 《신교육대강新敎育大綱》을 완성했다.

그러다가 1931년 8월 9일 동경에서 과로사로 사망했는데 당시 나이가 겨우 36세였다. 또 예를 들면 외국교육사에서 유명한 교육가 수함진스끼(B. A. Сухомлинский, 우크라이나 출신의 유명한 교육이론가)는 17세부터 시골 초등학교의 교사로 시작해 세상을 떠날 때까지 줄곧 자리를 지켰다. 그는 자신의 모든 사랑을 학생들에게 베풀며 헌신했으며 자신이 교육이상을 실현하기 위해 농촌의 종합중학교—파블리쉬 중학교 Pavlish School에서 20여 년간 교장을 역임하면서 《교사를 위한 100가지 조언》과 《파블리쉬 중학교》 등 자신의 경험을 담은 40여 권의 교육전문저서를 편찬했다. 이는 세계의 교육발전과 교육가의 교육사상을 형성하는 데 깊은 영향을 미쳤다. 이처럼 위대한 교육가들의 높은 품격과 교육을 향한 봉사정신은 많은 교사에게 좋은 본보기가 되고 있다. 교사는 교육사상사를 학습함으로써 책임감과 사명감을 강화하고 직업윤리와 교사로서의 소양을 키우는 데도 유리하다. 위대한 교육가들의 발자취는 많은 교사가 성장할 수 있는 밑거름이 되며 진리를 탐구하고 목표를 세워 우수한 인재로 거듭나도록 도와준다.

(6) 교육사상사는 교사의 끊임없는 교육혁신과 교육사상 형성에 유리하다

앞서 말했듯이 교육사상의 형성과 발전은 일정한 계승성을 가지며 선인들의 연구를 기초로 발전해 나간다. 21세기 학교교육의 내용, 방법, 조직 형식, 조직 관리는 시대와 사회의 발전에 부합해야 한다. 하지만 전통적인 교육사상이 교육에 대한 사회적 요구를 만족시키지 못하는 가운데 새로운 교육사상과 관념을 수립하는 일이 매우 시급한 문제로 대두했다. 이런 상황에서 교사들은 교육사상에 대한 독창적인 견해를 가져야 한다. 그러기 위해서는 다른 사람의 교육사상을 연구하여 장

점과 단점을 찾아내고 현실적 요구에 근거해 새로운 교육사상과 견해
를 도출해야 한다. 현재 성공한 교사의 새로운 교육사상이 이러한 점을
설득력 있게 말해주고 있다.

3. 교사들은 어떻게 교육사상사를 배울 것인가?

"장인이 일을 잘하려면 반드시 먼저 연장을 예리하게 해야 한다."
교육사상사를 배우고 과학적인 학습 방법을 배우는 일은 매우 중요
다. 우리는 다음과 같은 몇 가지 사항에 주의해야 한다.

(1) 실사구시적인 태도와 변증법적인 관점을 견지하라

마르크스주의에서의 변증 유물주의와 역사 유물주의는 교육사상을
연구하고 배우는 데 방법론적인 지도사상이다. 모든 교육가의 교육사
상은 실사구시의 태도와 변증법적 관점을 가져야 하며, 구체적인 문제
에 대해서만 분석하고 전체를 보지 못하거나 점으로 면을 덮거나 한 면
만 보고 전부를 판단해서는 안 된다. 어떤 사상가의 사상도 절대적으로
정확하거나 잘못된 것은 없다. 설사 어느 한 시기나 특정한 조건에서
정확하거나 잘못된 것이라 판단됐더라도 시대와 공간이 변함에 따라
그 결과도 변할 수 있다. 예를 들면 중국의 유명한 교육가 공자가 교육
사에서 중요한 위치를 차지한다는 사실에는 누구나 동의할 것이다. 그

가 제시한 사상과 견해는 지금도 많은 사람에게 받아들여지고 실천에서 응용되고 있다. 그러나 그의 교육사상에도 부족한 부분이 존재한다. 예를 들면 공자는 "자신을 낮춰 인재를 초빙한다." "학문을 하고 여력이 있으면 관직에 나간다."라고 주장했지만 동시에 "옛것을 잃지 마라."는 주장도 했다. 그리고 서유럽 중세 교육사상가 아우구스티누스는 당시 학교에 성행했던 몽매주의, 금욕주의, 체벌, 기계적인 훈련 방식 그리고 고대 그리스, 로마의 학술을 멸시하는 분위기에 영향을 미쳤다. 하지만 그의 사상 모두가 가치 없는 것은 아니다. 세속적인 지식도 기독교 신앙을 위해 사용할 수 있다는 견해나 중세의 초기 교회가 고전 작품을 보존하는 데 힘써야 한다는 주장, 수도원의 교육활동 방법 등은 그의 적극적인 의지와 진보적인 사상을 보여주고 있다. 즉 어떤 교육가의 교육사상을 평가할 때 실사구시적인 태도와 변증법적 관점을 견지해야 하며, 일부 관점이 옳거나 그르다고 해서 모든 관점과 사상을 긍정하거나 부정해서는 안 된다.

교육사상은 인류가 장기적으로 교육을 실천한 결과이며 인류 지혜의 결정체이다. 그것은 연속성을 갖고 있으며 국경이 없다. 따라서 우리는 국내의 우수한 교육사상을 계승하고 발전시키는 동시에 외국 교육가들의 사상도 주의 깊게 배워야 한다. 서양의 근·현대 자산계급의 교육사상을 평가하여 단점은 버리고 장점을 취하고 나서 분석과 연구를 통해 중국 국정에 맞게 개선해야만 비로소 중국의 교육사상으로 녹아들 수 있다. 물론 교육사상은 어느 정도 통치계급의 의지를 대변한다. 따라서 우리는 중외 특히 서양의 교육사상을 배울 때 반드시 일정한 원칙을 고수해야 하며 자산계급 교육사상의 본질을 명확히 인식하고 비판해야 한다. 그밖에도 교육사상의 발전은 일정한 연계성과 규칙성을 가지고 있기 때문에 교육사상사를 배우는 과정에서 연대별, 국가별 교육사상을 비교, 분석하여 공통점과 차이점을 찾아내야 한다. 그래야만 교육사상을 이해하고 교육사상의 규칙을 파악하는 데 도움이 된다.

(2) 이론과 실제를 결합하라

이론과 실제의 결합은 모든 학문의 기본이다. 교육사상사를 잘 배우려면 열심히 책을 읽고 학문의 기본이론과 지식을 숙지하며 교육사상가들의 교육이론을 연구해야 한다. 그러나 교사들은 이론과 지식을 열심히 배우는 동시에 교육 조건에 맞는 교육사상을 현장에서 사용하거나 그 가운데 나타나는 문제점을 해결해 나가기 위해 노력해야 한다. 학습하는 과정에 이미 배운 교육이론으로 교육실천에서 나타나는 문제를 연구하고 실제에 활용해야 한다. 이론과 실제의 결합은 기존에 배운 교육사상을 더욱 깊이 이해하도록 해주며 선인들의 교육사상으로 교육실천과정에서 직면한 문제를 해결하는 데 도움을 준다. 이는 우리가 교육사상사를 배우는 주요 목적이기도 하다.

(3) 학습과 사고를 결합하라

옛말에 "배우되 사고하지 않으면 미혹되고, 사고하되 배우지 않으면 위태롭다."는 말이 있듯이 학습은 사고와 결합해야 한다. 교사는 교육사상사를 배우면서 한편으론 교육사상사를 열심히 배우고 익혀 선조들의 경험과 연구 성과를 받아들이고, 다른 한편으론 적극적인 자세로 독자적이고 창의적인 사고를 키워 문제의 분석능력과 해결능력을 높여야 한다. 현재 중국은 교육개혁의 전환기에 놓여 있으며 교육가치, 교육목적, 교육내용, 교육방법, 교육수단 등 여러 분야에서 개혁을 진행해 시대발전에 부응해야 한다. 따라서 교사는 교육사상사를 배우는 과정에서 학습과 사고를 결합하여 선인들의 교육 관념과 사상, 연구 결과에 현혹되지 말고 과감하게 탐구하여 교육사상의 새로운 경지를 개척해야 한다.

(4) 교육가의 저서를 읽어라

교육사상사와 관련한 교재에서 작가들은 주제를 정하고 체계적으로 교육가의 교육사상을 소개하면서 농서고금의 교육사상을 성리하고 귀납하였다. 교사들은 이를 통해 효율적이고 체계적으로 교육자들의 교육사상을 배울 수 있다. 그러나 교사는 이런 과정에서 쉽게 저서의 영향을 받아 기존의 교육사상사에 대한 새로운 탐구를 방해한다는 단점이 있다. 따라서 교사는 교육사상사를 배울 때 교육사상사의 교재를 깊이 연구하는 동시에 교육가들의 저서를 취사선택해서 읽어야 한다. 이러면 교사는 더욱 깊이 있게 교육사상을 배울 수 있을 뿐만 아니라 창의적이고 독자적인 관점과 견해를 가지게 된다.

교육사상은 체계적인 학문이며 교육에 대한 사상가들의 관점과 견해에 대해 토론하는 학문이다. 그리고 교육사상 형성에 영향을 미치는 사회배경, 이론 그리고 철학, 종교, 심리학, 생리학 등 여러 방면의 지식을 포함한다. 따라서 풍부한 지식을 갖춘 교사라면 교육사상사를 이해하는 데 큰 도움이 될 것이다.

요컨대 교사들이 어떻게 해야 교육사상사를 잘 배울 수 있나 하는 점은 이상에서 서술한 몇 가지 방법 외에도 교사 스스로 학습방법 및 습관에 맞는 학습방법을 선택해야 한다. 옛말에도 "배움에는 정해진 법이 없다."라는 말이 있듯이 교사가 스스로 열심히 배우고 실천을 통해 부지런히 연구한다면 교육사상사를 정통할 수 있을 것이며 이는 교사의 발전을 가져올 것이다.

01

중국 고대 교육사상의 기원과 발전

백만여 년 전 중국에는 원시인이 출현하면서 원시적인 교육 형태가 나타나기 시작했다. 중국의 선조인 이들은 자연을 정복하는 과정 중에 얻은 노동과 생활의 경험들을 다음 세대에 물려주었는데 이것이 바로 최초의 교육활동이다. 그들이 의식 또는 무의식중에 교육을 할 때, 가장 원시적인 교육사상의 싹이 움트기 시작한 것이다. 비록 옛 선인들과 직접 대화를 나누거나 그들의 교육사상을 추측할 수는 없지만 고고학은 고대 교육의 대략적인 모습을 짐작할 수 있도록 해주었고 문자와 학교의 출현은 고대 교육사상의 원류를 파악할 수 있게 도와주었다.

1. 고대 교육사상의 기원

고대 중국 교육사상의 기원은 최초의 문자 기록이 있는 은주殷周 시기까지 거슬러 올라간다. 중국은 은주 시기에 이미 학교교육 시스템을 확립했고 육예六藝의 교육내용도 비교적 잘 갖추었다. 즉 교육사상이 탄생할 만한 토양이 준비되었던 것이다. 그러나 서주西周 이전에는 기본적으로 정치와 종교가 일치했고 관리와 교사가 분리되지 않았기에 독립된 교육 이론을 구축하지 못하고 정치, 군사, 철학사상 등과 섞여 있었다.

중국은 고대 교육사상을 정리, 연구하기 위해 《상서尚書》, 《주역周易》, 《시경詩經》, 《주례周禮》 등 다양한 문헌자료를 활용했다. 그중에서도 비교적 체계적이고 대표적인 것으로는 주공의 저서를 들 수 있다.

주공은 성은 희姬, 이름은 단旦이며 주나라 문왕文王의 네 번째 아들이자, 무왕武王의 동생으로 숙단叔旦이라고도 불렸다. 일찍이 무왕을 도와 주왕을 정벌하고 상商나라(殷나라)를 무너뜨려 주나라의 개국 공신이 되었다. 무왕이 병으로 죽자 나이 어린 성왕成王을 보좌하며 문왕의 대업을 계승하고, 천자의 자리에 올라 천자의 정치를 펼쳤다. 그는 서주 시대를 열고 나라의 기틀을 다지는 데 큰 공헌을 했다. 사실 주공이 교육에 관한 뛰어난 저서나 획기적인 말을 남긴 것은 아니다. 하지만 중국 역사상 서주가 차지하는 특이한 위치와 주공이 서주 왕조에 미친 영향력을 고려해볼 때, 주공의 교육사상은 중국 교육사상사에서 매우 특별한 의미가 있다.

(1) 교육의 정치적 기능 중시

주공은 교육의 정치적 기능을 매우 중시했으며 백성을 보호하고 다스리며 구습을 바로잡는 중요한 도구로 교육을 이용했다. 그는 백성을 잘 타이르고 가르치기만 하면 서로 속이거나 법규를 위반하지 않을 것으로 생각했다. 그리고 "옛사람들은 서로 훈계하고 보호하고 깨우쳤기 때문에 서로 속이거나 기만하지 않았다."라고 말했다. 그리고 만약 이렇게 교화시키지 않으면 백성은 마음속에 반항과 원한의 정서가 쌓이고, 저주의 말을 내뱉게 되어 결국 사회질서까지 위협하게 될 것이라고 생각했다.

주공은 백성을 교화시켜 법규를 준수하도록 하기 위한 방법으로 '이교彛教'의 주장을 펼쳤다. 그는 "왕래할 수 없다면 이교로 이끌어 문왕의 아름다운 덕이 백성에게 이르게 해야 한다."고 말했다. 이彛는 항상 가르쳐야 하는 것으로 규범과 준칙을 의미하며, '이교'란 백성에게 시행해야 할 행위규범 교육을 가리킨다.

주나라 문왕 시기 괵숙虢叔, 굉요閎天, 산의생散宜生, 진전泰顚, 남궁괄南宮括 등 현명한 신하들은 백성의 교화에 온 힘과 노력을 기울였다. 그 덕분에 문왕의 덕이 온 나라에 알려졌으며 백성 또한 규범을 따르며 평안하고 즐거운 삶을 누릴 수 있었다. 그래서 주공은 정권을 잡고 나서 은나라 백성에 대한 교화를 중시하여 강숙康叔에게 다음과 같이 훈계했다. "너는 왕의 덕을 크게 하여 은나라 백성을 보호하고, 왕을 도와 천명을 헤아리고 백성이 새로워지게 해야 한다." 즉 강숙에게 천명을 저버리지 말고 성왕을 도와 은나라 백성을 '새로운 백성'으로 교화시킬 것을 당부했다.

예로부터 형벌과 교화는 통치계급이 사회질서를 유지하기 위해 사용해온 양날의 검이었다. 그러나 주공은 "덕을 공경하고 형벌을 삼간다."라며 먼저 가르치고 나서 벌해야 한다고 주장했다. 교화의 정치기능과 심리효과를 중시한 것이다. 그는 또한 이렇게 말했다.

"옥관은 백성을 알맞은 형벌로 제재하고 덕을 받들도록 가르쳤다. 임금은 위에서 삼가 다스리고, 관원과 백성은 아래에서 자기 일에 힘쓰니 공적이 온 세상에 드러났고 모두가 덕에 부지런히 힘쓰게 되었다. 그리하여 형벌을 공정하게 쓸 수 있게 되었고, 백성 가운데 법을 어기는 자들을 정도正道로 이끌어 다스리게 되었다."

위 구절의 의미는 다음과 같다. 위정자들은 신하와 백성이 법규를 준수하고 덕행을 공경하도록 이끌어서 그들이 범죄를 저질러 형벌에 처해지는 일이 없도록 해야 한다. 위로는 국왕의 덕이 있고 아래로 대신의 밝은 보살핌이 있으며 정치가 깨끗하여 찬란한 빛이 사방을 밝히고, 모든 사람이 덕교德敎에 따라 근면하게 일하지 않음이 없다. 이 때문에 형구를 쓰는 것도 법률에 합당하다면 신하와 백성도 통치를 따르고 법률을 지키는 것을 즐거워하게 될 것이다. 그러나 이와 반대로 교화를 중시하지 않고 형벌을 남용하며 임의대로 살육을 저지른다면 백성의 분노를 사게 될 것이라는 의미이다.

교육이 지닌 정치적 기능을 중시한 주공의 사상은 후대에 큰 영향을 주었으며, 고대 중국교육의 기본적인 특징이 되었다. 예를 들어 공자가 주장한 '덕으로 정치를 행하다.' 《학기學記》의 '나라를 세우고 군주가 되려면 교육이 우선되어야 한다.' '백성을 가르치고 좋은 풍습을 만들려면 반드시 배움이 필요하다.' 동중서의 '가르침은 정치의 근본이다.'

왕안석의 '천하에는 단 하루라도 정치와 가르침이 없을 수 없다.'라는
견해는 모두 주공 사상을 계승하고 발전시킨 것이다.

(2) 군주의 모범적 역할 중시

　주공은 《주서周書·소고召誥》에서 나이 어린 성왕에게 다음과 같은
훈화를 남겼다.
　"왕의 자리에 계신 분이 덕의 으뜸에 있으면, 백성은 항상 왕의 덕을
세상에 펼치게 될 것입니다."
　이는 성왕이 천자의 자리에서 성인의 큰 덕을 펼침으로써 백성이 그
아래에서 스스로 법도에 맞게 생활하게 되기를 바란다는 뜻이다. 주공
은 군주의 품덕과 지혜로운 행동이 하나의 모범적 모델로서 백성에게
심리적인 영향을 미친다고 보았다. 그래서 군주가 성인의 큰 덕을 가지
고 있다면 그 밑에 있는 백성 역시 자연스럽게 규범을 준수하게 되고,
결국 군주의 아름다운 덕이 온 세상에 널리 알려지게 된다고 생각했다.
그러나 군주가 좋은 모범이 되지 못하고 도덕적으로 악랄하며 제멋대
로 악행을 일삼는다면 백성 또한 원망을 터뜨리면서 법을 어기고 난을
일으킬 것이라고 여겼다.
　《주서周書·무일無逸》에도 성왕에 대한 주공의 훈사가 있다. 여기서
는 군주의 모범적 역할이 지닌 사회 교화 기능을 집중적으로 논술하
고, 백성의 범죄와 군주의 무덕無德 사이의 내재적인 관계를 밝혔다.
주공은 군주는 안락함을 누리려 하지 말아야 하며, "즐기기 전에 먼저

씨 뿌리고 거둬들이는 것의 어려움을 안다면 백성의 아픔도 알게 될 것이다."라고 여겼다. 그리고 과거 은殷나라의 중종中宗은 근엄하고 엄격하게 행하며 이로써 스스로 도와 하늘의 뜻을 얻고 백성을 다스리되 공경하며 함부로 하지 않았기에 75년 동안 왕의 자리를 지켰다. 주나라 문왕도 역시 이러했다. 그에 대해서는 "낮은 자세로 선왕의 덕행을 따라 천하를 다스리는 일과 밭가는 일을 함께 하였으며, 성품이 온화하고 공손하여 백성을 감싸고 과부와 홀아비를 업신여기지 않았다. 아침부터 정오까지 식사할 틈도 없이 근면하기에 백성과 화목하게 지낼 수 있었다."라는 기록이 남아 있다. 그는 인자한 마음과 상냥하고 근면한 태도로 자신의 선행을 백성에게 이르게 했기에 백성은 편안히 살 수 있었다. 또한 그의 은혜는 고독한 홀아비, 과부와 같이 기댈 곳 없는 사람에게까지 베풀어졌다. 그리고 주공은 성왕에게 문왕 등 현명한 군주처럼 황제 스스로 덕을 공경하고, 자신의 잘못을 늘 반성하라고 여러 차례 훈계했다.

주공은 군주의 행위가 가진 교화기능에 주목하고 군주에게 그 자신의 큰 덕으로 만민을 감화하라고 요구했다. 이는 《시경》과 《주역》에 잘 나타나 있다. 《시경》에는 "문왕을 본보기로 삼아, 온 백성이 따르게 하다." "성왕의 믿음이 천하의 본보기가 되다."라는 구설이 있고 《주역周易·임괘臨卦》에도 "감화된 정책을 펼치면 나라가 평안하다."라고 쓰여 있다. 이에 고형高亨은 "군자의 성격이 온화하고 행동이 바르면 사람을 감동시킬 수 있다."는 주석을 달았다. 군주의 모범적 행동과 품행이 만인을 감화시킨다는 주장은 훗날 공자와 맹자 시대에 이르러 더욱 발전하여 유가 도덕교육의 근간이 되었다. 예를 들면 "자신이 바르면 명하지 않아도 행하며 그렇지 않으면 아무도 따르지 않는다."라는 공자의 말과 "반드시 모범적인 사람이 가르쳐야 한다."라는 왕안석王安石의 관점은 주공의 견해에 사상적 뿌리를 두고 있다.

(3) 예술의 교화 작용을 중시

중국 고대 예술교육은 원시사회의 종교 활동 의식과 원시 음악에서 비롯된다. 서주 시기에 이르러 예술교육의 내용은 《육경》과 《육예》를 통해 구현되었고 그중 시교와 악교가 가장 대표적이다.

시교와 악교는 상고 시기 교육에서 중요한 위치를 차지한다. 다음은 《우서虞書 · 요전堯典》에 실린 순임금과 기夔의 대화이다.

> 순임금 : 기! 전악典樂에게 명하니, 후손에게 곧으면서도 온화하고, 관
> 대하면서도 떨게 하며, 강하지만 잔혹하지 않고, 간략하지만
> 거만하지 않게 가르치라. 시는 사람의 마음을 표현하고, 노
> 래는 시의 언어를 길게 나타낸 것이다. 소리의 높낮이는 길
> 이와 어울리게 하며 음률은 성조와 노랫소리로 사용한다. 팔
> 음은 잘 어울려 서로 순서가 있어 신과 인간이 노래로 화합
> 한다.
>
> 기 : 알겠습니다! 돌을 치고 붙여서 만물로 순임금을 따르게 하겠습니
> 다.

위 문장에서 순임금은 신하인 기에게 시와 노래로 젊은이들을 가르쳐서 정직하고 온화하며, 관대하고 신중하며, 강직하지만 사람을 능욕하지 않고, 단순하지만 오만하지 않은 인격을 기르도록 하라고 당부했다.

주공은 시교와 악교에 많은 공을 들이며 고대 중국 예술교육의 기초를 다졌다. 《시경》은 시교를 논할 때 빼놓을 수 없다. 중국 최초의 시가 총집인 《시경》은 유교에서 백성을 교화하기 위한 경전이었다. 비록 오랜 시간 전해지면서 여기저기 수정되기는 했지만 《시경》이 탄생하기까지 주공이 세운 업적은 절대 적지 않다. 기록에 따르면 《시경》의 주송周頌 31편은 주공이 직접 지었고, 소아小雅의 당체棠棣, 《시경》의 주남周南과 유풍幽風 역시 주공이 창작했을 가능성이 크다. 《시경》의 시는 분명 교화 작용을 하고 있다. 〈소아·당체편〉에 실린 시 한 수를 보자.

산앵두나무의 꽃은 만발하였고, 화초들은 사방에 빛을 발하네.
지금 사람들을 보면 서로의 사이가 형제만 못하다.
죽는 일은 사람이 가장 두려워하는 일인데, 형제만이 가장 관심을 갖는다.
벌판 흙더미에 고인을 묻고, 형제는 무덤 앞에서 괴로워하네.
할미새는 벌판에 날아가고, 형제는 재난에서 서로 구하네.
비록 친한 벗들이 있지만, 긴 한숨만 나오게 하는구나.
형제가 집안에서 싸우더라도, 바깥에서 업신여김을 당하면 함께 맞서야 한다.
비록 친한 벗들이 있지만, 서로 도와줄 수는 없구나.

이는 형제간에 우애를 돈독히 하고 화목할 것을 권고하는 작품이다. 주공은 민가의 시가를 채집해서 통치자를 타이르고 가르치는 수단으로 사용하기도 했다. 한대漢代의 사학가 반고班固는 주공을 민가를 채집하는 관리로 여기고, "매년 초봄 백성이 들에 흩어져 씨를 뿌릴 때면 시를 채집하는 관리가 목탁을 두드리고 다니며 시를 모았고, 조정의 악사에게 음을 붙이게 하여 천자께 들려주었다."라고 기록했다. 주공이 민간에서 모은 시가를 선별, 정리하여 조정으로 들여온 것이 바로 《시경》의 〈유풍·칠월〉이다. 여기 수록된 시들은 대부분 굶주림과 추위, 가혹한 수탈에 시달리던 백성의 애환을 담고 있다.

7월에 화성이 떨어지면 9월에 겨울옷을 준비하세.
동짓달이면 바람이 쌀쌀하고, 섣달이면 추위가 매섭네.
옷도 없고 거친 베옷도 없는데 어찌 한 해를 보낼까?

주공은 이 시를 성왕에게 바쳤고 "씨 뿌리고 거두는 것의 어려움을 아는 것"과 "백성의 아픔을 아는 것"을 통해 민심을 깊이 이해하고 나라를 다스리되 나태하지 말 것을 권고했다.

또한 주공은 악교의 창시자라고 불러도 손색이 없다. 《악경樂經》은 이미 오래 전에 소실되었기에 주공이 악경의 탄생에 어떤 공헌을 했는지는 알 수 없지만 그가 악무를 창제했다는 사실은 역사책에 남아 있다. 《여씨춘추呂氏春秋·고악古樂》을 보면 "무왕이 즉위하여 육사六師로 하여금 은을 정벌하도록 했는데 육사가 성공하지 못하자 정예군으로

하여금 목야牧野를 치게 했다. 포로의 왼쪽 귀를 베어내고 돌아와 이를
경태실에 바치고, 주공에게 명하여 대무大武를 만들게 했다."라고 기록
되어 있다. 대무는 서주 시기의 대규모 악무로서 주나라 개국 당시의
웅장하고 아름다운 상황을 훌륭하게 표현했다. 후에 대무는 악교의 주
요 내용으로 채택되어 서주 국학의 핵심이 되었다.

　예술의 교화 작용을 중시한 주공의 이론과 실천은 후세에 매우 큰 영
향을 주었다. 공자는 "시로 일으키고 예로 세우며 음악으로 완성한다."
라고 여겼고 시는 사람의 도덕적 정서를 불러일으키고 음악은 사람의
도덕적 수양을 완성한다고 보았다. 명대明代의 왕양명王陽明 역시 시교
와 악교는 학생들의 감성을 연마하고 덕성을 함양하며 사특한 것의 영
향을 받지 않게 한다고 했다.

　이 밖에도 교육을 통한 덕성의 함양과 태자의 교육을 중시한 주공의
견해는 후세에 지대한 영향을 끼쳤다. 그중에서도 직접적인 영향을 받
은 사람은 공자였다. 공자의 이상은 '주공의 법칙'을 널리 시행하여 주
례를 회복하는 것이었다. 공자의 교육사상 역시 주공에게서 많은 영감
을 얻어 확립되었다. 오늘날 공자의 교육사상은 유가 교육사상의 핵심
이자 중화 교육사상을 대표한다. 따라서 역사적으로 주공의 교육사상
이 가지는 영향력은 크다고 할 수 있다.

2. 두 송이의 진귀한 꽃, 공자와 《학기學記》

중국과 세계 교육사상 역사에 있어서 훌륭한 자산이자 진귀한 꽃이라고 불릴만한 것이 두 가지 있는데, 바로 세계 제일의 교육사상가인 공자와 세계 제일의 교육전문서적인 《학기》이다.

(1) 세계 최고의 교육사상가 - 공자

공자의 이름은 구丘, 자는 중니仲尼, 노나라 추 읍陬邑(오늘의 산둥성 취푸) 사람이다. 3세에 아버지를, 17세에 어머니를 여의었다. 30세쯤부터 강의를 하기 시작하였으며 그 후 약 40여 년간 교육에 종사했다. 도중에 몇 차례 벼슬을 지내기도 했지만 제자를 받고 가르치는 일을 중단한 적은 없었으며 제자 3,000여 명과 현인 72인을 남겼다.

교육 측면에서 공자가 남긴 가장 큰 업적은 사립학교를 세우고 공개적으로 '유교무류', 즉 가르침에 차별이 없다는 주장을 한 것이다. 사람이라면 누구나 교육을 받아야 한다는 이 주장은 대중성과 민주성을 구현하며 문화 및 교육의 보급으로 통하는 새로운 길을 개척한 것이자 중국교육사에 획을 그은 획기적인 시도라고 할 수 있다.

공자 이전이나 공자가 살았던 시대에 개인적으로 강연하는 자들은 있었으나 규모나 영향력에서 공자를 따를 자는 없었다. 공자의 '유교무류'는 관리들만 학문할 수 있다는 기존의 관념을 타파하고 하층민들도 동등하게 교육받을 수 있는 길을 열어주었다. 이는 사회 전반적인 문화

교육 수준을 제고하고 중국 초기 지식층의 성장을 가져왔다. 그런 의미에서 펑요우란馮友蘭 선생은 공자를 다음과 같이 말했다. "중국의 농민, 노동자, 상인, 관리도 아닌 중국의 선비계급을 크게 일으켰도다." (펑요우란, 《중국철학사中國哲學史 상편》, 중화서국, 1961년, p. 71)

공자는 '유교무류'를 주장하는 데 그치지 않고 몸소 실천했다. 그는 마른 고기 열 포만 가져와도 스승으로 모시는 선물로 여기고 제자로 받아들였다. 그래서 공자 주변으로 국적, 빈부, 귀천, 나이를 막론한 다양한 제자들이 모여들었다. 노나라의 안연顏淵과 염구冉求, 제나라의 공치장公治長, 진나라의 자장子張, 위나라의 자공子貢과 자하子廈, 송나라의 사마경司馬耕, 오나라의 자유子遊, 초나라의 공손룡公遜龍, 진나라 융족戎族의 진조秦祖 등 수많은 인재가 사방에서 공자를 찾아왔다. 그들의 출신을 살펴보면 남관경숙南官敬叔, 사마우司馬牛, 맹의자孟懿子 등은 귀족 출신이며 자공은 부유한 상인 집안 출신이다. 안연에 대해서는 "한 그릇의 밥과 한 대접의 물로 누추한 거리를 떠돌았다."는 기록이 보여주듯 가난한 삶을 연명했고, 원헌도 "사방 여덟 자 한 칸 초가집에 지붕에는 풀이 무성하고, 사립문은 부서졌고, 뽕나무 줄기로 문지도리를 만들고, 깨진 항아리를 박아 창을 낸 두 개의 방은 칡으로 창을 가렸다. 위에서는 비가 새고 아래 바닥은 축축했다."고 할 만큼 씻어시세 가난했다. 그 밖에도 솜옷이 너덜너덜해질 때까지 입었다는 증참曾參, 갈대꽃으로 옷을 만들어 입은 민자건閔子騫 등이 있다. 심지어 감옥에 갇히는 죄를 범했던 공치장도 공자의 제자가 되었으니 가히 모든 사람을 받아들였다고 할 만하다. 연령을 살펴보면 공자보다 네 살이 어렸던 진상秦

商, 쉰세 살이나 적었던 공손용이 있다. 안연 역시 공자보다 서른 살이나 어렸으며 증점會點과 증참 부자는 차례로 공자의 제자로 입문했다. 그런가 하면 맹의자와 남궁괄南宮適 등 형제가 함께 공자의 가르침을 받는 일도 있었다. 물론 이에 대해 "공자의 제자들은 어찌 이리 복잡한가?"라고 의문을 제기한 자들도 있었으나 공자는 '유교무류'라는 자신의 주장을 끝까지 견지하며 "널리 백성을 사랑하고 가까이하는 이가 덕 있는 자"라는 자신의 이상을 직접 실천했다.

공자가 제시한 '유교무류'는 인성에 대한 깊은 이해에서 출발한 것이다. 공자는 인성론에서 "성상근야, 습상원야", 즉 천성은 비슷하나 습관에 따라 큰 차이가 생긴다는 간결하면서도 급소를 찌르는 명제를 남겼다. 다시 말해, 공자는 사람의 본성은 서로 비슷하며 큰 차이가 없지만 후천적인 학습이나 교육의 결과에 따라 윤리와 지식수준에 개인별 간극이 생기고 각기 다른 사람이 된다고 생각했다. 공자는 이를 바탕으로 사람은 모두 교육을 통해 자아를 개발할 수 있고 변화, 발전할 수 있다고 여겼다. 그래서 사람은 반드시 교육을 받아야 한다고 주장했다. 실례를 살펴봐도 그렇다. 이상에서 이미 언급했듯이 공자의 제자들은 출신과 신분이 다르고 소질이나 지식수준도 제각각인 사람들이었다. 그러나 '남을 가르칠 때 지치거나 나태하지 마라.'는 교육이념 아래 공자의 제자들은 대부분 훌륭한 인재로 거듭났으며 그중 몇몇은 역사적으로도 이름을 남긴 성인이 되었다.

공자는 "성상근야, 습상원야"를 전제로 개인의 발전에서 교육이 갖는 의의를 강조했다. 이로써 교육을 중시하는 중국 유가의 전통을 구축하였으며 중국의 평민교육이 시작되었다.

공자의 교육적 이상에서 가장 높은 경지는 배움과 사람됨이 조화를 이루는 것이다. 그는 "지식을 배움과 수신을 병행하여서 제자로 하여금 《시경》과 《서경》을 가르칠 뿐만 아니라 사람이 되는 것을 가르치고, 이를 통해 인성과 세상일을 모두 중시하는 중국철학의 기틀을 다지고자"했다. 이러한 부분은 교육 내용에도 반영되어 일상생활의 준칙과 인품을 중요시하는 태도로 나타났다. 《논어論語・술이述而》에서 공자는 제자가 기본적으로 배워야 할 것에 대해 다음과 같이 밝혔다.

> "도에 뜻을 두며, 덕에 근거하고, 어진 것에 의지하며, 예에서 노닌다."

도와 덕과 인은 모두 공자가 인품과 덕성 수양을 표현하는 데 사용한 기본 개념이다. 배우는 자는 도에 뜻을 세우고 덕에 뿌리를 두며 인에 의지해야 한다. 그래야 비로소 차례대로 학습과정을 밟을 수 있으며 예禮, 악樂, 사射, 어禦, 서書, 수數의 육예六藝에서 자유롭게 노닐 수 있다. 《학이學而》에는 이와 같은 맥락의 구절이 실려 있다.

"무릇 제자는 집에서는 효도하고 밖에서는 공손하며 행실을 삼가고 미덥게 해야 한다. 또한 널리 사람을 사랑하되 어짊으로 가까이해야 한다. 이것을 행하고도 남은 힘이 있거든 글을 배움에 힘써야 한다."

이렇듯 공자는 구체적인 행동 습관을 기르는 것이 교육의 기초라고 보았다. 공자의 교육사상은 이념의 세계를 인식하는 것을 교육적 이상으로 삼았던 서양의 고대교육과 출발선부터 달랐다. '육경'과 '육예' 역시 완성된 인격을 만들고 함양하며, 우수한 행동 습관을 갖추도록 하기 위한 것이었다. 이에 대해 공자는 《예기禮記·경해經解》를 통해 다음과 같이 말했다.

"그 사람됨이 온후하고 돈후함은 《시경》의 가르침을 받은 까닭이요, 정사에 통달하고 옛 제왕의 일을 앎은 《서경》의 가르침을 받은 까닭이다. 마음이 넓고 해박하며 성정이 순함은 《악경》의 가르침을 받았기 때문이며, 심성이 정결하고 지식이 정밀함은 《주역》의 가르침을 받았기 때문이다. 또한 성정이 공손하고 검소하며 모습이 정중하고 공손한 것은 《예경》의 가르침 덕분이요, 역대 왕과 선현들의 말씀을 알고 이를 엮어 사물과 비교할 수 있는 것은 《춘추》의 가르침 덕분이다."

위대한 교육가였던 공자는 치열한 삶 속에서 소중한 교육경험을 쌓았고, 그 경험을 기초로 교육 원칙과 방법을 세웠다. 예를 들어 배움과 사상의 결합, 사고 계발, 솔선수범, 인재별 맞춤교육 등은 공자의 교육사상의 정수이자 고대 중국 교육원칙과 방법의 형성 및 발전에 직접적인 영향을 준 핵심이다.

공자의 교육사상은 서양의 교육사상에 비교해서 실천이나 이론 면에서 조금도 뒤떨어지지 않는다.

서양 최초의 교육사상가는 고대 그리스의 피타고라스Pythagoras인데 기원전 580년경 전에 태어나 기원전 500년쯤에 사망하여 공자와 생몰연대가 비슷하다. 피타고라스 역시 공자처럼 제자들을 모아서 가르쳤는데 300명의 제자를 받았고 크로톤Croton 지역에서 학원을 세우기도 했다. 따라서 헤겔Hegel은 피타고라스를 서양 최초의 민중 교사라 불렀다. 그러나 피타고라스가 만든 교육단체는 교육조직이라기보다는 종교조직 및 정치조직의 색채가 더 강했다. 단체에서는 매일 종교의식을 거행했고, 신전에서 정기적으로 모임을 갖고 제사를 지냈다. 또한 크로톤과 남이탈리아 지역 정치에서 주도적인 위치를 차지했고, 단체의 구성원들 역시 정치관이 남달랐다. 피타고라스와 그의 제자들은 고대 그리스 최초의 과학자들이기도 했는데, 특히 수학과 천문학에서 수많은 업적을 남겼다. 피타고라스 학원의 4대 필수 과목이 음악, 산술, 기하, 천문이었던 점을 고려하면 윤리를 최우선으로 생각했던 공자와 달리 피타고라스는 과학을 중시했다. 음악 역시 교화나 훈육을 위한 것이 아니라 우주의 본질인 조화를 가르치기 위한 수단으로 활용되었다. 피타고라스는 심지어 천체 사이의 거리가 팔음도, 오음도, 사음도의 비율과 같다고 주장했다. 비록 이를 뒷받침할만한 과학적 근거는 없지만, 이를 통해 피타고라스와 그의 학파가 과학적 사고방식과 시각으로 문제에 접근했음을 알 수 있다. 피타고라스는 명실상부한 철학가이자 과학자이며, 교육 실천가이다. 그러나 학원을 설립하고 제자들을 모아 가르친 그의 업적은 위대하지만 그를 교육 사상가로 보기에는 다소 무리가 있다. 특히 교육의 내부 규율 측면에서 체계적인 이론이 전무했기에 공자에 비교하기에는 더욱 어렵다.

피타고라스 이후의 서양 교육가 중 최고로 손꼽히는 이는 소크라테스Socrates이다. 소크라테스는 공자가 사망하고 십 년째 되던 해에 태어났으며, 팔십 년째 되던 해에 생을 마감했다. 그는 공자와 마찬가지로 가르치기만 했을 뿐 따로 저서를 남기지 않았으나 철학과 교육에 대한 견해는 플라톤과의 대화와 크세노폰Xenophone의 《소크라테스의 추억 Erinnerungen an Sokrates》에서 찾아볼 수 있다. 학교를 설립하고 제자를 모았던 공자와 달리 소크라테스는 사회를 교단으로 삼고 시장, 체육관, 광장, 작업장, 상점에서 다양한 사람들과 각양각색의 문제에 대해 담론했다. 교육방법에서 소크라테스가 남긴 가장 큰 공헌은 지식과 윤리를 전수하는 방법을 제시했다는 점이다.

소크라테스는 교사의 임무는 진리를 억측으로 지어내는 게 아니라, 새로운 사상의 '산파'로서 사람들이 자신의 내면에 존재하는 진리를 발견하도록 돕는 것이라고 보았다. 그래서 그는 대화할 때 먼저 문제를 제시하고 대답을 이끌어내는 문답법을 주로 사용했다. 이때 답이 틀렸어도 즉시 바로잡아 주거나 잘못을 지적하지 않고, 추가 질문을 던져서 상대방의 답안이 터무니없다는 것을 깨닫게 했다. 이것이 바로 그 유명한 소크라테스의 산파술이다.

크세노폰은 《소크라테스의 추억》에 소크라테스와 한 청년이 정의에 대해 나눈 대화를 기록했는데 이는 소크라테스 산술법의 전형적인 예이다.

소크라테스는 정치가가 꿈인 청년에게 정의와 관련한 질문을 던졌다.

소크라테스가 정의와 부정의를 구별할 수 있느냐고 묻자 그는 할 수 있다고 대답했다.

그러자 소크라테스가 물었다.

“위선은 사람들 사이에서 자주 볼 수 있다. 그렇지 않은가?”

“물론입니다.”

“그렇다면 위선은 정의와 부정의 중 어느 쪽에 두어야 하겠는가?”

“당연히 부정의 쪽에 두어야 합니다.”

“사람들 사이에서 서로 속이고 기만하는 일이 있지 않은가?”

“물론 있을 겁니다.”

“그렇다면 서로 기만하는 것은 어느 쪽에 두어야 하겠는가?”

“당연히 부정의 쪽입니다.”

“악행을 저지를 때도 있지 않은가?”

“있습니다.”

“그렇다면 노예는 어떠한가?”

“있습니다.”

“악행이나 노예제와 같은 일을 정의 쪽에 놓을 수 없겠는가?”

“이런 일을 정의 쪽에 둔다는 것은 말도 안 됩니다.”

“만약 장교로 선택된 사람이 부정의 한 적국의 사람을 노예로 부린다면 그를 부정의하다고 말할 수 있겠는가?”

“당연히 부정의 하다고 할 수 없습니다.”

“그렇다면 그의 행위를 정의라고 말할 수 있는가?”

“물론입니다.”

“만약 그가 전쟁 중에 적을 속인다면 어떻겠는가?”

“그것은 정의입니다.”

“만약 그가 도둑질하고, 적의 재산을 약탈하여 빼앗는다면 그가 한 일은 부정의가 아닌가?”

“물론입니다. 그리고 저는 처음부터 당신이 묻는 것의 대상이 모두 우리의 친구들일 것이라고 착각했습니다.”

“그렇다면 우리가 부정의 쪽에 둔 모든 일들은 또한 정의의 측면에 놓을 수 있는가?”

“아마 그럴 것 같습니다.”

“비록 그렇다 할지라도 우리는 정의와 부정의 사이에 반드시 경계를 그어야 하네. 이런 일들을 적에게 행하면 정의가 되고 우리의 친구에게 행하면 부정의가 되네. 그렇다면 우리는 친구에게 반드시 충실하고 솔직해야겠군. 동의하는가?”

“전적으로 동의합니다.”

소크라테스는 계속해서 질문했다.

“만약 한 장군이 부하들의 사기가 떨어진 것을 염려해서 사기를 진작시키기 위해 곧 원군이 올 것이라고 거짓말을 한다면 이 같은 거짓말은 어느 편에 두어야 하는가?”

“제가 보기에는 정의 편에 두어야 할 것 같습니다.”

“또 하나 예를 들어 보겠네. 아들이 약을 먹어야 하는데 먹지 않으려고 하자 아버지가 밥에 약을 몰래 넣어서 먹였다고 하세. 아들의 건강을 회복시키기 위해서 속인 것인데 이러한 속임은 어느 쪽이라고 할 수 있겠는가?”

“제가 보기에는 앞의 질문과 마찬가지로 정의 편에 두어야 합니다.”

“또 하나 묻겠네. 어떤 사람이 낙담한 친구가 자살할 것을 두려워하여 친구의 칼, 혹은 이와 비슷한 종류의 물건을 훔쳐갔다면 이 행동은 어디에 속하겠는가?”

“당연히 정의 편에 속할 것입니다.”

소크라테스가 물었다.

“하지만 친구에게는 어떤 상황에서도 반드시 솔직하게 행동해야 한다고 자네 입으로 말하지 않았는가?”

“확실히 그렇게 말했습니다.”

그렇게 말한 청년은 당황하여 다시 한마디를 덧붙였다.

“하지만 만약 허락하신다면 제가 한 말을 취소하고 싶습니다.”

소크라테스는 스스로 “사람들에게 지식을 가르치는 자가 아니라 지식 자체가 생겨나도록 하는 산파”라고 했다. 그래서 소크라테스의 이런 대화법을 ‘조산술’ 또는 ‘산파술’이라 부른다. 이 방법은 이미 만들어져 있는 답을 가르치는 것이 아니라 학생의 사상적 모순을 끊임없이 드러내는 과정을 통해 학생 자신의 인식이 깊어지도록 한다. 그리고 이를 통해 사고하는 능력을 키우고 지식을 탐구하는 바른길을 배우게 하는 것이다.

사실 문답법을 통한 교육에서는 공자 역시 소크라테스에 뒤지지 않는다. 공자는 ‘분발하지 않으면 열어주지 아니하며, 알고자 답답해하지 않으면 일러주지 않고, 한 모퉁이를 들어 가르쳤을 때 나머지 세 모퉁이를 스스로 깨닫지 아니하면 다시 일러주지 아니한다.’라는 계몽식 교육방법을 제시했다. 그뿐만 아니라 이 방법을 실제로 가르치는 데 활용했다. 《논어論語》에는 학생들이 공자에게 물었던 수많은 질문이 기록되어 있는데 그 횟수가 무려 백여 차례에 달한다. '인에 대해 묻다.' '예에 대해 묻다.' '정치에 대해 묻다.' '효에 대해 묻다.' '지식에 대해 묻다.' '군자 됨에 대해 묻다.' 등이 대표적이다. 이러한 문제에 답을 하면서 공자는 각기 다른 전략을 취했으나 인재별 맞춤교육과 계몽 방법의 원칙은 일관적으로 고수했다. 《논어論語·안연顏淵》을 보면 산파술과 방법은 다르지만 같은 효과를 불러오는 대화 한 편이 기재되어 있다.

자장子張이 스승에게 물었다.
"선비는 어떻게 해야 높은 경지에 닿을 수 있습니까?"
공자께서 대답하셨다.
"네가 말한 높은 경지에 닿는 것은 어떤 것이냐?"
"나라에서나 집안에서나 모두 그의 명성이 들리는 것입니다."
"그것은 이름이 들리는 것뿐이지 닿음은 아니다. 높은 경지에 닿았다는 것은 본질이 곧고 질박하며 의를 좋아하며, 타인의 말을 살피고 얼굴빛을 보아서 생각하며, 아래 사람에게도 겸허한 태도를 갖추는 것이다. 그래야만 나라에서도 통달하며 집에서도 통달할 수 있다. 명성을 좇는 자는 겉으로는 어진 것처럼 보이나 행실이 어긋나고, 살아가며 뉘우침이 없다. 그러니 나라에서도 집에서도 이름이 들리는 것이다."

공자 역시 학생의 질문에 직접 대답하지 않고 오히려 반문하며 학생이 스스로 답을 도출하도록 도왔다. 그리고 마지막에 가서야 비로소 학생의 의견에 긍정 또는 부정을 나타냈다. 이상에서 비록 몇 개의 과정을 생략하긴 했지만 공자가 사용한 방법은 실제로 소크라테스와 같다.

소크라테스는 교육 이론에 대해서도 의견을 제시했다. 예를 들어 그는 미덕과 지식을 동등하게 보았으며 이는 교육을 통해 얻을 수 있다고 했다. 그러나 대부분이 교육 철학의 범주에 머물렀을 뿐 공자처럼 교육의 내재적 규율 문제에 대해 심도 있고 체계적인 연구를 하지는 않았다.

이상의 비교를 통해서도 알 수 있듯이 중국과 서양의 문화교육은 독특한 기원과 함께 각각의 장단점을 가지고 있다. 예를 들어 서양은 과학을 중시한 데 비해 중국은 도덕을 중요시했고, 교육에서도 서양은 철학적인 변론을 강조했고 중국은 내재적인 규율을 강조했다. 그러나 교육실천과 교육이론이라는 전체적 측면, 즉 교육사상의 깊이와 넓이 및 체계성에서 보면 공자는 동시대의 피타고라스와 그 후에 출현한 소크라테스를 넘어섰다. 교육사상에서도 천 년의 스승인 공자는 비교할 대상이 없을 정도로 뛰어난 업적을 남겼으며 세계 최고의 교육 사상가였다.

(2) 세계 최고의 교육전문서적 - 《학기》

《학기》는 《예기》 중의 한 편이다. 《예기》는 《소대예기小戴禮記》라고도 부르는데, 여기서 소대는 서한西漢의 학자 대덕戴德의 조카 대성戴

聖을 가리킨다. 대덕과 대성은 서한의 금문예학의 창시자이다. 대덕은 서한 선제宣帝 시기의 태학박사이며 고대 중국의 각국 예법에 대해 85편으로 구성된 《대대예기大戴禮記》를 편찬했으나 오늘날까지 전해지는 것은 39편에 불과하다. 고증에 따르면 대성이 편찬한 《예기》의 《학기》는 《대학》의 저자와 같다. 즉 전국시대 후기에 나타난 사맹학파思孟學派의 악정극樂正克의 저작이다.

《학기》는 교육에 대해 본격적으로 논한 교육전문서적이다. 비록 1,229자 밖에 되지 않는 짧은 글이지만 교육의 기능부터 교육제도의 구상, 교육의 승패규칙 및 스승과 제자의 상호 미치는 영향까지 풍부한 내용을 다루고 있다. 그리고 구체적인 비교를 사용한 서술과 엄격한 체계로 큰 가치를 지닌다. 특히 교육의 승패규칙에 대한 연구에서 학교교육의 기본규율을 핵심만을 간추려 간결하게 밝혀놓고 있어서 교육학의 기본서로 불린다. 다음은 《학기》의 일부분이다.

대학 교육의 실제적 원리는 '예豫' '시時' '손孫' '마摩'의 네 가지가 있다. '예'는 사태가 발생하기 전에 미리 막는 것이다. '시'는 학생이 배울 준비가 되어 있을 때 그때를 놓치지 않고 가르치는 것이다. '손'은 학생에게 전달해야 할 내용을 건너뛰지 않고 차근차근 전달하는 것이다. '마'는 학생들이 서로 북돋아주고 견주면서 좋은 영향을 주고받는 것이다. 이 네 가지는 가르침을 흥하게 하는 근본 원칙이다.

사태가 발생해서 잘못되고 나면 있는 힘을 다하여 막아도 걷잡을 수 없이 된다. 배울 때를 지나 배우도록 하면 학생이 아무리 힘들여 노력하더라도 이루고자 하는 바를 이루기 어렵다. 이것저것 되는 대로 전달하여 순서가 없으면 학습의 체계가 무너지고 혼란이 생겨 결국 학생은 아무것도 배우지 못하게 된다. 학생 혼자서만 공부하여 서로 견줄 기회가 없으면 자신의 좁은 견해에서 벗어나지 못해 지식이 넓어지지 않는다. 이 네 가지에 친구와 어울려 흥청거리며 스승의 뜻을 거스르는 것과 나쁜 놀음에 빠져 공부를 제쳐놓는 것을 합한 여섯 가지는 가르침을 폐하게 하는 근본 원인이다.

군자는 가르침을 흥하게 하는 원칙이 무엇이며 가르침을 폐하게 하는 원인이 무엇인가를 반드시 알고 있어야 한다. 이것을 아는 사람만이 비로소 다른 사람의 스승이라고 할 수 있다.

이상에서는 학교교육의 네 가지 기본 규율을 밝혔다. 첫째는 교육의 예방성이다. 즉 안 좋은 사태가 발생하기 전에 잘 대비하고 경계해서 좋지 않은 싹을 제거하는 것이다. 만약 불량스런 행동이 나타나고 이를 금한다면 이미 습관으로 굳어져버렸기 때문에 교정하기가 어렵다. 둘째는 교육의 적절성이다. 이는 적절한 시기에 적절한 교육을 해야 한다는 뜻이다. 좋은 시기를 놓치지 말고 학생의 상태에 따라 적절히 이끌어주어야 한다. 한 번 시기를 놓치고 나면 아무리 공을 늘여도 상응하는 효과를 얻을 수 없다. 셋째는 교육의 점진성 및 순서성이다. 학생의 심신발달 및 지식수준에 따라 순차적으로 교육을 해야 한다. 만약 교육에 순서가 없다면 교재는 체계를 잃고 기대했던 교육 효과를 거둘 수 없다. 넷째는 교육의 상호발전성이다. 동급생끼리 같이 공부하면서 서로의 장점을 취하고 단점을 보충하면서 집단 교육 효과를 얻는다. 선생님이나 친구의 도움 없이 혼자 틀어박혀서 공부만 하면 오히려 지식을 키우기 어렵다. 또 친구를 잘못 사귀거나 행동이 바르지 못한 친구와 교제하게 되면 스승의 가르침을 어기게 된다. 만일 좋지 못한 친구들과 종일 몰려다니면서 시간을 낭비한다면 결국 학업에 실패하게 될 것이다. 스승은 교육의 승패가 어디에서 판가름되며 교육의 내재적 규칙이 무엇인지 파악해야만 비로소 자신의 임무를 성공적으로 완수할 수 있다.

학교 제도에 대한 《학기》의 언급은 상당히 중요한 의미를 갖는다. 《학기》에서는 먼저 교육의 감독, 교수의 조직과 학기, 방학, 학업성취고사 제도 등을 제시했다. 다음은 《학기》의 내용이다.

"고대의 교육은 이러했다. 집에는 글방이 있고 오백 호戶마다 상庠이라는 지방 학교가, 만 이천 오백 호마다 서序라는 학교가 있었으며 나라에는 대학이 있었다."

매년 입학을 시키고 연중에 시험을 보았다. 1년 차에는 경서를 독송하고 그 뜻을 말할 수 있는지를 시험하며, 3년 차에는 학문을 공경하고 사람들과 어울리는 것을 좋아하는지를 시험하며, 5년 차에는 공부를 폭넓게 하고 스승을 가까이하는지를 시험한다. 7년 차에는 학문의 깊은 뜻을 논하고 좋은 친구를 골라 사귀는지를 시험한다. 여기까지가 '소성小成'의 과정이다. 9년 차에는 여러 분야의 이치를 통달하고 뜻을 세움이 굳건하여 흔들림이 없는지를 시험한다. 이것이 '대성大成'의 단계이다. 대성을 이루면 백성을 교화하고 풍속을 바로 잡는 일에 부족함이 없게 되며, 가까이 있는 사람은 기꺼이 복종하고 멀리 있는 사람은 그 덕을 사모하게 된다. 이 과정이 대학의 길이다. 《기記》에서 '어린 새끼는 흙을 물어 나르는 방법을 쉬지 않고 연습한다.'고 한 것은 바로 이것을 말한 것이다.

대학에서 수업을 시작할 때 선생이 조복 차림으로 성인에게 나물을 올려 제사하는 것은 도道에 대한 공경심을 보이기 위함이다. 《시경》의 〈소아〉 세 편을 익혀 노래하는 것은 공부가 개인의 사사로운 일이 아님을 알게 하기 위함이다. 등교하면 북소리에 맞추어 상자에서 책을 꺼내게 하는 것은 책과 공부에 대하여 겸손한 태도를 가지게 하기 위함이다. 개오동나무 회초리와 싸리나무 회초리를 준비하는 것은 학문의 권위가 드러나게 하기 위함이다. 천자가 다음 체제 날짜를 점칠 때까지 대학을 시찰하지 않는 것은 마음 놓고 공부하게 하기 위함이다. 학생들을 끊임없이 살피되 그들과 더불어 말하지 않는 것은 마음 놓고 공부하게 하기 위함이다. 어린 학생에게는 강의를 듣게 할 뿐 질문을 못하게 하는 것은 배우는 데에는 순서가 있어 건너 뛸 수 없음을 보이기 위함이다. 이 일곱 가지는 대학교육의 근본 원리이다. 기記에서 '배움은 공적으로는 일을 익히고 개인적으로는 마음을 닦는다는 것이다.'라고 한 것은 바로 이것을 말한 것이다.

이상의 첫 문장은 중앙에서부터 지방에 이르기까지 행정편제에 따라 학제 체계를 구축하는 구상이다. 중앙을 핵심으로 하는 학교 교육제도가 골자인 이 구상은 고대 중국 학제의 원형이다. 이러한 학제 구상은 한나라 시기부터 시작되었으며, 봉건 통치계급이 교육 사업을 일으키는 근거가 되었다. 두 번째 문장에서 언급한 시험제도는 학년을 나누고 학년별로 학습의 내용과 요구치를 결정하고, 정기적인 시험을 통해 학습의 효과를 측정하는 데 주안점을 두었다. 세 번째 문장에서는 먼저 '대학의 예'를 언급했다. 일종의 개학식으로 최고 통치자나 교육을 담당하는 관리가 전체 선생과 학생들을 통솔했다. 이 의식에서 그들은 노루 가죽 모자를 쓰고 나물 따위의 음식을 제사상에 올려 옛 성인과 스승들에게 제사를 드리며 스승에 대한 존경심을 나타냈다. 두 번째로 언급한 것은 감독 제도로 학교를 시찰하는 방법과 적절한 시기를 제시했다.

그밖에도 학기에는 학생의 잘못을 발견하여 바른길로 이끄는 법, 스승과 제자 간의 상호발전 등 가치 있는 의견들이 다수 제시되어 있다.

만약 세계 교육학사의 범주에서 《학기》를 자세히 살펴본다면 《학기》라는 소제목이 나타내고자 하는 것을 알 수 있다. 일반적으로 해외의 교육 저서 중에서는 고대 로마의 교육가인 퀸틸리아누스의 웅변교수론이 세계 제일의 교육 전문 서적으로 여겨진다. 콘스탄티노프Konstantinov 등이 저술한 교육사에서는 《웅변교수론》을 '교육사상 학교교육 실천과 밀접하게 관련된 최초의 저서'라고 평가했다. 서양의 교육사만 생각한다면 이런 평가를 받는 것은 당연하다. 퀸틸리아누스 이전에 피타고라스와 소크라테스가 있었지만 두 사람 모두 관련 저서를 남기지 않았기 때문이다. 또한 플라톤의 《국가론heory of the state》은 정치학 성격이 강하고, 아리스토텔레스는 수많은 저서를 남기긴 했지만 교육에 대한 것은 없기 때문이다. 키케로Cicero의 《웅변가에 관하여 De Oratore》라는 저작은 웅변가의 다양한 면모를 주요 골자로 삼고 있으며, 교육문제는 부수적으로 다루고 있다. 이에 비해 퀸틸리아누스의 《웅변교수론》은 20여 년 동안 지은이가 축적한 교수 경험을 집대성한 것이며, 그중에서도 1권, 2권, 12권은 교육의 일반적인 문제들을 다루고 있다. 그러나 범위를 전 세계 교육사로 확장시킨다면 퀸틸리아누스의 저작을 최고라고 단정 짓기에 다소 무리가 있으며 편파적이라고 볼 수 있다.

먼저 작성 연대 측면에서 비교해보자. 《학기》는 대략 전국시대 후기(기원전 3세기경)에 완성되었다. 반면 퀸틸라아누스의 생몰연대는 기원전 35년에서 100년까지이며 《웅변교수론》은 오십 세에 은퇴한 이후부터 쓰기 시작했다. 그러니 《학기》는 《웅변교수론》보다 적어도 300년이나 먼저 나온 셈이다. '근대교육학의 아버지'라 칭송받는 체코의 교육자 코메니우스Comenius의 대표작인 《대교수학Didactica magna》은 《학기》보다 1800년이나 늦게 나왔다.

둘째로 내용을 비교해보자. 퀸틸리아누스의 《웅변교수론》은 학교교육의 기능, 학교교육의 3단계(초급학교-문법학교-수사학교), 학습의 진전과정(모방, 습득 이론 및 교수 방침과 연습) 등을 비교적 자세히 다루었다. 또한 학생의 개성, 나이 등 특징에 맞춘 교육을 강조하였으며 교사가 충분한 자질을 갖출 것 등을 요구했다. 그러나 기본적으로는 웅변가 교육을 중점으로 다루었으며 교육의 미시적인 문제에만 몰두했다. 이에 비해 《학기》는 거시적macro, 중시적meso, 미시micro적인 문제를 결합하여 탐구하였기 때문에 《웅변교수론》보다 체계적이며 권위가 있다. 그러나 미시적 측면만 고려한다면 《웅변교수론》이 《학기》보다 훨씬 깊이 있고 완성도가 높다는 점은 부인할 수 없다. 두 저서 모두 내용면에서 각자의 장단과 특징이 있는 것이다.

마지막으로 영향력 측면에서 살펴보자. 퀸틸리아누스의 《웅변교수론》은 《학기》에 필적할 수 없다. 《학기》는 세상에 나온 지 얼마 되지 않아 동한에서 주석본이 출간되었고 진대에 이르러서는 약 140명의 학자가 《학기》를 주해하며 고대 중국 교육에 지대한 영향을 주었다. 근대학자 왕수남王樹柟이 평가한 대로 《학기》는 3대 성왕의 교과서였다. 주나라, 진나라 이후의 유학자들은 《학기》를 두고 "소학과 대학의 규모, 입학의 연한, 교육의 방법 등이 모두 기재되어 있기 때문에 이를 근거로 선왕들이 백성을 어떻게 가르쳤는지 대략 살펴볼 수 있고, 오늘날 동양과 서양의 학교 교육 방법이 얼마나 흡사한지를 증명할 수 있다. 그러니 선생이 되고자 하는 자들은 반드시 이 글을 읽어야 한다."고 말했다. 또한 일본학자 다니구치穀口式는 《학기》가 일본교육에 미친 영향에 대해 이렇게 말했다.

"《학기》는 중국 최초의 교육경전으로, 일본의 고대 학술계에서도 매우 높이 평가받고 있다. 야마자키 안사이山岐闇齋, 야마가 소코山鹿素行, 호소이 헤이슈細井平淵, 카이바라 엣켄貝原盖軒을 비롯한 일본의 저명한 교육가들은 그들의 교육학설과 교육실천에 대한 저술에서 늘 《학기》의 문장을 인용했으며 그들의 저술에 《학기》의 정신을 담고자 했다. 책 한

권이 일본 교육 역사에 이렇게 큰 영향을 준 사례는 극히 보기 드문 일이다.”

퀸틸리아누스의 《웅변교수론》 역시 교육사에 상당한 영향을 주었다. 고대 그리스·로마 시대의 교육 경험을 집대성한 저서는 르네상스이후 교육 이론이 발전할 수 있는 기초를 다졌다고 평가받는다. 그러나《웅변교수론》은 친필 원고가 유실된 지 1300년이 지난 1416년에야 비로소 새롭게 발견되었다. 후세에 알려진 시간이 《학기》에 비해 1700년이나 적으며 자연히 시간적, 공간적 영향력도 《학기》에 미치지 못한다. 그렇기 때문에 《학기》가 세계 최고의 교육 전문 서적이라 불리는것이다.

3. 고대 교육사상의 발전 과정

중국의 고대 교육사상은 수천 년 동안 이어져 내려왔다. 한줄기 긴강과 같은 역사의 흐름 속에서 '백가쟁명'이 최고조에 달했던 것은 총네 차례이다. '백가쟁명'은 당시 학술 사상(교육사상을 포함)의 발전을이끌었다. 고내 중국 교육사상의 내적 의비는 매우 풍부하나. 중국의교육사상은 역사의 각기 다른 단계, 다른 시대에 따라 다르게 나타났을뿐만 아니라 지역별(예를 들어 춘추전국시기에 출현한, 풍격과 면모가 판이한 지역별 문화교육—추로鄒魯, 삼진三晉, 연제燕齊, 형초荊楚 등 나라의 문화교육), 민족별(한문화 위주의 교육과 소수민족의 교육), 대상별(상급적, 관료적, 귀족적 교육과 하층적, 민간적 교육)로 다양한 모습을 보였다. 이번 장에서는 네 차례 '백가쟁명'의 역사적 실마리를 따라 고대 교육사상의 발전을 네 가지 시기로 구분하여 알아보고자 한다.

(1) 선진先秦 시기의 교육사상

선진 시기는 일반적으로 기원전 221년 진왕조가 건립되기 이전의 은 왕조 및 춘추전국 시대를 가리킨다. 이 시기는 고대 중국 사회가 노예 제에서 봉건제로 넘어가는 거대한 변혁시기였다. 사회의 정치, 경제, 문화, 교육 나아가 자연과학 등 다양한 분야에서 매우 큰 변화가 나타 났으며 각기 다른 계급과 계층 출신의 사상가들은 사회 대변혁 속에서 나타난 각종 문제를 해결하기 위하여 자기의 의견을 말하고 토론을 전 개했다. 이 덕분에 소위 '백가쟁명'이라는 학술의 번영기가 이뤄졌다.

문화교육 분야에서도 새로운 흐름이 나타났다. 학술의 대중화와 선 비계층의 출현, 관학의 몰락과 송학의 융성이 바로 그것이다. 공자와 묵자, 두 학파의 변론에서 비롯된 백가쟁명을 통해 중국의 교육사상은 이전에는 찾아볼 수 없을 만큼 활발한 시기로 접어들게 되었다.

공자가 창시하고 맹자와 순자가 계승한 유가는 선진 시기의 저명한 학설이자 고대 중국사회를 이끌던 학설이기도 하다. 유가는 교육의 역 할을 강조하였으며 교육을 통해 사회를 개혁하고 새로운 인재를 발굴, 육성해야 한다고 주장했다. 공자는 "법제로써 이끌고 형벌로써 질서를 유지하면 백성이 형벌을 면하는 것만으로 수치스럽게 생각하지 않을 것이나, 덕으로써 인도하고 예로써 질서를 유지하면 수치를 알고 바르게 될 것이다.”라며 교육이 형벌에는 없는 기능을 가졌다고 강조했다.

맹자 역시 교육을 ‘어진 정치’를 펼치는 주요 수단으로 보았다. 그래서 “올바른 정치도 좋지만 이는 올바른 가르침을 통해 백성의 마음을 얻는 것만 못하다. 올바른 정치는 백성이 두려워하지만 올바른 가르침은 백성이 사랑한다. 올바른 정치는 백성의 재산을 얻지만 올바른 가르침은 백성의 마음을 얻는다.”라고 했다.

《학기》에서는 “백성을 교화하고 풍속을 올바로 세우는 길은 학문과 교육에 있다.”는 명제를 확실히 제시하고 있다.

유가는 특히 윤리도덕 교육을 중시하였으며 교육의 근본 역시 바로 여기에 있다고 보았다. 공자가 남긴 “군자는 덕을 소중히 생각한다.” “군자는 근본에 힘써야 하니 근본이 확립되면 도는 저절로 생긴다.” 등의 말씀은 바로 도덕의 확고한 위치를 보여준다. 맹자는 더욱 직설적으로 윤리도덕의 중요성을 강조했다.

“상서학교庠序學校 등의 교육기관을 설립하여 백성을 가르쳐야 한다. 상庠은 기른다는 뜻이고 교는 교육한다는 뜻이며 서序란 가르친다는 뜻이다. 하夏나라 때에는 교校, 은나라 때에는 서序, 주나라 때에는 상庠이라 했으며, 학學은 세 나라가 모두 사용하였으니 이는 모두 인륜을 밝히는 바이다.”

여기서 인륜은 부자유친(아버지와 아들은 친함이 있어야 한다), 군신유의(임금과 신하는 의가 있어야 한다), 부부유별(남편과 아내는 분별이 있어야 한다), 장유유서(어른과 어린이는 차례가 있어야 한다), 붕우유신(벗과 벗은 믿음이 있어야 한다)으로, 봉건 사회의 윤리강령인 삼강오륜을 가리킨다. 순자 역시 도덕품성의 함양과 훈련을 중요시하였고, 깨끗한 덕성을 갖춘 성인成人을 도덕교육의 최고 경지로 보았다. 그밖에도 유가는 교육의 내용, 원칙 및 방법 등 여러 방면에서 많은 의견과 서술을 제시하여 교육 발전에 큰 공헌을 했다.

묵가는 수공업과 소규모 생산자를 대표하는 학파이며 창시자는 묵적墨翟이다. 유가와 더불어 춘추전국 시대의 '현학(저명한 학설)'이라 불렸다. 묵가 사상체계의 핵심은 '모두 서로 사랑하고, 서로 이롭게 한다.'이며 교육 면에서는 나라를 다스리고 백성을 이롭게 하며 겸애兼愛와 상리相利를 실천할 수 있는 현인 또는 겸사兼士를 길러야 한다고 주장했다. '천하를 이롭게 하는 일이라면 주저 없이 행한다.'는 원칙에 따라 묵가는 실용기술 전수를 중시했으며 과학기술교육(기하학, 과학, 역학, 성학, 기계제조 등) 분야에서 뚜렷한 성과를 보였다. 이로써 중국의 고대 생산기술은 과학이론으로 한 단계 도약하였을 뿐만 아니라 고대 과학기술교육이 시작되었다.

이 밖에도 묵가는 '뜻과 공을 합하여 본다.'는 도덕평가 방법과 '능력에 따라 이르게 한다.' '말단이 아닌 근본에 힘쓴다.' 등의 학습 태도, '명칭으로 실제를 드러낸다' '사물을 살펴 원인을 밝힌다' 등의 교육 예술, 그리고 환경의 영향을 강조한 '습염習染' 학설 등을 제시하여 중국 교육사상에 독창적이고 특색 있는 영향을 주었다.

법가는 변법變法과 법제를 주장하며 그 이름을 알렸다. 춘추시대 초기, 제환공齊桓公이 관중管仲을 기용하여 변법을 실행하면서부터 법가 인물이 정치 무대에 등장하게 된다. 법가를 대표하는 인물로 이회李悝, 오기吳起, 신불해申不害, 신도慎到, 상앙商鞅과 한비韓非 등이 있다. 법가의 교육적 이상은 특수한 학교교육 형식인 사학을 사회교육으로 대체하고 전통적 교육관인 '예의로써 가르친다.' '선비를 스승으로 삼는다.' 등을 '법으로써 가르친다.' '관리를 스승으로 삼는다.'로 바꾸는 것이었다. 그래서 법제교육 실시는 법가 교육사상의 가장 눈에 띄는 점이다.

법가 교육사상의 가장 두드러진 실수는 법제의 기능을 지나치게 강화하면서 교육의 작용을 경시한 것이다. 한비 역시 솔직하게 실수를 인정하고 다음과 같이 말했다.

"덜 떨어진 요즘 젊은 녀석들은 부모가 화를 내도 고치지 않고, 동네 사람들이 욕해도 움직이지 않으며, 스승이 가르쳐도 변할 줄을 모른다. 부모의 사랑, 동네 사람들의 대우, 스승의 지혜 등 이 세 가지 도움이 더해져도 끝내 미동도 하지 않으며, 그 정강이에 난 한 가닥 털조차도 바뀌지 않는다."

그 어떤 교화도 형벌 앞에서는 빛을 잃었다. 이런 종류의 사상이 극에 달한 것이 바로 문화 전제주의이며, 진나라 왕조가 자행한 '분서갱유'는 이 사상이 외적으로 드러난 것이다. 물론 법가의 교육사상에 취할 만한 부분이 아예 없는 것은 아니다. 공을 세운 인재의 선발과 육성, 직업기술 교육 등을 중시한 점은 높이 평가할 만하다. 또한 법가가 강조한 법제와 유가가 강조한 교화의 전통이 서로 결합, 상호작용을 이룬 참험參驗(책을 읽고 토론하는 형식의 학습 방법)을 중시한 점은 사회의 안정을 유지하는 중요한 요소가 되었다.

도가의 창시자는 춘추 시대의 노자이다. 도가는 그 후 전국 시기의 장주莊周와 제나라의 정변田騈으로 대표되는 직하稷下 황로학파에 의해 계승됐다. '소국과민小國寡民'의 사회정치이상에 근거하여 도가는 '성인(군주)를 없애고 지식을 버리다' '무지' '무욕' '무위' 등을 주장하였고, 개성의 자유로운 발전을 구속하는 모든 것에서 벗어나라는 자연주의 교육을 제창했다. 도가의 창시자인 노자는 '사람은 땅에서 배우고, 땅은 하늘에서 배우며 하늘은 도에서 배우고, 도는 자연에서 배운다.'고 말했다. 즉 교육의 역할은 사람의 자연적 본성을 충분히 발전시켜서 사회생활의 각종 혼란과 번뇌에서 벗어나 무위자연의 상태로 돌아가도록 하는 것이라고 본 것이다.

그밖에 음양가陰陽家, 명가名家, 종횡가縱橫家, 잡가雜家, 농가農家, 병가兵家, 소설가小說家 등이 출현해서 교육문제에 대해 다양한 의견을 개진했다. 이들은 위에서 언급한 유가, 묵가, 법가, 도가의 교육사상과 영향을 주고받으면서 선진시기의 다채롭고 풍부한 교육 사조를 구성했다. 이렇게 구성된 선진시기의 교육사상은 중국 교육사상의 형성과 발전에 중요한 밑거름이 되었다.

(2) 진한육조秦漢六朝 시기의 교육사상

진, 한, 삼국, 양진과 남북조 등 다수 왕조가 일어났던 진한 육조 시기는 기원전 221년 진왕조가 건립된 때부터 기원후 589년 남조 진이 멸망한 때까지 팔백여 년 간 이어졌다. 이 시기는 대략 전국통일을 통해 강력한 군주 전제 중앙집권 봉건제도가 형성되고 견고해진 진한시기와 중국 역사상 두 번째로 극심한 분열과 혼란이 나타난 육조시기로 나뉜다. 그리고 위진남북조 시기에 접어든 중국은 두 번째로 '백가쟁명'의 절정기를 맞게 된다.

진시황秦始皇은 전국을 통일한 이후 중국 역사상 최초의 봉건전제정치 국가를 세웠다. 정치 분야에서는 리사吏師 제도가 시행되었으며 문화교육 분야에서는 문자의 통일, 윤리의 통일, 법도의 통일 정책이 시행되어 후세에 큰 영향을 주었다. 한나라 초기, 교육사상이 진대의 법치교육에서 한대의 '유가학설만 떠받든다(독존유술).'의 덕치 교육으로 넘어갈 때 황로학파가 중개 작용을 했다. 그 후 동중서董仲舒가 '백가를 몰아내고 유가학설만 받든다.'는 문교정책을 제의하면서부터 고대교육의 정치윤리화가 본격적으로 시작되었다. 동중서의 지도로 삼강三綱(군위신강, 부위자강, 부위부강)과 오륜五倫(인, 의, 예, 지, 신)을 골자로 한 유가적 윤리도덕교육은 더욱 체계화, 이론화되었고 전제주의 색채가 더욱 강해졌으며 더불어 신비로운 베일에 둘러싸이게 되었다.

한대의 교육 사업에는 새로운 개척과 발전이 있었다. 첫째, 관학제도의 건립과 완성을 들 수 있다. 태학, 궁저학宮邸學, 홍두문학鴻都門學, 군국학교郡國學校 등의 체계가 구축되었으며, 환학사사宦學事師의 교육형식, 경학을 중심으로 한 교육내용 등이 등장했다. 둘째, 사학교육의 흥성과 번영이다. 기존의 서관을 주요 형식으로 한 서당교육, 향숙을 주요 형식으로 한 일반 경서학습, 정려 또는 정사(학사)를 주요 형식으로 한 전문적인 경영교육이 이뤄졌다. 그중에서 후자는 당송 시기에 이르리 서원교육으로 발전했다. 셋째, 관리 선발제도가 개발, 실시되었다. 이로써 관학을 통한 선비 양성, 선발이 이루어졌다. 자연히 선비들은 유학의 경전을 공부하였고 관리 선발도 유생들 가운데서 이뤄졌다. 이는 과거제도 형성에 직접적 영향을 미쳤다. 또한 교육사업의 발전은 걸출한 교육사상가들을 다수 배출하였는데 그중에서 가장 뛰어난 이는 바로 동중서董仲舒와 왕충王充이다.

'한나라의 공자'라고 불리는 동중서는 유가의 덕치 전통을 계승하여 교육의 사회정치적 기능을 강조했다. 그는 주장한 다음의 세 가지 문화교육주장(백가를 몰아내고 유가의 학설만을 떠받든다. 지혜로운 스승을 두어 태학을 흥하게 한다. 인재 선출을 중요시하여 널리 선비를 취한다)은 당시 통치자들에게 받아들여졌고 곧 한나라의 문화교육 관련 국책으로 채택되었다. '성삼품性三品'론을 전제로 동중서는 "성인의 성품도 성性이라 명할 수 없고, 옹졸한 사람의 성품도 성이라 명할 수 없다."라며 '중인中人의 성'만이 '교육을 통해 가르침으로써 선한 품성을 지니도록 할 수 있다.'고 했다. 이처럼 동중서가 제창한 삼강오륜과 도덕교육 원칙과 방법 정의롭고 이치에 맞으며 사사로운 공이나 이득을 따지지 않고, 스스로 겸손하게 굽혀서 다른 이의 책임은 가볍게 하며, 작은 것으로 큰 것에 이르게 하고 희미한 것을 뚜렷하게 하는 것 등은 한 대의 도덕교육에 적지 않은 영향을 미쳤다.

동한東漢의 왕충은 당시 유행한 도참圖讖과 위서緯書에 대한 미신과 옛 조상을 숭배하는 학풍을 비판하며 일련의 독자적인 교육이론을 제시했다.

왕충은 환경과 교육이 인재 양성에 미치는 영향을 긍정적으로 보고 '학교는 미연에 방지하고, 법령은 사후에 방지한다.'고 주장했다. 그는 배우지 않아도 스스로 깨닫는다生而知之는 선험론에 반대하여 '배움으로써 사물을 알고, 배우는 것이 곧 아는 것이며, 묻지 않으면 알지 못한다.'라는 명제를 제기했다. 또한 '사람이 배워 아는 것이 힘이다.'라고 여겼다. 이것은 영국의 철학자 프랜시스 베이컨Francis Bacon이 1500여 년에 제시한 '아는 것이 곧 힘이다.'의 초기적 표현이라 할 수 있다. 왕충은 무조건 외우기만 하는 암기식 공부를 반대하고 배움과 실제 경험이 결합된 학습방법을 중시했다. 또한 스승에 대한 맹신과 옛것에 대한 무조건적인 호의를 바탕으로 한 맹목적인 학습에 반대하고 토론을 통한 깊이 있는 연구와 도를 살펴 의를 실현한다는 탐색적 학풍을 주장했다.

진한 시기에는 역사적으로 중요한 사료들도 다량 편찬되었다. 《여씨춘추呂氏春秋》, 《회남자淮南子》, 《법언法言》, 《사기史記》, 《신어新語》, 《신서新書》, 《백호통덕론白虎通德論》, 《한서漢書》, 《세원說苑》, 《신감申鑒》, 《태평경太平經》 등이 바로 그것이다. 상술한 고서들은 각기 다양한 정도로 교육문제를 언급하여, 이 시기의 교육사상을 풍요롭게 했다.

위진남북조 시기는 국가가 혼란하고 정권이 빈번히 교체되며 호족豪族이 득세하던 시기이다. 한편으로는 사회 전반적으로 현학이 유행하고 관학은 부침을 거듭하며 사숙이 성장, 발달하면서 점차 '백가쟁명'의 형세가 나타나게 된다. 이 시기 교육사상 분야에서 가장 주목할 만한 것은 인재교육과 현학교육, 그리고 가정교육이다. '난세는 영웅을

탄생시킨다'는 말이 있듯이 극도로 혼란했던 위진남북조 시기에 사회
는 뛰어난 인재를 필요로 했다. 실제로 이 시기에는 인재 육성을 상당
히 중시해서 비교적 성숙한 인재교육사상 이론이 많이 형성되었다. 복
성량諸葛亮은 《훈자학》에서 '재능이 있어도 반드시 배워야 한다. 배움
이 없으면 재능을 펼 수가 없고, 뜻이 없으면 학문을 이룰 수 없다.'는
말을 통해 학습이 전제된 인재육성과 배움에 앞서 먼저 뜻을 세우는 인
재교육관을 주장했다. 그런가 하면 유소劉紹가 지은 '인물인지'는 인재
의 유형과 인재의 육성, 임용, 감별 등의 문제를 다루었기 때문에 가히
인재 교육학 전문저서로 부를 만하다.

위진 시대의 현학은 노장사상을 뼈대로 한 독특한 철학 사조이다. 현
학가의 대부분은 당시의 '명사'였다. 하안何晏, 왕필王弼, 혜강嵇康, 완적
阮籍, 향수向秀 배위裴頠, 곽상郭象, 장담張湛 등이 대표적이다. 현학가들
은 일반적 교육 원칙과 교육 내재 규칙에 매우 큰 흥미를 보였지만, 전
통적인 유가 교육사상 을 반대하고 풍부한 비판정신을 바탕으로 교육
분야에 새로운 국면을 열었다. 일례로 혜강은 《난자연호학론難子然好學
論》에서 유가의 명교와 경학교육을 신랄하게 비판했다.

"만약 명당에 병서를 만들고, 시를 귀어로 만들어, 육경을 황폐하게
하고, 인의를 부패하게 하며, 문적을 보되 눈으로 보며, 읍양을 닦으면
곱사등이 되고, 장복을 답습하면 쥐가 나고, 예전禮典에 대해 이야기하
면 충치가 생기고, 만물과 더불어 다시 시작되어 그대가 비록 학문을
좋아하고 게을리 하지 않더라도 장차 부족해질 것이다. 그것을 바라만
보고 배우지 않는다면 긴 밤이 반드시 되는 것은 아니고, 육경이 반드

시 태양이 되는 것은 아니다."

현학자들은 유가의 최대 실수는 바로 개성을 억압하고 인간의 자연스러운 발전을 막은 것이라고 보았다. 그래서 현학교육의 최고 이상향은 '문명 속에서 자연 그대로의 소박함을 나타내고, 안으로는 마음에 부끄럽지 않고, 밖으로는 관습에 의지하지 않으며 실리를 따져 사귀지 않고 녹에 따라 섬기지 않고, 고금을 거울삼아 감정을 제하고 욕망을 씻어낼 줄' 아는 지인至人을 길러내는 것이었다.

서양교육사에서 '자연으로 돌아가라'는 교육의 기치를 든 사람은 프랑스의 루소Rousseau이다. 그는 《에밀Emile》에서 "신이 창조한 모든 것은 선하지만 인간이 행위에 물들면 곧 추악해진다."라고 말했다. 혜강 등 현학가의 관점을 반드시 루소의 자연주의 교육과 같다고 볼 수는 없다. 그러나 이들이 루소보다 천 육백 년 가량 앞선 시기에 "자연으로 돌아가라."는 교육 주장을 제시한 것은 동서양을 막론하고 교육사상에 한 획을 그은 혁명이라고 보지 않을 수 없다.

위진 시기의 가정교육사상 역시 간과할 수 없는 부분이다. 당시 최고의 업적으로는 안지추顔之推의 《안씨가훈顔氏家訓》을 들 수 있다. 총 20편으로 구성된 《안씨가훈》은 입신立身부터 치가治家, 처사處事 및 학문을 배우는 자의 자세에 이르기까지 교육의 의의와 가성교육의 보편적 문제를 전반적으로 다루고 있다. 안지추는 어릴 적부터 가정교육을 시작해야 한다고 강조하며 "어린아이일 때는 오로지 집중하기에 이로우며, 장성한 후에는 생각이 분산되니 반드시 일찍이 교육해야 하며 시기를 놓쳐서는 안 된다."라고 말했다. 그는 사랑만 있고 가르침은 없는 교육 방식을 비판하며 자녀를 가혹하게 대하는 체벌에 반대했다. 그리고 엄격함과 자애로움을 두루 갖춘 교육을 주장했다. 또한 가정교육의 구체적인 내용(언어, 도덕, 뜻을 세움 등을 강조)과 아이들의 학습지도방법(관찰학습, 근면한 배움, 시간 절약, 상호토론연구 등)에 관한 상당히 특색 있는 의견을 제시했다.

안지추의 가정교육 이론은 후세에 매우 큰 영향을 주었다. 특히 후기 봉건 사대부의 가정교육에 깊은 영향을 준 이 책은 '가정교육규범'으로 불렸고, 이후에 나타난 가정교육교재의 모범서가 되었다. "고금 이래 가정을 훈계함에 있어서 육조의 안지추 가법家法이 가장 바르며 가장 널리 전해졌다."는 평가가 있는 것도 당연하다.

그 밖에도 위진남북조 시기에는 불교학교육, 도가 교육 및 민족교육 역시 신국면을 맞이하여 상당한 규모를 갖추었다.

(3) 수당 및 양송 시기의 교육사상

수당양송隋唐兩宋 시기는 수, 당, 오대, 양송 등 네 단계로 진행되었으며 서기 581년 수隋왕조 건립부터 서기 1279년 남송의 멸망까지 약 칠백 년 동안 이어졌다. 이 시기에는 장기적으로 분열과 통일이 반복되었으며 문화교육은 전대미문의 번영과 번성을 맞이했다. 학술적으로는 제3의 '백가쟁명'의 절정기가 도래했다.

수당양송 시기의 교육사업은 한층 더 발전하였고, 아울러 상당히 새로운 특징을 보이기 시작했다. 수나라 왕조는 한대漢代의 홍두문학(예술 전문 과목)을 이어받아 서학書學, 산학算學, 율학律學을 설립하였으며 당나라 왕조는 사천태司天台, 태부사太仆寺, 태락서太樂署 등에서 직업 훈련을 진행했다. 이로써 고대 중국의 전문 과목 교육과 직업교육이 정규화되었다. 수당 시기에 처음 생겨나 점차 완성된 과거제도와 당송 시기에 나타난 서원제도는 고대 교육에 큰 영향을 끼쳤다.

이 시기에는 교육사상 역시 상당히 활기차게 발달했다. 다양한 학파가 나타나면서 풍요롭고 다채로운 양상을 띠었다. 한유韓愈는 유가적 도덕전통을 옹호하여 '공명정대한 선왕의 교육'이라는 교육 목표를 제기했다. 그가 저술한 《사설師說》은 교사의 기능과 임무, 교사선발기준 및 사제관계에 이르기까지 다방면에서 교육문제를 다루었다. 또한 "옛 학자는 반드시 스승이 있었으니 스승이란 도道를 전하고 학업을 주고 의혹을 풀어주는 이다." "제자라고 반드시 스승만 못하지 않고 스승이라고 해서 반드시 제자보다 현명한 것은 아니다." "도를 듣는 것에는 먼저와 나중이 있고 술업術業에 전공이 있다." 등의 수많은 명언을 남겼다. 《사설》은 중국 최초로 교사에 관한 문제를 집중적으로 다룬 명저라 할 수 있다.

한유의 《진학해進學解》는 우의寓意(다른 사물에 빗대서 은연중 어떤 의미를 비추는 서술 방식)로 가득한 한 편의 아름나운 산문이나. 내와 형식으로 되어 있으며 학습에 대해 집중적으로 논하고 있다. 그중 "학문과 기예는 근면해야 진보하며, 게으르면 황폐해진다. 신중히 생각하고 행하면 성공하고, 성급하게 대충하면 실패하며 망가진다."는 구절은 지금까지도 인구에 회자된다. 또한 한유는 《자산불훼향교송子産不毀鄕校頌》

에서 지방 학교의 설립을 주장하였는데 이 역시 매우 긍정적인 의의를 가진다. 그밖에 그가 제시한 '성삼품설'은 인간의 발전에 있어서 교육의 기능을 서술하여 후세에 큰 영향을 주었다.

송宋兩 시기는 중국 고대 교육사상 발전의 절정기이다. 범중엄範仲淹, 왕안석을 위시로 하는 교육 개혁가들은 경세치용經世致用 교육을 주창하고, 교육제도 및 교육내용, 방법의 개혁을 적극적으로 주장하며, 인재 육성 및 선발에서 나타난 악순환을 선순환으로 바꾸고자 했다. 비록 그들의 개혁운동은 실패로 끝났지만 일부 성과는 여전히 다른 형식으로 보존되어 전해졌으며 송대宋代 교육에 큰 영향을 주었다.

범중언이 남긴 "고생스런 일에는 자기가 앞장서고, 즐거운 일에는 남보다 뒤에 선다(먼저 근심하면 뒤에 안락을 얻게 된다)."라는 사람됨에 대한 격언과 왕안석의 상중영은 세상을 경계하며 깨우치는 소문小文으로서 이후 교육의 중요한 교재로 활용되어 세상에 널리 퍼졌다.

호원胡瑗은 범중언과 왕안석의 개혁이상을 실천하는 측면에서 매우 가치 있는 시험을 했다. 좀 더 정확하게 말하자면 호원의 교육개혁 관련 실천과 이론은 범중언과 왕안석의 거시적 교육개혁 구상에서 영감을 얻은 것이다. 호원의 분재교학分齋敎學 및 주전공－부전공 제도는 세계의 다른 선진국보다 4백 년이나 앞선 것이었다. 또한 호원은 독학지도 직관(시청각)수업 유희(레크리에이션)수업 현장학습 등, 기존의 방법을 답습하지 않고 독특하고 새로운 자신만의 교육방법을 창안해냈다.

송대 성리학 분야에서는 렴濂(주돈이周敦頤), 락洛(이정二程), 관關(장재張載), 민閩(주희朱熹)의 4대 학파가 있었다. 그중에서도 정이, 정호, 주희로 대표되는 '정주이학'은 교육에 매우 큰 영향을 주었으며 성리학 교육사상 체계의 주류를 형성했다. 교육적 측면에서 정주이학은 '성현의 말씀을 가르치는 사람은 하늘의 도리를 밝히 알아 인간의 욕심을 없애야 한다.'는 것을 강령으로 내세웠다. 또한 인재를 육성하고, 덕으로 기질을 변화시키며, 바른 마음을 품게 하고, 아름다운 풍속을 이루는 측면에서 교육이 가진 기능을 긍정했다. 교육의 내용에 있어 정주이학은 사서(대학, 중용, 논어, 맹자)와 오경을 함께 가르치는 풍조를 만듦으로써 후기 봉건사회 교육내용의 짜임새와 격식에 결정적인 영향을 주었다.

도덕교육 분야에서 정주이학은 '마음을 바르게 하고 뜻을 정성스럽게 한 후 심신을 닦고 집안을 정제한 다음 나라를 다스리고 천하를 평정하는' 성인을 양성하는 것을 목표로 삼았다. 또한 '뜻을 세우고 공경과 성실을 통해 마음을 기르고 욕심을 버리며 정의로움을 길러 속이지 않고 화를 내지 않는' 등의 수양방법을 통해 "천지에 같은 덕을 베풀고, 물욕의 번거로움에 치우치지 않으며, 대단히 공평하고 사심 없으며, 지극히 높고 밝으며 혼탁한 세상과 섞이지 않고, 치우치지 않는" 것을 도덕적 경지로 보았다.

교육이론 분야에서 정주이학은 인재별 맞춤교육, 계발 유도, 점진적인 학습심화, 온고시신, 지식은 넓게 가지고 행동은 예의에 맞게 하라는 등 이전의 교육원칙을 더욱 심화했다. 주희의 독서법 역시 고대의 교육이론 형성에 크게 이바지했다. 정주이학의 교육사상이 당시와 후세에 미친 영향은 매우 지대했다. 주희가 서거하고 얼마 되지 않아 정주이학의 교육사상은 후기 봉건사회에서 지배적 위치를 차지한 관방

교육사상으로 자리매김했다.

육구연陸九淵으로 대표되는 심학心學 사상은 정주이학에 비길만한 교육사상이다. 육구연은 "우주는 곧 마음이고, 마음이 곧 우주이다." "마음이 바로 이치이다."라는 기본적인 심학의 명제에 기초하여 교육의 목적은 본성을 밝히는 것이라고 주장했다. 또한 "자고로 예부터 가르치는 자는 단지 마음을 간직하고 성품을 기르고 마음의 평안함을 구했다……. 마음을 수양하는 것이 바로 학문으로 들어가는 문이며 덕에 들어가는 자리이다."라고 말했다. 그리고 이러한 기초 위에서 양육되어 우수한 덕성을 갖춘 사람을 '완인完人', 독립정신을 갖춘 사람을 '초인超人'이라고 했다. 도덕교육에서 육구연의 심학은 덕육의 전반적인 과정을 다음과 같이 설명했다.

"리履는 덕의 기초이며, 겸謙은 덕의 기댈 곳이고, 복復은 덕의 근본이다. 항恒은 덕의 견고함이며, 손損은 덕을 닦는 것이고, 익益은 덕을 넉넉하게 하는 것이다. 곤困은 덕을 분별하는 것이고, 정井은 덕의 자리이며, 손巽은 덕의 제도이다……. 구괘九卦의 배열은 군자가 수양하는 데 필요한 것으로 순서가 이와 같아서 하나라도 모자라서는 안 된다."

교육 측면에서 그는 정주이학과 달리 "널리 보아 여러 사물을 알고서 간략함으로 돌아간다."라는 관점을 내세웠다. 또한 "먼저 인간의 본심을 알고 난 후에 널리 보게 한다."고 주장했다. 아울러 자립정신, 분별력 연마, 심화학습 등 구체적인 원칙과 방법을 제시했다.

후세의 연구가들은 육구연이 내세운 교육사상의 주요 특징을 다음과 같이 정리했다. 하나하나 이해하는 것이 아니라 전체를 밝히 보이며,

도리를 묻는 것보다는 덕성을 존중하며, 밖에서 찾기보다는 반성을 통해 내면에서 추구하고, 서적이나 성현의 말씀을 맹목적으로 따르기보다는 독립적 사고를 주장하며, 몸소 행해 실천하는 것을 중요시하고, 언행이 어긋나는 것을 금했다. 그중에 앞서 말한 세 가지는 심학교육과 이학교육의 상이한 특징을 잘 파악한 것이라 할 수 있다.

진량陣亮, 엽적葉適으로 대표되는 사공事功 학파는 정주이학에 반대의 기치를 세웠을 뿐만 아니라 육구연의 심학도 반대했다. 이들은 이학가와 심학가는 공허한 생명도덕만을 논하고 있다고 비판하면서 실용을 추구하고 실리를 중시하며 진정한 인재를 논하는 교육 이론을 확립했다. 그들은 학이치용學以致用(배운 것을 실제로 활용함), 개물성무開物成務(만물의 뜻을 깨달아 모든 일을 이룸) 등의 교육 주지를 제창하였으며 경사經史와 예능을 모두 중요시하여 실제적 이치와 실용적인 일을 교육 내용의 골자로 삼았다. 또한 대담한 비판정신과 과감한 창조정신, 스승 및 친구 사이의 엄격한 가르침을 강론한 교육원칙과 방법을 제시했다. 그들의 교육원칙과 방법은 명말明末, 청초請初 계몽사상가의 교육사상의 이론적 근거가 되었고 한학 거장들의 학술적 자양분이 되었으며 중국 고대 문화교육 발전에 찬란한 빛을 밝혔다.

(4) 원명청元明清 시기의 교육사상

원나라, 명나라, 청나라 시기를 포함한 원명청 시기는 서기 1279년 남송이 멸망하고 통일 전국이 일어난 때부터 1840년 아편전쟁에 이르기까지 오백 육십여 년 간 지속됐다. 이 시기에 사회는 대변혁을 겪었고 각종 학술사상 역시 활기를 띠면서 중국 고대 학술사상의 역사에서 네 번째 '백가쟁명'이 나타났다.

원명청 시기의 교육제도는 기본적으로 한당漢唐 시기의 것을 계승하였지만 일부 새로운 특징을 보이기도 했다. 그중에서도 사회교육의 발전은 가장 큰 특색이다. 비록 고대의 교육가들이 일찍이 사회교화의 사상을 제시하기는 했지만 사회교화가 진정으로 이루어진 것은 원나라 때부터이다. 원대의 사학社學과 묘학廟學은 전형적인 사회 교육기관의 역할을 담당했다. 원나라 세조 원년 25년(서기 1288년)에 원나라 조정은 다음과 같은 법령을 공식적으로 반포했다.

"모든 현 관하의 촌락은 오십 가구를 하나의 사회로 보고 고령자 중 사리에 밝은 자를 골라 사회장으로 세운다. …… 각 사회는 한 개의 학교를 세워 경서에 통달한 사람을 골라 교사로 삼고 농한기에 자녀를 입학시킨다. 만약 학문을 완성한 자가 있으면 복잡한 시험으로 검사하고 감찰한다."

묘학이란 공자의 묘에서 이뤄지는 활동을 중심으로 유가적 도덕을 선전하고 보급하는 사회교육 형식이다. 이 시기 교육의 또 다른 특징은 정부가 학교 교육과 과거시험에 대한 규제를 강화하고 봉건 전제주의 문화교육을 실시한 것이다.

교육사상면에서 보면 명청 시기에는 성리학에 반대하는 경향이 비교적 두드러졌으며 개성을 함양하고 실학 교육 사조를 제창하는 움직임이 뚜렷해졌다. 왕수인은 육구연의 심학 교육관을 계승하고 발전시켜서 '양지良知에 이르게 하는' 교육이론과 '지행합일知行合一'의 도덕교육론을 주장했다. 아동교육 분야에서는 말로 감독하고 그 언행을 질책하거나 밧줄로 묶어 채찍을 휘두르고 나서 기다리게 하는 것처럼 아동의 천성을 억누르는 교육방법을 반대했다. 그리고 유도誘導와 계발, 권고 등 '제재를 싫어하고 즐거운 장난을 좋아하는' 아이들의 특징에 맞춘 교육방법을 사용해야 하며 단비와 봄바람이 초목을 물들이듯 자연스레 생각이 싹터 발전하도록 해야 한다고 주장했다. 그리고 독서와 노래, 시와 예절의 습득 등을 결합해서 수업과목을 만들어야 하며, 이런 과목은 또한 아동의 심신발전 상태에도 맞아떨어진다고 역설했다. 왕수인이 죽기 2년 전에 태어난 이지李贄 역시 이학을 반대했다. 교육사상 면에서 그가 세운 업적은 사제 관계에 있어서 '스승은 곧 친구'라는 관점을 제시한 것과 여성의 교육을 주장한 것이다. 이지는 자신의 주장을 몸소 실행했다. 그와 학생 간의 관계는 마치 혈육관계처럼 돈독했다. 그는 또한 마성에서 강의할 때 여학생을 공개 모집하여 세속과 봉건 예교(예법과 도덕)에 도전했다.

　명청 시기의 황종의黃宗羲는 중국 최초로 근대적 색채를 띠는 민주주의 교육사상을 체계적으로 제시한 학자이다. 그는 민주정치라는 높은 이상에서 출발하여 팔고문으로 관리를 뽑던 과거제도를 맹렬히 비난했다. 또한 봉건교육의 전제와 특권을 반대하여 보급교육의 학제체제를 설계했다. 즉 몽학(소학), 군현학(중학)부터 태학(대학)과 서원(연구생원)에 이르는 학교 체계를 구상한 것이다. 이로써 근대적 학교 교육제도의 싹이 트기 시작했다. 명청 시기의 또 다른 저명한 교육사상가로 풍부한 저작과 깊은 학문적 조예로 유명한 왕부지王夫之가 있다. 그는 교육을 강국의 '재물, 병사, 지혜'의 세 가지 강령 중 하나라고 보고, 명 왕조가 멸망한 원인이 교화기능 약화와 인재육성 실패에 있다고 주장했다. 왕부지는 "인성은 날마다 새로워질 수 있다."는 인성이론을 바탕으로 "만들어지지 않은 것은 만들 수 있고, 이미 만들어진 것도 고칠 수 있다."는 인성의 특징을 강조했다. 그리고 이에 따라 인간의 발전에서 교육의 역할을 제시했다. 그는 '재능과 자질에 따라 배울 수 있는 정도가 다르니 인물에 맞게 체계적으로 가르쳐 배움을 행하게 하고 즐거움과 노력이 결합하도록 하며, 꾸준히 가르쳐야 한다.' 등의 교육원칙과 방법을 제시하고, 고대 중국교육의 정수를 집대성하는 한편 참신한 견해들을 내놓았다.

이밖에 명청 시기에서 주지할 만한 교육 분파는 안원顔元, 이공李塨으로 대표되는 실학교육학파이다. 이들은 송명 시기에 이학이 제창한 비실용적 학습 및 맹목적 학습에 반대하여 실학과 실용의 교육을 주장하고, 고대 중국교육에 실천에 근접한 새로운 방향을 제시했다. 실학교육의 교육목표는 '경세치용을 통해 백성을 이롭게 하고 백성을 위해 일하는' 인재를 기르는 것이었다. 교육내용에서 실학교육파는 실제적 학문과 실행, 실제적 체험과 실용의 원칙을 내세우며 예술교육, 체육, 자연과학교육 및 노동교육을 중시했다. 교육 방법에서는 가만히 앉아 공론만 펼치는 것을 비판하며 실행과 강변講辯을 주장했다. 그리고 "학문에 힘쓰고 가르침에 힘써, 논의하는 자는 한둘에만 힘을 들이고, 배워서 행하는 자는 여덟, 아홉에게 공을 들여야 한다."고 생각했다. 이는 현대교육론 중에 강의는 간결하게 하고, 실제 연습을 많이 하는 수업방식의 원형이라 할 수 있다. 실학교육은 유가의 전통적인 교육내용과 방법을 타파하고, 몇 천 년 동안 굳어져 온 봉건교육의 벽을 허물었다. 또한 근대과학교육과 노동교육의 필연적 탄생을 예고했다. 다시 말해 실학교육은 중국 고대 자본주의가 싹트는 시기, 시민계층의 마음의 소리를 반영한 것이며 근대교육 개혁의 이론적 토대 중 하나이다.

02

중국 고대 교육사상의 주요 특징

고대 중국 교육사상은 중국이란 공간을 배경으로 고대라는 특수한 생태환경 가운데 생성되고 발전하기 시작했다. 중국 고대 교육사상의 주요 특징을 정확하게 인식하고 파악하려면 반드시 이런 특수한 생태환경에 대한 상세한 분석이 필요하며 고대 교육이 생존하고 발전할 수 있었던 밑바탕을 그릴 줄 알아야 한다.

고대 중국 교육사상은 비록 과거에 속하지만 그것의 현대적 의미도 중요하게 살펴보아야 한다. 역사가 증명하듯 만약 고대 교육사상의 긍정적 의의와 부정적 요인을 중시하지 않거나 고대 교육사상의 침투력과 잠재적 영향을 중시하지 않는다면, 혹은 고대 교육사상의 관성적 메커니즘과 재생 능력을 중시하지 않는다면, 현대교육은 발전 방향과 동력을 한꺼번에 잃어버릴 것이기 때문이다.

1. 고대 교육사상의 생태환경

문화생태학의 관점에서 보면 생태환경은 문화유형에 영향을 주는 주요 요소이다. 생태환경은 일반적으로 어떤 문화나 해당 민족이 자리 잡은 지리적 환경, 물질 생산방식, 사회조직형태 등으로 구성된다. 생태환경에서 자연 및 지리환경은 생산방식을 결정짓는 요소이며, 또한 생산방식에 따라 사회조직형태가 결정된다. 온대 대륙형의 자연조건은 중화민족이 농업을 위주로 한 자연 경제를 발달시키게 하였으며, 농업생산 방식의 절대적 우세는 중국에 가장을 중심으로 한 종법제도가 형성되도록 했다. 이러한 생태환경에서 자라난 고대 교육사상은 당연히 생태환경의 영향을 강하게 받았으며 중국만의 특색을 갖추었다. 따라서 먼저 중국의 특수한 생태환경을 분석해보겠다.

(1) 반 폐쇄적 대륙환경

온대와 해양성 기후에 따라 구분한다면 중국은 온대 대륙형 기후에 속한다. 온대지역은 열대나 한대지역과 달리 기후가 생존에 알맞고, 생산과 생활 조건이 비교적 좋아서 세계 문명의 발상지가 될 가능성이 컸다. 그래서 헤겔은 "역사의 진정한 무대는 온대, 그중에서도 북 온대지역이다. 왜냐하면 지구가 그곳에 하나의 대륙을 만들어놓았기 때문이다. 그리스인이 말한 것처럼 지구는 그곳에 광활한 가슴을 가지고 있다."고 말했다. 동아시아 대륙의 온대와 난온대 지역에 걸쳐 있는 중국은 천혜의 자연조건을 갖춘 지리 환경 덕분에 세계에서 최초로 문명이 탄생하는 행운을 맛보았다.

해양 민족과 달리 중국의 조상은 아주 오래 전부터 동아시아 대륙에서 생활했다. 동으로는 망망대해에 인접해 있고, 서북으로는 가로로 누워 있는 끝없는 사막과 맞닿아 있으며, 서남으로는 높고 험준한 청장靑藏 고원으로 둘러싸여 있다. 육로나 해로 교통이 불편했던 고대에는 중국 영토 안에서의 개척은 활발하게 이루어졌으나 대외적으로는 반 폐쇄적 지리환경이 형성되었다. 이런 지리환경 덕분에 중국의 문화는 수천 년 동안 거대한 '도피항(배가 큰 풍랑에 대피하는 항구)' 안에서 마음껏 꽃피울 수 있었다. 이와 같은 지리환경은 문화학의 격리 메커니즘을 형성하여 고대 중국문화의 유구한 발전을 이끌었다. 또한 이 덕에 중국문화는 아리아 인의 침입으로 파괴된 인도 문화나 알렉산더 대왕에게 점령당한 이집트 문화, 게르만족의 공격으로 맥이 끊긴 그리스·로마 문화 등이 겪었던 비극을 피할 수 있었다.

반 폐쇄적인 대륙환경은 고대 중국의 문화교육에 중요한 영향을 끼쳤다. 고대 중국문화는 이 자연적인 '도피항' 안에서 성장과 발전을 거듭했다. 게다가 고대 중국인은 외부세계에 대한 지식이 매우 적었기 때문에 중국을 세계의 중심으로 착각하는 민족 자아의식이 깊이 뿌리내렸다. 고대 중국인은 자신들이 세계의 중앙에 위치하고 있다고 생각했고 이런 의식에서 '중국은 천하의 중심이다.'라는 잘못된 관념이 생겨났다. 고대 중국인이 주변 지역을 '사이四夷(옛날 중국이 인접 국가들을 얕잡아 일컫는 말)' 혹은 '만맥蠻貊(거친 오랑캐)'라고 부른 것도 이 때문이다. 대륙 민족 자아의식에 대한 집착은 고국과 고향을 그리워하는 정서를 낳았으며, 애국주의를 중시하던 고대 중국 교육사상의 특징이 생겨났다. 레닌은 《피티림 소로킨의 고백》에서 문화의 격리 메커니즘과 애

국주의 간의 내재적 관계를 제시한 바 있다. 그는 '애국주의는 나라들
이 수천 년 동안 각자 격리된 상태에서 형성한 일종의 심오한 감정이
다.'라고 정의했다.

'깊은 밤 태백성도 그 빛을 거두어들이는데 나라를 위하여 충성을 다
하여 죽고자 하나 싸움터가 없다.'라고 노래한 육유陸遊의 시부터 '천하
와 국가의 흥망은 모든 사람에게 책임이 있다.'는 고염무顧炎武의 명언
에 이르기까지 모두 강렬한 애국주의 정서를 가감 없이 나타내고 있다.

(2) 농업 위주의 자연경제

대륙민족은 다시 사막대륙형(중앙아시아의 유목경제), 초원－삼림대륙
형(동유럽의 반농반목경제)과 중국으로 대표되는 큰강대륙형의 세 가지
로 나뉜다. 큰 강과 대륙 지역에서는 평탄한 토지와 온화한 기후, 풍부
한 수원이 확보되기 때문에 중국의 선조들은 천혜의 조건에서 농업생
산방식을 발전시킬 수 있었다.

장쑤성江蘇省의 오현吳縣과 시안西安의 반파半坡 지역의 고고학적 발굴
을 통해 중국에서 이미 칠, 팔천 년 전부터 지리환경에 맞춰 황하 유역
에서는 조를, 장강 유역에는 논벼를 재배했다는 사실이 밝혀졌다. 중국
은 세계 최초의 농업 국가인 것이다. 수렵·채집경제에서 재배경제 위
주의 농경 사회로 진입한 이후 농민을 대상으로 한 교육도 나타났다.
백호통에는 '옛날 사람들은 모두 짐승의 고기를 먹었다. 그러다 사람
수가 많아져서 짐승이 부족해지자 신농이 하늘의 때에 따라 땅을 이롭

게 나누고 쟁기를 만들어 백성에게 농경을 가르쳤다.'고 쓰여 있다. 또한 이경계사에는 '창희 씨가 사라지고 신농 씨가 일어났다. 나무를 깎아 쟁기 날로 삼고 탄력이 있어 구부러지는 나무를 쟁기로 삼아 땅을 경작하는데 그것이 이로워 이를 천하에 가르쳤다.'고 기록되어 있다.

농업 위주의 자연경제 생활방식은 사회조직 형태와 사람들의 사고방식에 직접적인 영향을 주었다.

첫째, 농업에서는 토지가 생산의 원자재이며 사용할 수 있는 토지의 면적은 제한되어 있었고, 일단 획득하면 장기간 보유할 수 있었다. 그러나 토지 보호, 경작, 파종, 재배 및 수확은 개인의 능력으로는 감당할 수 없기에 안정된 소규모 집단을 노동의 기본단위로 삼아야 했다. 그리고 이런 조건을 가장 잘 만족시키는 것은 혈통을 기초로 하는 가족이다. 그래서 가족의 권리를 지키고 가족 성원의 조화와 단결을 유지하는 것은 지고지상의 가치가 되었다. 또한 가족이 경제 및 사회생활의 핵심이기 때문에 기타 집단 역시 가족으로 보는 경향이 강해졌다. 이는 내부 인간관계의 가족화를 심화시켰고 심지어 온 국가의 가족화가 이뤄졌다. 즉 가족은 국가의 축소판이며 국가는 가족의 확대판이라는 '가족주의'가 형성된 것이다.

둘째, 고대 중국은 한 가구를 기본 단위로 농사를 지었기 때문에 같은 혈통을 가진 가구가 함께 거주했다. 하지만 혈통을 달리하는 가구는 멀리 떨어져 지내서 물물교환도 하기 어려웠는데 고대 사회는 그런 수천 개의 촌락과 도시로 구성되어 있었다.

수리水利는 농업의 핵심이다. 그렇기 때문에 수원水源을 다스리고 대규모의 수리 관개 시설을 건설하는 것은 농경민족의 생존과 직결된 문제였다. 개인의 힘으로 대자연의 힘에 대항하기에는 역부족이라는 사실을 깨달은 선조는 서로 힘을 합쳐 홍수에 대비한 수리시설을 건설했다. 그리고 대규모 공사를 효과적으로 관리하기 위해 전국적 혹은 인구의 요충지를 아우를 수 있는 조직망을 갖추었다. 조직을 통제하는 사람은 최고의 권력을 갖게 되었고 집단협력으로 탄생한 조직과 권력자는 전제정치를 펼쳤다. 치수治水사업을 지휘했던 우왕의 아들 계啓가 중국 최초의 전제 군주 왕조인 하 왕조를 세웠다는 사실이 대표적인 예이다. 이처럼 고대 중국 사회는 권위에 기대어 의지하고 보호받으려는 심리와 협력을 중시하는 단체의식이 함께 형성되었고, 이는 고대 중국 교육 사상에 큰 영향을 미쳤다.

셋째, 고대에는 농작물의 성장이 느리고 약했음에도 사람들은 기존의 경작방식을 고수할 뿐 한계를 뛰어넘을 생각조차 하지 못했다. 개량된 경작기술을 잘못 시행했다가는 장기간 기근을 불러오는 등 인류의 생존을 위협할 수 있기 때문이다. 양계초梁啓超는 일찍이 해양민족 특유의 개척정신과 모험적 기질에 대해 논한 바 있다.

"바다를 보면 만물이 초연해 보이고 모든 행위와 생각에 무한한 자유를 느끼게 된다. 항해하는 사람은 이익을 얻고자 하지만 저음에는 온갖 위험과 어려움 앞에서 이해利害를 따지지 말고 생명과 재산을 모두 걸어야 한다. 이것이 바다를 항해하는 사람들이 용맹하고 고상한 정신을 가진 이유이다. 예로부터 바다에 인접한 백성은 육지에 사는 사람보다 활력적이고 진취적이다."

평원에서 농사를 짓는 농민은 이런 모험을 감수할 능력도, 감수할 필요도 없다. 조상의 경험에 따라 의식주를 해결하고 자족할 수 있는 데 반해, 이에 도전하고 실험하는 자는 쌀 한 톨도 없을 수 없다. 그래서 사소하고 작은 것에 신경 쓰고, 옛것을 중시하고 현재의 것을 경시하며, 변화를 바라지 않는 마음가짐과 행동양식을 만들어냈다. 그리고 전체를 보고 신중하게 일을 처리하며 선조의 습관을 존중하고 자연의 흐름을 중시하는 반면, 모험하고 도전하는 태도를 드러내지 않게 되었다.

넷째, 농업생산에서 농작물의 성장이 느리고 주기가 길었다. 농업생산은 단계가 복잡했고 파종, 제초, 비료, 관개, 농작물 보호 및 수확과 저장에 따라 작물의 풍작과 흉작이 결정되었다. 농민은 파종을 하고 수확을 할 때까지 많은 시간을 투자하고 힘든 노동을 견뎌내야 했다. 농업생산의 모든 단계를 완수하기 위해서는 강한 의지와 인내력이 필요했다. 근면과 인내를 중시하는 중국의 전통은 이런 농업생산의 특징과 밀접한 관계를 가진다. 고대 중국 교육사상에서 강조하는 '학문의 발전은 근면함에 기초한다.' '인내심을 갖고 끝까지 계속하다.' 등의 학습방법 역시 여기에 뿌리를 두고 있다.

다섯째, 농민은 토지를 이용해 작물을 재배하는데 토지는 이동할 수 없기 때문에 사람들은 정해진 토지에 기대어 오랫동안 거주하게 되었다. 농경사회에서는 조상숭배를 강조하고 가문의 토지를 물려받아 조상의 무덤을 돌볼 것을 장려하며 자손들을 땅에 붙들어 놓았다. 그리고 오랫동안 살던 고향을 떠나지 말 것과 부모가 사는 곳에서 멀리 가지 말아야 한다고 강조했다. '집 떠나면 고생'이라는 옛말도 같은 맥락에서 나왔다. 농업사회에서는 기본적인 생계를 유지하는 한 고향을 등지거나 대대로 전해져 내려오는 땅을 버리지 않았다. 이런 오랜 정착 생활은 고대 중국인의 의식과 역사관을 형성하는 데 큰 영향을 미쳤다. '백 년 된 마을은 있지만 백 년 된 관아는 없다.'라는 말이나 '관아의 주인은 한 때의 연기처럼 사라지지만 땅 부치며 사는 주인은 백 년, 만 년 산다.' '앞에 온 사람은 나무 심고 뒤에 온 사람은 그 그늘 밑에서 서늘한 바람을 쐰다.' 등 농업 사회에서 유행했던 속담에는 영원히 변하지 않는 것에 대한 항구의식과 역사관이 잘 드러나 있다. 고대 중국에서 역사학이 크게 발달한 것과 역사와 지식의 계승을 중시하는 교육사상은 역시 이런 특징과 관련이 깊다.

여섯째, 농업민족은 안정적인 거주지와 평화로운 사회를 바랐고 전쟁과 소란을 두려워했다. 일단 전쟁이 일어나면 징병과 식량 징발에 시달릴 뿐만 아니라 보금자리를 잃고 떠돌게 되어 안정적으로 농사를 지을 수 없고 생계유지조차 어려워지기 때문이다. 고대 중국 농민들의 가장 큰 바람은 먹고 살기에 충분한 작물을 수확하여 조용하고 평온한 생활을 하는 것이었다. 그래서 중국사전에서 움직일 동動은 재난이 찾아오는 것을 뜻하고 조용할 정靜은 평화롭고 화목한 상태를 뜻한다. '정'을 숭상하고 '동'을 억압하는 사회 분위기는 사람들이 평화와 중용, 안정을 추구하고 변화와 투쟁을 거부하도록 만들었을 뿐만 아니라 조용한 하루를 보내고 싶어 하는 타성을 낳았다. 고대 중국 교육사상에서 조화와 '정'을 중시하고 경쟁과 '동'을 경시하는 전통 역시 이러한 특징이 반영된 것이다.

일곱째, 농업생산에서 토지는 생산력의 한계에 부딪혔다. 개량된 경작방식(돌려짓기 등)을 사용하지 않고 같은 토지에 쉬지 않고 농사를 지으면 토지의 생산력은 점차 떨어지게 된다. 농번기가 아닌 시기에는 농민들의 생활리듬이 느리고 단조로웠으며 시간을 때울 만한 오락거리가 마땅치 않았기 때문에 부부간의 성생활이 활발했고 노동력을 많이 필요로 했던 농경사회의 특징이 반영되어 자녀를 많이 낳는 풍토가 생겨났다. 하지만 제한된 토지로 많은 자녀를 양육하기에는 양식이 부족했고 자연스럽게 근검, 절약과 유연한 가치관이 형성되었다.

(3) 가정과 국가가 일치된 종법 사회

고대 중국사회는 농업생산 방식의 절대적 우위로 인해 세계에서 가장 특색 있는 사회제도인 가정과 국가가 일치된 종법 사회가 형성되었다. 이는 중국의 역사발전과 고대 중국 교육사상의 형성 및 발전에 큰 영향을 미쳤다.

원시사회에서 노예사회의 과도기에 고대 중국은 고대 그리스·로마와 다른 양상을 보였다. 고대 그리스·로마에서는 노예들이 귀족통치를 뒤엎는 혁명을 일으켜 가정노예제가 노동노예제로 전환되었으며 도시국가가 세워졌다. 그러나 중국에서는 씨족의 우두머리가 곧 노예의 주인인 귀족으로 변했고 가정노예제는 종족노예제로 발전하면서 가정과 국가를 일치시킨 사회가 출현했다. 이렇듯 씨족 사회의 해체가 충분히 이뤄지지 않았기 때문에 씨족사회의 유산인 혈통 중심의 유대 관계 역시 그대로 전해졌다. 따라서 부권을 중심으로 하고 적자계승제를 기본원칙으로 하는 종법제도와 이에 상응하는 사고방식이 그대로 답습되었다.

종법제도가 큰 충격 없이 유지될 수 있었던 이유는 고대 중국의 농업형 자연경제체제와 깊은 관계가 있다. 농업형 자연경제체제는 종법제도의 생존과 발전에 필요한 비옥한 토양을 제공했으며 서로 '닭 우는 소리가 들릴 정도로 가까이 살면서도 늙어 죽을 때까지 단 한 번도 왕래하지 않는' 촌락으로 구성되었다. 이런 촌락들은 기본적으로 가정 → 가족 → 종족宗族의 구조로 구성된 씨족마을로 대부분 '장 씨 부락'이나 '이 씨 마을' 등으로 불렸다. 국가는 이러한 기초 위에 가정의 모습을 기본 틀로 삼아 세워졌으며 군주와 아버지를 하나로 보는 종법 사회가 형성되었다. 고대 중국사회가 오랫동안 안정적인 발전을 거듭할 수 있었던 근본 이유는 바로 이런 사회조직 형태에 있다. 다음으로 종법 사회의 특징에 대해 알아보자.

첫째, 가정과 국가가 일치된 종법 사회는 남성중심 사회이다. 종법제도는 기본적으로 부권가장제이며 종법제도에서 남성가장은 온 가족의 중심이다. 남성가장은 가족의 권력을 상징했으며 모든 가족의 재산을 소유했다. 지위가 높은 가족상은 심지어 자신의 뜻대로 가족 구성원의 생사까지 결정했다. 남성가장이 사망하면 가장의 남자 후손 중 한 사람이 가장의 지위를 계승했다. 그래서 아들이 태어나야만 가문의 대를 잇고 제사를 이어받을 수 있었으며 대대손손 번성, 발전할 수 있었다. 또한 아들을 낳아야 복이 들어오며 부모님께 효도하는 길이라 여겼고 조상 볼 면목이 섰다. 이밖에 남성중심 사회가 형성된 이유로 경제적인 요소를 꼽을 수 있다. 비효통費孝通 선생은 이에 대해 다음과 같이 분석했다.

"소농 경제에서 '아이를 기르고 어른을 공양하는 것'은 매우 중요한 일이다. 부계사회에서 여자아이는 장성하고 출가하여 다른 생산단위의 노동력이 되지만 남자아이는 장성하고 결혼하면 며느리가 들어오기 때문에 해당 단위의 노동력이 향상한다."

이런 관념의 영향으로 남성의 사회적 지위는 더욱 견고해졌고 사회, 문화, 교육, 생활에서 여자를 배제하는 경향이 나타났다. 여성은 '집에서는 아버지를 따르고, 시집가면 남편을 따르며, 남편이 죽으면 아들을 따라야 한다.'는 관념이 생겨났다. 그래서 여성은 줄곧 종속적인 위치에 놓일 수밖에 없었고 낮은 대우를 받았다. 고대 교육사상에서도 '여자는 무능한 것이 곧 덕이다.'나 '여자와 소인은 기르기 어렵다.' 등의 논조가 잇달아 나타났다.

둘째, 가정과 국가가 일치된 종법 사회는 엄격한 계급사회이다. 종법 사회에서 가족 구성원은 혈연과 항렬에 따라 지위가 정해졌고, 국가도 벼슬의 품계에 따라 관료들을 차등적으로 대우했다. 아버지는 가족에서 최고의 권위를 가졌다. 《설문해자說文解字》에서는 아비 부父를 '법도를 세우고 온 가정을 이끌며 자식을 교육하는 사람이며, 지팡이를 든 모습을 문자화했다.'고 해설한다. 이는 '父'의 의미가 혈연관계에 국한되지 않고 통치와 권력의 의미까지 확장되었음을 보여주는 것이다. 《예기》에서는 '한 집안에 주인이 두 명일 수 없고 한 나라에 임금이 두 명일 수 없다.'고 했다. 국가의 관리체계 역시 가정을 모방하여 만들어졌다. 절대적 권위를 가진 군주를 '국부(나라의 아버지)'라고 불렀고, 대신을 '가신(가정의 신하)'이라 불렀다. 그리고 '임금이 신하에게 죽으라 했는데 신하가 따르지 않으면 불충이며 아버지가 아들에게 목숨을 버리라 했는데 아들이 따르지 않으면 불효'였다. 그래서 중국인은 계급이 엄격히 구분된 사회에서 자신의 지위를 명확히 하는 것을 중요하게 생각하고 상급자와 어른에게 절대적으로 복종하는 방법을 배웠다. 이렇게 계급 간 구별이 엄격한 사회질서를 인륜人倫이라고 했으며, '인륜을 밝히 아는 것'은 고대 중국사회의 중요한 교육 목표였다. 삼강오륜, 인의도덕 등의 교육내용은 모두 인륜이 구체적으로 구현된 것이었다.

셋째, 가정과 국가가 일치된 종법 사회는 의무 본위本位의 사회이다. '의무'는 엄격한 계급 체제에 부응해 권리의 상대적인 개념으로 나타났다. 통치자는 아랫사람에게 '존귀한 자'에 대한 절대복종(신하가 주군에게, 아내가 남편에게, 노예가 주인에게, 하급자는 상급자에게)을 강조하며 극단적으로 과장, 왜곡되면서 의무 본위의 윤리체계가 형성되었다. 사람들은 태어나자마자 갖은 의무에 둘러싸였다. 장유長幼, 친소親疎, 군신, 부자의 순서에 따라 형제·자매, 부모, 아내(혹은 남편), 가정, 사회, 군주에 대한 신분에 부합하는 의무가 지워졌다. 또한 의무를 다하는 사람만이 그 대가로 자신의 권리를 얻을 수 있었고 동시에 자신보다 지위가 낮은 사람의 의무적 봉사를 받을 수 있었다. 의무 본위는 긍정적 효과와 부정적 효과가 뚜렷하게 나타났다. 의무본위는 조국과 민족, 역사에 대한 사명감으로 승화되어 나라에 충성하고, 남을 위해 기꺼이 자신의 몸을 희생하며, 백성을 나라의 주인으로 섬긴다는 가치관을 낳았다. 이는 긍정적 효과라고 볼 수 있다. 그러나 군주와 아비에 대한 맹목적인 섬김과 충성, 인성人性에 대한 폭력적이고 잔인한 억압, '하늘의 이치를 알고 사람의 욕망을 없애라存天理, 滅人慾.'와 '굶어 죽는 것은 작은 일이나 절개를 잃는 것은 큰일이다.'라는 가치는 중요시하는 등의 부정적인 영향도 가져왔다. 결론적으로 고대 중국 교육은 의무 본위의 교육으로 귀결된다.

넷째, 가정과 국가가 일체화된 종법 사회는 혈연을 중시하는 사회이다. 종법 사회에서는 혈연관계에 따라 인간관계가 결정되고 더 나아가 사회에서 차지하는 정치적, 경제적 지위가 정해졌고 자손에게 대물림되었다. 혈연관계를 중시하는 중국 사회의 특징은 친족 간의 호칭에서도 찾아볼 수 있다. 예를 들어 영어에서는 백부, 숙부, 외숙은 'uncle', 고모, 숙모, 외숙모, 이모는 'aunt'라는 하나의 어휘로 부르며, 조부와 외조부는 'grandfather', 조모와 외조모는 'grandmother'로 통칭한다. 그러나 중국에서는 위에서 언급한 구분을 기반으로 혈연의 친소를 기준으로 하는 보조적 성격의 호칭 체계를 만들었는데 표表, 당堂, 증曾, 현玄, 외外, 원元, 선先, 친親, 간幹, 계繼, 후後 등이다. 혈연관계를 중시하던 사회 분위기는 '내 가족이 아니면 마음이 다를 수밖에 없다.'는 강한 가족의식을 탄생시켰고, 일반적인 인간관계에까지 영향을 미쳤다. 예를 들면 선생님을 '사부'라고 하거나 친구를 '형제'로, 지도자를 '부모관父母官'으로, 같은 나라 사람을 '동포'로, 단체를 '대가족'으로 칭하는 것이 있다. 인정과 체면을 중시하는 중국인의 특징도 이와 밀접한 관련이 있다. 인정을 중시하고 체면을 세워주는 것은 가족 내 인간관계의 중요한 준칙이기 때문이다. 고대 중국 교육사상에서 화합을 중시하거나 천하를 한 가정에 비유하는 것 역시 이런 가족 의식이 무의식중에서 표출된 것이다.

이상에서 서술한 것처럼 반 폐쇄적인 자연환경, 농업형 자연경제, 가정과 국가가 일치된 종법 사회로 이루어진 생태환경은 고대 중국의 생존과 발전의 문화적 토양이 되었다. 고대 중국의 교육사상은 이러한 문화적 토양에서 싹을 틔우고 성장하면서 중국만의 독특한 풍격을 갖게 되었다.

2. 고대 교육사상의 주요 특징

고대 중국 교육사상의 주요 특징을 분석하려면 바탕이 되는 문화적 토양과 생태환경을 파악하는 것도 중요하지만 먼저 세계 교육역사라는 전체적인 각도에서 살펴볼 필요가 있다. 고대 중국 교육사상의 주요 특징은 근본적으로 교육사상가와 모든 민족의 교육 가치관을 반영한다. 그럼 먼저 고대 중국인의 가치관을 살펴보자.

(1) 세속 중시, 신성 경시

서양의 교육사상이 신성을 강조한 반면 고대 중국의 교육사상은 교

육의 세속적인 기능을 강조했다. 세속을 중시하고 신성을 경시하는 것
은 중국 고대 교육사상의 첫 번째 특징이며, 동서양 교육사상의 근본적
인 차이점이다.

고대 그리스 3대 철학가 중의 하나인 소크라테스는 세계의 창조자와
주재자인 신이 존재한다고 확신했다. 그는 신이 인간을 창조하고 육체
에 영혼을 불어 넣어 인간을 다른 동물보다 뛰어난 존재로 만들었다고
생각했다. 또 지옥의 존재를 믿었으며 사람들에게 지옥에 떨어진 사람
의 모습을 묘사해 보였다. 고대 로마의 퀸틸리아누스는 《웅변교수론》
에서 '우주가 신성에 의해 다스려진다면, 국가도 선한 사람에 의해 관
리되어야 하며, 우리의 영혼이 하늘에서 온 것이라면 우리는 현세의 몸
이 향락의 노예가 되지 않도록 미덕을 함양하는 데 힘써야 한다.'고 말
했다. 그래서 퀸틸리아누스는 자신이 육성한 연설가들을 '하늘의 신이
세상을 빛내기 위해 속세에 보내준 사람들'로 여겼다.

중세시대에 이르러 서양 교육사상의 신성한 색채는 더욱 농후해졌
다. 종교교육 역시 사람은 하느님의 뜻을 집행하는 도구임을 주장하며
최후의 심판을 두려워했다. 교파의 분열, 종교전쟁, 이교도 박해 등은
교육에서 신성을 더욱 극대화했다. 근현대에 이르러 세속교육은 점차
현실적으로 변해갔지만 서양교육에서 신성을 중시하던 종교교육은 여
전히 큰 자리를 차지하고 있었다.

중국은 은·주나라 시기 주공이 원시 종교의식을 이용하여 '신령이
내린 천벌'나 '하늘이 내린 벌'등의 개념을 제시한 바 있다(사실 주공 본
인은 신령을 믿었다기보다 단지 그것을 이용해 형벌의 효과를 강화하려 했을

뿐이다. 공자 때부터 세속화가 진행되면서 교육의 세속적인 기능도 강조됐다).

'귀신, 힘, 혼란, 신을 말하지 않는다.'는 공자의 태도는 유교교육의 이성적인 태도와 풍격을 형성했다. 귀신에게 제사를 지내는 종교 활동에 대해 공자는 직접적으로 반대의 뜻을 나타내지는 않았지만 '(조상이) 그곳에 있는 것처럼 제사를 지내듯 신이 그곳에 있는 것처럼 제사를 지낸다.' '사람이 일하지 못하는데 어찌 귀신이 하겠는가?' '삶을 모르는데 어찌 죽음을 알겠는가?' 등의 표현으로 귀신에 대한 회의적인 태도를 드러냈다. 맹자도 비록 '하늘'도 때로는 의지와 인격을 가지고 있다고 믿었지만 이는 허황한 것에 불과하며 신성불가침의 절대적인 '하늘'은 아니라고 주장했다.

또한 그는 '하늘이 내린 재난은 피할 수 있지만 자신이 만든 재난은 피할 수 없다' '하늘이 내린 좋은 시기는 지리적 우세만 못하고, 지리적 우세는 사람의 화목만 못하다' '화와 복은 모두 스스로 구하는 자의 것이다'라고 했다. 그래서 정치관에서도 민심을 얻는 것이 '하늘'보다 중요하다고 강조했다. '걸왕과 주왕이 천하를 잃은 것은 백성을 잃었기 때문이다. 백성을 잃은 자는 그 마음도 잃은 것이다.' '천하를 얻기 위해서는 백성을 얻어야 한다.'라고 말한 것도 이 때문이다. 교육관에서도 맹자는 '자신을 반성하고 스스로 구한나.' '고난으로 사람의 의시를 키우고, 노동으로 체력을 키운다.'라며 하늘이 부여한 천부적인 지식에만 의지해서는 안 된다고 주장했다.

현실생활과 전통을 중시하는 유가적 전통은 이미 중국인의 특징으로 깊이 자리 잡았다. 임어당林語堂은 《오국오민吾國吾民》에서 이에 대해 다음과 같이 기록했다.

"중국의 인문주의자들이 자신이 확신한 인생의 진리를 위해서 모든 것을 바쳤지만 이와 관계없는 신학이나 현학의 기묘한 환상에는 아무런 관심도 두지 않았다는 것은 결코 부인할 수 없는 사실이다. ……중국인은 자신의 삶과 속세를 사랑하기에 눈에 보이지 않는 천당에 들어가기 위해 그것들을 버리지 않을 것이다. 그들은 고통스럽지만 아름다운 자신의 인생을 너무나 사랑한다. 인생에서 행복한 시간은 눈 깜짝할 사이에 지나가 버리기 때문에 너무나 소중하다. 중국인은 왕과 거지, 강도와 승려, 장례와 혼례, 출생과 질병, 지는 해와 비 오는 밤, 명절잔치와 술집의 떠들썩함이 함께 뒤섞여 어우러진 삶을 사랑한다. 중국 교육사에서 물론 불교교육의 그림자도 찾아볼 수는 있지만 이는 유교교육과 동화되지 못했을 뿐만 아니라 세속을 초월하라는 수양법 역시 받아들여지지 않아 크게 영향을 미치지는 못했다."

결론적으로 고대 중국의 교육사상은 세속을 중시하고 신성을 경시했으며 현세의 사회생활에서 인재를 육성하고 사회와 정치, 경제에 이바지할 수 있는 인재를 키울 것을 주장했다. 또한 속세를 초월하라는 불교교육의 수양법을 중시하지 않은 것 역시 세상일에 적극적으로 참여하겠다는 뜻을 나타낸 것이라 할 수 있다.

(2) 도덕 중시, 공리 경시

고대 중국 교육사상은 교육의 도덕성을 강조하였으나 서양의 교육사상은 공리성을 중시했다. 도덕을 중시하고 실리를 경시하는 것은 고대 중국 교육사상의 두 번째 주요 특징이다.

서양에서 공리주의를 처음 제창한 사람은 벤담Bentham이었지만 기본 정신은 소크라테스로부터 나왔다. 소크라테스는 돼지가 고통이나 걱정 없이 사는 것은 맞지만, 사람은 돼지처럼 자신의 만족만을 추구하며 살아서는 안 된다고 했다. 벤담은 이 말에 근거하여 '배부른 돼지보다는 배고픈 소크라테스가 되겠다.'는 명언을 남겼다. 그리고 사회적 이익을 인정하면서도 '사회는 구성원으로 인정받은 개인들로 이뤄진 하나의 허구적 단체'라고 정의하며 '개인의 이익만이 유일한 현실적인 이익'이라고 주장했다. 사실 공리주의 사상의 원형은 고대 그리스 사상을 집대성한 아리스토텔레스에게서 찾을 수 있다.

아리스토텔레스는 인간의 생명, 감정과 욕망, 이성 원칙에 근거한 생활 모두를 사람의 기능으로 보고 '도덕은 행동에서 정확한 선택을 하도록 만들어진 습관이며, 이러한 선택 역시 일종의 합리적인 욕망이다.'라고 강조했다. 그래서 그는 사물의 선함은 그 특유의 성질이 실현되는 것이며, 모든 생물의 목적은 다른 생물들과 구별되는 자신만의 특수한 본질을 실현하거나 명확히 드러내는 것이라고 생각했다. 그는 사람에게 최고의 선은 사람이 사람 되게 하는 기능을 전면적이고 습관석으로 행사하는 것이라고 보았다. 즉 개인의 이익을 실현하는 과정에서 행복을 얻어야 한다는 것이다. 엘베시우스Helvetius, 로크, 루소와 같은 후세의 사상가와 교육가들은 이러한 사상을 계승하고 발전하는 과정에서 서양문화의 공리주의 성향은 더욱 깊어졌다.

서양과 반대로 중국의 고대 교육사상은 처음부터 공리를 반대하고 도덕을 제창했다. 노자와 장자의 '무위' 교육사상은 이러한 반反공리 성향을 공개적으로 표방했다.

"성인의 다스림은 마음을 비우고 뱃속을 채우는 것이다. 또한 뜻을 약하게 하고 뼈를 강하게 하는 것이다. 백성으로 하여금 늘 무지무욕하게 하는 것이다. 그로 하여금 알아서 감히 자신을 위하지 못하게 하면 다스리지 못할 것이 없다."

위의 문장에서 알 수 있듯이 노장사상에서는 무지무욕을 국가 정치의 근본이자 도덕의 기본전제로 보았다. 유가의 교육사상은 현세의 삶을 중시하고 세상에 적극적으로 참여해야 한다고 주장하지만, 반공리주의라는 점에서는 도가와 맥을 같이한다고 말할 수 있다. 공자는 '군자는 의를 말하고, 소인은 이익을 말한다.'며 도덕적인 사람이 추구하는 것은 도의이고 부도덕한 사람이 추구하는 것은 실리라고 생각했다. 비록 그는 전적인 반공리주의자는 아니었지만 공리를 도덕으로 제약해야 한다는 일관된 주장을 펼쳤다. 그래서 '이익 앞에서 의를 잊어버리는 것'을 반대하고 비판했다. 이에 관련하여 공자는 다음과 같은 명언을 남겼다.

"소박한 밥을 먹고 물을 마시며, 팔을 구부려 베개로 삼아 잠이 들어도 그중에 또한 즐거움이 있다. 불의로 얻은 부귀영화는 나에게 뜬구름과 같도다."

즉 사람은 도덕의 극치에 달했을 때 진정한 기쁨을 얻을 수 있으며, 그렇다면 비록 가난하고 천한 자리에 있다 할지라도 여전히 태연자약

할 수 있다는 것이다.

인仁은 공자의 학설 전체를 관통하는 핵심 개념으로, 《논어》에서만 약 105차례 등장한다. '인'은 혈연관계에 기초하며 '부모는 자식을 사랑하고 자식은 부모에게 효도한다.'는 사상을 핵심으로 한다. 또한 '인'은 모든 종류의 인간관계로 확장되어 대외적으로는 인도주의 정신을 따르고, 대내적으로는 이상적인 인격을 추구하는 윤리 도덕적 교육체계를 구축했다. 그 후 맹자의 '사생취의捨生取義(생명을 버려서라도 의를 취한다)'와 부자유친, 군신유, 부부유별, 장유유서, 붕우유신의 오륜, 송나라 명리학의 '하늘의 이치를 알고 사람의 욕망을 없애라' 및 '선왕의 학문이 인륜의 근본으로 한다'는 명제 모두 윤리도덕교육을 최고의 임무로 삼은 것이었다.

전체적인 특징을 살펴볼 때, 유가를 기초로 형성된 고대 중국의 교육사상은 교육의 윤리적 색채가 상당히 농후하다. 어떤 의미로 보면 고대 중국의 교육사상 역사는 중국 윤리학의 역사라고도 말할 수 있다.

고대 중국 교육사상 역사에서 주류를 형성할 만큼 공리를 강조한 학설은 등장하지 않았다. 당시의 교육사상은 대부분 도덕적 기능을 강조했으며 그를 기반으로 자신의 교육학설을 세웠다. 묵자를 예로 들면 비록 '서로 사랑하고, 서로 이익을 주고받는다.'라고 주장했지만 첫째, 묵자가 말한 사랑과 이익은 개인적인 것이 아니라 '천하의 이익'이었다. 또한 서로 주고받는다는 말 다음에 이익이라는 단어가 왔기 때문에 본질적으로 이익은 주고받음에 속박되어 있었으며, 개인적인 공리는 부정되었다.

둘째로 묵자는 계급과 충효를 사랑과 이익의 전제로 제시했다. 그는 "의가 두터워야 할 때 두텁고, 얇아야 할 때 얇아야 도덕이라 할 수 있다. 덕행, 군주, 노인과 가장, 친지 등은 모두 중시해야 할 것들이다. 나이가 많다고 우대하고 나이가 어리다고 경시해서는 안 된다. 친밀하게 대하면 두터워지고, 친밀함이 약하면 얇아지는 것이다. 친밀함에 다다르면 박함에 다다르지 않는다." "만물 중에서 의리보다 나은 것은 없다."고 했다. 이렇듯 사랑과 이익은 윤리 원칙에 따라 이루어지는데 먼저 덕행이 있는 사람과 군주에게, 다음으로 나이가 많은 사람에게, 마지막으로 친척에게 돌아간다고 했다. 이는 덕을 중시하고 상부를 공경하며 선배를 경외하는 유가의 학설과 맥을 같이하고 있는 것이라 할 수 있다.

교육 측면에서 도덕을 중시하고 공리를 경시하는 이러한 가치관은 교육의 도덕적 가치를 숭상하고 실용적 가치를 폄하하는 것으로 나타났다. 도덕교육과 실용교육은 처음부터 근본과 지엽의 관계였으며, 근본을 버리고 지엽을 추구하는 것은 공격과 배척받았다. 고대 중국 교육사상 중에 '먹고 사는 것이 풍요로워진 뒤에 교육한다.'는 개념은 있지만 '교육을 통해 풍요로워지게 한다.'는 경제적 교육사상을 찾을 수 없는 원인이 바로 여기에 있다. 고대 중국 교육사상의 이러한 경향은 사회경제발전에서 교육의 능동적 역할을 크게 제약했다.

(3) 정무 중시, 자연 경시

고대 중국은 정치와 종교를 하나로 보는 전통이 있었기 때문에 교육 사상에서도 교육의 정치적 기능을 강조했다. 그러나 서양에서는 교육의 자연적인 순응을 강조했다. 정무를 중시하고 자연을 경시하는 것은 고대 중국 교육사상의 세 번째 주요 특징이다.

자연과학 탐구를 중시하는 정신은 서양사상의 오랜 전통이다. 영국 철학자 루소는 이에 대해 다음과 같이 말했다.

"그리스에서 시작된 서양문명은 지금으로부터 2500년 전에 나타난 철학과 과학에 기초한 것이다. 이것이 서양문명과 다른 문명의 차이점이다. 고대 그리스 철학의 주류는 '로고스'이다. 로고스에는 다양한 뜻이 있지만 '말'이나 '측량'이라는 뜻도 가지고 있다. 즉 로고스는 철학의 토론과 과학의 탐구를 밀접하게 결합하는 단어이다."

고대 그리스 철학은 자연과학과 상호 교류하고 심지어 혼연일체가 되기도 했다. 또한 그리스 철학자의 대부분은 박학다식한 자연학자이기도 했다.

플라톤이 창설한 아카데미 학원의 정문에는 '이 학원에 들어오는 사람 중에 기하학을 모르는 이가 하나도 없다.'라는 잠언이 새겨져 있다.

아리스토텔레스 역시 자연과학의 백과사전이라고 불리는 인물이다. 그는 물리학, 동물학, 식물학, 천문학, 생물학, 심리학 등 여러 분야에 두루 업적을 쌓았고, 관련 저술도 상당수 남겼고, 지금까지도 근대과학의 아버지로 불린다. 서양교육사에서 아리스토텔레스는 자연을 따르는 교육관을 제시하고, 아동 심신 발달과 관련하여 수많은 과학적 견해를 제시한 바 있다. 이 역시 자연 탐구의 과학 정신을 중시한 그의 성향과 무관하지 않다. 근현대 들어 나타난 서양 과학철학의 부흥과 과학교육 사조의 출현은 고대 그리스의 과학 정신에서 큰 영향을 받았다.

이와 대조적으로 중국의 고대 교육사상은 처음부터 강한 정치성을 띠었다. 김악림金嶽霖 선생은 고대 중국철학을 이렇게 평가했다.

"유가는 내성외왕內聖外王(안으로는 성인이며 밖으로는 임금의 덕을 갖춘 사람)을 중시했다. 그리고 내면에 있는 성인의 지혜를 외면화하여 나라를 다스리고 국가를 안정시키는 술책을 만들 수 있을 것이라 여겼다. 그래서 모든 철학자는 자신을 잠재적인 정치가로 생각했다. 치국과 경세를 통해 자신의 철학적 이상이 실제로 실현될 수 있었기 때문이다."

윗글에서 철학가를 교육사상가로 바꾸고(사실 고대 중국에서는 철학가와 교육사상가의 구분이 없었다) 철학 이상을 교육이상으로 대체해도 전혀 어색하지 않을 것이다. 그래서 고대 중국에서는 교육의 목표는 잘 배워서 관직을 얻는 것이었다.

교육의 근본적 목표는 봉건적 윤리도덕을 갖춘 통치계급이 요구하는 인재를 육성하는 것이었다. 배움은 정치와 무관할 수 없었으며 학술에 종사하는 것은 윤리규범과 백성을 다스리는 방법을 스스로 파악하고 나아가 관리계층에 속하기 위해서였다. 다시 말해 '내성외왕'이라는 이상적인 인격으로 개인의 내재적 덕행과 인의를 표출하고 이상사회로 나가고자 한 것이다. 이를 위한 가장 주효하고 간단한 절차는 '벼슬길에 오르는 것'이었고 벼슬길에 올라야만 '천하를 구할 수 있다.'고 생각했다. 이를 통해 우리는 제자에게 경계의 가르침을 준 공자의 깊은 뜻을 체험할 수 있다. '자리가 없음을 걱정하지 말고 어떻게 설 것인가를 걱정하라.'는 가르침이나 '배움에 힘쓰면 저절로 녹을 먹을 수 있다.'는 가르침은 모두 정무를 중시한 공자의 생각을 반영한 것이다.

고대 중국교육의 내용과 방법을 자세히 살펴보면 크게 심리, 윤리, 정치로 발전해가는 과정을 살펴볼 수 있다. 제일 전형적인 표현은 《대학》에서 나온다.

"자고로 천하를 명백히 덕으로 다스리고자 하는 사람은 먼저 그 나라를 다스려야 한다. 그 나라를 다스리고자 하는 사람은 먼저 그 집을 가지런히 해야 한다. 그 집을 가지런히 하려는 사람은 먼저 자신의 몸을 수양해야 한다. 자신을 수양하려 하는 사람은 먼저 그 마음을 바르게 해야 한다. 그 마음을 바르게 하려는 사람은 먼저 그 뜻을 진실하게 해야 한다. 그 뜻을 진실하게 하려는 사람은 먼저 앎에 이르러야 한다. 앎에 이르려는 사람은 먼저 사물의 이치를 깨달아야 한다. 사물의 이치를 깨달은 후에야 앎에 이를 수 있으며, 앎에 이른 후에야 뜻을 진실하게 할 수 있다. 뜻을 진실하게 한 후에야 마음을 바르게 할 수 있으며 마음을 바르게 한 후에야 봄을 수양할 수 있다. 봄을 수양해야 그 집을 가지런히 할 수 있으며 그 집을 가지런히 해야 나라를 다스릴 수 있고, 나라를 다스린 이후에야 천하를 평화롭게 할 수 있다."

이것이 바로 격물格物, 치지治知, 성의誠意, 정심正心으로 이어지는 심

리수양이다. 이는 수신修身, 제가齊家의 윤리경지에 다다르는 것을 목표
로 한다. 또한 수신과 제가는 치국治國과 평천하平天下라는 정치적인 이
상 실현을 목적으로 한다. 이렇게 심리, 윤리, 정치로 이어지는 도덕교
육의 순서는 주희의 주석과 인정을 거쳐 후세 봉건교육의 기본유형이
되었다. 행정적, 법률적 각도에서 이러한 순서 혹은 모형은 과거제도에
도 깊이 뿌리내렸고 교육은 점차 통치자의 덕치德治 시행과 봉건사회
보호, 질서 안정의 도구로 여겨졌다.

정무를 중시하고 자연을 경시하는 고대 중국 교육사상의 특징은 다
음과 같은 두 가지 상반된 결과를 가져왔다. 긍정적인 효과는 사람들이
사회의 정치 생활에 참여하도록 독려하고 중국의 지식인들에게 강한
사회적 책임감과 정치 사명을 갖게 한 것과 국가가 생사의 갈림길에 섰
을 때 피하지 않고 의롭게 나설 수 있도록 한 것이다. 그러나 부정적인
효과는 지나치게 국가의 안정과 백성의 교화를 강조한 나머지 교육의
형식적인 지위만 올려놓고 실제적인 교육의 기능은 축소시키는 결과를
가져온 것이다. 이는 고대 자연과학의 발전과 생산기술의 발전을 저해
하고 자연과학과 생산기술의 교육에도 영향을 미쳤다. 진독수陳獨秀는
《수감록隨感錄·학술독립學術獨立》에서 고대 중국의 학술이 발전하지
않는 원인을 다음과 같이 지적했다.

"중국의 학술이 발달하지 못한 가장 큰 원인은 학자 스스로 학술 독
립의 중요성을 모르는 데 있다. 예를 들면 문학은 그 자체로 독립적인
가치를 가지고 있으나 문학가 자신이 그를 인정하지 않고 《육경》에 의

지하여 ‘문학은 성현의 도를 논하는 것’이라든지 ‘성현을 대신하여 후세에 모범이 될 만한 훌륭한 말을 남긴다.’ 등의 망언을 하는 것은 스스로 비하하는 것이다. 사학史學 역시 그 자체로 독립된 가치를 가지고 있으나 사학자들이 이를 인정하지 않고 《춘추》에 의지하여 대의명분에 집착하고 사학을 윤리학의 부속품으로 전락시키고 있다. 음악도 그 자체로 독립적인 가치를 가지고 있으나 음악가 자신이 이를 인정하지 않으며 성인의 공과 왕의 도에 의지한다면 음악학을 정치학의 부속품으로 삼고 있다. 의약, 권법과 기술 또한 자신만의 독립적인 가치를 가지고 있지만 의술가나 권술가가 스스로 그것을 인정하지 않는다면 도술에 빌붙어서 양신養神이나 기 수련에 빠져 ‘천지와 귀신의 합덕’이니 ‘도에 가까워지는 기예’ 따위를 논하게 된다. 학자가 스스로 자신이 배우는 것을 존중하지 못한다면 어떻게 그것이 발달하겠는가?”

물론 다소 극단적으로 표현하긴 했지만 진독수는 독특한 각도에서 교육정치화가 가져온 배타성에서 대해 정확히 지적했다. 이러한 배타성은 교육사상에서도 나타난다. 순자는 정치와 관계없는 학문은 쓸데없는 변론이요, 필요 없는 성찰이니, 마땅히 버려두고 돌보지 않아도 된다고 했다. 그리고 군신유의, 부자유친, 부부유별과 같은 것은 날마다 토론하고 연구해도 아깝지 않다고 했다. 《예기禮記 · 왕제王制》에서는 한 걸음 더 나가서 재주를 갈고 닦는 것은 선비답지 않은 것이니 ‘음탕한 소리, 기이한 복장, 이상한 재주와 기이한 그릇, 의심 많은 대중을 없애라.’고 말하고 있다. 과학기술을 ‘기기음교奇技淫巧’나 ‘형기지말形

器之末’로 폄하하는 후세의 경향은 여기서 비롯되었다. 그밖에 정무를 중시해야 한다는 고대 교육사상의 영향으로 교육을 받은 자들의 유일한 목표는 벼슬길에 오르는 것이었다. 그래서 이들은 독립된 인격을 형성할 수 없었으며, 권위에 굴복하고 부귀와 이익, 관록을 좇는 소극적인 삶을 추구하게 되었다.

(4) 조화 중시, 경쟁 경시

조화는 중국 고대문화가 추구한 최고의 경지이다. 고대 중국의 교육사상은 조화의 정신을 숭상했지만 서양의 교육사상은 경쟁원리를 중시했다. 고대 중국 교육사상의 네 번째 특징은 조화를 중시하고 경쟁을 경시한 것이다.

서양의 교육사상에서도 조화의 중요성을 제창한 이가 많았다. 피타고라스는 '미덕은 일종의 조화이다'라는 명제를 발표했으며 아리스토텔레스는 도덕교육 중에 '중도中道'의 중요성을 주장했다. 그러나 경쟁을 중시하는 사상은 조화 사상 이전부터 있었으며, 점차 교육사상의 주도적 위치를 대신해갔다.

고대 그리스의 사상가 헤라클레이토스는 일찍이 '서로 배척하는 것을 결합하면, 서로 다른 음이 조화를 이루어 아름다운 화음을 만든다. 결국 모든 것은 투쟁에서 생성된다.'라고 말했다. 또한 경쟁(전쟁)은 만물의 아버지이자 만물의 왕이라고 여겼다. 그는 사람은 경쟁을 통해 신이 되거나, 사람이 되거나, 노예가 되거나, 자유인이 된다고 생각했다.

인간의 생존과 발전을 위해서는 경쟁이 전제조건이 된다는 주장이다. 이후 홉스Hobbes에서 맬더스Malthus, 다윈Darwin, 헉슬리Huxley, 골턴 Galton에 이르기까지 생존경쟁의 원칙을 중시하지 않은 철학자는 없었다. 서양교육가들 역시 경쟁과 차이라는 자질을 육성하기 위해 심혈을 기울였다.

이에 반해 중국 고대문화는 진(자연과의 조화), 선(인간 사이의 조화), 미(하늘과 사람의 조화)가 결합된 조화의 경지를 최종 목표로 삼았으며 특히 사람 사이의 조화를 중시했다. 공자는 일찍이 '조화를 귀하게 여긴다.'라는 명제를 제시하고 조화와 안정을 치국의 원칙으로 삼았다. 그는 또한 '내가 듣기로 한 나라와 한 가정을 가진 사람은 적은 것을 걱정하지 않고 고르지 못한 것을 걱정하며 가난한 것을 걱정하지 않고 불안한 것을 걱정한다고 한다. 대체로 고르면 가난함이 없을 것이며 평화로우면 부족함이 없을 것이며 안정되면 나라가 기울지 않을 것이다. 그러니 먼 곳에 있는 사람이 복종하지 않으면 문화와 덕을 수양하여 이로써 그들로 따르게 하고, 그들이 오면 안정되게 해주어야 한다.'고 했다. 이는 인간관계를 말한 것이다. 이에 비해 《중용》에서는 개인의 수양에 대해 논했다.

"희로애락을 드러내지 않는 것을 중中이라 한다. 느러내뇌 가운데에 있는 것을 화和라고 한다. 중은 천하의 근본이며 화는 천하의 도리에 다다르는 것이다. 중과 화에 닿으면 천지에 자리를 둘 수 있고 만물을 말로 기를 수 있다."

이는 곧 자신 자신과 타인을 대할 때 모두 조화와 중용의 원칙에 따라야 한다는 뜻이다.

조화의 원칙을 전제로 고대 중국 교육사상은 조화로운 성품 육성을 매우 중시했다. 공자는 학생들에게 중용에 부합하는 언행을 요구했다. 또한 학생의 행위를 판단할 때에도 조화와 중용을 기준으로 삼았으며 지나치게 넘쳐서도 지나치게 모자라서도 안 된다고 강조했다. 이는 고대 중국교육의 학생별 맞춤교육의 시작점이 되었다. '구求는 소극적이기에 북돋아주고, 유由는 두 사람 이상의 몫을 하기에 겸손하도록 가르쳤다'는 공자의 행동은 스스로 조화의 원칙을 실천한 것이다.

고대 중국 교육가들은 겸손함과 조화, 중용을 강조했고 남보다 앞서지 않고 자족의 즐거움을 알며 평화로운 공존을 추구하도록 격려했다. 조화와 중용의 가장 큰 폐단은 경쟁심과 진취력을 억압한 것이다. '숲에서 홀로 빼어난 나무는 바람에 꺾이며, 해안에 높이 쌓인 모래는 급류에 휩쓸려 흘러가고, 홀로 행동이 고고한 사람은 많은 사람들의 미움을 산다.' '사업에 성공한 자는 비방을 듣게 되고 덕을 높이 쌓은 자는 남이 깎아내린다.' '사람은 유명해지는 것을 두려워하고 돼지는 살찌는 것을 두려워한다.' '모난 돌이 정 맞는다.' 등의 속담은 조화를 중시하고 경쟁을 경시하는 소극적인 성향에서 비롯된 것이다.

조화를 중시하고 경쟁을 경시하는 성향은 고대 중국의 교육방식과 방법에 영향을 주었으며 자아교육과 도덕적 반성을 중시하는 전통을 만들었다. 공자는 스스로 반성할 수 있는 자는 군자요, 그렇지 못한 자는 소인으로 판단했다. 그리고 안연顔淵의 '물러나고 그 사생활을 돌아보다.'나 증삼曾參의 '하루에 세 번 자신을 돌아본다.'는 말을 극기성찰의 본보기로 삼았다. 맹자는 자아교육과 도덕적 반성을 빗대어 '잃어버린 마음을 구하는 것'이라고 했다. 그리고 '인은 사람의 마음이고, 의는 사람의 길이다. 그 길을 버리고 따르지 않으며 그 마음을 잃고도 찾지 않으니 슬프도다. 사람들은 닭이나 개를 잃어버리면 그것을 찾으면서도 마음을 잃어버리면 찾을 줄을 모른다. 학문의 길은 따로 있지 아니하니 곧 잃어버린 마음을 찾는 것이다.'라고 강조했다. 또한 학문의 의의는 '의'의 길을 놓지 않고 '인'의 선한 마음을 잃지 않으며 늘 스스로 반성하고 원래의 선한 마음과 덕을 회복하는 것이라고 역설했다. 자아교육과 도덕적 반성은 송대 명리학자들이 체계화하여 발전시켰다. 그 중 주경主敬, 존양存養, 성찰省察, 신독愼獨은 고대 중국 교육사상의 내재적 특징으로 꼽힌다.

(5) 전체 중시, 개인 경시

고대 중국에서는 인륜과 도덕을 중시하고, 조화와 중용을 중시하며 세속과 정무를 중시하는 가치 성향이 짙었으며 이는 고대 교육사상의 전체 방향을 결정했다. 이에 비해 서양교육사상은 개인주의 전통이 깊게 뿌리내려있었다. 고대 중국 교육사상의 다섯 번째 특성은 바로 전체를 중시하고 개인을 경시하는 것이다.

고대 그리스 페리클레스Pericles 황금 시기, 프로타고라스는 '인간은 만물의 척도'라는 명제를 제시했다. 이를 통해 개인은 도시국가의 이익과 법률을 외연적 필연성으로 여기고 무조건 복종하지 말고 자신의 욕망과 이익에 따라 자신의 행위를 결정해야 한다고 주장했다. 프로타고라스의 이 명제는 윤리학에서도 큰 의미가 있는데, 이는 사람이 사회생활과 도덕생활 중에서 마땅히 개인의 욕망과 이익을 도덕의 근원으로 삼고 도덕행위의 기준으로 삼아야 한다는 것을 의미한다.

이러한 사상은 서양문화 발전에 심오한 영향을 끼쳤다. 17세기 초 네덜란드의 국제법전문가 흐로트Hugo Grotius는 자유와 재산을 개인적인 권리로 명확하게 규정했으며 인권의 지위를 자연법 수준으로 높였다. 이러한 사상은 점차 서양 사회의 일반적 진리가 되었다. 즉 개인이 자신의 이익에 가장 먼저 관심을 갖는 것은 자연스럽고 합리적인 것이며 개인의 이익을 도모하는 것은 사회 전체의 이익을 증진시키는 가장 훌륭한 방법이라는 인식이 널리 퍼진 것이다.

이런 일반적 진리는 개인 간의 재산관계에 적용되었을 뿐만 아니라 사람과 사람, 사람과 가정, 개인과 국가의 기타 윤리관계와 법률관계까지 확장되었다. 개인을 가장 중요시하는 이러한 원칙은 교과서에까지 명시되었다. 그 원칙은 다음과 같다. 첫째, 사람은 누구나 자신의 행동을 결정할 권리가 있으며 법에 위촉되지만 않는다면 그 어떤 간섭도 받지 않는다. 둘째, 부모는 장성한 자녀의 이익에 간섭할 수 없다. 셋째, 개인은 자신의 행동에 책임을 져야 하며 책임에 대한 결정권이 있다. 넷째, 프라이버시는 그 누구도 박탈할 수 없는 개인의 권리이다. 다섯째, 개인의 의지에 반하여 그 신변의 자유를 구속할 수 없다. 여섯째, 개인의 희생은 국가가 위기에 빠졌을 때에만 한다. 일곱째, 정부는 개인의 자유와 프라이버시를 간섭할 권리가 없다. 여덟째, 사람은 모두 선택권과 피선택권이 있다.

서양의 교육사상가는 대부분 개성과 독창성을 가진 인재를 육성하는 것을 교육의 기본목표로 보았다. 밀러는 개인이 원래의 본성을 교양과 교정을 통해 발현시킨 결과물인 욕망과 충동을 개인의 성격이라고 했다. 실용주의 교육의 대표 드와이어는 단도직입적으로 '학교에서 아이들의 생활은 곧 일체의 목적이 된다. 아이의 성장을 촉진하는 데 필요한 모든 조치는 모두 여기에 집중되어야 한다.'고 주장했다. 아동도 개인으로 보는 이러한 학설은 이미 서양의 많은 교육전문가에게 받아들여졌으며 서양 교육의 이론적 출발점이 되었다.

그에 비해 고대 중국에서는 집단의 협조와 사회의 안정 유지를 최고의 윤리 및 정치 원칙으로 삼았으며 사회 전체의 이익을 개인 이익의 유일한 기준으로 보았다. 또한 집단의 전체적 이익은 개인 이익의 출발점이자 귀결점이며, 집단의 이익은 개인 이익을 포함하거나 대표한다고 생각했다. 집단 속에서 개인은 의무를 권리보다 중시하며 취하는 것보다 바치는 것이 많아야 했다. 또한 개인의 가치는 오직 전체 사회 안에서만 실현될 수 있으며, 개인의 완성은 결국 자신을 위하지 않고 집단의 협조와 치국, 국가 안정이라는 지고지상의 목표에 속해야 가능하다고 보았다.

《대학》이 가르치는 최고의 경지는 바로 명명덕明明德과 친민親民, 그리고 지우지선止於至善이다. 그리고 다음과 같이 할 것을 요구했다.

"임금 된 자는 인에 닿아야 하며, 신하 된 자는 공경에 닿아야 하고, 자식 된 자는 효에 닿아야 하며, 아비 된 자는 자애에 닿아야 한다. 백성과 더불어 사귀려면 신뢰에 닿아야 한다.”

전체를 중시하는 이러한 특징은 고대 중국의 사고방식에도 반영되었다. 천인합일天人合一, 지행합일知行合一, 관사합일官師合一, 정교일체政教一體, 가국일체家國一體, 물아양망物我兩忘 등을 제창하거나 자연계와 인류사회에 대한 전반적인 이해를 강조한 점이 그러하다. 그러나 전체를 구성하는 각각의 사소한 부분을 인식하는 능력이나 미시적인 분석적 사고 및 구체적인 관찰과 실험 등은 결여되어 있었다. 교육 활동에서는 전체에 대한 인식과 깨달음을 중시하고 조각조각 나누어 보는 해부와 분석을 경시했다.

전체를 중시하고 개인을 경시하는 성향은 국가와 민족 전체의 이익 중시, 민족의 응집력 강화, 학생의 전체적 사고능력 육성을 강조하게 했다. 그러나 한편으로는 가장주의, 왕권주의 및 전제주의를 유발하여 개인의 개성과 능동성을 억압하고 제약했다. 이러한 가치 성향은 겸허함, 스승과 연장자에 대한 존경, 집단에 대한 사랑 등 여러 가지 고상한 품격을 만들어낸 반면, 지나친 신중함, 면종복배(겉으로는 받들고 속으로는 거스르다―역주), 자기비하 등의 부정적 영향도 미쳤다.

공자가 제시한 ‘무의毋意, 무필毋必, 무고毋固, 무아毋我’는 주관적으로 추측하거나 개인의 견해를 많이 발표하지 말 것, 일이 반드시 어떻게 진행되어야 한다고 생각하지 말 것, 자신의 관점을 절대적으로 확신하지 말 것, 자신의 관점을 고집하지 말 것, 자신의 의견을 고집스레 고수하지 말 것, 스스로 옳다고 여기지 말 것 등을 가르치고 있다.

결론적으로 무의는 자아상실의 출발점이고, 무필은 자아박탈을 연마하는 것이며, 무고는 자아방치의 핵심이고, 무아는 최종적으로 달성해야 할 목표이다. 개인의 진취의식은 사회의 보호와 동의를 얻지 못했기 때문에 개인은 그저 부화뇌동하거나 적당히 양보하고 구부리며 일신의 안위를 꾀할 수밖에 없었다. 그래서 전체와 개인의 조화, 개인이익과 집단이익의 통일은 교육사상의 임무가 되었다.

고대 중국 교육사상의 특징은 물론 상술한 다섯 가지에 그치지 않는다. 그 밖에 경험의 축적을 중시하고 발견을 경시하며, 선에 대한 추구를 중시하고 진리 추구를 경시하는 특징도 소홀히 할 수는 없다. 또한 '중시'와 '경시'의 구분 역시 서양교육사상과 상대적으로 비교해서 나온 것이지 어느 한 편으로 완전히 치우치거나 어느 한편을 완전히 무시했다는 것은 결코 아니다. 중국의 고대 교육사상가 중에는 공리를 옹호하거나 실무를 주창하고 개성을 중시한 이도 적지 않았다. 다만 전체적인 특징에 묻혀 두드러지지 않았을 뿐이다.

3. 고대 교육사상의 현대적 의의

헤겔은 민족정신의 의의를 서술하면서 민족정신이란 한 민족의식의 기초와 내용을 구성한다고 보았다. 고대 교육사상이 장기간 쌓아온 고대 교육정신 역시 다양한 형식으로 현대 교육에 영향을 주었다. 오늘날의 교육은 과거 교육의 연장선에 있으며, 과거 교육의 확산, 승화된 결과물이다. 고대 교육사상이 현대 교육에 끼친 영향은 다방면에 걸쳐 있는데, 긍정적인 요소와 부정적인 요소가 동시에 존재한다. 그래서 문화에 대한 교육의 선택, 개조 및 창조의 기능을 능동적으로 활용하여 정수는 취하고, 찌꺼기는 버리는 지혜를 발휘하여 고대 교육사상이 다시금 빛을 발할 수 있도록 해야 한다.

헤겔은 인류문화유산의 수용에 대해 논하면서 "인류문화유산을 흡수하여 그것을 우리의 것으로 만들 때, 우리는 이 인류문화유산의 이전에 있었던 특징과 다른 점을 만들며" "그렇게 받아들여진 유산은 바로 이런 과정을 거쳐 변화한다."라고 지적했다. 이런 의미에서 보면 우리는 고대 중국 교육사상의 유산을 계승하고 발전시키면서 알게 모르게 (현재의) 우리를 위해 사용해왔다고 볼 수 있다. 즉 고대 교육사상의 유산에 '새로운 요소'를 첨가해 현대적 의미로 재해석한 것이다. 이른바 고대 교육사상의 우수한 전통을 선양한다는 것은 그 자체로 계승과 발전이란 두 가지 측면을 포함하고 있다. 계승 속에 계승이 있고 역사 속에 현실이 있으며 현실 속에 역사가 있다. 이것이 바로 선양의 변증법이다. 구체적으로, 고대 교육사상은 다음과 같은 부분에서 현대적인 의의를 가진다.

(1) 세속정신

중국의 고대 교육사상에는 세속을 중시하고 신성을 경시하는 전통이 있었으며 교육가는 사회현실에 관심을 갖는 인생 태도를 주창했다. 중국인은 피안의 세계를 바라보는 대신 현실에 주목했다. 또한 '내세'를 바라지 않고 '현세'에 주력했다. 그래서 서양의 기독교 문화는 '천학天學'이고 인도의 불교문화는 '귀학鬼學'이며 중국의 전통문화는 '인학人學'이라는 말이 있다. 인학 문화에는 적극적으로 사회에 참여하고자 하는 강한 세속 정신이 나타나 있다. 그래서 고대 중국의 사상가 중에는 '백성을 교화시켜 바른 풍속을 세우는 일'이나 경세치용, 부국 및 치국을 강조하지 않은 자가 없었다.

유가(송명 시기의 소위 신유학까지 포함)에서는 개인의 정신적 수양과 도덕적 완성을 중요시했지만, 최종적으로는 여전히 내재된 사상을 밖으로 드러내 적극적으로 펼치고자 했다. 즉 내성內聖을 왕도王道로 드러내서 '겸제천하兼濟天下'의 이상을 실현하는 것이 궁극적인 목표였던 것이다. 법가 교육사상은 농사와 전쟁을 장려하고 법제를 중시하는 등 사회 참여적 성향이 더욱 두드러졌다. 도가나 불가 역시 어느 정도 세속적인 정신이 있었다. 진고응陳鼓應 선생은 효자주석 및 평가에서 효자무위孝子無爲, 겸양, 고요함 등은 '전혀 소극적인 사상이 아니며 엄청난 내재적 힘을 가지는 정신'이라고 평했다. 왜냐하면 이러한 관념은 한편으로는 세상의 혼란함을 주시하면서 인류가 평화롭게 공존하는 길을 제공하고자 하며 또 한편으로는 사람으로 하여금 내재된 생명의 깊이를 연마하도록 하기 때문이다. 그래서 무위는 근본적으로 잘못된 행위를 하지 않기 위한 것이었다. 고대 중국에서 동란이 일어나고 대변혁이 일어날 때마다 황로철학이 발휘했던 특수한 영향력을 고려한다면 이 말의 의미를 충분히 알 수 있을 것이다. 불가 역시 마찬가지였다. 불가는 불경의 '불법은 세상에 있기 때문에 세상을 떠나서는 깨달을 수 없으며 속세를 떠나 보리菩提를 구하는 것은 토끼 뿔을 찾는 것과 같다.'라는 구절처럼 인간 세상 속에서 수행하고 깨달을 것을 장려했다. 불가의 가장 높은 경지는 불법으로 중생을 구제하는 것이며 세속을 초월한 정신으로 인간세상을 돕는 것이다. 이를 통해 속세를 장엄한 정토淨土로 변화시키고 지옥을 극락세계로 바꾸기를 원했다.

고대 교육사상의 세속정신은 교육과 사회정치 간의 연계성을 강화함으로써 현대사회에서 교육의 기능을 어떻게 발휘할 것인가라는 문제에 귀감이 됐다. 그러나 교육의 세속성을 지나치게 강조하여 교육의 상대적 독립성을 무시하고 교육을 사회정치 혹은 생산력과 동일시하거나 교육 본연의 내부규율 및 기능을 무시하는 일은 반드시 지양해야 한다.

(2) 도덕정신

고대 그리스·로마의 교육사상가들은 대체로 '지혜로운 자의 풍모'를 갖추고 있었다. 그들은 인간과 자연 간의 관계에 많은 관심이 있었으며 과학정신 역시 풍부했다. 고대 중국의 교육사상가들은 '현명한 자의 기상'을 갖추고 있었으며 인간과 인간 사이의 관계에 많은 관심을 보였으며 도덕정신이 풍부했다. 공자는 지식교육과 도덕교육의 관계에 대해 논하면서 이러한 정신을 분명히 밝혔다.

"제자 된 자는 집에서는 효를 다하고, 밖에 나가서는 조심하며 신중하되 미더워야 한다. 또한 널리 백성을 사랑하고 친하게 지내며 어짊을 잃지 말아야 한다. 이 모든 것을 행하고 힘이 남거든 학문에 정진해야 한다.”

이를 통해 알 수 있듯이 공자는 도덕적 교육과 실천이 그 어떤 것보다 앞선다고 생각했다. 혹자는 고대 중국 교육에서 도덕교육이 여타 다른 학문을 모두 대체할 유일한 학문으로 자리 잡았다고 말하기도 한다. 주희는 '오늘날의 학문은 하늘의 이치를 깨닫고 인륜을 밝히며 성인의 말씀을 강론하기 위한 것이다. 풀이나 나무 따위로 만든 물건에 마음을 두면 이 학문의 목적에 도달할 수 없다.'고 말했다. 이처럼 고대 중국의 교육가들은 학생의 도덕 품성과 건전한 인격 배양을 중시하였으며, 권력에 무릎 꿇거나 탐욕에 흔들리지 않으며 생명을 던져서라도 의를 취하고 우국충정의 마음을 갖도록 학생들을 가르쳤다. 또한 부모에게 효도하고 스승과 어른을 공경하며 조화로운 인간관계를 형성하여 '도의를 받들만한 강인한 어깨와 아름다운 문장을 쓸만한 공교한 손'을 가진 의인지사가 되도록 독려했다.

고대 교육사상에서 도덕정신은 중국인의 도덕의식을 강화하고 효과적인 도덕교육 방법을 탄생시켰다. 이는 오늘날의 도덕교육 이론의 구축과 도덕교육의 실천에 긍정적 영향을 주었다. 그러나 고대 교육사상 중 삼강오륜과 덕육 교육을 중시하던 태도는 바꿀 필요가 있다.

(3) 조화정신

중화민족은 관용과 평화의 민족이다. 채원배蔡元培 선생은 일찍이 중국인의 국민성에 가장 잘 부합하는 것은 유가의 '중용의 도'라고 했다.

고대 중국의 교육 사상가는 학생의 조화 추구 정신을 길러주는 것을 중시하였으며 학생이 넓고 큰 마음을 가지도록 가르쳐야 한다고 강조했다. 공자가 제창한 '화합하되 부화뇌동하지 않는다.'나 '시의에 맞추어 행하되 한쪽으로 치우치지 않는다.', 그리고 중용에서 고수하고 있는 '만물은 함께 자라나 서로 해가 되지 않으며, 도와 병행하나 서로 부딪치지 않는다.'는 교육 실천에 큰 영향을 주었으며 사람과 자연의 조화, 사람과 사람의 조화, 사람과 사회의 조화 심지어 국가와 국가 사이의 조화를 중시하는 중화민족의 전통을 형성했다. 서양 선교사 마테오리치Matteo Ricci는 중국 4천여 년의 역사를 자세히 연구하고 중국인은 유럽인과 달리 정복의 야심이 없다는 점을 발견했다. 평화와 조화를 추구하는 중국인의 민족정신이 드러나는 부분이다. 중국인은 이러한 조화 정신으로 수백 줄기의 강물을 모두 받아들이는 바다와 같은 포용력을 숭상하게 되었고 온화하고 우아한 태도, 자신을 드러내지 않는 풍격을 추구하게 되었다. 그리고 불편부당不偏不黨, 화이부동和而不同의 사고방식을 높이 평가하게 됐다. 스승을 존경하고 제자를 사랑하며 끊임없이 연마하는 사제관계 역시 숭배의 대상이 되었다.

고대 교육사상의 조화정신은 중국인 특유의 심리적 경지를 만들어 달관한 태도로 인생과 사회를 대할 수 있도록 했으며 천지 만물 속에서 자신의 위치를 찾을 수 있도록 했다. 인생의 목표를 잃어버렸을 때 하늘과 하나가 되어 부족한 부분을 채웠으며 외부 세계와 갈등을 겪을 때는 자신의 내면에서 균형을 찾았다. 이에 따라 그 어떤 것과도 비교할 수 없을 만큼 견고한 심리적 방어체계가 세워졌다. 그러나 한편으로는 경쟁의 동력과 기제, 능동적이고 진취적인 도전정신이 결여되었다. 심지어 원칙을 무시하면서까지 일신의 안위를 추구하는 경향도 나타났다. 이 역시 조화정신을 발양할 때 반드시 주의해야 할 부분이다.

(4) 집단정신

집단교육과 전체 이익을 중시하는 것은 중국 고대 교육사상의 두드러진 특징이며 도덕정신, 조화정신에서 파생된 특징이다. 공자가 말한 도덕교육의 최고 목표인 '인' 역시 인간관계와 집단에 주목했다. '어진 이는 사람을 사랑한다.' '어진 이는 자신이 세워지길 원하면 다른 사람을 먼저 세우고, 자신이 다다르기를 원하면 다른 사람을 먼저 다다르게 한다.'는 모두 개인의 독립적 인격 방향이 아닌, 집단에 속한 개인이 집단과 타인에 대해 갖는 윤리적 의무를 말한다. 어떤 사람은 중국 고대 사회의 인간관계를 네 가지 기본유형으로 나누기도 한다. 혈연친족형, 군신형, 상하형, 계급형이 바로 그것이다. 네 가지는 유기적으로 결합되어 하나의 전체를 구성하며 고대사회의 모든 인간 교류를 아우른다. 그리고 도덕교육을 비롯한 교육의 전체적 목적은 이러한 인간관계에서 나타나는 도덕규범의 체계를 바르게 파악하도록 돕는 것이었다. 결론적으로 중국 고대 교육사상의 핵심은 사람들로 하여금 각종 관계에서 바르게 처신하도록 돕고 집단 속에서 생존과 발전을 영위할 수 있도록 하는 것이다.

고대 교육사상에서 집단정신은 타인, 집단, 사회에 대한 개인의 책임

감과 의무감을 만들었으며 세상의 모든 이가 형제요 동포라는 친화의
식을 형성했다. 그러나 집단정신을 과도하게 강조한 나머지 개인의 이
익을 홀시하고 개인의 창조성 발휘를 저하하여 집단 속에 매몰되게 하
는 부작용을 낳기도 했다. 오늘날 우리는 역사의 전철을 되풀이할 것이
아니라 사회주의의 집단주의 교육을 통해 현대사회가 요구하는 개인의
인격적 독립을 키우고, 집단성, 민족성을 유기적으로 결합해야 한다.

(5) 인간중심정신

《주서周書·태서泰誓》에 제시된 '사람만이 만물의 영장이다.'라는 구
절은 관중管仲의 '패왕의 시작은 사람에게 있다.'는 명제로 이어졌으며,
다시 청말 공자진龔自珍의 《석풍釋風》 '천지가 강해진 것은 벌거벗은 벌
레(인간을 뜻함)에게서 영을 얻었기 때문이다.'로 이어졌다. 이처럼 중
국의 인본주의 전통은 수천 년 동안 이어져 내려왔다. 과거에 사람들은
중국 고대 교육사상이 인본주의 사상이 결여되어 있다고 비난했지만,
이는 개인주의를 기준으로 삼는 서양의 인본주의 전통으로 중국을 바
라봐서 생긴 오해이다. 사실 동서양의 인본주의에는 각각의 특징이 있
다. 서양 교육사상에서 인본주의는 독립적이며 자아 중심적이고 자아
실현을 중시한다. 그러나 중국 고대 교육사상에서 인본주의는 협력적
이며 타인 중심적이고 자아의 완성을 중시한다. 중국 고대 교육은 이러
한 인본주의 정신에 따라 발전했다.

고대 교육사상의 인본주의 정신은 사회생활 구석구석에 녹아들어 있

다. 정치 분야에서 민심을 중시하고 백성을 본으로 삼는 것이 일례이다. 당 태종은 '물은 배를 띄울 수도, 뒤집을 수도 있다.'는 이치를 깨닫고 '모든 일에는 실질적인 근본이 필요하며 나라는 백성을 본으로, 백성은 먹고 입는 것을 본으로 삼는다.'를 인식하게 되었다. 도덕적으로는 자아완성을 강조하며 개개인은 쉼 없이 수양과 발전에 힘서야 한다고 생각했고, 순요 황제와 성현을 본보기로 삼아 반성을 거듭하고 스스로 강해질 것을 독려했다. 하지만 자아완성을 지나치게 강조하면 오히려 다른 부분을 소홀히 하게 된다. 따라서 서양 인본주의 정신의 정수를 취하고 외재적 규율로 제약을 하는 동시에 자아완성에 대한 방향을 제시해야 한다.

결론적으로 고대 교육사상을 연구는 단지 옛 영화에 젖어들거나 정수를 뽑아내기 위한 것만이 아니다. 고대 교육사상의 현대적 의미를 발견하여 현대교육이론 체계 구축을 위해 민족적 특색의 교육 관념을 형성하고 교육의 실질적인 실천에 이바지하기 위한 것이다.

03

중국 고대 교육사상의 이론적 기초

교육사상의 발생과 발전은 반드시 특정한 이론에 근거한다. 한 교육가나 교육학파는 각기 다른 방식으로 자신만의 교육 기본관점을 표현한다. 그리고 이런 기본관점은 결국 교육가나 교육학파의 이론적 기초가 되며, 교육사상의 성격과 특성도 이에 따라 형성된다.

중국 고대 교육사상의 이론적 기초는 주로 세 가지 부분에서 살펴볼 수 있는데, 즉 치정治定(교육과 사회의 정치·경제와의 관계)학설, 인성이론(교육과 인간발전의 변증법적 관계)과 인재관념(교육의 목적과 가치)이다. 이것은 현대교육철학에서 논의하는 교육기능 및 교육가치의 문제와 맥을 같이한다.

1. 치정학설 – 교육과 사회발전

국가의 치란治亂(혼란을 다스림)과 안위, 흥망성쇠를 결정짓는 근본 원인은 무엇일까? 교육은 그중 어떠한 역할을 맡았을까? 이를 교육이론의 관점에서 설명한 것을 이른바 치정학설이라 한다.

앞서 서술했듯이 중국 고대 교육사상은 맹아 시기부터 이미 교육의 사회정치기능을 매우 중시했다. 주공周公은 백성을 훈고하고 보호하며 가르쳐야 한다는 점에서 백성이 분수를 알아 본분을 지키고, 성실하고 경건한 마음을 기르게 했다. 주공이 주장한 '명덕신벌明德愼罰(덕을 숭상하여 형벌은 신중하게 함)' 즉 먼저 가르치고 후에 벌한다는 것은 고대 덕치전통에 직접적인 영향을 주었다. 선진 시기 공자는 주공의 학설을 한층 발전시켜 민심 안정에 있어 형벌과 교화가 갖는 또 다른 기능을 서술했다.

"백성을 인도하되 법으로써 하고 백성을 가지런히 하기를 형벌로써 하면 백성이 법망을 벗어나도 수치로 여기지 않는다. 그러나 백성을 인도하기를 덕으로써 하고 백성을 가지런히 하기를 예절로써 하면 백성이 수치를 알게 되어 착해질 것이다."

정치 법률과 형벌로 백성을 다스리는 것은 단지 그들이 범죄에서 잠시 멀어지게만 할 뿐 스스로 부끄러워하는 마음을 갖게 할 수는 없다는 의미이다. 반대로 교화와 예의로써 백성을 훈계하면 백성으로 하여금 부끄러움을 느끼게 하면서 민심도 얻을 수 있다고 보았다. 이에 공자는 정치를 하려면 반드시 먼저 백성을 가르쳐야 한다고 주장했다.

"착한 사람이 칠 년 동안 가르친 백성은 가히 선생에 나아갈 수 있다. 백성을 가르치지 않고 전쟁을 하면 이는 백성을 버렸다고 할 것이다. 이처럼 가르치지 않고 죽이는 것을 잔학이라 한다."라는 공자의 말은 백성의 교화를 중시한 그의 사상을 보여준다. 공자는 또 염유冉有와의 문답을 통해 서庶―부富―교敎의 정치 강령을 제시했다. 《논어·자로》

편을 보자.

공자께서 위나라에 가실 때, 염유가 수레를 몰았다. 공자께서 "백성이 번성하기를 바라노라!"고 하시자 염유가 물었다. "이미 백성은 많은데 또 무엇을 더할까요?" 공자가 말씀하시기를 "그들을 부유하게 할 것이다."하자 염유가 말하기를 "이미 부유한데 또 무엇을 더하겠습니까?"고 물었다. 그러자 공자께서는 "가르쳐야 하느니라."고 말씀하셨다.

이는 고대 중국 최초로 교육과 경제 관계를 나타낸 것이다. 공자는 나라를 잘 다스리려면 가장 먼저 풍부한 노동력이 있어야 하고, 그 다음으로 생산력을 키워 백성의 의식주 문제를 해결하고, 그 다음으로 쌓아 놓은 부를 기초로 백성을 교화하는 교육 사업을 일으켜야 한다고 했다. 이상의 글을 통해 교육에 앞서 경제적 발전이 먼저 이뤄져야 하며 교육이 경제와 상호영향 관계에 있음을 알 수 있다.

공자의 진정한 계승자이자 아성亞聖(성인 다음가는 현인으로 여기서는 맹자를 가리킴)으로 평가받는 맹자는 공자의 치정학설을 계승하고 발양시켰다. 그는 국가가 '성곽은 완전치 못하고 병기도 많지 않으며 들판을 개간하지 않고 재물이 모이지 않는다' 하더라도 이것은 진정한 재해가 아니라고 여겼다. 그러나 '윗사람은 예의가 없고 아랫사람은 배우지 않아 교육이 사라지며 남을 해치는 백성이 많아져 곡소리가 끊일 날이 없다'면 국가가 동란에 빠지게 된다고 보았다. 그래서 그는 "백성의 마음을 얻으려면 잘 다스리는 것(선정)보다는 잘 가르치는(선교) 게 낫다.

선정은 백성이 두려워하나, 선교는 백성이 사랑한다. 선정은 백성의 재산을 얻고 선교는 백성의 마음을 얻는다.”고 했다. 교육내용 측면에서는 맹자 역시 치국과 국가 안정을 중심으로 하는, 이른바 부자유친, 군신유의, 부부유별, 장유유서, 붕우유신의 인륜을 강조했다. 그리고 서로 사이가 좋고 서로 사랑하며 서로 믿기를 천하에 두루 전파해야만 ‘범죄를 저지르고 혼란을 야기하려는’ 마음과 행동이 생겨나지 않을 것이라고 했다.

선진 시기 유가를 집대성한 순자는 교육과 국가의 운명을 명확하게 결부시켜 서술했다.

“장차 흥할 나라는 스승을 귀하게 여기고 스승 된 자를 소중히 대한다. 스승을 귀하게 여기고 스승 된 자를 소중히 대하면 법도가 지켜진다. 장차 쇠할 나라는 스승을 천하게 여기고 스승 된 자를 가볍게 대한다. 스승을 천하게 여기고 스승 된 자를 가볍게 대하면 사람이 제멋대로 방종하게 되고, 방종하게 되면 법도가 무너질 것이다.”

그는 교사를 존중하지 않으면 교육은 발전할 수 없고 사람들은 법규를 지키지 않고 제멋대로 하여 못된 짓을 하고 법규를 위반하게 되어, 결국 국가는 무법지대가 되어 쇠퇴할 것이라고 여겼다.

유가의 초기 저술 중 교육과 사회발전의 관계에 관해 냉확하게 논술하고, 상세하게 요점을 정리한 것으로 《예기》의 《대학》과 《학기》 두 편을 들 수 있다. 다음은 대학의 일부이다.

예부터 천하에 밝은 덕을 밝히고자 하는 사람은 먼저 자기의 나라를 다스리고, 나라를 다스리고자 하는 사람은 먼저 자기의 집안을 가지런히 하고, 집안을 가지런히 하고자 하는 사람은 먼저 자신을 수양하고, 자신을 수양하고자 하는 사람은 먼저 그 마음을 바르게 하고, 마음을 바르게 하고자 하는 사람은 먼저 그 뜻을 참되게 하고, 뜻을 참되게 하고자 하는 사람은 먼저 자기의 아는 바를 극진히 하나니, 아는 바를 극진히 하는 것은 사물의 이치를 지극한 데까지 탐구하는 데 있다. 사물의 이치가 지극한 데까지 이르고 나서 아는 바가 분명해지고, 아는 바가 분명해진 뒤에 뜻이 참되게 되고 뜻이 참되게 된 후에 마음이 바르게 되고, 마음이 바르게 된 후에 몸이 닦여지고, 몸이 닦여진 뒤에 집안이 가지런해지고, 집안이 가지런해진 후에 나라가 다스려지고, 나라가 다스려진 뒤에 천하가 평화롭게 된다.

《대학》은 대학교육에 대한 유가의 전문저술이다. 이상의 구절에는 대학교육의 8개 항목이 제시되어 있다. 격물格物·치지緻知·성의誠意·정심正心·수신修身·제가齊家·치국治國·평천하平天下가 바로 그것이다. 이 여덟 가지 단계의 연결고리가 교육이라는 점을 의심할 여지가 없다. 교육이 치국과 평천하의 전제인 것도 이 때문이다. 《학기》에서는 이 문제에 대해 단도직입적으로 서술했다.

스스로 배우지 않고서도 생각思念이 드러나고 도리에 맞는 경우도 있다. 또 선량한 선비를 가까이 하여 구할 수도 있다. 그러나 이는 작은 명예는 얻을 수 있어도 뭇사람을 감동시키기에는 부족한 점이 있다. 또 어진 이를 쫓고 재능이 뛰어난 사람과 친히 사귀어 자기의 지덕을 연마하는 자는 뭇사람을 감동시키기에 족하지만 만백성을 감화하기에는 부족한 점이 있다. 그러므로 군자가 만약 만민을 감화시키고 좋은 풍속을 세우고자 한다면 반드시 학문에 의지해야 할 것이다.

아름다운 옥이라도 갈고 닦지 않으면 그릇이 되지 않듯이 사람이 배우지 않으면 도리를 모르게 된다. 그러므로 옛날의 왕은 나라를 세우고 그 백성의 임금이 되려할 때, 학문을 가르치는 것을 우선으로 삼았다. 태명兑命에 이르기를 "생각을 언제나 학문에 두라."고 했는데 그것은 이를 두고 한 말일 것이다.

첫 번째 단락을 통해 나타내고자 한 바는 다음과 같다. 집권자가 주도면밀한 계획과 원대한 포부를 가지고 인재를 모으며 어진 이를 예의와 겸손으로 대한다 하더라도 여전히 부족한 부분이 있다. 그러니 진정으로 백성을 교화하려면 좋은 사회 풍토와 학교교육을 구축해야만 비로소 효과가 나타난다는 것이다. 두 번째 단락에서는 아무리 아름다운 옥이라 해도 반드시 조각의 과정을 거쳐야 좋은 물건이 될 수 있는 것처럼, 사람 역시 배움의 방법을 통해서만 사리에 밝게 된나고 역실하는 것이다. 따라서 위정자들은 국가를 세우고 백성을 다스림에 있어 반드시 학교교육부터 시작해야 한다는 주장이다. 《학기》는 지금도 유명한 《상서尙書·태명兑命》의 "교육을 늘 생각하며 잊지 말라."라는 구절을 인용하기도 했다.

묵가 역시 교육과 사회발전의 관계를 중시하는 편이었다. 묵적은 "팔과 다리의 힘이 남아돌아도 서로 돕지 않으며, 재물이 남아돌아 썩는다 할지라도 서로 재물을 나누지 않으며, 훌륭한 진리를 숨겨둔 채로 서로 가르치고 깨우쳐 주려 하지 않는다. 이같이 되면 굶주리는 사람들은 먹을 것을 얻지 못할 것이며, 추위에 떠는 자는 옷을 얻지 못할 것이고, 어지러움은 다스려지지 못할 것이다."며 교육을 중시하지 않으면 정치의 안정과 경제 발전 역시 바랄 수 없다고 주장했다.

그래서 묵자는 "천하의 수많은 선비 중에서 의義를 알아 천하를 의로 가르치는 자는 적으나 그들의 공적은 오히려 많다."는 것은 천하에 더불어 사랑하고 서로 이익을 나누라는 겸애설을 주장하였다. 이는 힘이 있는 사람은 남 돕기를 주저하지 말고 재물이 있는 사람은 힘써 남에게 나누어주며 도道를 지닌 사람은 힘써 남을 가르치라는 것이다.

묵가 또한 교육이 가진 사회생산력 발전 촉진 작용을 중시했다. 노문에는 이런 일이 기록되어 있다. 오려吳慮라는 농부가 있었는데(사실 자급자족하며 사는 은둔 선비였다), 그가 묵적에게 가르침을 청하며 물었다.

"의는 의일 뿐인데 그것을 어찌 말로 표현합니까?"

묵자는 오히려 이렇게 반문했다.

"만약 천하의 사람들이 농사를 지을 줄 모르는데 사람들에게 농사짓는 일을 가르쳐 농사짓게 한 사람과 농사짓는 일을 가르쳐 주지 않고 혼자만 농사를 지은 사람 중 누가 더 많은 성과를 얻겠습니까?"

오려는 "농사짓는 일을 가르친 사람의 성과가 더 많습니다."라며 인정했다. 사실 이것은 묵자의 결론이기도 하다.

법가는 법치국가를 주장하며 유가가 제창한 사학을 배척했다. 그러나 실제로 또 다른 측면에서는 사회교육, 특히 법제교육이 국가발전과 민심안정에 갖는 의미를 강조했다. 법가가 제기한 "법을 교육으로 삼고, 관리를 스승으로 삼자."는 구호 자체가 사회 안정 문제를 염두에 둔 것이다. 《관자管子》에는 "깊은 사랑과 이로움은 가까이 할 만하며 밝은 지혜와 예는 가르칠 만하다. 옷을 입는 것을 먼저 하고, 시간을 헤아려 여유롭게 하며, 마을에 스승을 배치하여 말하도록 하라. 그러한 후에 법령을 내려 상으로써 장려하고 형벌로써 진작시켜라. 그러면 백성 모두가 선한 것을 말하게 되니 폭동이 일어날 일이 없다."고 기록했다. 이는 유가의 먼저 가르치고 후에 벌을 준다는 학설과 상당한 일치를 보인다.

도가는 표면적으로는 사회현상으로서의 교육이 가진 사회적 기능을 부정한다. 도가의 창시자인 노자는, "대도大道가 무너짐으로써 인의仁義가 있고, 지혜가 없어지니 큰 거짓이 있으며, 육척 간에 화목하지 않으니 효자가 있고, 국가가 혼란하니, 충성된 신하가 있다."라 했다.

즉 유가가 인위적으로 지혜와 인의, 효와 자애 등의 성품을 길러내려 한 것이 대도가 등한시되고 가정에는 불화가 생기며 국가가 혼란해지는 결과를 낳았다는 것이다. 그러나 도가에서 교육을 부정했다고 하지만 노자, 장자는 물론 황로학파에 이르기까지 모두 교육활동에 종사했으며 배움을 구하는 제자를 거절하지 않고 바르게 가르치고 인도하려 애썼다. 게다가 무위無爲·지족知足·부쟁不爭을 주장한 것 자체가 본래 적극적인 교육활동이라고 할 수 있다. 그리고 바로 이런 교육활동이 그들 역시 교육사상을 가지고 있었음을 보여주는 것이다.

한대의 동중서는 선진시대 유가가 제시한 "형벌이 아닌 덕으로 가르친다."는 전통을 계승하고 "가르침은 정치의 근본이요, 감옥은 정치의 끝이다."는 주장을 통해 교육을 치국안민의 근본으로 삼았다. 그는 백성이 "범죄를 저지르고 나라를 어지럽히는" 것을 효과적으로 예방하려면 반드시 사회교화의 '제방'을 쌓아야 한다고 여겼다. 그래서 다음과 같이 말했다.

무릇 백성이 이익을 좇는 것은 물이 흐르는 것과 같기에 교화로서 제방을 삼아 멈추게 하지 않을 수 없다. 그러므로 교화가 세워지면 간악함과 사악함 모두가 그치니, 이는 완전한 제방이라 할 수 있다. 교화가 쇠퇴하면 간사함이 성행하며, 형벌은 이를 이길 수 없으니 그 제방은 무너진다.

교화를 통해 사회적 혼란을 다스릴 수 있는 이유는 바로 심리적으로 내면화된 메커니즘이 구축되기 때문이다. 즉 교화를 통해 사람들은 수치심을 알게 되고 이로써 '천하가 화합하고 만백성 모두가 인의를 즐기고 누리며, 각자 자기의 분수에 맞추어 예의에 맞게 행동하면서 자연히 도를 따르는' 경지에 이르게 된다.

왕충은 동중서로 대표되는 정통 유가를 맹렬히 비난했지만, 교화의 사회적 기능 면에서는 오히려 정통유가와 같은 길을 걸었다. 그는 교화를 거친 사람은 "뜻을 구하여 행동으로 나타내고, 작위와 봉록을 따르지 않는다.”며 어떤 상황에서도 항상 “본성이 청렴하고 욕심을 적게”
하여 바르지 못한 생각을 하지 않는다고 했다. 그래서 왕충은 “난세에
는 벌을 우선하고 태평성세에는 예를 주로 하라.”는 주장에 반대했다.
그리고 어느 때라도 반드시 예와 의에 기초한 교화, 학교교육의 특수한
기능을 중시해야 한다고 보았다. 그래서 그는 “그러므로 나라의 법은
학교의 관리를 폐하지 않고 감옥을 관리하는 관리를 없애지 않으며, 모
든 민중이 예의禮義의 가르침을 알도록 하고자 한다. 학교는 사전에 힘
써 예방하고, 법은 사후에 방지하니 단주丹朱와 같은 덕을 가지고도 역
시 힘써야 할 것이다.”라고 했다. 이처럼 학교 교육의 역할은 ‘사전에
힘써 예방하여’ 미연에 화를 막는 것이며, 형벌은 오직 ‘사후에 방지하
는’ 것으로 이미 일어난 일에 대해 처벌하는 것이다. 이 두 가지가 결합
해 적절한 기능을 발휘한다면 사회는 건강하게 발전할 수 있다.

위진 시기의 학자였던 부현傅玄은 국가의 안정과 흥성이라는 다른 관
점에서 교육의 사회적 기능을 논했다. 그는 교육의 사회 경제적 기초를
중시해서 “백성이 부유해야 곧 마을이 평안하고 집안을 중시하며, 공경
함이 더해져서 가르침을 따르게 된다. 가난하면 곧 마을이 위태로워지
고 집안을 가볍게 여기며 서로 모여 잘못되거나 좋지 않은 일을 저지르
게 된다.”라고 주장했다. 백성이 부유하고 풍족하며, 대부분 교화를 받
는 상황에서는 “유교를 존중하고 배움을 귀하게 여겨 곧 백성이 의에
충실하게 되니”, 치국평천하를 위한 사상의 기초 역시 저절로 다져진다
는 것이다. 또한 국가의 흥성과 발전도 교육과 떼려야 뗄 수 없다. 학교
설립과 인재 육성은 국가의 흥망성쇠와도 깊은 관계를 가진다. 그래서

부현은 "국가를 흥하게 하는 것으로 사람보다 귀한 것이 없고, 덕의 가르침을 선양하는 것으로 배움보다 확실한 것이 없다."고 말했다.

당대의 한유는 맹자가 말한 "천하의 영재를 얻어 교육하는 것"이라는 명제를 두고 다음과 같이 말했다.

"맹자가 말하기를, '군자에게는 세 가지 즐거움이 있는데 천하의 왕이 되는 것은 여기에 포함되지 않는다.'고 했다. 그리고 첫 번째 즐거움으로 '천하의 뛰어난 인물을 얻어 교육하는 것'을 꼽았다. 이것은 성인과 현자가 모두 지극한 말로 이른 것이니, 고금을 막론한 법이니라. 그러한즉 누가 천하의 인재를 육성할 수 있겠습니까, 우리 임금과 우리 재상이 아니겠는가? 다행히 지금 천하가 무고무사하니 지위를 막론하고 관리들이 각자 그 직책을 지키고 직무에 충실하며 조세와 군비에 대한 소리가 조정에까지 이르지 않는다. 나라를 다스리는 도리를 논할 때 이외에 마땅히 더 큰 것이 없느니라."

그는 위정자의 중요한 직책은 영재를 기르는 것이고 특히 태평성세나 안정된 시대일수록 더욱 인재 교육을 급선무로 삼아야 한다고 보았다. 그리고 이것이 나라를 다스리는 가장 효과적인 방법이라 생각했다.

북송 시기의 교육개혁가 왕안석은 사회교화 측면에서 교육의 사회적 기능을 논한 기존의 구조를 타파하고 학교교육의 기능을 강조했다. 그래서 "세상에 단 하루라도 정치와 가르침이 없을 수 없듯이, 배움도 단 하루라도 세상에 없을 수 없다."는 교육개혁 선언을 제시했다. 그는 학교가 교육사업의 골격 혹은 핵심이 되어야 한다고 보았다. 그래서 《걸개과조제乞改科條制》에서 "예로부터 관리를 택할 때에는 모두 학교에 근본을 두었다. 도덕을 우선에 두고 습관과 풍속을 하위에 두었으니 인재 모두가 충분히 세상을 위할 수 있다. 그러나 선왕의 은혜가 다하고, 가르쳐 기르는 법에 근본이 없으니 선비가 비록 우수한 인재라 하더라도 학교의 스승으로 삼을 만한 벗이 되지 못하니 이는 모두의 근심거리니라. 오늘날 옛 습속이나 제도를 좇아 그 폐해를 개혁하려 하나 그것이 흘러들지 못할까를 걱정하도다. 마땅히 먼저 각운과 대구에 집착하는 글을 제거하고, 배우는 이로 경서의 뜻에 전념하게 하고자 하니 즉시 조정이 학교를 건축했다.”라고 밝혔다.

학교 교육으로 과거시험을 대체하면 ‘도덕을 우선하고 습관과 풍속을 하위에 두어’, 과거제도의 ‘큰 것은 천하 국가를 이용하기에 부족하고, 작은 것은 천하 국가를 위해 쓰기에 부족하다.’는 문제를 해결할 수 있다.

과거 대부분의 유가 사상가들이 덕을 숭상하고 형벌을 중시하지 않은 경향과 달리 송대의 성리학자들은 봉건통치체제를 유지하려면 형벌과 교화 중 어느 것도 소홀히 할 수 없다고 보았다. 심지어 법률과 엄한 형벌의 기능까지도 매우 중시했다. 이정二程은 “처음 어둠과 음침함 속에 거하는 것은 백성의 무지몽매함 때문이다. 효언爻言은 그것의 도를 표현한 것이다. 백성의 부지함을 깨우지려면 마땅히 형벌과 금기로 그것을 드러내어 그들로 하여금 두려움을 알도록 한 뒤에 바르게 지도해야 한다.”고 했다. 주희 역시 “내가 보건대 정치는 다스리기 위한 도구이며 형벌이라는 것은 다스리는 것을 보충하는 법이다. 덕례德禮는 다스림의 근본이며 덕은 예의 근본이다. 이처럼 이들은 서로 처음과 끝을 이루고 있으니 어느 한쪽을 폐할 수 없으나, 다스림과 형벌은 백성으로 죄를 멀리하게 할 뿐이다. 덕례의 효과는 곧 백성으로 자신도 모르는 사이에 스스로 잘못을 고치고 착한 길로 나아가게 하는 데 있다.”고 말했다. 이들은 보통 백성의 천성은 무지하고 우매하며 완고하고 비열해서 아무것도 거리끼지 않고 어떤 행동도 쉽게 저지를 수 있다며, 가혹한 법과 엄격한 형벌로 제약하여 그들에게 두려움을 갖도록 해야지만 감히 범죄의 그릇된 생각이 싹트지 않는다고 여겼다. 이처럼 형벌의 기능은 사람들에게 두려운 마음이 생기게 하여 범죄활동을 하지 못하도록 하는 것이고, 교화의 기능은 사람들에게 스스로 선한 행위를 하게 하여 ‘자신도 모르게 날로 착한 일로 나아가게’ 하는 것이다.

성리학자들은 형벌은 교화의 기초이기 때문에 ‘형벌이 바로서야’만 비로소 ‘교화가 행해질 수 있다’고 보았다. 이정二程은 “무지몽매함을 다스리는 초기에는 형벌로써 위협한다. 이로써 무지몽매함의 굴레를 제거한다. 굴레란 곧 구속을 뜻한다. 무지몽매함의 굴레를 제거하지 않으면 올바른 가르침(선교)을 할 수가 없다. 형벌과 금기로 먼저 그들을 이끌도록 하면 비록 그 마음은 깨닫지 못했더라도 두려워하며 따를 것이며 그 무지몽매한 욕구를 감히 제멋대로 행할 수 없을 것이다. 그런 후에 점점 올바른 가르침을 알게 되어 잘못된 마음을 바꾸고 낡은 풍속과 습관을 고칠 수 있다.”고 했다. 즉 백성이 무지몽매하고 미개할 때에는 교화를 통해 이치를 깨우치게 하기가 어려우니 먼저 형벌을 통해 규율을 따르고 법을 준수하도록 강제해야 한다는 것이다. 이를 통해 행위 습관이 어느 정도 형성된 후에야 비로소 교화를 받아들일 수 있는 기초가 생긴다고 보았다. 따라서 성리학자들은 형벌이라는 것 자체에 교화의 요소가 내포되어 있다고 이해했다. 이정은 이러한 관점을 명확하게 표현했다.

"무지함을 다스릴 때의 '다스리다治'는 방지하고 제한하는 것으로 죄벌을 명확히 하는 것이니 곧, 법을 바르게 하는 것이다. 그것으로 말미암아 점점 교화에 가까워지게 된다. 혹 계몽의 시작을 의심하여 성급히 형벌을 가하는 것은 가르치지 않고 죽이는 것이 아니겠는가? 입법과 형벌을 제정하는 것만 못하니 그러므로 가르쳐라. 대게 형벌을 나중에 놓고 논한 자들은 형벌 안의 교화를 알지 못함이다." 송대 성리학자들은 비록 사회 안정 유지와 범죄 예방에 형벌과 교화가 매우 중요한 역할을 하며, 형벌이 어느 정도 교화의 필수적인 전제조건이라 해도 여전히 교화가 형벌보다 더 중요하다고 여겼다. 주희는 "정치형벌은 단지 죄를 멀리하게 할 뿐이다. 만약 잘못된 마음을 바로잡으려면 덕례가 아니면 안 된다."고 했으며 정이程頤도 "형벌이 아무리 엄해도 잠시 뿐이다. 벼슬을 내리는 것도 중요하지만 후세까지 미치지 않는다. 선악의 구분이 정확해야만 영욕(영예와 치욕)의 이름이 영구히 전해지는 것이다. 따라서 역대 성군과 현명한 재상은 이것에 힘써 사회 풍조로 지키는 것을 최고로 삼았다."고 했다. 즉 형벌의 기능은 사람들도 죄를 싯시 못하도록 하는 것이지만 결국 외부로부터 인간의 행위를 규범 짓는 것이기 때문에 완전하다고 할 수 없으며 그 기능도 제한적이라고 생각한 것이다. 그리고 교화의 기능을 통해야만 비로소 사람들이 '잘못된 마음을 바로잡고' 선악을 구분하고 영욕의 이름으로 스스로 악한 것을 버리고 선함을 좇도록 할 수 있다고 보았다. 그리고 이렇게 되어야만 비로소 건전한 사회 분위기를 조성할 수 있으며 사람들도 근본적으로 범죄 심리를 버리게 된다고 여겼다.

명청 시기의 왕부지王夫之는 맹자가 제시한 "올바른 정치는 백성의 재물을 얻고, 올바른 교육은 백성의 마음을 얻는다."는 관점의 해석을 통해 자기의 치정학설을 폈다.

"두려워하면 백성은 감히 따르지 않을 수 없다. 게다가 임금은 자신을 위하여 경계를 긋고 남은 것을 바치게 하여 자신의 재물로 삼는다. 비록 재물을 얻는다 할지라도 백성은 선함을 향하지 않으니 충애의 마음이 피어날 수 있겠는가? 오직 백성을 사랑해야 백성 또한 스스로 배움에 힘쓰고 임금을 원망하지 않으며 스스로 충효를 다하니, 이로서 그 마음을 얻을 수 있다. 그 마음을 얻어 위와 아래가 하나가 되니 세금을 상납하는 법 또한 치욕을 참아내는 것이겠는가? 두려움은 정치가 미치지 못한 곳에서는 부질없지만 사랑은 교육이 다다르지 않은 곳에도 통한다. 재물을 얻는 것은 결국 모자라게 될 것이며 또한 백성을 책임지지 않는 것이다. 마음을 얻는 것은, 마음이 무궁하니 결코 없어지지 않는다. 또한 백성의 모든 것을 얻으니 또한 심원하지 아니한가!"

올바른 정치(선정)는 백성으로 하여금 조정을 두려워하게 만들지만 올바른 교육(선교)은 조정을 사랑하게 만든다. 또한 선정은 항상 백성이 어쩔 수 없이 세금을 내게 하지만 선교는 기꺼이 진심으로 헌납하게 한다. 그래서 '정치의 효과는 제한적이고, 피동적이며 일시적이지만 교육의 효과는 광범위하고, 자발적이며 항구적'인 것이다. 그러므로 나라를 보호하고 안정을 유지하는 데 있어서 교육은 정치가 대신할 수 없는 결정적 기능을 한다.

명청 시기의 또 다른 유명한 교육학자인 안원顔元은 자신의 정치이상을 '천하를 부유하게 하다.' '천하를 강하게 하다.'와 '천하를 평안하게 하다.'라는 구절로 개괄했다.

"천하를 부유하게 하는 일곱 글자는 간황墾荒, 균전均田, 흥수리興水利이다. 천하를 강하게 하는 여섯 글자는 인개병人皆兵, 관개장官皆將이다. 천하를 평안하게 하는 아홉 글자는 봉인재奉人才, 정대경正大經, 흥례락興禮樂이다."

안원은 농업을 국가경제발전의 기초로, 군사 양성을 국가 강성의 조건으로 보았으며 교육을 국가 안정의 근본으로 생각했다. 그래서 인재를 육성하는 교육활동을 매우 중시했다.

"학술이라는 것은 인재의 근본이며 인재라는 것은 정사의 근본이다. 정사라는 것은 백성의 생명의 근본이다. 학술이 없으면 인재가 없고 인재가 없으면 곧 정사가 없고 정사가 없으면 평화롭게 다스림이 없고 또한 곧 백성의 생명이 없는 것이니 이는 바로 유가의 전통이나 다름없으며 세상의 법도이다."

이는 바는 바로 교육을 통해서만 비로소 예와 의를 알고 통달한 정치인재, 지혜와 계략을 갖춘 용맹한 군사인재와 경세치용의 도를 아는 실용인재를 기를 수 있으며 이들이 사회 정치 경제 발전에 이바지할 때야 비로소 부국강병, 태평천하의 사회이상을 실현할 수 있다는 뜻이다.

상술한 내용을 종합해보면 알 수 있듯이 중국 고대 교육가의 치란학설을 주도한 것은 유가사상이다. 유가사상은 본질적으로 교육의 사회적 기능을 강조하고 교육의 흥방치국(나라를 잘 다스림)과 사회발전에 대한 기능을 중시했다. 또한 중국 고대 교육사상은 정치·경제와 사회의 안정을 위해 봉사하려는 비교적 강한 공리 의식을 가지고 있다.

2. 인성이론 – 교육과 사람의 발전

인성이론 역시 교육사상의 중요한 기초이론이다. 교육가가 어떠한 교육관점을 제기하는 것은 반드시 그 교육가의 인성에 대한 가설이나 생각과 관련이 깊다. 미국 교육심리학자인 손다이크Thorndike는 인류를 개혁할 수 있는 과학적 지식을 제시하는 것은 교육연구자의 중요한 임무라고 했다. 즉 사람이 교육을 받기 전의 '본성'은 어떤지, 그리고 교육을 통해 이러한 '본성'이 어떻게 변하는지, 개인별 차이는 어떻게 형성되는지 등을 밝혀야 한다는 것이다.

고대 중국에서 인성 문제를 최초로 제기한 사람은 공자이다. 그는 '성질은 비슷하나 습성에 의해 차이가 생긴다.'는 명제를 제기하며 고대 인성이론의 서막을 열었고, 여러 가지 인성 학설이 형성될 수 있는 기초를 다졌다. '본래의 성질은 비슷하다.'라는 말은 사람의 선천적인 성질이나 자연적 본성은 큰 차이가 없다는 말이다. '습관이 다르다.'라는 것은 배움에 따라 사람의 후천적인 성질이나 사회적 본성이 결정되기 때문에, 이로 인해 개인별 차이가 생긴다는 뜻이다.

공자는 비록 인성 문제를 제기하긴 했지만 이에 대해 상세한 설명은 하지 않았다. 그렇기 때문에 후세의 교육사상가들은 각자 자신이 이해한 바에 따라 공자의 말을 해석했다. 공자의 '생이지지生而知之'와 '학이지지學而知之'는 맹자의 성선설로 이어졌다. 성선설에 의하면 사람은 측은지심(곤경에 처한 사람을 측은하게 여기는 마음), 수오지심(의롭지 못한 일에 대해 부끄러워하는 마음), 사양지심(상대를 공경하고 배려하는 마음), 시비지심(옳고 그름을 판단하는 마음)의 네 가지 선한 마음을 가지고 태어난다. 그리고 이 선한 마음을 잘 발양하면 인, 의, 예, 지의 네 가지 품성이 생긴다고 보았다. 천성적인 선한 마음을 인의예지까지 발전시키는 과정의 열쇠는 바로 후천적인 교육과 개인의 주관적인 노력이다. 왜냐하면 선한 마음은 단순히 선행으로 발전할 수 있는 가능성만을 제공할 뿐 교육과 개인의 노력만이 선한 마음을 현실적이고 필연적인 것으로 변화시킬 수 있기 때문이다.

그런가 하면 순자는 맹자와 정반대로 '인간의 본성은 악하며 그 선함이라는 것도 사실은 위선이다.'라고 주장했다. 그의 주장에 따르면 사람은 본래부터 비열하고 성질이 악하기 때문에 측은지심, 수오지심, 사양지심, 시비지심 등의 선한 마음이 있을 수 없다. 오히려 이익을 좋아하는 것과 나둠, 미워함, 산인함, 음란함 등이 인간의 본성이며 그저 본성을 변화시켜 인위를 세울 수밖에 없다고 보았다. 즉 후천적인 환경의 영향과 교육을 통해 인성을 바꾸고, 사람을 악에서 신으로 변화시킬 수 있다고 여겼다.

맹자와 순자가 제기한 인성의 선악 구분 개념은 후에 윤리학 연구의 기본 바탕이 된다. 그러나 중국 고대 교육사상의 기초이론은 크게 다음의 두 가지 내용으로 개괄할 수 있다.

(1) 인성 형성에 대한 가설-품성과 습관

지금으로부터 2천여 년 전 고대 중국에는 기-음양-오행에 대한 학설이 있었다. 그리고 많은 교육사상가가 이를 자신의 학술적 견해를 뒷받침하기 위한 근거로 삼으면서 품성론稟性論이 형성되었다. 품성론의 주요 내용은 다음의 세 가지이다.

첫째, 우주 만물은 모두 성질을 가지고 있으며 이러한 성질은 하늘과 땅이라는 두 가지 기의 운동변화에서 비롯된다. 둘째, 사람도 만물과 마찬가지로 성질이 있으며, 인성 역시 천지음양의 기에서 탄생한 결과물이다. 마지막으로 사람은 태어날 때부터 그 기운에서 온전함과 치우침, 맑음과 흐림, 밝음과 어두움, 얇음과 두꺼움, 많음과 적음 등의 차이가 있기 때문에 인성도 지혜로움과 어리석음, 현명함과 불초함, 귀함과 천함, 장수함과 요절함 등 여러 차이가 나타난다고 믿었다. 다시 말해 품성이란 사람이 태어나면서부터 받은 기운이며, 주로 유전 요소를 가리킨다.

품성이란 개념은 《한비자韓非子·해로解老》의 "품성은 곧 생사다."라는 구절에서 비롯되었다. 이 구절에서 알 수 있듯 한비자는 사람에게 있어 품성은 곧 생명의 근원이라고 여겼다. 왕충은 비록 예언이나 미신을 공개적으로 비난하고 반대했지만 "사람은 나면서부터 품성이 있으며 기를 품고 성장하기 때문에 귀한 것을 얻으면 귀해지고 천한 것을 얻으면 천해진다.”고 했다.

또한 “인간은 오상(인, 의, 예, 지, 신)을 받았으며 오장五臟을 모두 몸에 갖추고 있다. 품성이 부족하면, 그 품행이 선인에 미치지 못한다. 술이 독하거나 약한 것과 같이 품성에도 차이가 있다. 그 술이 (처음에 만들어질 때) 독하고 약한 정도가 다르듯이, 악한 마음이 많고 적음 역시 그러하다. 사람에게는 선한 기운과 악한 기운이 공존하는데, 어떤 기운이 얼마나 있는가에 따라 품성의 지혜로움과 어리석음이 결정된다.”고 했다.

그래서 왕충은 기운과 품성을 위주로 하는 유전요소를 인성(사회속성 포함)을 결정짓는 궁극의 원인이라고 여겼다. 물론 왕충은 이런 인성을 최종적인 인성이라고 생각하지 않았으며, 환경과 교육이 인성 발전에 미치는 영향을 인정하고 인성의 가변성을 강조했다.

송대의 이학자들은 기질적인 성질과 천명天命적인 성질을 구분하는 이원인성론을 제시했다. 이정二程은 인성이 본래 순수하고, 물같이 선하다고 보았다. 그리고 천명적 성질은 요순임금부터 필부에 이르기까지 어떤 사람이든지 다 마찬가지라고 여겼다. 그리고 추상적인 천명적 성질은 기氣를 매개로 인체에 내려오고, 사람이 이 기운을 받아 형성된 성질이 바로 기질적 성질이라고 주장했다. 기질적 성질과 천명적 성질은 함께 어우러져 현실의 인성을 형성한다. 추상적인 천명적 성질과 현실적인 기질이 결합하면 지능, 자질, 성격 등의 부분에서 개인적인 차이가 난다.

주희는 장재張載와 이정의 품성론을 설명하면서 상기한 관점을 증명했다. 그는 "품성이 정화된 기를 얻으면 곧 성인이나 현인으로 변하며 도리의 완전함과 바르게 함을 얻는다. 품성이 깨끗한 사람은 영화를 얻게 된다. 품성이 돈후(인정이 두텁고 후함)한 사람은 온화하며 품성이 청렴한 사람은 높아진다. 품성이 두터운 사람은 부유해지며 품성이 장구한 사람은 장수한다. 그러나 품성이 퇴폐하고 메마르며 우둔한 사람은 어리석으며 불초하고 인색하며 천해지고 요절한다."고 말했다. 그리고 공자는 품성설을 이용하여 사람을 나면서부터 아는 자, 배워서 아는 자, 어려움을 겪고서 아는 자, 어려움을 겪어도 배우지 않는 자로 나누었고, 이는 품성의 깨끗한지 더러운지에 따라 결정된다고 여겼다.

주희가 말년에 키운 제자 진순陳淳은 《북계자의北溪字義·성性》에서 품성론을 전반적으로 정리하고 체계적으로 개괄하면서 품성론의 기본적 사고 방향을 제시했다. 첫째, 품성이 개개인의 차이를 만든다는 점을 인정하고 '사람이 모두 각양각색인 것은 품성이 각기 다르기 때문'이라고 보았다. 또한 "강직하기로 으뜸인 사람은 양기가 많고, 연약하기로 으뜸인 사람은 음기가 많으며, 성급하고 사나우며 화를 잘 내고 난폭한 사람은 양기가 강한 악인惡人이며, 교활하고 간사한 사람은 음기가 강한 악인이라 할 수 있다. 또한 성품이 원만한 사람은 한 무리를 이끌어나가지만 어리석고 고집스럽기로 으뜸인 사람은 좋은 말은 단 한마디도 받아들이지 않아 금수와 다를 바가 없으니, 이는 모두 품성에 따라 결정되는 것이다."라고 했다. 그러나 이러한 주장은 유전적 요소가 개인의 발전에 주는 영향을 지나치게 과장한 감이 있다.

둘째, 인성의 가변성을 지적했다. 진순은 비록 품성의 결정력을 지나치게 과장한 경향이 있었지만, 사람은 품성 앞에 무능력하다는 숙명론을 주장하지는 않았다. 인성의 가변성을 인정한 것이다. 진순은 "어리석은 사람일지라도 선하게 변할 수 있다."고 보았으며, '남이 한 번 해서 능하면 자신은 백 번을 하고, 남이 열 번 해서 능하면 자신은 천 번을 도전하는' 각고의 노력만 기울인다면 치우친 품성을 바로 잡을 수 있고 훌륭하게 발전시킬 수 있다고 여겼다. 이 때문에 왕충, 정호와 정이, 주희부터 후세의 대진戴震에 이르기까지 많은 품성론자가 교육의 역할과 개인의 학습을 중시했다.

성선과 성악의 논쟁 중에서 "본성은 서로 비슷하지만, 배우고 익힘에 따라 서로 달라진다."라는 공자의 사상은 오랫동안 중시되지 못했다. 그러다 왕안석이 이를 재발견하고 설명하면서 다시금 빛을 발하게 되었고, 점차 인성이론의 주류로 자리 잡았다. 왕안석은 공자가 말한 '성질이 비슷하다.'는 것은 사람의 처음 성질이 비슷하다는 뜻인데 습성의 차이로 인해 후천적 성질은 서로 상이하게 변한다고 설명했다. 습성은 인성 형성과 발전의 관건이기 때문에 '반드시 신중하게 길러야' 한다. 이에 왕안석은 독특한 관점으로 "오로지 지극히 지혜로운 자와 지극히 우둔한 자는 변화시킬 수 없다."라는 공자의 말을 해석했다. 즉 지혜로운 자와 우둔한 자는 천성적으로 변하지 못하는 사람이 아니라 지혜를 가까이 하는 자는 지혜로워지고 그 반대는 우둔해진다는 것이다.

명대의 왕정상王廷相은 인성의 기원이라는 문제에 있어서 '천부적'인 생리 요소를 중시했으며 인성의 발전문제에서는 '습성적' 사회 요소를 강조했다. 그는 '모든 사람의 성질은 습성에서 비롯한다.'는 명제를 제시하고 학습에 기질을 변화시키는 효과가 있다는 점을 인정했다. 비록 선천적인 '성정'이 가지런하지 않아도 바른 사회적 환경과 입교立敎(교육을 바로 세움), 위학爲學(학문에 힘씀)을 통해 품성을 바꿀 수 있으며, 더 나아가 극히 선한 경지에 이를 수 있다고 여겼다.

왕부지 역시 성습론性習論의 전통을 계승했다. 그는 성질과 습성의 유기적 통일을 중시했으며, 특히 습성이 인간의 발전에서 갖는 의의를 중시했다. 또한 "성질은 하늘의 도리이며 습성은 사람의 도리"라고 생각했다. 그리고 성질은 태어나면서 고정되어 변하지 않는 것이 결코 아니며, 일평생 나날이 변하며 완성되고 끊임없이 발전한다고 보았다. 인성의 형성과정 역시 끊임없는 습성의 과정이자 교육과 환경영향을 끊임없이 받는 과정이라고 생각했다.

안원증顔元曾은 구체적 예를 들어 인성의 가변성을 논했다.

"아아! 화禍는 막히는 것에서부터 시작하고, 습성에 물드는 것에서 이루어진다. 귀와 눈, 입과 코, 팔다리, 모든 뼈가 성인의 몸일지라도 금수라 부를 것이니, 마치 본래 하얀 비단이라도 더럽혀진 후에는 붉은 비단, 검은 비단이 되는 것과 같다. 어찌 본래의 자질 자체가 그러하였겠는가! 그러나 사람은 만물의 영장이니 비단에 비할 수 없다. 비단은 이미 물들고 나면 바탕은 그대로 있지만 다시 흰색으로 되돌아갈 수 없다. 그러나 사람은 지극히 포악하며 원한으로 가득 찼어도 그 본성은 그대로 있어 돌아가려 하느냐 마느냐, 노력하느냐 마느냐에 따라 돌이킬 수 있다."

사람과 비단의 본질은 모두 좋은 것이다. 그러나 사람과 비단의 차이점은 비단은 오염된 후 본래의 모습으로 되돌리기가 매우 어렵지만 사람은 그렇지 않다는 데 있다. 비록 ‘지극히 포악하며 원한으로 가득 찼어도’ 게으르지 않고 끊임없이 노력한다면 본래의 선한 성질을 회복할 수 있다는 것이 안원증의 생각이다.

인성 형성 문제에 있어서 품성론은 선천적인 차이를, 성습론은 후천적인 활동을 강조했지만 이 두 가지 가설 사이에 절대 뛰어넘을 수 없는 간극이 있는 것은 아니다. 인성의 가변성을 부인하지 않으며 개인 발전에 대한 교육의 영향력을 인정한 점 등은 두 가설의 공통된 특징이다.

청대 교육가 대진은 품성론과 성습론을 비교적 잘 결합시켰다.

“음식에 의지하면 신체의 영양과 혈기를 북돋을 수 있다. 이렇게 얻은 영양의 기운과 그 몸이 본래 받은 기운을 함께 합쳐야 한다. 본래 하늘과 땅은 둘이 아니며, 외부의 것을 서로 얻어 또한 이익을 얻는다. 덕성에 대한 배움 역시 그러하다. 자신의 덕성이 이미 있어도 고대의 현인과 성인의 덕성을 통해 배우면, 그들의 말씀과 덕행이 자신의 덕성에 큰 이로움이 된다.”

대진은 품성과 성습을 하나로 만들 수 있는 기조가 바로 ‘기’라고 보았다. 사람은 선천적으로 품성을 가지고 있으며 이로 인해 성질이 생긴다. 그리고 이 성질의 내부적 기초 위에 반드시 후천적으로 외부적 기를 받아들여서 ‘자신의 덕성’을 한층 높여야 한다. 대진은 이렇게 해야만 인성이 완전하게 발전할 수 있다고 보았다. 인간의 발전이라는 문제에 대해 대진은 유전과 환경, 교육 중에서 특히 교육을 중심으로 하는 이론을 제시한 것이다. 그는 선천적 요소, 내부의 기초가 후천적 요소나 외재적 사건과 서로 결합해야 한다고 주장했다.

(2) 인성 수양의 방법 − 내구內求와 외삭外鑠

중국 고대 교육가들은 인성 수양의 방법에 대해서도 두 가지 관점을 가지고 있었다. 내구와 외삭이 바로 그것이다. 내구설內求設은 지식, 지력 및 품덕品德은 사람의 마음속에 태어날 때부터 이미 있기 때문에 인격을 수양하려면 스스로 돌이켜 반성하고 자신의 마음속에서 구해야 한다고 보았다. 이에 비해 외삭설은 지식, 지력 및 품덕은 원래부터 가지고 태어나는 것이 아니며 오직 외부 조건의 영향을 받아야만 길러질 수 있다고 보았다. 그래서 인성을 수양하려면 반드시 외부 영향을 받아들여야 한다고 주장했다.

내구와 외삭을 구분한 최초의 교육사상가는 아마도 맹자일 것이다. 그는 "인의예지는 밖에서 나에게 오는 것이 아니고 내 안에 본래 있던 것인데, 다만 그것을 생각하고 의식하지 못할 뿐이다."라고 하여 사람은 원래부터 네 가지 선한 마음의 씨앗을 가지고 있다고 했다. 그래서 만약 자신의 내면을 향해 끊임없이 구하고 넓혀서 충실하게 하며 잃어버린 본래 마음을 구하고 호연지기를 잘 기르고 욕심이 적은 선한 마음을 기르는 등 내면적 수양을 거듭하면 이러한 선한 마음을 계속 보호, 유지할 수 있으며 건전한 발전을 이루게 된다고 보았다.

북송의 소옹邵雍은 여기서 한 걸음 더 나아갔다. 그는 사람이 눈 코 입 귀 등의 감각기관을 통해 외부 세상을 감지하지만, 사물을 보는 것은 결코 이러한 감각을 필요로 하지 않는다고 보았다. 그리고 다만 자신의 내면을 곰곰이 들여다보는 것으로 모두 갖출 수 있다고 주장했다.

이런 '반관'의 방법은 선종에서 말하는 직관적인 돈오와 상당히 비슷하다. 소옹은 "학문에 힘쓰고 마음을 닦으며, 곧은길을 따르지 않는 것을 걱정한다. 이욕을 버리고, 바른길을 따르며 지극한 정성으로 임하면 통하지 않을 것이 없다. 하늘의 길은 곧을 뿐이니 당연히 그것을 추구할 때도 곧아야 한다. 만약 도리에 맞지 않는 길을 추구하는 데 지혜를 쓴다면 천지의 이치에 따르지 않고 사람의 욕망을 쫓는 것이니 오히려 어려워지지 않겠는가?"라고 했다. 진정으로 지식을 얻으려면 자연계의 법칙을 파악해야 하며 외삭적인 사회 실천 활동이나 교육, 사람의 지혜에 의지하지 말고 무사무위의 내구적 활동에 의지하라는 것이다.

정호와 정이 역시 '내구설'을 옹호했다. 그들은 학습과 교육 과정은 본질상 내면을 향해 반성하고 구하는 과정이라고 생각했다.

"배움은 사람의 내면에서 구하는 것이다. 내면에서 구하지 않고 외부에서 구하는 것은 성인의 배움이 아니다……. 근본이 아닌 지엽만 추구하는 것 역시 성인의 배움이 아니다."

정호와 정이의 제자 중 사량좌謝良佐라는 자가 있는데, 처음부터 외삭의 정신이 강한 사람이었다. 그는 처음에 기록과 들은 것으로 배운 뒤 스스로 박학다식하다고 여겼고, 역사서가 모두 옳다고 여겨 한 글자도 놓치지 않았다. 그러나 정호와 정이는 그를 '쓸모없는 것에 빠져 자신의 중요한 마음을 잃다.'라고 평가했다. 정호와 정이는 스스로의 마음을 지키고 기르는 것을 중시했기 때문에 "배우는 자는 옛것을 추구할 필요가 없으며 가까이 자신에게서 취해야 하고, 하늘의 뜻을 깨달으려면 스스로를 공경해야 한다."고 생각했다.

명대 왕수인王守仁은 더욱 적나라하게 "천하에 마음 밖의 사물은 없다."란 명제를 제시했다. 그는 "마음 밖에는 일이 없고, 마음 밖에는 이치가 없다. 그렇기 때문에 마음 밖에는 배움이 없다."고 여겼다. 그래서 인성을 수양하려면 외부 세계의 객관적인 지식을 탐구할 게 아니라 "스스로의 마음속을 깊이 이해해야 한다."고 주장했다. 그리고 양지良知에 이르는 내구의 과정을 제시했다.

"앎에 이르렀다는 것은 이후 학자들의 말처럼 지식을 넓혔다는 것이 아니라 자기 마음속 양지에 이르렀다는 것이다. 양지란 맹자가 말한 시비지심이며, 사람은 누구나 이를 가지고 있다. 시비지심은 마음을 비우지 않아도 알 수 있으며 배우지 않아도 행할 수 있으니 이로써 이를 양지라 하며 하늘이 준 성질이라 한다. 이는 또한 내 마음의 본체이자 자연적으로 명백히 깨닫고 알 수 있는 것이다. 내 마음의 양지는 생각의 모든 일어남을 스스로 알고 있다. 그것이 선한가? 오로지 내 마음의 양지가 스스로 안다. 그것이 선하지 않은가? 또한 내 마음의 양지가 스스로 안다."

만약 맹자가 선진 시기 내구설의 시조라면 순자는 외삭설의 창시자이다. 그는 하루 종일 생각에 전념하는 내구식 학습은 아무런 결과도 얻을 수 없으며, 짧게 배우는 것보다 못하다고 생각했다. 그리고 외부의 사물을 적절히 이용하는 외삭식 학습이야말로 사람에게 무한한 이익을 얻게 한다고 생각했다. 열심히 배우고 공부하기만 하면 외부 사물을 객관적으로 잘 고찰하고 외재적 조건을 바르게 파악할 수 있으며, 이를 통해 성과를 얻고 훌륭한 품성을 만들 수 있다고 본 것이다. 그래서 그는 "듣지 못한 것은 들은 것만 못하며, 들은 것은 본 것만 못하고, 본 것은 아는 것만 못하며, 아는 것은 행한 것만 못하다."고 했다.

남송 시기 사공학파의 대표 인물인 진량과 협적도 '내구설'에 정면으로 도전했다. 진량이 생각하기에 '도'는 사물의 객관적인 법칙이기 때문에 '보이지 않는 마음에 집중하는' 내구적인 노력을 통해서는 결코 파악할 수가 없었다. 왜냐하면 도는 온 천하에 있고 하나하나의 구체적 사물과 분리될 수 없기 때문이다. 그리고 오직 객관적인 사물과 접촉하고 구체적인 외삭의 노력을 통해 '일에 따라 법칙을 정해야' 진정으로 도를 파악할 수 있다고 여겼다. 그렇지 않으면 '말라버린 나무와 차갑게 식은 재'처럼 되어 격물치지의 배움에 아무런 이익도 없을 뿐만 아니라 개인의 발전에 아무런 도움도 주지 못한다고 보았다.

협적은 "안과 밖의 상호교류를 통해 도를 이룬다."는 관점을 제기하며, 내구와 외삭이 어우러져 함께 사람을 발전시켜 나가야 한다고 강조했다. 그래서 협적은 다음과 같이 말했다.

"귀와 눈의 기관은 생각하지 않아도 총명해서 밖에서 들어온 것을 스스로 안의 것으로 만든다. 생각이 지혜롭다는 것은 스스로 안의 것을 밖에서 이룸을 뜻한다. 그러므로 총명한 사람은 철학가가 되고, 사리에 밝은 사람은 지략가가 되며, 지혜로운 사람은 성인이 되니 그 태도와 말

또한 안의 것이 밖에서 이루어진 것이다. 옛 사람 중에서 안과 밖이 서로 교류하지 않는데 성인이나 현인이 된 자는 없다. 그래서 요임금과 순임금은 모두 덕을 갖추었지만 총명함을 우선으로 했다.”

협적은 내구와 외삭 모두 지식과 도덕수양에 있어서 없어서는 안 될 요소이며 인성 수양의 효과적 방법이라고 보았다. 그러나 성리학자들처럼 오로지 내면의 마음을 가장 중요한 중심으로 삼고 외삭적 ‘실력’을 위해 노력하지 않는다면 도를 알고 덕에 이르는 경지에 도달할 수 없으며 충분하고 완전한 발전을 이를 수가 없다고 주장했다.

명대 교육가 왕정상도 외삭설을 주장하며 정주이학과 육왕심학(육왕이 창시한 학문)도 다음과 같이 비판했다.

“요즘 세상에 배움의 폐해로 두 가지를 들 수 있다. 첫째는 쓸데없이 공허한 내용을 힘써 논하는 것이며 둘째는 일없이 고요하게 하여 마음을 지키고자 애쓰는 것이다. 이는 모두 실제 행함이나 인간사 체험에 힘쓰지 않는 것이다. 일을 만났을 때 쓸데없이 논하는 사람은, 실수를 하고도 적당히 덮어버리며 그 덮은 일도 끊임없이 변화하니, 이는 논함에 끝이 없기 때문이다. 쓸데없이 마음을 지키는 사람은 망연히 아무것도 하지 못하며 허무해지며 현실과 멀어지니 실제 일에 익숙하지 않은 까닭이다.”

왕정상은 정주이학의 “공허한 내용을 힘써 논하는 것”이나 육왕심학의 “고요하게 하여 마음을 지키고자 애쓰는 것”은 모두 ‘실제 행함이나 인간사 체험에 힘쓰지 않는’ 실수를 범했다고 보았다. 실천적 활동을 기초로 하는 외삭적 노력이 결여되었다는 것이다. 그래서 효과가 거의 없고 실상과 맞지 않으며, 개인의 진정한 발전 역시 꾀할 수 없다고 지적했다.

또한 인류가 지식을 획득하려면 선천적으로 부여받은 생리본능과 감지능력에 의지해야 하지만, 만일 이런 능력에 의지한 외부 세계와의 접촉 및 사회적 활동이 없다면 사람의 인지 활동은 발생할 수 없다고 지적했다. 그렇기 때문에 사람은 배우고, 사고하며, 잘못을 저지르고, 의혹을 해소하는 과정을 통해 마침내 발전하게 된다고 보았다.

품성론과 성습론의 관계와 마찬가지로 내구설과 외삭설 역시 서로 아무런 관련이 없는 것은 아니다. 사실상 내구설은 외삭을 완전히 부정하거나 사람과 객관적 사물 간의 접촉을 부정하지 않는다. 다만 외삭은 유한하며, 내구에 도달하는 수단에 불과하다고 본다. 외삭설 역시 내구를 완전히 부정하지는 않는다. 단지 실천적 활동을 통해 경험과 지식을 얻고 품덕을 이루며 개성을 발전시키는 것을 더 강조했을 뿐이다.

이러한 교육사상의 차이는 교육에서 어떻게 구현되었을까? 도덕교육에서 내구설은 일반적으로 존심양성存心養性(마음을 지키고 성질을 기르다), 금우미발禁於未發(마음의 발양을 장려하다), 자성자송自省自訟(스스로 살피고 스스로 반성하다)을 중시한다. 이에 비해 외삭설은 환경훈도環境薰陶(환경이 영향을 끼치나), 붕우판마朋友觀摩(친구와 서로 보며 배우나), 교사지도敎師指導(교사가 이끌다) 등의 원칙과 방법을 더 강조한다.

3. 인재관 – 교육의 목적과 가치

인재관은 교육의 목적과 가치 이론의 기본적인 출발점이다. 교육이론에서 교육목적은 교육을 받는 사람이 사회가 요구하는 자격조건과 자질을 갖추도록 육성하는 것으로 인재의 기준을 규정한다. 그러나 교육가치는 교육활동이 교육목적을 실현하여 사회가 요구하는 인재를 육성했는지를 평가하는 것이다. 다시 말해, 교육가치는 인재의 사회적 가치를 규정한다.

교육의 목적과 가치는 교육활동의 출발점과 귀착점이며, 교육활동에 대한 거시적 통제 및 지도 작용을 한다. 물론 교육목적은 반드시 교육사상가의 주관에 의해 정해지는 것이 아니다. 교육목적은 사회의 정치, 경제를 반영한다. 또한 교육목적의 순조로운 실현 여부는 사회의 정치적, 경제적 제약 외에도 교육하는 사람과 교육받는 사람 간의 객관적인 조건의 제약을 받는다.

공자는 교육목적을 세 종류의 인재를 육성하는 데 두었다.

첫째, 인자 혹은 성인이다. 이는 인재 육성의 최고 경지이지만 이상적인 경지로서 현실 세계에는 거의 존재하지 않는다. 그래서 공자는 “나는 성인을 만나보지 못했다. 군자라도 만나볼 수 있다면 얼마나 좋을까?” “성스러움이나 어짊은 나 같은 사람은 어림없는 일이다. 다만 배우기를 싫어하지 않고 가르치기를 게을리 하지 않으니 그대에게 말할 수 있는 것이다.”라고 했다.

둘째는 군자 혹은 성인이다. 이는 인재의 비교적 높은 경지로 전인적으로 성장하고 품행이 고상한 사람을 가리키며, 일반적으로 비교적 높은 수준의 통치자들을 말한다. 공자는 이에 대해 여러 차례 설명했다. '경건하게 자기 자신을 닦는다.' '자기 자신을 닦아 남을 편안하게 한다.' '자기 자신을 닦아 백성을 편안하게 한다.' 등은 모두 군자와 성인에 대한 설명이다. 또한 '도를 추구하고 먹을 것을 추구하지 않는다.' '도를 염려하고 가난을 염려하지 않는다.' '음식을 먹되 배부름을 구하지 않고 거하되 편안함을 구하지 않는다. 행동은 민첩하나 말은 신중히 하면 도가 바르게 된다.'고 했다.

셋째는 선비이다. 이는 인재의 우수한 경지로서 주로 통치자를 보좌하는 인재를 가리킨다. 정치, 외교, 군사, 문화 등 각종 계층의 구체적 활동에 종사하며, 재정에 협조하거나 각종 예를 갖춘 의식을 관리할 수도 있다. 교육실천의 측면에서 본다면 선비는 그가 제시한 교육목표 중 가장 현실적인 목표이다. 이 목표를 실현하기 위해 그는 '덕행, 언어, 문학, 정사' 등의 사과(유학의 네 가지 학과)를 만들었으며 시경, 상서, 예법 음악으로 글과 행동이 충성되고 믿음직한 제자를 육성했다. 공자는 상술한 교육 목적을 기본적으로 모두 실현했다. 사마천司馬遷은 공자 사후에 제자들의 대략적인 상황을 이렇게 기록했다

"공자가 죽고 나서 70명의 제자는 흩어져 전하의 제후를 찾아 돌아다녔는데 크게 된 자는 제상의 사부가 되었고, 작게 된 자는 사대부의 스승이나 벗이 되었으며 혹은 은둔하며 세상에 드러나지 않았다. 그래서 자로子路는 위衛나라에, 자장子張은 진陳나라에, 담태자우澹台子羽는 초楚나라에, 자하子夏는 서하西河에 거하였고, 자공子貢은 제齊나라에서 생을

마쳤다. 전자방田子方, 단간목段幹木, 오기吳起, 금활리禽滑釐와 같은 인물들은 모두 자하나 혹은 그 동문에게서 학문을 배워 왕자의 스승이 되었다.”

이를 통해 알 수 있듯이 공자의 제자 중 은둔 생활을 한 몇몇을 제외한 나머지는 대부분 공자의 ‘배워서 또한 뛰어나면 인정을 받는다.’라는 가르침을 실현했다.

공자의 교육 이상이 ‘정치에 종사하는 지식층 육성’이라면 묵자의 교육 목적은 “서로 사랑하고, 서로 이롭게 한다.”는 겸사兼士 육성이라고 할 수 있다. 주로 농민과 공인, 하층민 을 대상으로 한 묵가 교육은 교육내용 면에서 볼 때 실용 지식과 기술 위주이다. 그리고 분담 작업을 할 수 있는 인재로 기른다는 원칙에 따라 ‘각각 그들이 할 수 있는 일에 종사하며’, 대중에게 모종의 이익을 줄 수 있는 겸사를 육성하고자 했다. 그리고 겸사와 대립되는 개념으로 자신의 이익을 추구하고, 벗이 배가 고파도 먹을 것을 주지 않으며, 벗이 추워도 옷을 주지 않는 별사別士를 제시했다. 별사는 묵자가 인재관에서 집중적으로 배척했던 유형이었는데 묵가에서는 별사를 겸사로 변화시키려고 시도했다. 당연히 이것은 묵자의 바람에 불과했으며, 당시의 사회 배경에서는 허무한 공상에 그칠 수밖에 없었다.

맹자의 교육목적은 도덕적 인재인 대장부를 기르는 것이다. 대장부의 주요한 소질은 강직한 의지이다. 대장부는 ‘부귀에 치우치지 않고 비천함 앞에 뜻이 변하지 않으며 위협과 무력에도 굽히지 않으며’, 사생취의, 살신성인의 호연지기를 갖춘 사람이었다. 이러한 대장부를 육성하기 위해 맹자는 환경의 교육적 기능을 중시해서 "의지의 단련, 근육의 노동, 신체의 굶주림"을 통해 의지를 단련해야 한다고 주장했다. 또한 잃어버린 마음을 구하고 스스로 깊이 있게 찾아가며 스스로 단련하는 방법을 통해 고도의 자각성과 강직한 의지력을 가진 대장부를 길러내야 한다고 주장했다.

도가의 이상적인 인격은 성인(진인眞人, 신인神人, 지인至人 등으로 불리기도 함)이다. 그러나 유가에서 말하는 세속적, 도덕적인 성인이 아니라 세상과 다투지 않고 욕심이 없으며 생각이 자유로운 자연형의 성인이다.

장자는 "자연에 순응하여 여섯 가지 기의 변화를 타고 다니며 무한한 세계를 마음껏 노니는 것이야말로 아무것에도 의지하지 않는 것이다. 그래서 지인至人은 자아를 초월하고 신인神人은 공적을 추구하지 아니하며 성인聖人은 이름을 추구하지 않는다."고 말했다. 다시 말해 성인은 비록 속세에 몸을 두고 있으나 정신은 세속을 초월하고 자유로이 노닐며, 절대적인 자유의 '자연自然(스스로 그러함)'과 '무욕無慾'의 경지에 이른다는 것이다.

교육 내용 측면에서 보면 논쟁하지 않고 자족하며 온화하고 자기 자신이 없으며 공적이나 이름을 추구하지 않고 감정에 치우치지 않는 것이 주요 내용이다. 교육 방법으로는 성스러움과 지혜를 끊고 헛된 옛 가르침을 버리며 자연에 순응하고 스스로 생각을 잊어버리는 것 등을 강조했다. 그리고 이런 특징을 가진 성인을 육성하기 위한 자연적 교육 환경 조성을 중시했다.

'법으로 가르치고, 관리로 스승을 삼는다.'는 교육관에서 출발한 법가의 인재관은 법치를 실현할 수 있는 인재를 기르는 것이다. 즉 견식見識이 원대하며 사리분별에 밝은 지혜와 책략이 있는 선비, 입장이 확고하고 법을 실행하기 위해서라면 투쟁도 할 수 있는 선비, 사람됨이 정직하고 강직하며 마음을 굳게 지키는 선비를 육성하고자 했다. 이런 선비들은 사사로운 욕심을 극복하고 공정하게 법을 집행하며, 전체적인 면을 고려하고, 실질적인 것을 추구할 줄 안다. 또한 지혜를 마음에 쌓아두지 않고, 개인의 사사로움을 추구하지 않으며, 법술로 혼란함을 다스리고, 상벌을 통해 옳고 그름을 가르며, 권력의 조화를 따르고, 천 리를 거스르지 않는다. 본성을 상하게 하지 않고, 결점을 들추어 내지 않으며, 샅샅이 뒤져 작은 결점을 찾지 않으며 법도의 밖으로 끌어내거나 법도의 안으로 밀어 넣지 않는다. 또한 법의 밖에서 급히 행하지 않고, 법의 안에서 느슨하게 행하지 않는다. 이러한 이치를 자연스레 지키며 사사로운 애증이 아닌 법도에 따라 화복禍福을 정한다. 그리고 남이 아닌 자기 자신을 명예와 치욕을 평가하는 기준으로 삼는다. 이러한 인재를 육성하기 위해 법가는 법제교육의 내용에 많은 주의를 기울였으며 학습 및 수신과 관련된 일련의 구체적인 원칙과 방법을 제시했다.

동한 시기의 왕충은 인재를 유생儒生, 통인通人, 문인文人, 홍유鴻儒의 네 가지로 분류했다.

"경서를 논할 수 있는 사람을 유생이며, 고금의 서적에 두루 통달한 사람은 통인이다. 고서의 문장을 인용해 글을 쓸 수 있는 사람은 문인이며, 깊은 사색을 거쳐 글을 짓고 계통 있는 문장을 쓸 수 있는 사람은 홍유이다. 그러므로 유생은 속인俗人을 넘어서고, 통인은 유생을 능가하며, 문인은 통인을 뛰어넘고, 홍유는 문인을 초월한다.”

왕충은 유생이라는 수준 자체를 만족스러워하지 않았다. 유생들은 단지 아침저녁으로 문장을 듣고 논하며 의미와 이치를 습관적으로 배울 뿐이며, 오경五經을 해석하고 설명할 줄만 알지 오경 이전의 가르침에 대해서는 아무것도 모르는, 마치 '맹인'과 같은 사람이라고 생각했다. 또한 오경 이후의 일에 대해서도 전혀 통하지 않아서 시대의 흐름에도 맞추지 못한다고 보았다. 그래서 왕충의 인재육성 목표에서 유생은 이상적인 인격이 아니다. 그는 인재에 대한 요구와 기준을 유생보다 높은 부류에 있는 통인, 문인, 홍유 등에 두었다. 통인은 천 편 이상, 만 권 이하의 책을 통달하고, 막힘없이 글을 다루며, 선별해서 글을 읽을 수 있고 배운 것을 가르칠 수 있는 사람이다. 문인과 홍유는 곧 “의미와 짜임새가 아름다운 글을 쓰며, 문장의 문구를 가감할 줄 알며, 서적들을 모으고 또 기록하며, 혹은 자기의 주장을 잘 나타내는 계통 있는 문장을 쓸 줄 아는 사람이다. 이들의 두드러진 특징은 앵무새처럼 말만 배우는 것이 아니라, 독립적으로 창작할 수 있다는 점이다. 즉 기존의 글에 묶이지 않고 배운 것을 결합하여 사회, 정치 생활의 각종 문제를 해결하는 능력이 있는 것이다.”

통인, 문인, 홍유 등 세 종류의 인재를 육성하기 위해 왕충은 교육과정에서 부지런히 배우고 어려운 부분을 묻고 연구하며, 실제로 연습하고 비판하고 검증하며 실용적인 것을 배워야 한다는 원칙과 방법을 주장했다. 또한 교육내용 측면에서는 한대의 오경五經이 강의 내용을 독점하고 있는 상황과 한 학문을 고수하는 경향을 타파하고자 했다. 이는

"고금서적에 두루 능통하고, 많은 사람에게 백가를 전하는" 홍유 양성에 매우 중요한 의의를 가지는 것이다.

위진 시기의 안자추는 당시의 인재육성 목적에 대해 깊이 생각했다. 그리고 '농업과 사업에 종사하는 것을 수치로 생각하고 수공업 및 예술에 종사하는 것을 부끄럽게 여기면서 정작 자신은 활을 쏘아서 과녁을 뚫지 못하고, 겨우 자기 이름만 쓸 줄 알며, 음식과 술에 취해 아무 일도 하지 않는' 사대부의 상황을 폭로하며 교육의 위기를 지적했다. 그는 교육을 통해 공리공담을 일삼는 사람이나 고서의 문장 분석과 해석에만 박식한 사람을 길러내서는 안되며, 마땅히 국가가 필요로 하고 또 사용할 수 있는 인재를 육성해야 한다고 주장했다. 그리고 자기의 인재관과 육성 목적을 체계적으로 설명했다.

"사군자(덕행이 높고 학문이 뛰어난 사람)는 처세에 있어 실제로 유익한 것을 귀하게 여기고 공허한 담론을 큰 소리로 말하지 않으며, 주위에 악기와 서적을 벌여 놓고 임금이 내리신 녹봉을 헛되이 하지 않는다. 국가에 등용되는 인재는 대략 여섯 가지로 나눌 수 있다. 첫 번째는 조정의 신하로, 나라를 다스리는 것과 살피는 것에 통달함을 취하여 더욱 널리 사용한다. 두 번째는 글과 역사를 관장하는 신하인데, 그의 저술과 법규를 취해 옛일을 잊지 않는다. 세 번째는 군사를 관장하는 신하로, 결단력과 계략을 취해 실제 일을 할 때 실행력 있게 진행한다. 네 번째는 지방의 관료로, 풍속과 습관에 밝은 점을 취하여 청렴하게 백성을 사랑한다. 다섯 번째는 사신으로서의 신하로, 변화에 적절히 대응하는 능력을 취하여 임금의 명령을 욕되게 하지 않는다. 여섯 번째는 건축을 책임지는 신하로, 공사에서 지출을 아끼는 점을 취하여 계획적으로 기술을 사용한다. 이는 모두 근면히 배우고 지켜 행한 자만이 할 수 있다. 인생에 길고 짧음이 있으니 어찌 이 여섯 가지를 전부 다 갖출 수 있겠는가? 그러나 앞에서 지적한 것을 모두 알고 그중 한 가지만이라도 지키는 사람은 부끄러움을 당하지 않을 것이다.”

그는 국가의 쓰임을 받는 인재를 정치인재, 문화인재, 학술인재, 군사인재, 내정과 외교인재, 건축과 생산에 종사하는 기술관리 인재로 나누었다. 그리고 교육을 통해 ‘여섯 가지를 다 갖춘’ 완전한 인재를 육성하려고 지나친 욕심을 부리기보다는 마땅히 한 영역에 정통한 전문 인재를 만들어 내야 한다고 생각했다.

당송 이후 중국 고대 교육가의 인재관은 대체로 두 가지 노선에 따라 진행된다. 하나는 한유, 주희를 대표로 하는 인, 의, 도, 덕을 강조한 인재관이고 다른 하나는

왕안석, 안원을 대표로 하는 실용적 능력을 강조한 인재관이다.

당대의 한유韓愈는 국가가 쇠약하고 불교와 노장사상이 범람할 때, 유가의 도를 행하는 것이 자기의 임무라 여기고, ‘도를 위한 배움’과 ‘선왕의 가르침을 밝히는 것’을 교육의 목표로 제시했다. 여기서 ‘선왕의 가르침’이란 인, 의, 도, 덕을 핵심으로 하는 교육 체계를 가리킨다.

“선왕의 가르침이란 무엇인가? 널리 사랑하는 것이 인仁이며 이에 맞게 실행하는 것이 의義이다. 바른길을 따라가는 것을 도道라 하며, 스스

로 넉넉하여 밖에 기댐이 없는 것을 덕德이라 한다. 그 글은 《시경》,
《서경》, 《역경》, 《춘추》이며 그 법은 예악禮樂과 형정刑政이다. 그 백
성은 선비, 농부, 공인, 상인이며 그 직위는 군신, 부자, 친구, 손님과 주
인, 남녀 형제, 부부이다. 그 의복은 비단과 마, 기거하는 곳은 궁전과
방이며, 그 먹는 것은 조, 쌀, 과일, 물고기와 고기이다. 그 도를 행하는
것은 알기 쉽고 그 가르침을 따라 행하기도 쉽다. 그러므로 그것으로 자
기를 대하면 순탄하며 득이 있고, 그것으로 남을 대하면 사랑하고 공평
할 것이다. 그것으로 마음을 대한다면 곧 평화롭게 될 것이고, 그것으로
천하를 다스린다면 어디에 가도 부당한 곳이 없을 것이다.”

위 글에서도 알 수 있듯이 '선왕의 가르침'이 품은 뜻은 매우 풍부하
다. 유가 경전, 유가가 주장하는 윤리와 도덕뿐만 아니라 봉건사회의
정치적 조치, 물질문명과 생활 방식 등을 모두 포함하고 있다.

이러한 과정을 거쳐 육성된 인재는 옛 성인의 책을 읽고 선왕의 법을
준수할 뿐만 아니라 인륜에 밝고 삶에 근본을 두며 효율적이고 질서 있
게 각종 일을 처리한다.

주희는 한유의 '선왕의 가르침을 배우는 것이 인륜을 밝히는 근본'이
라는 사상을 한층 발전시켜서 “뿌리를 잊고 가지를 쫓으며 이익을 도
모하고 의는 버린 것”과 “풍속은 나날이 피폐해지고 인재는 나날이 줄
어드는” 결과를 낳은 과거科擧교육을 비판했다. 그리고 “격물, 치지, 정
심, 수신을 통해 제가, 치국, 더 나아가 평천하”를 이룬다는 교육 취지
를 제시했다. 《백록동서원학규》 중에 그는 '부자유친, 군신유의, 부부
유별, 장유유서, 붕우유신'을 교육의 기본 내용으로 삼아 상술한 인재

를 기를 수 있기를 바란다고 서술했다. 그리고 자신의 교육관을 순유醇儒를 육성하는 교육이라고 요약했다.

왕안석은 경세치용과 실무를 강조한 인재관의 기수旗手였다. 그는 당시 학교교육의 최대 병폐는 국가에서 요구하는 실질 업무를 수행할 수 있는 인재를 길러내지 못하는 것이라고 생각했다.

"비록 지방학교에서 머리가 백발이 되도록 온종일 스승의 가르침에 힘을 쏟아 배울지라도, 그들로 정치에 종사하게 하면 곧 망연해져서 어찌할 바를 알지 못한다."

그리고 이러한 교육은 인재를 기르는 것이라기보다 오히려 사람을 고생시키고 망하게 하는 것이라고 보았다.

왕안석은 인재 선발과 기준을 개혁하고자 했다. 그는 바른 인재를 선발하는 것이야말로 반드시 해결해야 할 과제라 생각했다. 왜냐하면 인재 선발은 인재양성과 관련된 교육의 방향을 이끄는 작용을 하기 때문이다. 다음은 왕안석의 말이다.

"소위 문관이라는 사람들은 헛되이 문장에 얽매이지 말고 반드시 고금에 통달하며 예법과 하늘의 뜻과 인간사를 잘 알고 정치와 교육에 더욱 힘써야 한다. 그런 뒤 맡은 일을 하면 곧 평안하게 정치를 하고, 여러 일을 의논할 때 고금의 일을 참고하여 바르게 할 수 있다. 낡은 사람들이 단지 한 구절 한 구절 떼어내어 해석하는 것에 그치지 말고, 반드시 전례대로 배우고, 제도를 분명히 알고, 군신의 위엄을 갖추었을 때 그들로 정치를 이어 받아 일하게 하면 곧 중심을 잘 다스릴 수 있고, 여러 일들을 논의하면서 경서에 의지하여 시비를 가릴 수 있게 될 것이다."

인재선발 방법의 변화는 인재 육성 기준의 변화를 가져왔으며, 인재 육성 기준의 변화는 또한 교육내용과 방법과 변화에 영향을 주었다. 왕안석은 한당 시기 이래 규모가 가장 큰 문학 부흥 운동을 일으켰으며, 이 분야에서 일련의 유익한 실험을 진행했다.

남송 시기 상공학파의 대표 인물인 진량과 엽적은 교육목표 문제에서 '성인의 도'라는 구체적인 목표를 둘러싸고 주희와 변론을 벌였다. 주희는 일찍이 '순유醇儒 스스로 다스리게 한다.'라며 진량에게 권고하였으나, 진량은 그렇지 않다고 생각했다. 그는 교육목적은 사람됨을 가르치는 것이지, 유가사상에 얽매인 사람을 만드는 것이 아니라고 보았다.

그는 성리학에서 말하는 '순유'에 대해 "성리학의 정수를 연구하여 고금의 같음과 다름을 분별하고, 그 본래 마음은 몽매함을 갈아엎는 데 있으며 예를 비교하되 세세하게 하여 이것을 쌓는 것을 공으로 여기며, 이런 것을 함양하는 것을 바른 것"으로 여기는 도학선생에 불과하다고 지적했다. 그리고 비록 이치를 논하고 인성, 천명을 말하지만 부국강병의 방법은 알지 못하며 이익을 흥하게 하고 병폐를 제거하는 방법은 모르니, 세상에는 도움이 되지 않고 사람에게는 무익하다고 비판했다.

진량이 길러내고자 하는 인재는 지知, 용勇, 예禮를 겸비하고 덕과 재주를 갖추었으며 문무를 겸비하고 고금을 깊이 알아 공과 업적을 세울 수 있는 '일세의 영웅'이었다. 엽적은 이런 종류의 성인成人이야말로 진정한 선비士이며, 이런 선비와 성리학에서 말하는 선비는 반드시 구별해야 한다고 지적했다. 그는 성리학의 선비는 '남의 가르침을 받아 이를 쓰고 외우며 앉아서 성현에 대해 논하기만 하고 또한 으뜸가는 사람으로 천인을 논하고 생명에 대해 말하며 요순임금과 주공의 도에 대해 논하고 조각하고 그림을 그리며 선왕의 법과 말을 업신여기며 우롱한다.'고 보았다. 그러나 진정한 선비는 타고난 재능으로 실질적인 배움에 정진하며 의와 도를 드러내고, 덕과 예를 함께 논한다고 주장했다. 교육 방법에서 진량과 엽적은 가만히 앉아 책을 읽으며 심성함양이니 덕성에 대한 공리공담을 반대했다. 그리고 배워서 실제에 응용하고, 더 넓은 곳으로 나아가 탐구하며, 목적성 있는 행동을 가르쳐서 학생들로 하여금 시대의 폐단을 바로 잡고 세상을 구하도록 격려해서, 공과 업적을 세우도록 도와야 한다고 주장했다.

명말 청조 시기 안원은 경세經世를 골자로 하여 실질적 능력과 실질적인 덕을 갖춘 인재 육성을 자신의 인재관으로 내세웠다. 그는 만약 학교 교육이 국가가 요구하는 인재를 공급하는 작용을 하지 못한다면, '천하의 모든 학교가 재간이 없고 덕이 없는 사람들로 가득하고, 훗날 이들이 조정에 나아간다면 모두 평범하고 포부 없는 신하가 될 것'이라고 했다. 반대로 만약 '천하의 모든 학교가 실제적인 능력과 실질적인 덕을 갖춘 사람으로 가득하다면, 훗날 이들은 조정에서 모두 도움이 되는 신하들이 될 것이다'라고 수장했다. 이렇게 '실세적인 능력과 실질적인 덕'을 갖춘 사람은 대부분 각자의 전문 분야와 각종 특기가 있다. 안원은 세상에는 모르는 것이 없는 사람이 없고, 무엇이든지 다 할 수 있는 사람도 없다고 생각했다. 비록 역사 속의 위대한 성현이라 할지라도 모든 것을 할 수 있는 것은 아니다.

안원은 사람이 '육예' 중 한두 가지만 깊이 연구, 토론하고 경험하며 실천하는 것을 중시하여 다음과 같이 말했다.

"우禹는 사공이라는 관직에, 기棄는 농사 가르치는 일에, 고皐가 형법 연구에, 그리고 계契가 교육에 평생을 바쳐 전념한 결과 이들은 모두 자신의 분야에서 성인이 되었다. 또한 중仲은 부賦를 다스리는 데, 염冉은 백성을 위한 데 전념했고, 공시公西는 제사 음악에 전념하여 각각의 분야에서 현자가 되었다."

그래서 '한 가지 학문에서 성과를 이루고 이를 유용하게 쓴다면 바로 성현의 부류에 속할 수 있다.' 이렇듯 안원은 다양한 전문 인재를 길러야 한다는 안지추의 사상을 유감없이 발휘하였으며 유가의 전통적인 목표인 '전지전능'한 성현을 육성하기 위한 교육을 철저히 부정했다. 그리고 한 가지 특기, 한 가지 전문적인 능력을 가지면 누구나 성인과 현인이 될 수 있다고 보았다. 모든 분야에서 성현을 배출할 수 있다는 교육사상은 한 시대에 획을 긋는 역사적 의의를 가지고 있다. 이러한 인재를 육성하기 위하여 안원은 교육 내용에서 학문과 실용이 결합된 실용 교육으로 무익하고 무용한 부문浮文, 즉 쓸데없는 교육을 대체할 것을 주장했다. 또한 '배워서 익히고 행하는' 행함이 있는 교육법이론을 제기했다.

마지막으로 짚고 넘어가야 할 것은 인, 의, 도, 덕 중심의 인재관이나 실용적인 인재관 모두 상대방을 완전히 부정하거나 없애려 하지 않았다는 점이다. 이 두 가지 인재관은 교육사상과 교육실천 측면에서 서로 영향을 주고 서로 받아들이며 함께 발전했다. 예를 들어 성리학자 주희는 심성교육을 강조하면서도 한편으로는 실용교육을 주장했다.

"배움에 대해 말한다면, 자신을 다스리고 다른 사람을 다스리는 것에 얼마나 많은 일이 있겠는가? 천문, 지리, 예악, 제도, 군대, 형법, 모두 유용한 일이며 자기 본분의 일에 속하지 않은 것이 없다. 옛 사람들이 육예를 가르칠 때 그 마음이 있으면 곧 그것에 머물렀다. 이와 달리 헛된 말 하기를 좋아하고 보잘 것 없고 서툰 문장에 머무는 사람은 큰 손해를 보았다."

여기서 언급된 '유용한 일'은 분야가 매우 넓고 내용이 풍부하며 실용적인 인재관에서 제기한 교육 내용과 크게 다르지 않다. 주희가 제창한 성리학 교육은 인, 의, 도, 덕을 근본으로 한다는 점이 다를 뿐이다.

왕안석 역시 실용적인 인재를 강조하는 동시에, 인, 의, 도덕의 내용도 배척하지 않았다. 그는 "가르치기를 좋아하는 자는 가르쳐야 한다. 스스로 절의와 충성에 전념하여 천하의 모든 임금과 신하기 절의와 충성이 있어야 한다. 스스로 효도와 인자함에 전념하여 천하의 부자간에 효도하고 인자해야 한다. 또 스스로 형제를 생각하는 데 전념하여 천하의 형제간에 서로 은혜를 베풀어야 한다. 부부간에 스스로 예를 갖추는 데 전념하여 천하의 부부간에 서로 예를 갖추어야 한다. 천하의 임금과 임금, 신하와 신하, 아버지와 아버지, 형과 형, 동생과 동생, 남편과 님편, 아내와 아내는 모두 스스로 가르쳐야 한다."

여기에서 언급한 군신간의 절의와 충성, 부자간의 효와 자애, 형제간의 우애, 부부간의 예의는 성리학에서 제창한 인, 의, 도, 덕의 교육과 큰 차이가 없다. 다만 왕안석의 교육사상은 실용적인 면을 더 강조했을 뿐이다.

04

중국 고대 덕육관

덕육德育은 교육의 중요한 구성 부분으로, 주요 기능은 젊은 세대에게 정치관점 철학사상 및 도덕규범을 전수하고 이를 사상적 품덕으로 변하게 하는 것이다. 교육사상사에서 덕육은 언제나 교육가들의 가장 큰 관심거리였다. 근대교육학의 기틀을 다진 헤르바르트는 "교육의 유일한 또는 전체적인 업적은 이 개념, 즉 도덕으로 귀착된다. 도덕은 보편적으로 인류의 최고 목적으로 여겨지며, 또한 그렇기 때문에 교육의 최고 목적이 되었다."고 말했다. 현대의 교육가들 역시 사람의 조화로운 발전이란 '도덕적, 사상적, 공민적, 지력적, 창조적, 노동적, 심미적, 정서적, 신체적 완벽' 등이며 여기에 '결정적 작용을 하는 주도적인 요소는 도덕이다.'라고 여긴다.

고대 중국의 교육사상에서 덕육은 교육의 주요 흐름이었다 해도 과언이 아니다. 서주西周시대에 흥성했던 청동기 명문銘文에서도 '덕'과 관련된 언급을 자주 볼 수 있다. 예를 들어 서주 중·후기에 제작된 사정師鼎에 새겨진 197자 중 '덕'을 언급한 곳은 6군데나 되며, 공왕共王이 덕으로써 주 왕조의 통치를 돕길 바랐다는 내용이 구체적으로 서술되어있다. 선진시기 공자는 '덕으로서 백성을 가르칠 것'을 주장하였을 뿐만 아니라, 학교에도 덕행 관련 과목을 개설하여 학생들에게 도덕교육을 시켰다. 그는 "제자는 들어와서는 효를 행하고 나가서는 공경하며, 삼가며 믿음직스럽고, 널리 뭇사람들을 사랑하고, 어짊으로 가까워야 한다. 이를 행하고 힘이 남거든 학문에 힘써야 한다."라며 품덕 수양을 학생의 가장 중요한 임무로 보았다. 고대 중국의 교육사상사는 가히 덕육사德育使라고 말할 수 있다. "중국의 봉건 전통교육은 교육을 받는 사람에게 지식을 전수하기는 하지만 이는 부산물일 뿐이다. 교육의 진정한 목적은 교육을 받는 사람으로 하여금 유가의 삼강오상三綱五常 명교의 교화 아래, 봉건사회의 도덕적 인재가 되도록 하는 것이다. 이러한 유가의 윤리교육은 전통교육의 이상적 인격인 '도덕형 인격'을 낳았다."는 평가가 나온 것도 당연한 일이다. 이번 장에서는 덕육의 기능, 덕육의 과정 및 덕육의 원칙과 방법이라는 세 가지 부분에서 입각하여 중국 고대 덕육관점에 대해 연구해 보도록 하겠다.

1. 덕육의 기능

앞에서 말했듯이 중국 고대교육의 기본특징 중 하나는 윤리도딕교육을 중시했다는 점이다. 그래서 중국 역대 정치가와 교육사상가의 덕육의 기능에 대한 인식은 불가분의 관계이다.

(1) 백성 교화 및 국가 안정에 도움이 되는 덕육

선진 시기 공자는 이러한 덕육의 기능을 매우 중시하여, 사회의 모든 사람을 대상으로 도덕교육을 진행할 것을 주장했다.

"정치로 가르치고 형벌로 가지런히 하면 백성들은 죄를 짓지 않게 되지만 스스로 부끄러워할 줄을 모른다. 덕으로 가르치고 예로 가지런히 하면 백성들은 스스로 부끄러워할 줄을 알게 된다."

이는, 즉 만약 통치자가 법과 명령, 형벌로 백성들을 구속하면 백성들은 잠시 범죄를 면할 수 있지만 부끄러워하는 마음이 생기지 않는다는 것이다. 그러나 만약 도덕으로 백성들을 지도하고 감화시키면, 그들은 부도덕한 행위를 하는 것을 부끄럽게 여길 뿐 아니라 기꺼이 심복하여 자각적으로 통치계급의 요구에 합당한 도덕규범으로 자신의 행위를 예속한다. 이것은 도덕교육이 법률형벌로 대체할 수 없는 기능을 가지고 있다는 것을 설명한다. 맹자도 학교 교육의 근본 목적을 '명인륜明人倫(인륜을 밝히 알다)'으로 명확히 결론지었다.

"하나라는 (학교를) 교라고 불렀고, 은나라는 서, 주나라는 상이라고 불렀다. 학學은 세 시대 모두 공유한 것이다. 이는 모두 인륜을 밝혀 알게 하는 것이다. 위에서 인륜을 밝혀 알면 아래에서는 백성들이 그것을 본받아 사랑하며 잘 지낸다."

하·은·주 세 시대의 통치계급 자제들은 학교에서 교육을 받았으며 윗사람들이 인륜의 도를 행하면 아래 백성들은 서로 사랑하며 하극상의 난을 벌이지 않는다는 말이다.

유가의 경전 중 하나인 《대학》은 유가의 사상적 요지를 개괄하면서
이후 수천 년 동안 영향력을 이어온 학교 교육 강령을 제시했다.

대학의 도는 덕을 밝히고, 백성을 사랑하며 지극한 선에 이르도록 하
는 데 있다.

대학교육의 근본 임무는 사람의 선천적인 선한 본성을 한층 더 빛나
게 하는 것으로, 이는 사람들을 사랑하며 더없이 훌륭하게 하는 데 있
다는 뜻이다.

한대에는 '독존유술獨尊儒術' 정책이 실시되면서 동중서의 사상이 중
시되었고, '덕으로써 백성들을 가르침'은 한나라의 기본 국책 중 하나
가 되었다. 동중서는 "무릇 백성들이 이익을 좇는 것은 물이 높은 곳에
서 낮은 곳으로 흐르는 것과 같기에 교화체계를 세워 제방을 쌓지 않
으면 법을 어기고 나쁜 짓을 하는 것을 막을 수 없다. 교화체계가 잘
세워지면 아첨과 간사함이 사라지는데 이는 마치 튼튼한 제방을 통해
홍수를 막아내는 것과 같다. 교화체계를 폐지하면 간사함이 성행하게
되어 형벌도 이를 막아낼 수 없게 되는데 그것은 홍수를 막는 제방이
무너졌기 때문이다. 옛날 왕은 이 점을 명백히 알고 남쪽을 향해 천하
를 다스릴 때 교화를 가장 큰 임무로 삼았다."라며 덕육의 역할을 강조
했다. 왕충은 비록 몇 가지 기본관점에서 동중서의 주장을 반대했지
만, 그 역시 덕육을 가장 중시했다. 왕충은 "무릇 학자들은 성정을 다
스려, 덕을 완성시켜야 한다."고 말해 학습자의 근본 임무는 자신의 성

정을 바꾸고 조절하는 것이며, 자신의 재능과 품덕을 완벽하게 하는 것이라고 천명했다.

《대학》에서 제시한 교육강령 및 '수신 → 제가 → 치국 → 평천하'로 이어지는 이상적인 과정은 송명시기에 극치에 달했다. 송대 교육가 주희는 《백록동서원학규》에서 '부자유친, 군신유의, 부부유별, 장유유서, 붕우유신'을 교육의 근본내용으로 제시하고 '배우는 자는 오로지 이것을 배울 뿐이다'라고 했다. 그는 또한 "옛 성현들은 가르침으로써 배운다는 말을 가만히 생각해보면 그것이 매우 이치에 맞는다는 것을 알 수 있다. 먼저 자신의 몸을 닦고修身 그 후에 사람들에게 널리 펴야 한다. 문장을 보고 기억하는 것으로 명예를 얻고 이익과 관록을 취하고자 해서는 안 된다."고 말했다. 주희는 교육이란 명예와 이익을 얻기 위해 글을 열심히 외우고 공부하는 것이 아니라 올바른 도덕적 수양을 강화하는 것이라고 보았다. 그리고 이를 통해 사회의 대업에 영향을 끼치는 것이라고 여겼다. 명대 왕양명도 문장 암기에만 치중하는 덕육 방법을 비판했다.

"옛날에 가르치는 사람들은 인륜을 가르칠 때에 후대로 하여금 문장을 외워 암송하는 것을 배움의 시작으로 하였으나 그러한 가르침은 망했다. 오늘날은 동자를 가르침에 있어, 오로지 효 충심 예절 염치 등에 힘쓴다. 이러한 교육함양 방식은 노래와 시로써 이끌어서 그 뜻을 펼치게 해야 한다. 배우는 자를 이끌어 예를 배우게 하고, 그 태도를 위엄 있고 공손하게 만들어야 한다. 책을 읽고 읊게 하여 자각하게 해야 한다."

위 글에서 알 수 있듯이 왕양명은 가르치는 자는 반드시 도덕교육에 전념해야 한다고 주장하였으며 교수 방법에 주의해야 한다는 점을 강조했다. 즉 감정을 이끌고 의지를 불러일으키며 바른 태도를 갖추게 하는 등의 방법을 이용하여 학생들의 각성을 이끌어야 한다고 했다.

왕부지는 '명명덕明明德(밝은 덕을 알다)'을 학교교육의 목표로 삼고 교육의 참뜻은 '자기를 닦고, 사람을 다스려 대인의 덕업을 이루는 것'이라고 주장했다.

"덕을 얻으려 함은 그것을 얻어야 비로소 사람다운 사람이 되기 때문이다. 그러한 밝은 덕을 가졌기에 이룰 수 있음을 알고 그것을 이루기 위해 노력한다……. 그것은 온몸으로 발휘되고 업적을 통해 드러난다. 때문에 스스로를 갈고 닦는다 함은 나라와 천하를 위함이라 할 수 있다."

따라서 도덕교육의 궁극적인 목표는 한 개인의 완성이 아니다. 도덕교육은 한 개인을 위함이 아니라 개인의 완성을 통해 사회의 완성을 이루고, 국가의 안정과 번영을 도모하기 위함이다.

(2) 학생의 이상적인 인격 형성을 돕는 덕육

고대 중국 교육가들은 학생을 위해 일련의 이상석 인격 보넬을 설세했다. 이상적 인격의 핵심 내용은 확고한 도덕적 신념이다. 예를 들어 맹자가 제시한 이상적 인격은 '대장부' 정신이다.

"천하의 넓은 곳에 거하며 천하의 옳은 자리에 서서 천하의 대도를 행한다. 뜻을 얻으면 사람들과 함께 행하고 뜻을 얻지 못하면 홀로 그

도를 행하라. 부귀에 현혹되어서는 안 되고, 빈천해도 뜻을 바꿔서는 안 되며, 권세와 무력 앞에 굴복해서도 안 된다. 이런 이를 대장부라 한다.”

부귀에 마음이 현혹되지 않고 빈천해도 뜻을 바꾸지 않으며 권세와 무력으로는 굴복시킬 수 없는 대장부 정신을 기르기 위해 맹자는 자아 교육 강화를 통해 학생들의 천부적 선성을 보존하고 발양할 것을 요구했다. 그래서 그는 “대인은 적자지심赤子之心을 잃지 않는 사람이다.”라고 했다.

순자의 이상적 인격은 청렴결백한 덕성을 지닌 ‘성인成人’이다.

“군자는 온건치 못하고 순수하지 못한 모든 것은 아름답다고 할 수 없음을 알아야 한다. 그러므로 경서를 외고 익힘으로써 이를 꿰뚫고, 사색함으로써 이에 통달하며 스승과 벗을 찾아뵘으로써 이를 파악하고 학문에 해가 되는 것은 모두 제외시킴으로써 자신을 건사하고 길러야 한다. 눈으로는 옳지 않은 것은 보려 들지 않고, 귀로는 옳지 않은 것을 들으려 하지 않으며, 입으로는 옳지 않은 것은 말하려 들지 않고, 마음으로는 옳지 않은 것은 생각하려 들지 않아야 한다. 그리하여 학문을 닦기 위한 가장 이상적인 경계에 이르러야 한다. 마치 눈이 오색五色을 좋아하고 귀가 오성五聲을 좋아하며 입이 오미五味를 좋아하듯이 마음은 오로지 어떻게 천하를 의롭게 할 것인가를 생각해야 한다. 그러한 경계에 도달하면 권력과 사리사욕 앞에서도 사심이 생기지 아니하고, 많은 사람과 거대한 세력 앞에서 굴하지 아니하며, 천하의 만물도 그 마음을 변하게 하지 못할 것이다. 삶에 있어서도 그러하고 죽음을 대함에 있어서도 그러하다면 이는 덕행과 절개가 있다고 할 수 있다. 덕행과 절개가 있어야만 의지가 확고하여 흔들리지 아니하고, 확고하여 흔들리지 않아야만 임기응변을 할 수 있다. 의지가 확고하고 임기응변에 능하다면 완벽한 사람이라고 할 수 있다.”

순자가 제시한 성인의 기본 요구사항은 맹자의 대장부와 상당히 비슷하다. 순자 역시 확고한 덕행과 절개를 강조했다. 그리고 이러한 덕행과 절개는 권력의 위협과 이익에 대한 유혹으로도 기울게 할 수 없고, 아무리 사람이 많고 세력이 커도 움직일 수 없는 것이다. 또한 평생 굳게 지키며 죽을 때까지 변하지 않는 것이다. 그러나 맹자가 이상적 인격 형성의 과정으로 주관적 내구內求를 제시한 것과 달리 순자는 반드시 ‘나열하여 암기’ ‘사색’ ‘지속적 수양’을 통해, 즉 오늘날의 학습, 사고, 행위의 훈련을 통해 형성할 수 있다고 보았다.

송대 장재는 어진 사람仁人을 이상적 인격으로 제시했다. 그는 교육의 목표를 사람을 진정한 사람仁人답게 육성하는 것이라고 보았다.

“배우는 이는 반드시 사람다운 성정을 세워야 한다. 인仁은 사람됨의 근본이다. 이는 사람이 진정한 사람인지를 구별하고 배우는 이가 진정한 사람이 되기 위해 배우는 것이다.”

즉 사람은 생물학적 의미뿐만 아니라 사회학석 의미를 가지고 있다. 완전한 도덕적 수양을 갖추고 이상적 인격인 ‘인’을 형성해야만 비로소 사회학적 의미의 사람이 될 수 있다. 이러한 사람의 육성과 인격의 형성은 학습과 교육을 통해서만 실현될 수 있는 것이다.

이 밖에도 여타 교육가들이 제시한 군자, 현인, 성인, 선비 역시 대부

분 상술한 내용과 비슷하게 확고한 덕성을 갖춘 이상적 인격을 가리킨
다. 이를 통해 고대 중국 교육가들이 교육을 매우 중시했으며, 특히 학
생의 이상적 인격 함양에 있어서 덕육의 역할을 강조했다는 것을 알 수
있다.

(3) 학생의 지력 발달에 도움을 주는 덕육

중국 교대 교육가들은 품덕 함양과 지력발달의 관계에 대해 고찰한
뒤, 전자는 후자를 추진하는 작용을 한다고 여겼다. 발달 자체는 좋지
만, 한편으로는 덕육의 기능을 지나치게 과장하거나 강조했다.

고대 중국의 가장 뛰어난 역사책 중 하나인 《상서尚書》에서는 덕과
지智의 관계에 대해 이처럼 서술했다.

"성현이라 할지라도 깨닫지 아니하면 어리석게 되고, 어리석은 사람
도 깨달으면 성현이 될 수 있다."

위 문장을 풀어보면 이렇다. 비록 명지明智(밝은 지혜)에는 통달했지
만 마음속에 인덕이 없다면 곧 분별없이 도리에 어긋나며 사리에 밝지
못한 사람이 되어버린다. 그러나 비록 분별없고 사리에 밝지 못하더라
도, 마음속에 인덕을 두면 밝은 지혜에 통달한 사람이 된다. 공자는 이
부분을 더욱 직설적으로 지적하여, 만약 한 사람이 품성이 저속하고 악
렬하면 지력은 좋은 방향으로 발전할 수 없으며 심지어 얻었다가도 잃
을 수 있다고 했다. 그래서 공자는 "지혜로움이 충분하더라도 어짊仁으
로써 그것을 지키지 못하면 비록 얻었다 할지라도 곧 잃을 수밖에 없

다.”고 말했다. 또한 “군자가 (인덕이) 중후하지 않으면 위엄이 없고 배워도 견고하지 않다.”라고도 말했다. 그러니 공자가 학생을 평가할 때 항상 가장 먼저 인덕을 본 것은 당연한 일이다. 공자는 심지어 “만약 주공과 같은 아름다운 재주를 가졌어도 거만하고 인색하다면 그 나머지는 볼 것이 없다.”고 단언했다.

덕을 중시하는, 이른바 중덕주의重德主意 성향은 송대에 이르러 더욱 두드러졌다. 역사학자 사마광은 “재주는 덕의 자본이다. 그러나 덕은 재주의 머리이다.”라고 하며 인과 지를 중시했다. 그리고 《자치통감》에서 사람을 다음과 같은 네 가지 유형으로 구분했다. 재능과 도를 겸비한 성인聖人, 덕은 있으나 재능은 없는 현인賢人, 재능도 덕도 없는 우인愚人과 덕은 없고 재능만 있는 소인이 바로 그것이다. 게다가 덕은 있으나 재능은 없는 현인은 차라리 필요해도, 덕은 없고 재능만 있는 소인은 필요 없다고 역설했다. 또 다른 송대 교육가인 장재는 품덕발전이 지력발달에 적극적인 영향을 끼친다고 강조했다.

“사람이 꿈이 크지 아니하면, 건성으로 하게 되고, 배워도 이루어지는 것이 없다. 도 닦기를 게을리 하면, 이치를 통달의 방법을 얻지 못할 것이다. 아직 성덕군자가 아니라면 반드시 분발하여, 마음이 내키는 대로 하여도 법도를 넘지 않을 경지에 이르러야 한다. 덕이 모자란 사람은 아무리 배워도 성공할 수 없다.”

이는 품덕이 완벽한 사람만이 원대한 이상을 세울 수 있으며, 학습에 대한 큰 흥미와 고도의 집중력을 갖춰야만 끝까지 노력하는 완강한 의지력을 가질 수 있고, 더 나아가 비로소 배우고 이루는 것이 있어 지력을 발전시킬 수 있다는 뜻이다. 장재는 여기서 실제로 품덕, 즉 비지력非智力적 요소와 지력적 요소 간의 연쇄발전관계를 드러내 보였다.

고대 중국 교육가 중에 덕과 지의 상호관계를 비교적 전면적으로 논술한 사람이 몇 명 있었는데, 이들은 덕육의 의의를 강조한 동시에 지력이 품덕 발전에 미치는 영향을 중시했다. 서한 시기 동중서는 "어질지만 지혜롭지 못한 자는 무분별한 사랑을 하게 된다. 지혜롭지만 어질지 않은 자는 알고도 행하지 않는다. 그러므로 어질기에 인류를 사랑하고 지혜롭기에 이에 해로운 것을 가려낼 수 있는 것이다."고 했다. 어진 품덕만 있고 지혜가 없으면 널리 모든 것을 사랑하지만 구별함이 없다. 그리고 지혜만 있고 어진 품덕이 없으면 그 지혜를 이용해서 좋은 일, 훌륭한 일을 할 수 없다는 것이다. 삼국 시기 유소劉劭는 덕과 지의 내재적 관계에 대해 한층 더 심화된 분석을 제시했다.

인은 덕의 기본이고, 의는 덕의 절도이다. 예는 덕의 아름다운 장식이며 신은 덕의 절개이다. 지는 덕의 통솔이다. 지혜는 스스로를 밝혀 아는 것에서 비롯되며 스스로를 밝혀 아는 사람은 다른 이를 밝혀준다. 그것은 마치 낮의 밝은 태양과 밤의 등불과 같아 갈수록 그 밝혀 아는 것을 더해가는 자는 그 식견이 더욱 넓어진다. 그러나 그 넓은 식견에 다다르는 것은 결코 쉽지 않다.

유소는 인은 도덕의 근본이고, 의는 도덕의 절도이며, 예는 도덕의 화려한 모양, 신은 도덕의 기둥, 지는 도덕의 통솔이라고 보았다. 또한 지혜는 총명함에서 비롯되며 낮에는 태양을 필요로 하고 밤에는 등불에 의지하는 것처럼 사람들 역시 총명함에 의지한다고 했다. 이를 통해 알 수 있듯이 유소는 지력발달이 품덕 발전에 미치는 영향에 대해 명확히 알고 있었다.

명말청초의 교육가 장리상張履祥은 지와 덕의 관계에 대해 자못 독창적인 견해를 제시했다.

"배우는 자는 먼저 그의 도덕적 도량을 살펴야 한다. 도덕적 도량이 얕으면 결국 성취하는 자가 드물고, 있다 해도 극소수이다."

"덕은 업業의 근본이며 업은 덕을 드러낸다. 덕이 더 나아가면 업은 더 닦이고, 업이 닦아지면 덕은 더욱 깊어진다. 둘은 서로 함양하고 발전시키므로 사실 한 과정이라 할 수 있다."

장리상은, 도덕적 도량은 일차적인 것으로, 도덕적 도량이 크고 깊으면 지력 역시 점차 발달하고, 이에 따른 성취도 점점 커진다고 말했다. 또 한편으로는 덕과 업은 서로 보완하며 완성되어가는 것으로 서로 기르고 발전시키는 관계에 있다. 즉 덕은 업을 촉진시켜 사람의 지력발달을 자극한다. 또한 업은 덕을 촉진시켜 사람의 품덕발전에 도움을 준다. 청대 대진 역시 "덕성은 학문을 얻어 성지聖智(성인의 지혜) 속으로 늘어갈 수 있다."고 하여 품덕을 살 갖춘 사람은 학문의 힘을 빌려 성지의 경지에 한 발자국 더 다가갈 수 있다고 보았다.

2. 덕육의 과정

현대교육이론의 관점에서 보면 덕육 과정은 교육자가 교육받는 자의 사상 및 품덕에 근거하여 세운 규율이라고 할 수 있다. 또한 교육받는 자의 지식, 감정, 의지, 행위 등 몇 가지 부분에 조직적, 계획적 영향을 미쳐서 그들이 일정 수준의 사상 및 품덕을 갖추도록 하는 과정이라고 할 수 있다. 고대 중국에서 덕육과정에 대한 비교적 완성도가 높고 체계적인 서술을 제시한 사람으로 송대 교육가 육구연이 손꼽힌다. 그는 《주역周易》의 함축적인 말 속에 숨겨진 깊은 이치를 풀어내면서 다음과 같이 말했다.

리履는 도덕의 기초이며 겸謙은 덕의 기댈 곳이고 복複은 덕의 근본이다. 항恒은 덕의 견고함이며 손損은 덕을 닦는 것이고 익益은 덕을 넉넉하게 하는 것이다. 곤困은 덕을 분별하는 것이고 정井은 덕의 자리이며 손巽은 덕의 제도이다. ……구괘九卦의 배열은 군자가 수양하는 데 필요한 것으로 순서가 이와 같아서 하나라도 모자라서는 안 된다.

이 문장에는 사실상 도덕감정(순—품덕발전을 저해하는 욕망을 없애다/겸—가졌으나 거기 거하지 않고 채우지도 거만하지도 않다/정—사람을 키우고 물질로 이롭게 하며 사사로운 욕심과 자기 자신을 잊다), 도덕의지(항—언제나 변함없는 마음을 유지하다/곤—곤경 중에 오히려 단련하다) 및 도덕행위(리—도덕행위를 훈련하다/익—잘못을 고치고 옳은 길로 나아가다)에 대한 내용이 이미 언급되어 있다. 덕육의 과정에 대한 육구연의 서술은 중국 교육사상사에 피어난 한 떨기 진귀한 꽃과 같다. 비단 중국뿐만 아니라 세계교육사에서도 이와 같은 서술은 찾아보기 힘들 정도이다. 고대 중국의 여타 교육가들도 비록 육구연만큼 전반적, 체계적이진 않지만 덕육의 과정에 대한 서술을 많이 남겼다. 본 장에서는 이들의 견해를 현대적 시각으로 분석하고 그 속의 정수精髓를 얻고자 한다.

(1) 도덕인식 단계

도덕인식은 사람들이 사회 현상의 옳음과 그름, 선과 악, 아름다움과 추함을 인식하고 평가하며 판단하는 것이다. 학생의 사상 및 품덕의 형성과 발전은 일반적으로 도덕인식의 기초 위에 형성된다. 사람은 어떻게 행동해야하고 왜 이렇게 행동해야 하는지를 제대로 알고 있어야만 자각적으로 이에 상응하는 행동을 할 수 있다. 옳고 그름을 명백히 알고 선과 악을 구별하며 아름다움과 추함을 판단하고 영예와 치욕을 인식할 수 있어야만 자기 행위의 준칙을 명확히 세울 수 있는 것이다. 도덕인식이 형성되는 과정은 주로 학생에게 도덕개념의 의의를 알려주고 설명하며 도덕 표순과 도덕규범을 설명하는 식으로 이뤄진다. 또한 조를 이뤄 도덕현상을 분석하게 하여 평가 능력을 발달시키며, 사회적 의식이 학생 개인의 의식으로 전환되도록 하는 것 역시 이 과정에 포함된다.

고대 중국 교육가들은 도덕인식 단계를 매우 중시했다. 공자는 '앎

知'이 있어야 굳은 도덕적 신념이 생긴다고 보았다. 이른바 지자불혹知者不惑이다. 또한 '앎'을 도덕행위의 전제 조건으로 보고 "알지 못하면서 행하는 사람도 있지만 나는 그렇지 않다."라고 했다. 그런가하면 순자는 이치로써 도를 인식識道해야만 도덕적 자각성을 향상시킬 수 있으며 분명하게 알아야만知明 행함에 과오가 없다고 지적했다. 또한 "사람은 누구나 가능하다고 생각하는 것을 따르고, 불가능하다고 생각하는 것을 멀리한다. 올바른 도를 능가하는 것이 없다는 걸 알면서도 도를 따르지 않는 사람이란 있을 수가 없다."라고 말했다. 그래서 "사람은 도를 몰라서는 아니 된다. 도를 알지 못하면 올바른 길을 따르지 못하고 오히려 어긋나는 길을 따르게 된다."고 했다. 주희는 여기서 한걸음 더 나아가, 명확한 도덕지식을 갖추면 반드시 의리義理에 부합하는 행위를 할 수 있다고 여겼다.

또한 주희는 만약 도덕지식을 얻고 스스로 자신의 생각과 행위에 규칙을 세울 수 있다면 다른 사람의 간섭이나 금지를 받을 필요가 없다고 보았다.

"진실로 이치의 당연함을 알아서 자기 자신을 꾸짖어 반드시 그렇게 하려고 한다면 어찌 다른 사람이 금하고 막는 도구를 만들기를 기다렸다가 그것을 따를 필요가 있겠는가?"

고대 중국 교육가는 도덕개념을 갖는 것이 도덕인식 형성에 작용하는 역할을 이미 인식하고 있었다. 공자는 일련의 비교적 온전한 도덕개념을 제시하고 학생들에게 이를 제대로 알 것을 요구했다. 그가 제시한 도덕개념 중 가장 관건이 되는 요소는 예禮와 인仁이다. 《논어》에서 '예'자는 74번, '인'자는 105번이나 쓰였다. 학생의 학업과 도덕을 평가할 때 예와 인은 종종 평가근거로 사용되었다. 맹자는 도덕개념을 더욱 구체적으로 제시했다. 총 세 가지 항목을 제시하였는데 첫 번째 는 '仁, 義, 禮, 智'이며 두 번째는 '孝, 梯, 忠, 信'이고 세 번째는 '부자 유친, 군신유의, 부부유별, 장유유서, 붕우유신'이다. 이 세 가지 항목 은 진한 시대 이후 주도적 위치를 차지한 상감오상에 도덕개념 기초를 제공했다.

학생들이 도덕개념을 파악하는 것을 돕기 위해 고대 중국 교육가들 은 학생들에게 도덕개념의 내포 의미를 명시하는 것을 중요하게 생각 했다. 일례로 공자는 학생들에게 인과 예의 개념을 반복적으로 설명했 다. 또한 학생들에게 깊은 인상을 남기기 위해 고대 교육가들은 일상생 활 속에서 벌어지는 일들을 예로 들어 생동감 넘치는 설명을 했다. 맹 자는 "어린아이가 우물로 들어가려 하다."라는 예를 들며, 이때 사람이 라면 갖게 되는 "놀라고 측은해 하는 마음"을 인이라 설명했다. 또한 "어려서 손을 잡고 가는 아이 중에 그 어버이를 사랑할 줄 모르는 이는 없으며, 자라서는 그 형을 공경할 줄 모르는 이가 없다."는 예를 들어 인과 의라는 두 가지 도덕개념을 설명했다. 주희는 충忠이라는 도덕개 념을 설명할 때, "충실함은 성실하며 속이시 않는 것"이라는 징의를 내 리는 것에 그치지 않고 "사람과 대화를 할 때, 깊은 곳까지 말하는 것을 보고도 반만 말하고 다 말하지 않으려 하는 것이 바로 불충不忠이다."라 는 예를 들었다. 또한 다른 사람과 일을 모색할 때 "반드시 말한 것과 부합되게 하여야 한다. 만약 부합되지 않는다면 말한 그 일을 절대로 하지 않은 것이다. 말을 하지 않았다면 그 일은 아마 할 수 없으며 해도 무방하다. 이는 충분히 충실하지 못한 것이다."고 했다. 이렇듯 생동감 넘치는 설명은 말만 번지르르할 뿐 딱딱하고 재미없는 조문條文보다 훨씬 기억하기 쉬우며 활용하기도 쉽다.

고대 중국 교육가들은 또한 교육실천 중에서 학생의 도덕적 인품에 대한 평가가 학생의 도덕인식을 형성하는 수단으로 활용될 수 있다는 점에 관심을 기울였다. 공자는 학생의 도덕적 인품을 자주 평가했다. 첫 번째, 평가 대상인 학생에게 직접적으로 의견을 말했다. 예를 들어 자공이 공자에게 "내가 하기 싫은 일은 남에게 시키지 말라"라는 가르침을 실천할 수 있다고 말하자 공자는 즉시 이는 그가 할 수 있는 일이 아니라고 말했다. 두 번째, 다른 학생의 앞에서 어느 학생을 평가했다. 하루는 재아宰我가 공자 앞에서 3년 상은 너무 길며 1년이면 충분하다고 큰소리로 논쟁하고 있었다. 그러자 공자는 그에게 "군자는 상을 치를 때, 먹어도 맛이 없고 음악을 들어도 즐겁지 않고 거처해도 편안하지 않기 때문에 그렇게 하지 않는다. 지금 네가 평안하다면 그렇게 하여라."라고 비평했다. 그뿐만 아니라 다른 학생 앞에서 "어질지 못하다. 재아는 참으로 어질지 못하구나! 자식은 태어나 삼년이 된 후에야 부모의 품을 떠난다. 삼년의 상제는 천하의 모든 사람이 지키는 도리이다. 재아 역시 부모에게 삼년간의 사랑을 받지 않았는가!"라고 평했다. 또 하루는 자공이 "자장과 자하 중 누가 더 낫습니까?"라고 묻자 공자는 "자장은 지나치고 자하는 미치지 못한다."라고 대답했다. 자공이 다시 "그렇다면 자장이 낫습니까?"라고 묻자 공자는 "지나친 것은 미치지 못하는 것과 같다.”라고 대답했다. 세 번째, 다른 사람 앞에서 자신의 학생을 평가했다. 노나라의 애공哀公이 “제자 가운데 누가 배우기를 좋아합니까?”라고 묻자 공자는 안연의 학습태도와 학습정신에 대해 이렇게 말했다.

“안회가 배우기를 좋아하고 화를 잘 내지 않으며, 같은 잘못을 두 번 반복하지 않았습니다. 불행히도 그는 일찍 죽어 지금은 없으니, 그 이후로는 배우기를 좋아하는 자에 대해 듣지 못하였습니다.”

네 번째, 다른 사람이 어떤 학생에 대해 한 평가가 사실과 부합하지 않을 때 이를 다시금 평가했다. 하루는 공자가 “나는 아직 굳센 사람을 보지 못했다.”고 하자 그 자리에 있던 사람이 “신정申棖이 있습니다.”라고 대답했다. 신정에 대한 평가가 실제와 다르다고 생각한 공자는 “신정은 욕심이 많은데, 어떻게 굳셀 수 있겠는가?”라고 즉시 바로 잡았다.

명말청초의 교육가 안원 또한 자주, 그리고 즉각적으로 학생의 도덕품성을 평가하는 것을 중시했다. 안원의 제자 하나가 추운 겨울날 방에 불을 때려는데, 마침 누군가 문밖에 가져다놓은 땔감을 보았다. 그것을 취해 불을 피우고 싶었지만 그러면 안 된다는 생각에 멀리까지 가서 스스로 땔감을 구해왔다. 제자의 선행을 선해들은 안원은 다음날 기숙사로 찾아가 그 제자를 칭찬하며 “이렇게 의로 가득 차면 성스러운 일을 할 수 있다.”고 격려했다. 그리고 다른 학생들에게도 이처럼 이기적이지 않는 정신을 기르라고 권면했다.

또한 고대 중국 교육가들은 학생들이 스스로를 평가할 수 있도록 지도하는 것을 중시하고 교사의 평가와 학생의 자아평가를 결합시켰다. 공자는 자아평가를 지도하면서 다음의 두 가지를 실천했다. 첫째, 학생의 자아평가가 실제와 부합하면 이를 긍정하며 확신을 주었다. 하루는 자공이 자신의 지적능력이 안연보다 못하다고 하자, 공자는 이를 긍정하며 "안연만 못하지, 너와 나 모두 안연만 못하다."라고 말했다. 둘째, 학생의 자아평가가 실제와 부합하지 않으면 이를 바로잡아 주었다. 한 번은 자공이 "다른 사람이 나에게 억지로 시키지 않았으면 하는 일은 나 역시 다른 사람에게 억지로 시키지 않는다."라고 말하자 공자는 이 것이 약간 과장되었으며 정확하지 않다고 여겨 "자공아, 그것은 네가 할 수 있는 일이 아니다."라고 바로잡았다. 이는 학생의 도덕평가 능력 향상을 촉진하여 정확한 도덕인식을 형성하는 데 중요한 작용을 한다.

(2) 도덕감정 단계

도덕감정은 사람들이 사회현상의 진실과 거짓, 아름다움과 추함, 선과 악에 대해 반응하는 기쁨과 노여움, 슬픔과 즐거움, 사랑과 미움, 좋아함과 싫어함 등의 감정적 체험을 가리킨다. 도덕감정은 인간의 도덕행위에 지대한 조절 작용을 한다. 러시아의 교육자 수호믈린스키가 말한 것처럼 감정은 도덕신념, 원칙성과 정신력의 심장이며 감정이 없다면 도덕은 위군자僞君子를 길러내는 무미건조한 언어에 불과하다. 만약학생이 어떠한 도덕적 문제에 대해 유쾌한 감정이 생긴다면 도덕지식을 순조롭게 받아들일 수 있으며, 또한 매우 빠르게 행동으로 전환시킬 수 있다. 이와 반대로 냉담한 태도를 보인다면 단순한 말에 그칠 가능성이 높다. 도덕감정을 발전시키는 과정은 감정을 통해 학생의 마음을 움직이는 과정이다. 이 과정에서 교사는 학생의 도덕인식 향상이라는 기초 위에 구체적인 도덕적 이미지를 통해 학생을 감화시키고, 각종 예술형식을 활용하여 도덕적 감정을 일으켜서 학생이 고상한 도덕정서를 형성하도록 해야 한다.

또한 고대 중국 교육가들은 학생의 도덕감정 단계가 도덕인품 함양에 갖는 의미를 매우 중시했다. 그들은 어떠한 도덕품성이라도 모두 인식과 감정이라는 두 가지 요소를 포함하고 있으며, 인식만 있고 감정이 없다면 진정한 도덕인품을 형성할 수 없다는 것을 명확히 알고 있었다. 공자가 제시한 '인'이라는 개념을 예로 들어보자. 공자는 학생들에게 애인愛人(사람을 사랑함)과 극기복례克己複禮의 도리를 이해하는 한편, 애인과 극기복례의 감정을 품도록 요구했다. 애인은 학생에게 동정심을 갖도록 이끄는 것이며 극기복례는 근본적으로 자신의 정당하지 못한 감정을 통제하게 하는 것이다. 이 두 가지의 감정이 모두 갖추어져야 진정으로 어진 덕을 가진 사람이 될 수 있다.

주희는 감정의 도덕적 기능에 대해 논하면서 긍정적 감정과 부정적 감정을 구별해야 한다고 주상했다. 예를 들어 '노여움'이라는 징서도 "혈기에서 나온 노여움"은 악이고 "의리에서 나온 노여움"은 선이라는 것이다. 또한 정서적인 분노는 '있어서는 안 되는 것'이지만 의분義憤이라는 감정은 오히려 '없어서는 안 되는 것'이라고 보았다. 악의 감정은 한번 발하면 중절中節이 되지 않는 감정이기에 사람의 마음을 바로 잡는 데 영향을 주고, 선의 감정은 발하며 중절이 되기 때문에 결코 없애서는 안 된다. 오직 악한 감정은, 펼쳐져 절도에 맞지 않는 감정으로, 사람 마음의 바름에 영향을 미치게 된다. 그러나 착한 감정은, 펼쳐져 절도에 들어맞는 감정으로, 절대로 버릴 수 없는 것이다. 이에 대해 주희는 다음과 같이 말했다.

마음에는 희노애락의 감정이 있어 그 바름을 얻을 수 없지만, 모든 욕망이 이렇지 않다고 할 수는 없다. 이러한 감정이 없을 수는 없다. 그러나 생겨나면 중간에 절제해야 하는데, 생겨나는 것을 중간에 절제하지 못하면 치우침이 생겨 그것을 바르게 할 수 없다.

가무 팔음절은 사람의 성격을 함양할 수 있다 여겨지는데 더러운 것을 씻어내고 앙금을 녹인다. 고대 학자들이 결론짓길, 정의와 정신은 어질고 숙련되어서 스스로 윤리로써 온순해진다고 했다. 그러니 반드시 덕으로 배움을 완성시켜야 한다.

선의 감정은 사람의 심리적 품성을 기르고 봉건적 윤리도덕으로 회귀하도록 하기 때문에 주희는 이를 한층 더 발양시켜야 한다고 주장했다. 청대 대진戴震은 도덕감정의 가치에 대해 "이理는 정情의 즐거움이 있지 않으면 결국 잃게 된다. 정이 없는데 이를 얻은 자는 없다."라고 하여 유쾌한 도덕감정이 있어야만 도덕지식을 기쁘게 받아들일 수 있다고 했다. 즉 먼저 감정을 얻어야情得 지식을 얻을 수 있다理得는 것이다.

고대 중국 교육가들은 음악, 시가를 학생의 도덕감정을 연마하는 수단으로 활용했다. 공자는 "시로써 흥하며 예로써 세워지고 음악으로써 완성된다."고 주장했다. 즉 시를 이용하여 사람의 도덕감정을 불러일으키고 음악을 통해 이 부분의 수양을 완성한다는 것이다. 공자는 《시경》을 정리했을 뿐만 아니라 시가의 덕육적 기능에 대해서도 언급하였으며 음악의 거대한 위력도 인정했다. 심지어 여러 나라를 전전하다가 식량이 떨어지고 제자들은 병에 걸려 쓰러지는 상황에서도 공자는 여전히 "현악에 맞추어 노래를 부르며 기운이 쇠하지 않았다." 중국의 교육가들은 공자의 이러한 사상을 계승하고 발전시켰다. 주희, 왕양명은 시가에는 학생들의 정신을 맑고 깨끗하게 하며 감정을 연마하고 덕성을 함양시켜서 사악하고 졸렬한 사상 및 감정의 침식을 받지 않게 하는 기능이 있다고 지적했다. 청대 왕부지는 이에 대해 가장 자세하게 서술하였으며, 특히 시가가 청년의 도덕감정을 고무시키는 기능에 대해 심도 있게 분석했다.

호걸이지만 성현이 아닌 자는 있으나 성현인데 호걸이 아닌 자는 없다. 흥할 수 있는 자를 곧 호걸이라 한다. 흥한 것은 나면서부터 기에서 비롯된 것이다. 하자는 대로 순종하고 따르는 자는 세상에 맞춰서 살 수밖에 없다. 하루 종일 고생스레 일하고 재물과 벼슬, 밭과 집, 부인을 뛰어넘지 못하며 곡물 낱알의 수를 세고 땔나무를 헤아리는 사람은 나날이 기개가 꺾이며 하늘을 우러러 보아도 높은 줄 모르고 구부려 땅을 보아도 두터운지 모른다. 비록 깨달아도 꿈처럼 여기며 설사 보고 있어도 마치 맹인과 같다. 부지런히 사지를 움직여도 마음은 이미 영민함을 잃었다. 이것이 바로 흥하지 못하는 까닭이다. 성인은 시로써 스스로를 가르쳐 혼란한 마음을 씻어내고 사라진 호연지기를 진동시켜서 먼저 호걸이 된 후에 성현이 되고자 했다. 이는 난세에 인간된 도리를 구제하는 큰 힘이다.

왕부지는 호걸 또는 영웅은 '흥할 수 있는 사람'이며 정의감 혹은 도덕감정을 가진 사람이다. 반대로 정의감이나 도덕감정이 없는 사람은 오로지 먹고 사는 일과 재물, 벼슬, 밭, 집, 부인에 자신의 모든 행위와 관심을 집중시킨다. 이런 사람들은 아무리 세월이 흘러도 아무 의미 없이 평생을 흐리멍덩하게 보낼 뿐 세속에서 스스로 벗어나지 못한다. 시경의 가치는 이를 배우는 청년의 어지러운 마음을 깨끗이 씻어내며 무기력감을 없애고 도덕적 감정을 일으켜서 청년으로 하여금 뜻을 가진 영웅호걸, 더 나아가 성현이 되도록 하는 데 있다.

감정 연마와 구습舊習을 고치는 부분에서 음악이 하는 기능에 대해 《악기樂記》는 다음과 같이 명확하게 밝혔다.

무릇 간사한 소리가 사람을 감동하게 하면 이에 응해 불순不順한 기운이 일어나고, 불순한 기운이 형상을 이루게 되면 육욕이 일어나게 된다. 바른 소리가 사람을 감동하게 하면 이에 응하여 순順한 기운이 일어나고, 순한 기운이 형상을 이루면 화목하여 즐거워진다.

이는 간사한 소리가 사람을 감동시키면 이에 따라 나쁜 풍조가 일어나게 된다는 뜻이다. 나쁜 풍조가 형성되면 자연히 음탕한 음악이 성행한다. 그러나 바른 소리가 사람을 감동시킬 때에는 자연히 온순한 풍조가 따라오며, 바람직한 풍조가 형성된 후에는 조화롭고 고상한 음악이 성행하게 된다. 왕부지는 '음악으로 덕을 기른다'는 부분도 매우 중시하였으며, 음악에 다음의 세 가지 가치가 있다고 역설했다. 첫 번째는 종교적 가치로, 신인神人을 기르기 충분하며 천지의 원기를 드높일 수 있다. 두 번째는 사회적 가치로, 풍속을 변화시키기에 충분하다. 세 번째는 도덕적 가치로서 조화로운 마음을 기르고 도덕정서를 연마하기에 충분하다. 왕부지는 특히 뒤의 두 가지를 강조해서 "습관이 되어 점차 그 이치를 얻어가고 이로써 성질과 정서를 바꿔 선한 것을 향해 나아간다. 이는 음악의 가르침이 이끈 것이다."라고 했다.

덕육의 설득 효과를 강화하기 위해서 고대 중국의 교육가들은 구체적인 도덕 이미지를 사용하여 학생들을 감화시키고 교육하며 감정적 공명을 일으켜서 학생의 도덕감정을 불러일으켰다. 공자는 중대한 영향력을 가진 역사 인물이나 당시 인물들을 자주 소개했다. 요堯, 순舜, 탕湯, 문文, 무武, 주공周公, 백이伯夷, 숙제叔齊, 미자微子, 기자箕子, 비간比干, 제환공齊桓公, 진문공晉文公, 관중管仲, 자산子産, 안평중晏平仲, 장문중臧文仲, 장무중臧武仲, 류하혜柳下惠, 제경공齊景公, 위령공衛靈公 등의 인물 이미지가 가진 교육적 기능을 최대한 활용한 것이다. 또한 그는 학생 중에서 구체적인 본보기를 내세워(안연 등), 학생들이 친근함을 느낄 수 있도록 했다.

(3) 도덕의지 단계

도덕의지는 사람들이 도덕 의무를 실행하는 과정에서 자각적으로 어려움을 극복하는 굳은 노력을 가리킨다. 이 역시 덕육 과정 중에서 필수불가결한 요소이다. 도덕의지는 사람들이 내부 및 외부에서 오는 각종 교란과 방해에서 벗어나게 해주는 한편 도덕적 동기에 근거하여 결정한 도덕행위를 끝까지 지속할 수 있도록 한다. 또한 도덕행위 중에 용감하고 확고부동하며 어떤 어려움에도 꺾이지 않는 자세를 갖게 해준다. 이와 반대로 만약 굳건한 도덕의지가 없다면 위축되어 전진하지 못하거나 중도에 포기하게 되며, 심지어 사악한 세력에게 굴복하여 변절할 수도 있다. 그래서 도덕의지를 기르는 과정은 학생에게 강한 끈기를 요구한다. 이 과정은 주로 도덕인식 향상 및 도덕감정 발전이라는 기초 위에 어려움과 고난의 단련을 통하여 학생으로 하여금 일을 할 때 처음부터 끝까지 흔들리지 않으며 굳게 나아가는 정신과 습관을 기르게 한다.

고대 중국 교육가들은 도덕의지 단계에 대해 수많은 의견을 남겼으며, 하나같이 도덕의지의 역할을 강조했다. 공자는 학생들에게 원대하고 높은 뜻을 세우라고 권면했다. 그의 말을 빌려 말하자면, '도에 뜻志(의지)을 둘 것'을 요구한 것이다. 그리고 도에 뜻을 두어야만 비로소 덕에 근거하고 어짊에 의지하며 예에서 노닐 수 있다고 했다. 도에 뜻을 두는 것은 사실상 도덕의지 중의 도덕적 동기를 가리킨다. 동기가 순수하고 뜻이 고상해야만 그 행위가 방향을 잃지 않고 물질과 향락을 탐하지 않는다. 맹자는 도덕의지에 관해 좀 더 상세히 설명하면서 도덕의지를 덕육과정 중 특수한 위치에 두었다.

"뜻은 기의 수장帥長이며 기는 몸에 가득 차있는 것이다. 그래서 뜻이 가장 귀하며 기는 그 다음이다. 그렇기에 '그 뜻을 잘 유지하면 그 기가 포악해지지 않는다'고 한 것이다."

맹자는 사람이 확고한 의지를 가지고 있어야만 경솔하게 행동하지 않고 부귀에도 현혹되지 않으며 빈천해도 뜻을 바꾸지 않고 권세와 무력에 굴복하지 않는 대장부의 경지에 이를 수 있다고 보았다. 장재는 '선비는 먼저 뜻을 세워야 한다.'를 가르침의 큰 윤리로 삼고, 뜻을 세우는 것을 사람의 사업과 덕성의 기본으로 보았다. 그래서 "뜻이 크면 재능도 크고, 사업도 커진다. 옛 말에 크다는 것은 부유하다는 뜻이다. 뜻이 장구하면 기운과 덕성도 장구하다. 옛 말에 장구하다는 것은 또한 매일 새로워진다는 뜻이다."고 했다. 그런가하면 육구연은 '먼저 뜻을 분별한다.'는 것을 덕육의 선결조건으로 보았다.

작은 덕은 냇물처럼 흐르고 큰 덕은 만물을 도탑고 교화를 이루니 이는 성인이 지녀야 할 완전무결한 덕이다. 《고요의 책략》에서 말한 9가지 덕 중 6가지를 매일 엄격하게 공성하여 행하넌 세후가 나르고, 그중 3가지를 날마다 다짐하어 행하면 가정이 따른다 했다. 한 사람이 모든 덕을 다 갖출 것을 강요해서는 안 되며, 세 가지 덕을 다 갖출 필요도 없다. 그중 한 가지 덕만 갖춘다면 그는 곧 덕이 있는 사람이다. 순일한 덕행 중 또한 완전할 필요는 없어서 만약 성격 가운데 작은 선과 미를 하나만 취할 수 있다면 그 또한 덕이니라. 그러한 덕을 잃지 않으려면 또한 날마다 축적하고 나아가고, 날마다 나타내고 번성하며 날마다 확대하여야 한다. 점거할 수 없기 때문에 그러므로 모든 사람은 다시 나날이 잃어가고 상실한다. 그러하거늘 어찌 나날이 축적하고 나아가고 날마다 나타내고 번성하며 날마다 확대하여 커질 수 있단 말인가? 선비는 도에 그 뜻이 있거늘 어찌 덕이 빠질 수 있겠는가? 때문에 공자는 덕으로 이루어 내라고 가르쳤다.

위 글의 의미는 이러하다. 한 사람이 도에 뜻을 두고 굳건한 도덕의지를 끊임없이 축적했다면 품덕의 기초가 더욱 견고해지고 날이 갈수록 깊고 정밀해져서 완전무결한 덕의 경지에 이를 수 있다는 것이다. 왕부지는 의지를 사람이 동물과 구별되는 본질적인 특성으로 보았다.

"사람이 금수와 다른 이유는 오로지 의지가 있기 때문이다. 의지를 지키지 않고 그 양을 채우지 않는다면 사람이 어찌 금수와 다르겠는가!"

또한 왕부지는 도덕의지를 학생들의 덕업德業을 가늠하는 중요한 지표로 삼았다.

"의지에 충실하면, 그 의지에서 기운이 나와 피곤한 줄 모르고 매일 새로워진다. 덕업의 처음과 끝을 배우는 자들은 모두 의지의 크고 작음과 길고 짧음을 가늠의 잣대로 삼는다."

고대 중국 교육가들은 도덕의지의 역할을 중시하였을 뿐만 아니라 일련의 효과적인 도덕의지 함양 방법을 제시했다.

첫 번째는 곤경 속에서 의지를 연마하는 것이다. 고대 교육가는 편안하고 쾌적한 환경에서 생활하는 사람은 아무런 근심 고민이 없기 때문에 결국 아무것도 이룰 수 없다고 보았다. 맹자는 순임금, 부설傅說, 교격膠鬲, 관이오管夷吾, 손숙오孫叔敖, 백리해百裏奚 등 큰 성취를 이룬 고대의 인물들을 예로 들며 그들은 모두 어려움과 곤경을 겪으며 연마되었다고 역설했다.

하늘이 사람에게 천하의 큰 임무를 맡기려 할 때에는 반드시 그 뜻을 어지럽게 하고 몸을 수고롭게 하며 몸을 주리게 하고 곤궁하게 하여 행하는 일마다 어렵게 만든다. 이는 참는 마음을 길러주어 그가 능히 할 수 없는 일을 잘할 수 있게 하려 함이다.

맹자의 말에서 사람이 큰일을 감당할 수 있는 능력이 하늘의 뜻에 따라 부여된다는 것은 신비적인 유심주의唯心主意적 전제라고 볼 수 있다. 그러나 마음과 인내력을 연단시킬 수 있는 환경을 만들어 사람의 의지를 연마할 것을 강조한 부분은 매우 합리적이다. 맹자의 말은 역대 수많은 뜻있는 선비와 의로운 이들이 스스로를 격려하고 채찍질하게 한 명언일 뿐만 아니라 역대 교육가늘이 학생을 가르치는 준직이기도 하다. 또한 민족의 마음속에 오랫동안 쌓이면서 중국인의 굳은 인내력과 강인한 의지, 굽히지 않는 정신적 동력이 되었다.

두 번째는 유혹에 저항할 수 있는 능력을 양성하는 것이다. 고대 중국 교육가들은 유혹에 대한 저항력과 신념 고수를 의지력을 가늠하는 중요한 기준으로 삼고 학생의 도덕의지를 양성하는 데 있어 특히 이 부분을 강조했다. 사생취의捨生取義에 관한 맹자의 서술이 가장 전형적이다.

물고기도 내가 원하는 것이고 곰발바닥도 원하는 것이지만 두 가지를 함께 얻지 못한다면 물고기를 포기하고 곰발바닥을 취하겠노라. 사는 것도 바라고 의로움도 바라는 것이지만 두 가지를 모두 얻지 못한다면 사는 것을 버리고 의로움을 택하겠노라. 사는 것도 내가 바라는 바이나 사는 것보다 더욱 바라는 것이 있기 때문에 구차하게 살려고 하지 아니한다. 죽는 것도 내가 싫어하는 바이나 죽는 것보다 더 싫어하는 것이 있기 때문에 환란(죽음)을 당하여도 피하지 아니한다.

맹자는 한 사람이 자신의 도덕이상을 실현시키려면 반드시 의지의 힘을 동원해서 높은 정욕으로 저급한 정욕과 싸워 이겨야 한다고 보았다. 그리고 유혹에 저항하기 위해서는 심지어 개인의 생명을 희생하는 것도 불사해야한다고 여겼다. 법가를 집대성한 한비韓非는 이에 대해 다음과 같이 서술했다.

"담박하고 욕심 없는 마음은 취하고 버리는 도리를 알며, 고요하고 안정된 마음은 화복禍福을 헤아릴 수 있는 슬기를 안다. 지금 스스로 즐기는 것에 따라 변하고 외부사물로부터 유혹을 받으면 이에 따라 움직이게 된다. 이를 가리켜 '뿌리가 뽑혔다.'라 한다. 성인은 그렇지 않다. 비록 갖고 싶은 물건을 보더라도 유혹되지 않는다. 이 유혹되지 않는 것을

‘뿌리가 뽑히지 않았다.’라고 한다.”

여기서 ‘뿌리가 뽑혔다’라든지 ‘뽑히지 않았다’라고 한 것은 사람들이 외부 사물의 유혹을 받거나 원하는 사물에 이끌리지 말 것을 권고한 것이다. 법가는 많은 부분에 있어서 노자와 의견이 달랐지만 유혹에 저항하는 문제에 있어서는 같은 입장을 보였다. 송명 시기의 학자들은 이러한 사상을 극단적으로 발전시켜서 ‘존천리멸인욕存天理滅人慾(천리를 지키고 인욕을 없애다)’라는 도덕적 설교를 했다. 청대 왕부지는 이학자의 이러한 명제에 반대, ‘이치는 본성에 부합될 것을 바란다理欲合性.’는 견해를 제시했다. 도덕의지 함양에 대한 견해에서 왕부지는 공자의 사상에 더욱 근접하는 모습을 보였다.

“처음 의지를 세움에 있어서 스스로 협소해지지 말고 반드시 최선을 다해 도를 구해야 한다. 다음 의지를 지킴에 있어서 스스로 혼란에 빠지지 말고 도에 부합되어야 한다. 마지막으로 의지를 따름에 있어서 제멋대로 해서는 안 되고 도에 지나쳐서도 안 된다.”

여기서 ‘의지를 지키는 것貞其志’은 바로 굳건한 도덕 의지를 가지고 안으로는 욕망에 의해 혼란해지지 않고 밖으로는 사물에 의해 흔들리지 않는 것을 뜻한다.

세 번째는 꾸준하고 게으르지 않은 항심恒心(변함없는 마음)을 기르는 것이다. 고대 교육가들은 항심을 매우 중요하게 생각하였으며 심지어 도덕 수양의 최고 경지로 보고 칭송을 아끼지 않았다. 공자는 “나는 선한 사람을 보지 못했다. 변치 않는 사람만 볼 수 있어도 좋을 것이다.”라고 했으며 또 “군자는 밥 한 끼 먹는 동안에도 인을 어기지 아니하고 급할 때에도, 넘어지는 순간에도 인을 멀리 해서는 안 된다."라고 말했다. 식사를 할 때도, 갑작스럽고 급한 때에도, 고난과 좌절을 겪을 때에도 인덕仁德을 어기지 말아야 한다는 것이다. 이렇듯 공자는 시종일관 인덕을 유지하는 항구적인 사람이 될 것을 권고했다. 왕부지는 도덕의 항심에 대해 독창적인 견해를 제시했다. 그는 항심이 이미 형성된 도덕 인품을 유지시킬 뿐만 아니라 나날이 새로워지게 한다고 주장했다.

"강물은 밤과 낮을 가리지 않고 쉼 없이 흐른다. 후에 흘러온 물은 전에 흘러간 물이 아니기에 매일 새롭다. 이를 항심이라고 한다. 덕행의 상도常道는 늘 같은 덕이 아니며 배움은 늘 같지 않다. 뿌리에서 자라나오며 근원에서 끊임없이 흘러나오니 덕은 나날이 성하여지고 가르침은 나날이 깊어져 군자는 이로써 더욱 이로워진다."

샘의 근원에서 변함없이 흘러나오는 물은 앞으로 나아가면서 나날이 새로워진다. 사람이 만약 게을러지지 않고 꾸준히 도덕수양을 해나간다면 오늘의 품덕은 어제의 품덕과 같지 않을 것이며, 나날이 깊어지고 끊임없이 발전할 것이다.

(4) 도덕행위 단계

도덕행위는 사람들이 도덕규범에 따라 취하는 행위이다. 도덕행위는 도덕교육의 귀착점이다. 도덕인식을 형성하고 도덕감정을 발달시키며 도덕의지를 함양하는 최종 목적이 바로 도덕적 실천을 하는 것이기 때문이다. 한 개인의 도덕 수준의 높고 낮음, 좋고 나쁨을 가늠하려면 그가 말을 잘해서 듣는 사람을 감동시키는지 아닌지를 보는 것이 아니라 그의 행동이 사회의 요구에 부합하는지 아닌지를 봐야 한다. 그래서 도덕교육 과정의 기본 임무는 도덕인식, 도덕감정과 도덕의지를 도덕행위로 구체화하는 데 있다. 도덕행위를 육성하는 과정은 학생을 인도하여 실제로 행하게 하는 과정이다. 즉 계획성 있고 짜임새 있는 계몽교육을 통해 학생들이 언행일치를 실천할 수 있도록 해야 한다. 또한 학생들이 실천 활동에 참여하도록 조직하고 지도하여 행위에 대한 엄격한 요구와 훈련을 제시하여 그들이 차근차근 도덕행위의 방식을 파악하고 좋은 도덕 습관을 기를 수 있도록 도와야 한다.

'행行(행위, 실천)'을 중시하는 것은 고대 중국 학술사상의 우수한 전통이다. 이는 도덕교육 과정에도 반영되어 도덕실천과 도덕행위 훈련, 도덕습관 배양에 대한 중시로 나타났다. 고대 중국의 교육가들은 이에 대해 정밀하고 상세한 견해를 많이 남겼다. 공자는 일찍이 "힘써 행하여 인에 가까워지다."라고 하였으며 "학문은 나도 다른 사람과 비슷할 것이다. 그러나 몸을 굽혀 군자의 길을 행하는 것은 나는 아직 얻지 못했다."고 했다. 학문적 지식은 다른 사람과 비슷한데 군자가 되려는 실천 측면에서는 아직 이루지 못했다는 공자의 말은 도덕이 실제 행동을 통해 실현되어야 한다는 점을 강조한 것이다. 묵가 역시 도덕실전에 매우 큰 관심을 보였으며 일찍이 "그 뜻과 공에 따라 보다."라는 주장을 제시했다. 한 개인의 도덕품성을 평가하는데 반드시 도덕동기와 도덕행위를 모두 보아야 한다는 것이다. 송대 성리학자들은 먼저 알고 후에 행하며 아는 것을 가벼이 여기고 행하는 것을 중요시하는 관점을 제시하였는데 이런 관점 역시 도덕실천에 대한 중시가 어느 정도 반영된 것이다.

청대 교육가 왕부지는 한걸음 더 나아가 "행함에 지식을 겸하다."라는 주장을 제시하고 도덕인식은 단지 실제 도덕 행위 중에 얻어지는 것으로 여겼다.

"경험을 이야기해보자면 무엇을 덕이라 할 것인가? 행함으로 얻어진 것이다. 무엇을 선이라 할 것인가? 거하되 알맞은 것이다. 행하지 않는데 어찌 얻겠는가? 거하지 않는데 어찌 알맞겠는가?"

학생의 도덕행위를 육성하는 구체적인 조치와 방법에 대해 고대 중국 교육가들은 다음과 같은 세 가지의 귀중한 의견을 제시했다.

첫 번째는 언행일치하고 표리동일表裏同一하도록 가르치는 것이다. 공자는 학생에게 언행일치를 요구하면서 "미덥지 못한 사람은 어찌 해야 할지 알 수 없다."고 했다. 그는 자로가 말한 것을 반드시 지킨다며 칭찬을 아끼지 않으면서 "자로는 (깊이 생각하지 않고) 미리 약속하는 일이 없었다."라고 평했다. 또한 공자는 말을 적게 하고 행동을 많이 하며, 말은 신중하고 행동은 민첩하며, 먼저 행동하고 나중에 말을 해야 한다고 주장했다. 그래서 "군자는 말을 어눌하게 하고 일은 민첩하게 하고자 한다." "일은 민첩하게 하고 말은 삼가다." "행함이 먼저 오고 말은 그 뒤를 따른다." 등의 말을 남겼다. 또한 과장된 말을 반대해서 "군자는 그 말이 행동을 넘어서는 것을 부끄러워한다."고 하였으며, 빈말 하는 것 역시 비판해서 "말하는 것을 부끄러워하지 않으면 행하는 것이 어렵다." 라고 했다. 거짓말은 더욱더 싫어해서 "말 잘하는 입이

나라를 전복시키는 것을 미워한다.”라고 했다. 공자는 또한 소문을 내고 퍼뜨리는 것에 명백히 반대하여 “길에서 듣고 길에서 말하는 것은 도덕을 저버리는 것이다.”고 했다. 그리고 “표면적으로는 인을 취하지만 행위가 그에 부합하지 않는 사람”을 가장 싫어한다며 생각과 언행이 일치하지 않는 것을 반대했다. 또한 “남의 환심을 사려고 교묘한 말로 아첨하고 보기 좋게 얼굴빛을 꾸민 사람”을 어짊과 덕이 적은 자라고 단언했다. 공자의 학생들은 그의 교육적인 영향 아래 말과 행동의 일치, 생각과 언행이 완전히 일치하도록 주의했다. 일례로 자로는 하나를 알고서 아직 행하지 못하면 둘을 아는 것을 두려워했다. 《중용》의 작가 역시 말을 할 때 그 행동을 생각하고 행동할 때 그 말을 생각할 것을 권고했다.

변하지 않는 덕을 행하고 일상의 말도 신중하게 한다. 부족한 바가 있으면 힘쓰며 남음이 있어도 다하지 않는다. 말은 행동을 돌아보고 행동은 말을 돌아보니 군자가 어찌 진실 되지 않겠는가.

평상시 도덕은 실행해야 하며 평상시 언어는 신중해야 한다. 실행한 도덕행위에 부족한 부분이 있나면 노력을 아끼시 말고 행해야 한다. 사신이 한 말을 완전히 실천하지 못했다면 빈말을 하지 않도록 조심해야 한다. 말을 하면 실천해야 하며 행동할 때는 자신이 한 말을 생각해야 한다. 군자는 어떻게 충직하고 온후하며 성실하고, 또한 늘 언행일치가 되도록 노력할까? 학생의 도덕품성을 평가할 때, 고대 중국 교육가들 역시 말과 행동을 모두 살피되 행동 쪽에 좀 더 치중하여 고찰했다. 공자는 "그 말을 듣고 그 행위를 살펴야 한다."고 주장했다.

두 번째는 학생들이 자신의 단점과 잘못에 정확하게 대처하도록 가르치는 것이다. 공자는 "사람은 성현이 아닌데 누군들 잘못을 범하지 않겠는가?"라고 하여 사람이 잘못을 저지르지 않을 수는 없다고 보았다. 문제는 잘못을 고치기를 원하는가, 원하지 않는가이다. 만약 고치기를 원한다면, "잘못을 범하고 고칠 수 있다면 이보다 더 큰 선행은 없다." 그러나 만약 고치기를 원하지 않는다면, "잘못을 범하고 고치지 않는 것이야말로 진정한 잘못이다." 그래서 공자는 학생들에게 잘못을 용감하게 바로잡으라고 권하며 "허물이 있으면 고치기를 거리끼지 말라."고 했다. 또한 자로가 잘못을 대하는 태도를 칭찬하면서 자로는 "자기의 잘못을 남이 비판하면 오히려 기뻐한다."라고 말했다. 공자는, 군자는 잘못을 알면 반드시 고치며, 소인만이 자신의 과실을 감춘다고 보았다. 그래서 공자의 제자인 자공은 "군자의 허물은 마치 일식, 월식과 같아서 잘못을 저지르며 누구나 다 보게 되고, 잘못을 고치면 누구나 다 우러러본다."고 말했다. 사람의 잘못은 객관적으로 존재하는 것으로 마치 일식과 월식처럼 그곳에 있음이 확실하게 드러나 누구나 충분히 모두 볼 수 있다. 그러나 만약 스스로 깨닫고 잘못을 고친다면 해와 달이 그 찬란한 빛을 다시 회복하는 것처럼 빛날 수 있다. 자공의 말을 통해 공자가 학생들에게 잘못을 용감히 고치라고 가르친 교육이 상당히 성공적이었음을 알 수 있다.

명대 왕수인은 사학社學(명청시대의 학교)의 학생규칙 중에서 수업시간표 초안을 만들면서 '고덕考德'을 첫 번째 수업으로 정했다. 그는 이렇게 말했다. "학생들은 매일 아침 등교하면 우선 공자의 신주와 선생님 및 학생들에게 읍례를 올린다. 그다음 선생님이 학생들에게 지난 하루 동안 집에서 부모를 사랑하고 웃어른을 공경하는 일을 게을리 하거나 소홀히 하지 않고 성실하게 행했는지? 부모님께 겨울에는 따뜻하게 해드리고 여름에는 시원하게 해드리며 저녁에는 편히 쉴 수 있게 해드리고 아침에는 문안인사를 하는 등 예의를 갖추고 섬김에 있어서 부족한 것과 실천에 옮기지 못한 것은 없는지? 길을 다님에 있어서 예의를 갖추지 못했거나 방탕함이 없고 조심스럽고 근신함을 잃지 않았는지? 거짓을 말하고 경솔하게 행동하며 그릇된 생각을 하여 그 언행과 생각이 충성, 신임, 성실, 공경 등 예에 어긋나지는 않았는지? 등을 차례대로 묻는다. 학생들에게 이에 성실하게 답하도록 요구하여 어긋남이 있으면 고치고 없으면 범하지 않도록 더욱 힘쓸 것을 당부한다. 선생님은 또 학생들의 구체적인 상황과 문제점을 논함으로써 완곡한 지도와 교육을 통해 덕과 수양을 쌓도록 한다. 그다음 각자 자리로 돌아가서 책을 읽고 예의범절을 배운다."

왕수인이 세운 순서에 따르면, 학생들이 학교에 들어선 뒤 가장 먼저 읍례에 참가한다. 그 다음에는 교사가 순서내로 각 학생들에게 어세 집에서, 학교에서, 또는 길에서 한 모든 행동과 마음가짐을 묻고 이를 스스로 반성하도록 했다. 만약 잘못이 있었다면 솔직하고 성실하게 말하고 잘못을 뉘우치는 결심을 발표하게 했다. 마지막으로 교사는 학생 개개인의 상황에 따라 격려 또는 훈계를 했다.

세 번째는 행위 훈련을 통해 우수한 도덕습관을 형성하도록 가르치는 것이다. 공자는 이 부분에 있어서도 자신만의 견해를 가지고 있었다. 번지樊遲가 덕을 높이는 법에 대해 묻자 공자는 "먼저 행하고 나중에 얻는 것이 도덕을 높이는 것이 아니겠는가?"라고 대답했다. 즉 먼저 실천하고 나중에 얻는 것이 인품과 덕성을 기르는 방법이라는 것이다. 그래서 공자는 학생들이 도덕실천을 통해 도덕인품과 덕성을 훈련하고 수양하도록 격려했다. "인이란 멀리 있는 것인가? 내가 참으로 인을 행하고자 하면 인이 곧 다가온다." "인을 행하는 것은 자신에게 달려 있는 것이지 다른 사람에게 달려 있지 않다."고 말한 것도 같은 맥락이다.

주희는 도덕행위 훈련을 매우 중시했다. 그는 아동의 도덕행위 훈련 교재로 《동몽수지童蒙須知》를 집필하기도 했다. 《동몽수지》는 의복관리衣服冠履(옷과 갓과 신), 언어보추言語步趨(말과 걸음걸이), 쇄소연결灑掃涓節(청소와 청결), 독서사자讀書寫字(독서와 글쓰기) 및 잡세사의雜細事宜(기타 소소한 일들) 등의 항목으로 나뉘어 있으며 아이들이 반드시 지켜야 할 도덕규범들을 자세히 정해놓았다. 예로 언어보추에서는 "무릇 사람의 자제된 자는 반드시 목소리는 나직이하고 말은 상세하고 느리게 할 것이요, 큰소리를 떠들거나 허튼 소리로 시시덕거려서는 안 된다. 부형이나 웃어른이 가르치고 타이르는 말씀이 있으면 다만 머리를 숙여서 받아들일 뿐, 함부로 말대답을 해선 안 된다."고 했다. 또한 잡세사의에는 "어른을 곁에 모실 때는 반드시 바른 자세로 서서 손을 마주 잡아야 하며, 물으시거든 성실하게 대답하고 말을 함부로 하지 말아야 한다.”고 했다. 이상의 도덕행위는 모두 봉건도덕규범의 구체적 사례라고 할 수 있다. 이러한 조목조목의 도덕규범들이 아이들의 말과 행동을 엄하게 단속해 주었기에 봉건시대의 “규율을 준수”하는 도덕습관을 만들어냈던 것이다. 이러한 훈련과정을 통해 학생들은 “지혜와 함께 자라고, 교화되어 뜻을 이루며, 감당하지 못하는 근심이 없어 성품이 곧고 함양이 잘 되어 있는”경지에 도달하고 게 된다. 왕양명 또한 이와 비슷한 주장을 펼쳤다.

배우기만 하고 행함이 없는 자는 없다. 배웠다고 하는 자는 반드시 봉양하도록 힘써 노력하고 몸소 효를 행하고 난 후에야 배웠다고 말할 수 있다. 말만 듣고 행하는 것을 두고 어찌 효를 배웠다고 말할 수 있겠는가?

왕양명은 학생의 도덕인품과 덕성을 기르려면 단순히 도덕개념을 주입하는 수준에 머물러서는 안 되며 반드시 구체적인 도덕실천을 하도록 해야 한다고 주장했다. ‘효’의 품덕을 예로 들자면, 반드시 ‘힘써 노력하여 웃어른을 봉양하고, 효를 몸소 행하는’ 신체적인 실천을 통해야만 비로소 한 사람의 품덕 및 심리의 구조 속에 ‘효’가 진정으로 뿌리내릴 수 있다.

고대 중국 교육가들이 도덕교육의 과정에 대해 서술한 것을 종합적으로 살펴보면, 비록 도덕인식과 도덕감정에 대해 서술하였지만 가장 중시한 것은 의심할 바 없이 도덕의지와 도덕행위였다는 점을 발견할

수 있다. 고대 중국에서는 의지형意志型 도덕인격을 중시했으며 도덕교
육의 원칙과 방법에서도 이를 구현했다.

3. 덕육의 원칙과 방법

덕육의 원칙은 교육자가 교육을 받는 사람에게 덕육을 실시할 때 반
드시 준수해야 하는 기본 요구사항이며, 덕육과정 중에 나타나는 기본
적인 모순과 관계를 처리하는 기본준칙이다. 덕육방법은 덕육의 임무
를 완성하기 위해 선택된 수단이다. 덕육을 실천하는 과정 중에 형성되
는 덕육원칙과 방법은 덕육의 실행과 경험을 총괄하여 요약한 것으로,
또한 실천을 이끌어내는 기능을 한다. 고대 중국 교육가들은 장기적인
교육실천을 통해 이미 일련의 덕육원칙과 방법을 총괄, 정리해냈다. 이
러한 덕육원칙과 방법은 상당히 효과적이었으며, 중화교육사상의 중요
한 구성요소가 되었다. 이러한 원칙과 방법을 채택하고 운용한 결과 수
많은 애국우민과 고상한 덕행의 지사志士, 인인仁人들이 배출되었다.
고대 중국의 덕육원칙과 방법은 대체로 네 부분, 아홉 가지 준칙으로
나뉜다.

(1) 외부영향과 관련된 덕육원칙과 방법

덕육은 '진공(티 없는 환경)'에서 이뤄지는 것이 아니기 때문에 늘 사

회 환경의 영향을 받는다. 노결魯潔 교수가 말한 것처럼 인간의 사상과 품덕에 영향을 주는 요소는 매우 광범위해서, 사회생활의 모든 영역(물질에서부터 정신까지)과 모든 실제 관계에 이러한 영향력이 내재되어 있다. 이러한 영향 가운데는 긍정적이며 적극적인 영향도 있고 부정적이며 소극적인 영향도 있다. 이러한 영향을 어떻게 선택하고 규제를 할 것인지의 문제는 덕육의 원칙과 방법에서 반드시 고려되어야 할 중요한 내용이다.

① 환경의 영향

고대 중국 교육가들은 덕육과정에서 환경이 학생에게 미치는 영향력에 주의하고 학생을 위해 우수한 덕육환경을 선택하고 제공해야 한다고 강조했다. 묵가는 '파란색으로 물들이면 파랗게 되고 노란색으로 물들이면 노랗게 된다.'는 인성소사설人性素絲說에서 출발하여 환경에 물드는 것을 조심해야 한다고 했다. 다음은 《묵가·소염》의 일부이다.

묵자가 어느 날 실을 염색하는 것을 보고 탄식하며 말하길, 파란색으로 물들이면 파란 실이 되고 노란색으로 물들이면 노란 실이 된다. 들어가는 것이 변하면 그 색도 변한다. 다섯 가지가 늘어가면 반느시 다섯 가지 색이 나온다. 자고로 물들 수밖에 없으니 신중하여야 한다!

인간의 환경은 마치 실을 물들이는 염료와 같다. 다른 색의 염료를 풀어놓으면 각기 다른 색으로 물들 수밖에 없다. 순자는 '삼밭 속의 쑥은 곧게 자랄 수 있고 떠받쳐주지 않아도 곧으나, 흰 모래가 명반석明礬石 안에 있으면 그것과 함께 검어진다.'는 비유를 들며 '군자는 반드시 마을을 골라서 살아야 하고, 반드시 선비를 사귀어, 옳지 않은 것이 접근하는 것을 막아 치우치지 않고 올곧아야 한다.'는 결론을 주장했다. 즉 학생에게 반드시 좋은 마을을 선택하여 살고 학식이 있고 품행이 바른 사람과 사귈 것을 요구한 것이다. 순자는 외부환경이 개인에게 영향을 주는 것을 '잘못을 주입하다' 혹은 '물들다'로 표현했으며 개인이 외부 영향을 끊임없이 받아들이는 것을 '없어질 것을 쌓다' 혹은 '쌓아두다'고 일컬었다. 순자는 학생의 도덕 인품과 덕성 형성에 영향을 주는 환경의 지대한 작용에 주의를 기울이고 '요堯임금, 우禹임금도 될 수 있고, 걸桀도 척蹠도 될 수 있으며, 공예가가 될 수도 있고, 농부나 상인이 될 수도 있으니, 내버려두면 나쁜 습관과 풍속이 쌓일 뿐이다.'라고 했다. 그뿐만 아니라 학생이 환경의 부정적인 영향을 스스로 막아낼 수 있는 능력을 기르는 데 주의를 기울였다.

"고기가 썩으면 벌레가 생기고, 생선이 마르면 좀이 생긴다. 사람이 품격과 수양을 경시하여 소홀히 하면 재앙과 화가 일어난다. 스스로를 강하게 바로 서도록 다스리고, 유연하게 다스려 삼간다."

스스로 저항력을 키워야 나쁜 환경이 빈틈을 타고 들어올 수 없다. 도덕교육에서 객관적 환경과 주관적 노력 사이의 변증법적인 관계에 대한 순자의 논술은 상당히 식견이 있는 것이다.

명대 사상가 왕정삼王廷相은 환경을 사회적 풍조의 큰 환경과 거주하며 왕래하는 작은 환경으로 나누고, 아울러 이 두 종류의 환경이 사람의 도덕품성에 미치는 영향에 대해 설명했다.

모든 사람의 성격은 습관에 의해 이루어지며 성현은 가르침으로 이끌고 법으로 다스렸다. 천하고금의 풍조가 선으로 돌아가니, 악이 금하여진지 오래다. 숨겨져 금지된 깊은 궁에서, 아내와 즐거이 노닐며 버릇없는 제비와 같이 굴기에 둘러 세워놓고 이끌어 바로 잡아주었다. 그 사람 역시 어찌 어진 효와 예의를 모르겠는가? 오랫동안 어떤 습관에 물들게 되면 그 습관이 성격이 되니, 교만하고 방탕하거나 고집 세고 게으르거나 거만해진 것이다.

왕정삼은 사회적 풍조라는 큰 환경이 좋다면 사람의 마음이 선하게 돌아올 수 있지만, 주거하며 교류하는 작은 환경이 열악하다면 사람의 마음도 악하게 될 수 있다고 보았다. 그리고 깊은 곳에 숨겨진 궁에서 날마다 여인과 노닐며 유희에 빠진 버릇없는 제비 같은 부잣집 도련님들은 필경 '교만하고 음란하며 방탕한' '남을 얕보아 깔보며 예의가 없는' 불량한 품성을 갖게 될 것이라고 역설했다.

지금도 인구에 자주 회자되는 맹모삼천孟母三遷이라는 이야기는 자녀를 양육할 때 환경의 영향을 중시한 옛 사람들의 모습을 보여준다. 맹자의 어머니는 묘 근처에 살았다. 그런데 어린 맹자가 묘와 관련된 놀이를 하는데 이리저리 뛰며 무덤을 만드는 시늉을 했다. 그러자 맹자의 어머니는 '이곳은 살기에 맞지 않으니, 시장으로 가자.'고 했다. 그런데 시장 옆으로 옮기자 이번에는 시장놀이를 했다. 맹자의 어머니는 '이곳도 살기에 맞지 않으니 집을 학교 옆으로 옮기자.'라고 했다. 그러자 맹자는 제사상을 차리고, 예의를 갖춰 인사하고 행동하며 놀았다. 그제야 맹자의 어머니는 '이곳은 참으로 자식을 기를 만한 곳이니, 이곳에 살자.'고 했다. 맹자의 어머니는 아들을 교육할 때 환경을 매우 중시하였고, 오늘날까지 긍정적 본보기로 회자되고 있다.

② 친구를 보고 배움

고대 중국 교육가들은 덕육과정에서 환경의 영향뿐만 아니라 친구 선택도 중시해서 친구와의 교제 활동을 통해 학문을 증진하고 덕행을 단련해야 한다고 보았다. 공자는 "세 사람이 길을 가면 그중에 반드시 나의 스승이 있다. 그의 선한 것을 택해 좇으면 나의 선하지 않은 것을 고칠 수 있다."고 했다. 즉 친구를 거울삼아 자신의 행위를 비춰보고, 친구의 선한 부분은 배우고 선하지 않은 부분은 버려서 '친구의 도움을 빌어 인덕을 키운다.'는 목적에 도달해야 한다고 주장한 것이다.

공자는 덕육 과정 중에서 학생들이 친구를 잘 선택할 수 있도록 지도하는 데 탁월했다. 다음은 공자의 말이다.

사귀어 유익한 벗이 셋 있고, 사귀어 손해인 벗이 셋 있다. 정직한 친구, 신의가 있는 친구, 견문이 넓은 친구는 이로운 벗이다. 남에게 알랑거려 비위를 잘 맞추는 친구, 선하지만 유약한 친구, 말 주변은 좋으나 마음이 사악한 친구는 해로운 벗이다.

공자는 정직하고 신의가 있으며 견문이 넓은 사람과 사귀어야 하며 아첨하고 비위를 맞추며, 앞에서는 생각하는 척하지만 뒤에서는 비방하고 과장하여 말하기 좋아하는 친구와는 교제하지 말 것을 권했다. 또한 공자는 '유익한 즐거움이 세 가지 있다. 예의의 절제에 대한 즐거움, 선함을 말하는 것의 즐거움, 어진 친구가 많은 즐거움은 유익하다.'고 했다. 즉 예의로 절제하는 즐거움, 다른 이의 착한 점을 말하는 즐거움, 도덕적인 벗을 많이 갖은 즐거움이야말로 인생을 유익하게 하는 세 가지 즐거움이라는 것이다. 《논어》가 '먼 곳에서 벗이 찾아오매 또한 즐겁지 아니한가?'라는 문장으로 시작되는 것도 이와 같은 맥락에서 이해할 수 있다.

《학기》에서는 친구를 보고 배우는 이러한 덕육원칙과 방법을 비교적 체계적으로 설명하였으며 '서로를 보며 선한 것을 힘써 닦는다.'라는 명제를 제기했다. 아울러 친구들끼리 상호학습하고 서로 장점을 취하고 단점을 보완하는 행위는 성공적인 교육의 사대四大 구성 요소 중 하나로 꼽았다. 이 부분은 이미 제1장에서 언급된 바 있다.

동진 시기의 소준蘇浚은 《계명우기鷄鳴偶記》에서 친구를 네 종류로 나누었다. 첫째, 도의를 서로 연마하고 서로의 과실을 보고 배우는, 경외하는 벗. 둘째, 어려운 일은 함께 하고 생사를 의탁할 수 있는 진밀한 벗. 셋째, 달콤한 말을 하고 유희만을 추구하는 다정한 벗. 넷째, 이익 때문에 서로를 배척하고, 근심이 있을 때 서로 다투는 사악한 벗. 이중에서 도덕적으로 가장 큰 도움을 주는 것은 당연히 덕으로 서로를 격려하고, 잘못과 실수를 저질렀을 때 서로 충고하고 도와주는 '경외하는 벗'과 고락과 환란을 함께 하고 생명을 의뢰할 수 있는 '친밀한 벗'이다. 송대의 교육가 장재 역시 친구와의 교제가 학습과 수양에 미치는 영향을 중시했다. 그는 "배워 덕이 없는 사람은 꾀가 없어서, 다만 친구를 비난할 따름이다."고 했다. 여기서 말하는 배움은 지식의 학습뿐만 아니라 품덕의 학습도 포함한 것이다. 명대 왕양명은 '책선責善(벗 사이에 착하고 좋은 일을 하도록 서로 권함)'을 친구와 서로 보고 배움의 주요 내용으로 보았다.

책선이란 친구 사이의 도리로서, 반드시 선한 방향으로 가도록 충고해야 한다. 충고에 사랑을 담아 부드럽게 충고를 하면 벗으로 하여금 들은 것을 따르게 할 수 있으며 변하게 할 수 있다. 느낀바 조금도 성냄이 없으니, 이에 선을 행할 따름이다. 그 지난 악행을 드러내고, 증오하여 비방하거나 매우 꾸짖으면 아무 소용이 없고, 그 부끄러운 수치로 분노하고 원망하는 마음이 장차 발생하게 되니, 비록 충고하고 싶은 마음이 강하더라도 기세를 부려서는 안 되는 것은 벗을 흥분시켜 오히려 악하게 되게 하기 때문이다.

왕양명은 친구 사이의 '선한 충고'는 매우 유익한 것이며 스승이 대신할 수 없는 것이라고 했다. 왜냐하면 친구 사이의 우정이 깊고 돈독하여 서로 신임하면 충고를 들어도 기분이 좋고 조금의 반감도 없이 받아들일 수 있기 때문이다. 그러나 만약 '통렬하게 나무라고 심하게 꾸짖는다면' 듣는 이로 부끄러워 어쩔 줄 모르게 할 뿐이며, 당연히 어떤 유익한 교육 효과도 얻을 수 없다.

왕부지 역시 친구에게 보고 배워 연마하는 것이 도덕교육에 중요한 의의가 있다고 생각했다.

오직 어진 사람만이 사람을 사랑할 수도 있고 미워할 수도 있다. 가령 어질지 못한 사람은 혼자 하려고 하기 때문에 그 좋아하고 미워하는 것 역시 오래가지 못한다. 그렇기에 반드시 사람과 의지하며 함께 하여야 좋아할 수도 미워할 수도 있는 것이다. 군자와 사귀면 군자가 좋아하는 것을 좋아하게 되고, 군자가 미워하는 것을 미워하게 된다. 소인과 사귀면 소인이 좋아하는 것을 좋아하고, 소인이 미워하는 것을 미워하게 된다. 이처럼 세속의 천박한 사람과 사귀어 놀면, 좋아하고 싫어하는 것도 그에 따라서 변하기 마련이다.

왕부지는 사람의 품덕과 행위는 교류하는 대상에게서 매우 큰 영향을 받는다고 보았다. 그래서 군자와 함께 거하며 친구로 사귀면 좋아함과 싫어함이 군자와 같아져서 군자의 우수한 품덕과 행위가 형성되지만, 소인과 사귀어 놀며 같이 살고 친구로 사귀면 좋고 싫어하는 것이 그들과 같아지면서 천박한 사람의 불량한 품덕과 행위가 형성된다고 여겼다. 그렇기 때문에 '친구를 통해 어짊을 북돋아서' 다른 친구의 영향과 도움을 받아 자신을 향상시켜야 한다고 주상했다.

하지만 왕부지는 '자신만 못한 친구는 사귀지 않는다.'는 공자의 주장에 찬성하지 않았다. 물론 현자를 친구로 삼을 수도 있지만 현자가 아닌 사람도 친구로 사귈 수 있다고 여긴 것이다. 현자와 친구가 되었을 때는 마음과 입으로 존경하고 칭송하게 될 뿐만 아니라 그의 품덕과 학식을 따라 잡는 것을 목표로 삼고 노력한다면, 그와 같은 수준이 될 수 있다. 만일 현자가 아닌 사람과 친구가 되었다면 그의 불량한 품덕에 대한 불쾌함을 표현하면서 자신이 똑같은 결점을 가지고 있지는 않은지 뼈에 사무치도록 반성해야 하며, 친구를 도와주면서 자신을 향상시켜야 한다. 즉 친구를 보고 배움에는 '생각을 가지런히 함'의 긍정적 작용도 있지만'내적인 자성'이라는 반면적 작용도 있다고 본 것이다.

(2) 주관적 노력과 관련한 덕육원칙과 방법

주관적 노력이란 덕육과정에서 교육을 받는 자가 스스로 교육에 적극성을 발휘하여 주관적 능동 작용을 발휘하는 것이다. 덕육과정에서 만약 교육 받는 사람이 피동적, 소극적 상태에 처한다면 단순히 '교육을 받는' 객체가 되기 때문에 훌륭한 덕육효과를 얻을 수 없다. 학생의 자아 교육의식, 주관적 능동성을 불러일으켜야만 적은 노력으로 많은 효과와 탁월한 성과를 거둘 수 있는 것이다. 수호믈린스키는 주관적 노력의 작용을 설명하면서 '학생에게 스스로 공부하도록 환기시키는 교육을 실행하고 자신의 굳건한 신념에 비추어 보는 것이야말로 진정한 교육이다. 자아 교육을 가르치고 실천하도록 하는 것은 주말 및 휴일의 소소한 활동을 구성하는 것보다 더 어렵다.'고 했다.

고대 중국 교육가들은 도덕품성 함양에 있어서 주관적 노력의 작용을 특히 중시했다. 공자는 '인을 행하는 것이 자기로 말미암은 것이지, 남으로 말미암은 것이겠느냐' '인이 멀리 있겠느냐? 내가 인을 행하려고 하면 곧 인이 찾아온다.'고 하여 '인'과 같은 종류의 품덕은 각 사람의 자각적인 노력을 통해 형성된다고 여겼다. 맹자 역시 '(잘못의 원인을) 돌이켜 자기 자신에게서 구한다.'라고 강조했다. 다음은 맹자의 말이다.

> 군자가 깊이 나아가기를 도로써 함은 자득自得하고자 해서이다. 자득하게 되면 거함에 편안하고, 거함에 편안하면 이용함이 깊고, 이용함이 깊으면 좌우에서 취하여 씀에 그 근원을 만나게 된다. 그러므로 군자는 자득하고자 한다.

맹자는 개인이 선천적인 착한 성품을 지키도록 노력하고 자아수양을 강화하기만 하면 선천적으로 받은 우수한 품덕을 상실하지 않을 수 있다고 여겼다. 주희는 《필유린必有隣》이라는 시를 통해 주관적 노력의 의의를 구체적으로 서술했다.

> 덕이 있는 자는 사람의 마음을 서로 통하게 하니,
> 만약 덕의 무리가 있다면 이것을 좇아야 한다.
> 문을 닫고 탄식하며 쓸쓸해 할 필요가 없고,
> 다만 성심으로 스스로 배움에 힘써야 한다.

고대 중국 교육사상가들은 주관적 노력의 원칙과 방법으로 자기반성과 자아성찰을 제시했다.

① 자기반성

　고대 중국 교육가들은 학생에게 다른 사람의 도덕행위를 보면서 스스로 반성하며, 자신의 잘못을 대할 때에도 진실한 검토와 자아비판을 하라고 요구했다. 공자는 '현명한 사람의 행위를 보고 생각을 바로잡고, 무례한 사람의 행위를 보고 내 행실을 반성한다.'고 하며 이와 같이 하기를 권고했다. 선량한 사람의 도덕행위를 보면 자기반성을 통해 이를 스승으로 삼을 수 있고 불량한 도덕행위를 보면 자기반성을 통해 비슷한 잘못을 저지르는 것을 피할 수 있다. 공자의 제자 중 자기반성의 수양이 남달랐던 증참曾參은 이렇게 말했다.

　"나는 매일 스스로 세 가지를 반성한다. 남을 위해 일하는 데 정성을 다하였는가? 벗들과 함께 서로 사귀는 데 신의를 다하였는가? 전수받은 가르침을 실천했는가?"

　만약 매일 스스로 자신에게 일정한 도덕규범을 적용하고 늘 다른 사람의 도덕 행위를 보고 이를 참조하여 자신을 돌아보며 반성한다면 품덕 수양에 틀림없이 많은 이익이 될 것이다. 그래서 주희 역시 시를 지어 증참曾參의 자기반성 능력을 칭송했다.

　"증자는 세 가지 잘못을 걱정하고 혼잣말로 매일 스스로 반성하는 것을 중시했다. 후학은 어찌하여 깊이 성찰하지 않고, 즉시 전수하려는 마음뿐인가."

　공자 역시 학생들에게 자신의 잘못을 정확히 보고 대할 것을 요구하면서 '내가 나의 잘못을 볼 수 없다면 스스로 꾸짖어야 한다.'라는 자송自訟의 덕육방법을 제시했다. 그리고 '잘못을 저질렀다면 고치기를 꺼리지마라.'고 교육하며, '잘못을 저지르고 고치지 않는 것이야말로 잘못이다.'고 했다. 그러나 '잘못을 고친다면 이는 더 이상 잘못이 아니다.'라고 여겼다. 인간은 잘못을 저지르지 않을 수 없으며 도덕행위에 있어 어느 정도 오류가 생기는 것 역시 피할 수 없다. 그러나 만약 늘 같은 잘못을 저지르거나 어떠한 오류가 반복해서 나타난다면 이는 용서할 수 없는 일이다. 그래서 공자는 학생에게 자송의 방법을 통하여 진지하게 엄숙하게 자신의 잘못을 대하고, '같은 잘못을 거듭 저지르지 않음'을 목표로 노력할 것을 요구했다. 맹자 역시 잘못을 고치고 착한 길로 나아가는 학생을 격려하며, 자송의 노력을 거듭하며 스스로의 잘못을 고치고 새롭게 행동하는 사람에게는 지난 일을 추궁할 필요가 없다고 주장했다. 그리고 '군자의 허물은 마치 일식, 월식과 같아서 잘못을 저지르며 누구나 다 보게 되고, 잘못을 고치면 누구나 다 우러러본다.'고 했다.

② 자아성찰

고대 중국 교육가들은 학생이 늘 경계하고 준비된 상태를 유지해서 도덕 사상과 일치하지 않는 행위가 나타나지 않도록 엄중히 지키고 끊임없는 자아감독을 통해 스스로를 채찍질해야 한다고 보았다. 주희는 성찰의 방법에 대해 상당히 자세히 서술했다.

"미리 성찰에 힘쓰는 자는 생각의 첫 싹에 주의한다. 후에 성찰에 힘쓰는 자는 깨달아 언행에서 이미 보인다. 생각의 싹은 참으로 조심하지 않을 수 없는 것이고, 언행의 두드러짐 역시 어찌 살피지 않을 수 있겠는가!”

또한 주희는 구체적인 예를 들어 설명했다.

“드러내지 않은 것과 이미 드러낸 것은 오직 하나의 노력으로 인한 것으로, 수양하지 않은 때와 성찰하지 않은 때가 없다. 이는 마치 물이 흐르는 것과 같아 흘러 높은 곳에도 이르고 약한 기복을 만나기도 한다. 두려워 경계해야 하는 것은 오랜 시간에 걸쳐 이루어져야 하며, 혼자 있을 때는 더욱 조심해야 한다. 또한 말을 타는 것과 같이 스스로 항상 정신을 차려야 하고 더 나아가 위험한 곳을 만났을 때에는 자신의 신중함을 더해야 한다.”

이는 성찰은 때와 장소가 따로 없는 장기적인 도덕수양 방법이니 평상시에 ‘수양’을 중요시 여겨, 옳지 않는 도덕적 언행이 나오기 전에 엄하게 방비하여 그것을 억누르고 발전하지 못하게 가두어야 한다는 뜻이다.

한비는 스스로를 감독하고 살피는 방법에 대해서 다음과 같이 서술했다.

“사람의 눈은 자신의 모습을 볼 수 없다는 단점이 있기 때문에 거울에 얼굴을 비쳐본다. 사람의 지혜는 스스로를 알 수 없다는 단점이 있기 때문에 도道에 자신을 비쳐봄으로써 자신을 바르게 한다. 그러므로 거울은 얼굴의 티를 드러나게 했다고 해서 죄가 있는 게 아니고, 도는 잘못을 밝혀냈다고 해서 악이 있는 게 아니다. 눈이 거울을 잃으면 자신의 얼굴을 바르게 할 수 없고, 몸이 도를 잃으면 미혹됨을 알 길이 없다. 서문표西門豹는 본성이 조급하기에 가죽을 달아 자신을 더디게 했다. 동안

우董安於는 본성이 더디므로 활시위로 스스로를 조급히 했다. 여유로운 것으로 부족함을 보충하고, 긴 것으로 짧은 것을 이으면 뛰어난 임금이 될 수 있다.”

한비는 한 개인의 도덕 수준을 끌어올리고 자신의 결점을 바르게 고치려면 반드시 자기의 일상생활을 돌아보고 자아감독을 실행해야 한다고 보았다. 전국시대 위魏나라 문후文候때 업령鄴令이었던 서문표는 자신의 본성이 조급하고 일을 처리하면서 분별없이 진행한다는 점을 깨닫고 부드럽지만 강한 가죽 허리띠를 매고 스스로 침착한 행위를 깨우치며 속도를 늦추었다. 또한 춘추 말기 조趙나라 간자의 모신謀臣 동안우董安於는 자신의 본성이 더디고 일을 처리할 때 게을리 함을 깨닫고 활시위를 달아 태만하지 않도록 자신을 일깨우고 날마다 생각을 새롭게 했다.

(3) 교육시기에 관한 덕육원칙과 방법

덕육은 일종의 과학이며 예술이다. 덕육의 과정에서 최적의 교육 시기 확보는 우수한 교육효과와 직결된 문제이다. 최적의 교육 시기는 다음과 같은 두 가지로 나눌 수 있다.

① 몽이양정蒙以養正(어린 시절부터 바르게 교육하다)

개인의 수직적 발전 측면에서 보았을 때, 덕육의 최적 시기는 아동시기이다. 그래서 고대 중국 교육가들은 어렸을 때부터 도덕교육을 시작,

아동이 우수한 도덕습관을 기를 수 있도록 해야 한다고 주장했다. 공자의 '어릴 때의 버릇은 천성과 같이 되고, 습관은 자연스러운 것이 된다.'는 주장은 후세의 도덕교육에 장기적으로 영향을 미쳤다. 남북조 시기 안지추는 안씨가훈顔氏家訓에서 자신이 유년 시절 받았던 도덕교육을 이렇게 회상했다.

"우리 집의 풍속과 교화는 소박하고 단정했다. 유년(이갈이를 하는 7, 8세) 시기부터 모르는 것은 바로 가르쳐 알려주었다. 매일 두 형을 따라다녔으며 아침저녁으로 따뜻한 정이 있었다. 규칙과 법도에 따라 행동하고 걸었으며, 안정된 얼굴빛으로 편안하게 타이르는 말이 있었다. 또한 질서 정연함이 있으니, 마치 위엄이 있는 군주를 향하는 것 같았다. 훌륭한 말씀을 주시며 기호와 취향을 묻고 부족함을 권면하고 장점으로 이끌어내니, 정중하지 않은 자가 없었다."

그래서 안지추는 아동을 대상으로 한 조기 도덕교육의 의미를 강조하여 이렇게 말했다.

사람이 어릴 적에는 표정이 아직 굳지 않고 행동에 스스럼이 없으니, 연기를 피우고 토기를 염색하듯, 말하고 웃고 행동하는 가운데 자연스레 배우게 된다. 또한 자신도 모르는 사이에 감화되어 자연스럽게 닮아간다. 게다가 품행이 비교적 밝고 온화하면 익히기가 더욱 쉽다.

그는 유아 시기에 사람의 심리는 불안정한 상태에 놓여있기 때문에 긍정적, 부정적 영향이나 적극적, 소극적 영향 모두 받아들이기가 쉬우

며 자신도 모르는 사이에 감화되어 어느 정도 품덕을 형성하게 된다고
보았다. 송대 주희는 아동을 대상으로 한 도덕교육을 중시하였을 뿐만
아니라 직접 《소학小學》을 편찬하여 아동을 위한 덕육의 교과서로 삼
았다. 그는 이 책의 편찬 의도를 설명하면서 다음과 같이 말했다.

옛날에 소학은 사람들에게 소제하는 법, 대답하는 법, 나아가고 물러
나는 예절을 가르쳤다. 또한 어버이를 사랑하고 어른을 공경하며 스승
을 극진히 대하는 것과 친척과 친구의 도리를 가르쳤으니, 이는 모두 수
신제가치국평천하의 근본이 되는 것으로 반드시 어릴 때부터 가르쳐야
한다. 어린아이 때부터 익혀야 하는 까닭은 그 배움이 지혜와 함께 자라
며, 교화되어 뜻을 이루고, 감당하지 못하는 근심이 없게 하고자 함이
다. 지금 그 모든 책을 다 보지는 못했지만 여러 잡다한 곳에서 전해져
기록된 것이 또한 많은데, 읽는 사람은 옛날과 지금이 마땅히 다르다고
여기고 행하지 않는다. 옛날과 지금이 다르지 않음을 알지 못하는 사람
은 시작조차 하지 않으니 당연히 행할 수 없다. 이제 그 기록된 것을 모
아 이 책을 만들고 어린이에게 주어 그 배움에 이용하게 하니, 행여 기
풍을 세우는 데 만 분의 일이나마 보탬이 있기를 바란다.

명청 시기의 왕부지 역시 '어릴 때부터 배워야 한다.'고 주장하였으
며 아울러 '어릴 때부터 바르게 가르치라.'며 조기교육의 관점을 제시
했다.

"《양易》에 따르면, 어릴 때부터 바르게 양육하는 것은 신성한 공로라

고 할 수 있다. 어릴 때부터 습관을 기르면 성인이 될 수 있는 기초를 닦을 수 있다. 불행히도 교육을 잘 받지 못한 사람은 나날이 세상 속에 물들게 된다. 뜻을 있는 자는 성인이 된 후에 이를 돌이키고자 하나 자신의 더러움을 철저히 깨끗이 하지 않으면 이길 수 없다.”

왕부지는 어린 시절에 좋은 도덕습관을 기르고 올바른 도덕 품성을 만들어야만 전 인생의 기초를 닦을 수 있다고 보았다. 그리고 아동 시기에 올바른 교육과 지도가 부족하면 불량한 도덕습관과 도덕 품성이 형성되며, 이렇게 형성된 습관과 품성은 아무리 힘과 노력을 들여도 쉽게 고쳐지지 않는다고 했다.

몽이양정을 실현할 구체적 방법에 대해 고대 중국 교육가들은 행위습관 훈련을 중시하고 바른 방향으로 인도할 것과 가정교육 등을 강조하는 등 상당히 가치 있는 관점을 제시했다. 이런 부분은 ‘몽학과 중국 고대 교육’ 장章에서 자세히 알아보도록 하겠다.

② 금우미발禁於未發(발생하기 전에 미리 금하다)

개인의 사상과 품덕 형성을 수평적 과정으로 볼 때, 덕육의 최적 시기는 불량한 품덕이 형성되기 전이다. 금우미발, 즉 ‘발생하기 전에 미리 금하는 것’이다. 그래서 고대 중국 교육가들은 도덕 교육의 적기를 포착하여 나쁜 품성이 자라나거나, 그런 기미가 있더라고 더 이상 커지지 못하게 예방하고 미연에 방지하는 것을 중시했다. 부암감傅任敢 선생은 《학기》에 제시된 ‘금우미발’ 명제에 대해 이렇게 평했다.

“교육은 좋은 성품을 기르도록 적극적으로 도울 뿐만 아니라 부정적인 부분의 나쁜 성품을 없애도록 도와야 한다. 학생의 좋은 성품을 기르기 위해서는 그들의 나쁜 성품을 제거하거나 예방할 필요가 있다. 좋은 성품을 세우기 위해서는 반드시 나쁜 성품을 먼저 무너뜨려야 하기 때문이다. 나쁜 성품을 없애는 것은 나쁜 성품이 생기기 전에 예방하는 것보다 더 어렵다. 그래서 좋은 성품을 기르려면 마땅히 예방 위주의 방법을 택하여야 한다. 나쁜 성품은 사람을 해치는 질병과 같아서, 병에 걸린 뒤에 치료하는 것은 힘들지만 병에 걸리기 전에 예방하는 것은 비교적 쉽다. 거짓말이라는 좋지 않은 성품을 예로 들면, 만일 아이가 거짓말을 하는 습관이 생기기 이전에 도덕과 본보기로써 이런 종류의 성품을 예방하면 아이는 그런 나쁜 습관에 쉽게 물들지 않는다. 그러나 평소 교육에 주의를 기울이지 않으면, 일단 한번 이런 습관에 물든 뒤에는 바로잡기가 매우 힘들다. 그래서 《학기》에서는 '생겨난 뒤에 금하면 서로 부딪쳐서 이길 수 없다.'는 점을 교육실패의 여섯 개 원인 중 하나로 꼽았다. 체코의 위대한 교육가 코메니우스J. A. Comenius는 '덕행은 반드시 사악함이 마음을 점거하기 전에 미리 교육해야 한다.'고 했다. 이는 《학기》의 '금우미발'에 비교할 만하다."

묵가 역시 미연에 방지하는 도덕교육을 중시했다. 묵가는 학생들에게 '헐뜯는 간사한 말이 들리지 않는 귀, 비판의 목소리가 나오지 않는 입, 사람을 해치려는 생각이 존재하지 않는 마음'을 갖고 각종 불량한 성품의 잠식蠶食을 막아내려 노력할 것을 권고했다. 당대의 공영달孔穎達은 "무릇 과실이라는 것은 사람이 미워하는 것이니 어찌 밝히 드러내겠는가? 큰 잘못은 모두 작은 일로부터 말미암은 것이다. 작은 일을 방지하지 못하면 쉽게 큰 잘못에 이르게 된다.”고 했다. 즉 미연에 방지해서 ‘큰 잘못’을 막아야 하며, 매번 아주 미미한 일도 마땅히 주의해야만 나쁜 일이 아직 경미할 때 더 이상 커지지 못하게 막을 수 있다는 것이다. 주희가 말한 ‘거경居敬(항상 마음을 바르게 가져 덕성을 닦음)’ 역시 예방을 중시한 방법이다. 주희는 《경재잠敬齋箴》에 이렇게 썼다.

“침묵하기를 마개로 병 막듯이 하고, 잡념 막기를 성곽과 같이 하라. 성실하고 진실하여 조금도 경술히 행하지 않도록 하라. 서로 갈 때는 동쪽을 돌아보지 말고, 북으로 갈 때는 남쪽은 덮어 두어라. 하는 일에만 마음을 두어, 그 마음 씀이 다른 곳으로 가지 않도록 하라. 두 가지 세 가지 일로 마음이 두 갈래 세 갈래로 나뉘는 일이 없어야 한다. 오직 마음을 하나로 모아 만 가지 변화를 살피도록 하라. 이러한 것을 그치지 않고 일삼아 하는 것을 곧 지경持敬이라 한다. 움직일 때나 고요할 때나 어긋나지 말며, 마음과 몸가짐은 서로를 바르게 하리라. 잠시라도 몸과 마음을 살피는 데 틈이 생기면 온갖 욕심이 어지럽게 솟아올라 불을 만나지 않아도 뜨거워 괴로울 것이며 얼음 속이 아니라도 추위를 면하지 못하리라. 머리카락만큼이라도 살피는 데 어긋나면 하늘과 땅은 서로 바뀌고 재앙이 일어나며 인간 사회의 질서도 없어져 분란이 일고 이 세상 모든 일이 허물어져 망하리라.”

그는 불량한 행위 발생을 예방하는 데 그치지 말고 애당초 불량한 생각이 생기지 않도록 조심해야 한다고 주장했다. 이것이 바로 하늘의 도리를 늘 생각하고 인간의 욕심을 때마다 버리는 것이며, 안으로는 망상이 없고 밖으로는 함부로 행동함이 없는 것이다.

왕부지는 아동 교육을 예로 들어 금우미발의 원칙을 설명했다. 그리고 '교도지예_{敎道之豫}(도를 가르침에 있어서의 예방성)'라는 시각을 제시했다. 왕부지는 사람과 동물의 본질적인 차이에 주목했다. 갓 태어난 동물의 '지혜'는 매우 빨리 나타나며 본능적인 활동만으로도 충분히 생존하고 환경에 대응할 수 있다. 그러나 동물의 지혜와 본능은 더 높은 수준으로 발전하지 못하기 때문에 다 자라도 여전히 '어리석고 사납다.' 그러나 인간은 동물과 달리 어린아이 시기에는 무지몽매하기 때문에 본능을 이용하여 생명을 유지하고 환경에 적응할 줄 모른다. 그러나 인간의 심리 능력은 자랄수록 나날이 발전해서 동물이 따라올 수 없을 만큼 멀리까지 이르게 된다. 인간은 동물보다 긴 아동기와 강한 학습능력을 가졌기 때문에 반드시 어릴 때부터 '그릇되게 방치하지 말고 그것을 억압하여 괴팍해지지 않게 해야' 하며 더 나아가 바르게 인도해야 한다. 금우미발이나 교도지예 모두 덕육, 특히 아동 덕육의 중요한 원칙이다.

(4) 교사지도와 관련한 덕육원칙과 방법

도덕교육에 있어서 사회환경의 영향, 교육 받는 이의 주관석 노력, 덕육시기 파악 등은 모두 중요하다. 그러나 교사의 지도 작용 역시 소홀히 할 수 없다. 왜냐하면 교사는 환경을 선택하고 통제하는 실시자이자, 학생의 영혼을 조각하는 설계자이기 때문이다. 온전한 교육 활동에서 교육과 자아교육은 서로 영향을 주고받는 대립—통일 관계이다.

① 인재시교因材施敎(대상에 따라 다른 교육 방법을 쓰다)

고대 중국 교육가들은 덕육과정에서 반드시 인재시교의 원칙을 준수하여 각기 다른 교육대상에 따라 각기 다른 교육방법을 취해야 한다고 주장했다. 공자는 오랜 기간 동안 도덕교육을 실천하면서 특히 인재시교의 원칙과 방법을 매우 능숙하게 운용했다. 구체적인 예로 다음과 같은 상황을 들 수 있다. 첫 번째, 학생이 제기한 같은 문제에 대해 방향은 일관되지만 구체적 대상에 따라 중점이 다른 대답을 해주었다. 안연이 인仁이라는 도덕개념에 대해 묻자 공자는 '자신을 극복하고 예에 복종하는 것이 인'이라고 대답했다. 중궁仲弓이 인에 대해 물었을 때, 공자는 '밖에 나가서 사람을 대할 때는 큰 손님을 대하듯 해서 백성으로 하여금 큰 제사를 모시듯 하게 하라. 자기가 싫어하는 것을 남에게 강요하지 마라. 나라를 원망하지 말고, 집안을 원망하지 마라.'고 했다. 그런가하면 번지樊遲가 인에 대해 묻자 공자는 '사람을 사랑하다愛人'라는 말을 이용해 설명했다. 이 밖에 '예를 묻다' '효를 묻다' '정치를 묻다' '지혜를 묻다' '선비를 묻다' '군자를 묻다' 등의 질문에 대해서도 모두 이와 같이 했는데, 이는 학생마다 도달한 도덕 경지가 다르기 때문이다.

두 번째로 학생이 제기한 같은 질문에 대해서 질문자의 각기 다른 상황에 맞춰서 내포된 의미를 다르게 대답하거나 심지어 전혀 상반된 대답을 하기도 했다. '듣고 그것을 행하다(들으면 즉시 행해야 하는가?)'라는 질문을 염구冉求가 했을 때 공자는 "들은 즉시 행하라."고 했다. 그러나 자로子路가 물었을 때에는 "아버지와 형이 계시니, 어찌 네 판단만으로 행할 것이냐?"라고 대답했다. 표면적으로 보면 공자의 대답은 서로 모순된 것처럼 보인다. 공자가 대답할 당시 그곳에 있던 공서화公西華조차 이를 이상하게 생각했다. 그러나 공자의 모순된 대답은 사실 그의 뛰어난 교육적 기지와 예술이 구현된 것이다. 공자는 이에 대해 이렇게 설명했다.

"염구는 물러서 있기 때문에 나아가게 한 것이고, 자로는 용맹한 까닭에 물러서게 한 것이다(염구는 소극적이고 용기가 부족하니 적극적으로 나서라 한 것이고, 자로는 지나치게 적극적이고 행동적이니 좀 뒤로 물러서서 신중하게 행동하라고 한 것이다)."

세 번째는 학생이 개인적으로 질문을 했을 때 해당 학생의 실제 상황에 기초하여 지도하고 도와주었다. 자로는 매우 용감했지만 동시에 경거망동하기 쉬웠다. 그래서 자로가 '군자의 용맹이란 무엇입니까?'라고 물었을 때 공자는 이렇게 대답했다.

"군자는 정의로움을 가장 먼저 생각해야 한다. 만약 군자가 정의로움 없이 용맹스러우면 혼란을 야기하게 되고, 만약 소인이 정의로움 없이 용감하면 도둑이 된다."

아성亞聖으로 불리는 맹자 역시 학생의 개인별 차이를 중시해서 제자 교육 방법을 몇 가지 유형으로 나누었다.

"군자의 교육 방법에는 다섯 가지가 있다. 때 맞춰 오는 비와 같이 교화하는 법, 덕을 완성하게 해주는 법, 재능을 발달시켜주는 법, 물음에 답해주는 법, 그리고 스스로 덕을 닦아 나아가게 하는 법이 있다. 이 다섯 가지가 군자가 가르치는 방법이다."

즉 때 맞춰 오는 비가 만물을 적시듯 가르치는 사람, 품덕을 완성하도록 돕는 사람, 재능을 길러주는 사람, 질문에 잘 대답해주는 사람, 스스로 학습할 수 있도록 돕는 사람이 있다는 것이다.

순자 역시 학생 개개인의 개성과 특성에 기초해서 덕육을 실시해야 한다고 주장했다.

기를 다스리고 마음을 닦는 방법은 이러하다. 혈기가 강한 사람은 부드러움으로 조화를 이루게 한다. 생각이 지나치게 깊고 많은 사람은 솔직담백함으로 동화되게 한다. 용감하고 난폭한 사람은 도리와 훈화로 도와주고 경솔하고 급한 사람은 행동을 멈추게 함으로 절제시키고 마음이 좁은 사람은 넓은 도량으로 마음을 키워준다. 비굴하고 굼뜨며 이익을 탐하는 사람은 고상한 뜻으로 저항하게 하고 어리석고 우둔하며 산만한 사람은 스승과 벗으로 통제하고 가르친다. 태만하고 경박하며 잘 포기하는 사람은 장차 찾아올 재앙을 밝히 알려서 경계하게 하고 우직하고 성실한 사람은 예악禮樂으로 조화를 이루게 하고 사색으로 통하게 한다.

혈기가 왕성한 사람에게는 유순하고 조화로운 인품을 길러주도록 하며 지혜와 계략이 뛰어난 사람에게는 솔직하고 충직한 인품을 길러주어야 한다. 용감하고 의연하나 난폭한 사람은 도리로써 훈화하고, 성질이 급하고 빠른 사람은 스스로 절제할 수 있도록 도와서 마음이 안정되고 조용해지도록 해야 한다. 기량이 작은 사람에 대하여는 포부를 키워

줄 필요가 있고, 시야가 좁고 행동이 굼뜬 사람은 원대한 뜻을 세울 수 있도록 가르쳐야 한다. 재능이 박하고 행동이 산만한 사람은 스승과 벗의 도움을 통해 나쁜 습관을 고치도록 권면하고, 경박하고 잘 포기하는 사람에 대해서는 화禍를 드러내 보여서 스스로 경계하도록 한다. 진실하지만 예절이 부족한 사람은 예악과 사색을 통해 통할 수 있도록 가르치면 더 높은 수준에 이를 수 있다. 여기서 알 수 있듯이, 순자는 학생의 개성과 특징에 큰 관심을 기울이고 본성의 병폐를 고치는 방법을 선택해서 우수한 도덕 성품을 길러주었다.

송대 교육가들은 관련 이론을 개괄하고 인재시교의 원칙과 방법을 공식적으로 제안했다. 장재는 '재주를 다하지 않는 것, 안위를 살피지 않는 것, 진실하지 않은 것은 모두 도리에 어긋나는 것이다. 사람을 가르치다 어려움에 이르면, 반드시 사람의 재능을 다해서 잘못 인도하는 일이 없어야 한다. 보고 만져본 후에야 고하여야 한다.'고 했다. 또한 '배움의 어려움과 쉬움을 알게 된 것은 덕을 알게 된 것이다. 그 아름다움과 악함을 알게 되니 사람을 안다. 그 사람을 알고 덕을 알면 사람을 가르쳐 덕에 들어가게 할 수 있다. 그런 까닭에 중니仲尼는 같은 질문에도 다르게 대답했다.'고 말했다. 학생의 품덕의 현재 상황을 먼저 이해해야만 '덕에 들어가게' 할 수 있고, '사람을 잘못 인도하는 일이 없으며' '사람의 재능을 모두 발휘하도록' 할 수 있다는 것이다. 장식張栻 역시 "성인의 길은 정교함과 조잡함이 차이가 없다. 다만 그 교육을 실행함에 있어서 반드시 그 재능에 따라 두터워지게 한다."고 했다. 주희는 더욱 직설적으로 "성현은 가르침을 펼 때, 각기 그 재능에 의지하라. 소

인은 작게 이루고 대인은 크게 이루니, 사람을 방치한 채 돌보지 않아
서는 안 된다.”고 주장했다.

명대 왕양명 역시 덕육 실천 중에 인재시교의 원칙과 방법을 매우
효과적으로 활용했다. 《전습록傳習錄》에는 다음과 같은 일이 기록되어
있다.

> 선생은 사람을 단련하고 기를 때, 말 한마디로 깊은 깨달음을 주었다.
> 하루는 왕여지王汝止가 여행에서 돌아왔는데, 선생이 ‘여행을 하면서 무
> 엇을 보았느냐?’고 물었다. 왕여지가 ‘거리를 가득 메운 사람들이 모두
> 성인인 것을 보았습니다.’라고 답하자 선생은 ‘네가 거리의 사람들을 성
> 인으로 보았으니, 거리의 사람들 역시 너를 성인으로 보았을 것이다.’라
> 고 말씀하셨다. 또 어느 날, 동몽석董夢石이 여행에서 돌아와 선생께 ‘오
> 늘 기이한 일을 보았습니다!’라고 말했다. 선생이 ‘무엇이 기이하냐?’고
> 물으시자 대답하기를 ‘거리를 가득 메운 사람들이 모두 성인이었습니
> 다!’라고 했다. 그러자 선생은 ‘이는 당연한 일이거늘, 어찌 기이하다 하
> 느냐?’고 하셨다. 왕여지는 자신을 과시하려 하였고圭角未融, 동몽석은
> 문득 깨닫고 깨우침이 있었다. 같은 것을 물었으나 다른 대답을 얻게 된
> 것은 그 말의 배경이 달랐기 때문이다.

‘규각미융圭角未融(뾰족한 모서리가 그대로 있다)’이라는 말은 지나치게
자신을 뽐내며 과시한다는 뜻이다. 이는 왕여지가 광자狂者(뜻은 높지만
지혜가 모자란 사람으로 과격함)였음을 설명한다. 그래서 왕양명은 그를

성인이라고 칭해서 스스로 부끄러움을 느끼고 삼가고 겸손한 마음을 갖게 했다. 이에 반해 동몽석은 용기가 부족한 견자狷者(배운 것은 적지만 절조를 굳게 지키는 사람으로 고집이 있음)였기 때문에 왕양명은 성인은 '일상사日常事'라고 하면서 더욱 향상하기 위해 노력하라고 격려했다. 여기서 알 수 있듯이 왕양명은 개인의 구체적인 상황에 맞춰 교육했다. "성인이 사람을 가르칠 때 부족한 것은 개성을 속박하여 모두를 비슷하게 하는 것이다. 광자는 그 광狂한 중에 성취하게 하고 견자 역시 그 견狷한 중에 성취하게 해야 한다. 사람의 재능이 어찌 모두 같을 수 있겠는가!"라는 왕양명의 말은 덕육을 실천하는 과정 중에 얻은 경험의 총결인 셈이다.

왕부지는 인재시교에 대해 매우 독창적인 견해를 가지고 있었다. 그는 "교육의 기술에는 혹은 순종하면서 이르는 것이 있고 혹은 거스르며 바로잡기도 하며, 혹은 달래서 바꾸기도 한다. 이로써 도의 절정을 사모하는 마음이 생겨나게 한다. 혹은 힘들여 어렵게 얻기도 하여 끝까지 분발하는 마음을 일으키기도 하니, 어찌 또한 많은 기술이 있지 아니하겠는가."라고 했다. 즉 학생의 구체적 상황에 따라 학생의 뜻에 따라주거나 혹은 잘못된 부분을 바로잡아주고, 흥미와 뜻을 둔 곳으로 이끌기도 하며 또는 노력을 불러일으킨다. 또한 왕부지는 교사가 학생의 품덕 발전 상태에 따라 장점을 극대화시키고 단점을 극복하도록 교육해야한다고 주장했다.

"가르치는 이는 끝없이 생각하여 사람의 덕성의 장점을 알고 이를 잘 이끌어야 하며, 더욱이 그 사람의 성격의 삐뚤어짐을 잘 알아 변화시켜야 한다.”

그러므로 인재시교의 원칙은 곧 장점을 북돋고 단점과 삐뚤어짐을 보충하고 바로잡아 학생이 건강하게 성장하도록 하는 것이다.

② 이신작칙以身作則(먼저 실천하여 모범을 보이다)

고대 중국 교육가들은 덕육과정 중에 교육자는 마땅히 말로 전하고 몸으로 가르쳐서 교육 받는 사람에게 모범을 보여야 한다고 주장했다. 공자는 이에 대해 여러 번 강조했다. “자기 자신이 바르면 백성에게 명령을 하지 않아도 행한다(그 자신이 바르면 명령을 내리지 않아도 실천한다). 자기 자신이 바르지 못하면, 제 아무리 호령을 해도 따르지 않는다.” “참으로 자기 자신을 바르게 한다면 정치에 무슨 어려움이 있겠는가? 그 자신을 바르게 하지 못하면서 어떻게 남을 바르게 할 수 있겠는가?” 등은 모두 이신작칙에 대한 언급이다. 공자는 교육자의 솔선수범 원칙을 제기하였을 뿐 아니라, 스스로 실천했다. 그는 학생에게 배우기 좋아하고 즐겨 배우라고 가르친 것처럼 자신 역시 ‘옛것을 좋아하고 힘써 구했다.’ 공자는 학생에게 이익 앞에서 도의를 생각하라고 가르쳤으며, 그 자신도 ‘불의로 얻은 부와 귀함을 떠도는 구름처럼 헛되게’ 여겼다. 《논어》에는 이런 종류의 사례가 상당수 기록되어있다. 덕육실천 과정에서 공자는 말로 전하고 몸으로 가르치는 것을 중시하고, 유언有言의 가르침과 무언無言의 가르침을 결합시켰다.

“더불어 말해야 할 때 말하지 않으면 사람을 잃고, 더불어 말하지 말아야 할 때 말하면 말을 잃는다. 지혜로운 사람은 사람도 잃지 않고, 또한 말도 잃지 않는다.”

공자는 ‘무언의 가르침’의 커다란 위력을 매우 신뢰했다. 공자가 하루는 제자들에게 앞으로의 교육과정에서 ‘나는 말하지 않고자 한다.’고 했다. 그러자 자공이 ‘스승께서 말씀을 하시지 않으면 저희들은 어찌 좇으리까?’고 물었다. 공자는 이어 설명하기를 ‘하늘이 무슨 말을 하는가? 사계절을 운행하고 만물을 기를 뿐이다.’라고 했다. 즉 말 대신 암시와 솔선수범을 통하여 학생을 교육하고 은연중에 감화시킨다는 것이다. 이는 무언의 교육의 본질이다. 이를 통해 공자가 덕육과정에서 ‘자기의 행동으로 가르침’을 매우 중시한 것을 알 수 있다.

묵적 역시 이신작칙의 원칙과 방법을 강조했다. 묵자는 상동尚同이라는 정치주장을 펼쳤는데, 이장 및 향장부터 군주에 이르기까지 반드시 자기 자신을 먼저 다스려야 한다는 것이 주요 골자이다. 묵자는 교육실천 과정에서도 같은 입장을 보였다. 역사서에 기록된 바에 따르면, 묵가는 ‘듣고 두려워하며 자신의 아둔함을 재촉하여 서두르고, 열흘 밤낮을 발에 못이 박히도록 고생을 하면서도 쉬지 않고, 옷을 찢어 발을 싸매어가며 영郢(초나라의 도성)에 이르렀다’고 한다. 이는 괴로움을 참고 힘든 일을 견디어 내는 묵자의 꿋꿋한 정신을 반영한다. 그가 몸소 보인 본보기에 고무된 그의 제자 대부분은 ‘끓는 불과 타는 불에 들어가나 발꿈치를 돌려 뒤로 물러나는 일은 하지 않는’ 용기를 가지고 있다. 묵자는 ‘입으로 말하는 것이 몸으로 이행하는 데 충분하다면 늘 말해야 하지만, 이행하는 데 부족하다면 늘 말하지 말라. 이행하는 데 부족함에도 불구하고 이를 늘 말하는 것은 그 입을 닳게 하는 데 지나지 않는다(부질없이 헛된 말이다).’고 했다. 만약 한 사람이 자신이 말한 것을 충분히 행동으로 옮긴다면 사람들은 곧 그의 품덕을 우러러보겠지만 만약 행동으로 옮기기에 부족하다면 아무도 우러러보지 않을 것이다. 그리고 이후에는 그 사람의 말을 단지 허튼 소리로 여길 것이다. 그렇기 때문에 묵자는 교사라면 반드시 ‘몸소 받들어 행함’으로 학생에게 좋은 모범이 되어야 한다고 여겼다.

맹자는 이신작칙의 원칙에 대해 ‘자신이 도를 행하지 않으면 처자도 행하지 않고, 다른 이가 도와 맞지 않음을 알게 하려 해도 처자도 말을 듣지 않을 것이다.’라고 설명했다. 본인이 도에 따라 행하지 않으면 처자에게조차 도가 통하지 않으니, 다른 사람은 말할 것도 없다. 다른 이가 도와 맞지 않는 것을 환기시키려 해도 처자에게 환기시키는 것조차 불가능하니, 이 역시 다른 사람은 말할 것도 없다. 이처럼 교육자는 먼저 자기 자신에게 엄해야만 다른 이도 가르칠 수 있다.

남송의 교육가 원채袁采는 이에 대하여 다음과 같이 서술했다. “자신의 재능과 학문이 남에게 존경받을 만해야 자신이 수련한 방법으로 남을 가르칠 수 있다. 자신의 품성과 덕행이 남에게 존경받을 만해야 자신의 품행으로 남을 가르칠 수 있다.”

또한 만약 수준 높은 업무능력과 훌륭한 도덕품행을 갖추고 있지 않다면 교육인의 중임重任을 감당할 수 없다고 단언했다.

③ 칭찬과 비평

고대 중국 교육가들은 덕육과정에서 반드시 칭찬과 비평이 결합된 방법으로 학생을 교육해야 하며, 선을 드높이고 악을 억제하며 잘못을 고쳐 선한 길로 가게 해야 한다고 주장했다. 공자는 학생의 품덕 수양 상황에 따라 칭찬을 하거나 비평하는 데 매우 능했다. 안연과 자로를 예로 들어보자. 안연은 자각성이 매우 높았기 때문에 공자는 그에게 보통 칭찬을 주로 했다. 《논어》에는 안연을 칭찬한 기록이 10여 군데나 된다. 예로 '안회는 배우기를 좋아한다.' '안회는 어리석지 않다.' '안회여, 현명하도다.' '안회는 그 마음이 석 달이 흘러도 인을 거스르지 않는다.' '가르쳐주었을 때 게으르지 않게 실천한 자는 안회이다.' '나는 그가 앞으로 나아가는 것만 보았지 멈추어 있는 것은 보지 못했다.' 등을 들 수 있다. 안연에 대한 비평은 오로지 하나, '안회는 나를 돕는 자가 아니다. 나의 말에 기뻐하지 않는 바가 없구나.'라고 한 것이다. 그러나 이것도 사실은 비난 속에 칭찬이 있는 비평이다. 이에 반해 자로는 천성이 강직하고 교만하며 잘난 체를 하며 쉽게 경거망동했다. 그래서 공자는 그를 자주 비평했다.

공자는 칭찬과 비평을 할 때 실사구시를 중시했다. 좋은 품덕은 아낌없이 칭찬하고 악한 품덕은 엄하게 비판했으며, 먼저 비판한 뒤 칭찬하기도 하고 먼저 칭찬한 뒤 비판하기도 했다. 어느 날, 공자가 자로를 칭찬하며 말하길 '떨어진 무명 도포를 입고, 멋진 털가죽 옷을 입은 자와 함께 어울리면서도 조금도 부끄러워하지 않을 사람은 오로지 자로일 뿐이다. 질투심도 없고 욕심도 없으니 어찌 착하지 아니한가?(꿰어 너덜너덜해진 낡은 솜두루마기를 입고 여우 오소리 가죽옷을 입은 인물과 같이 섰을 때 부끄러움을 모르는 이는 아마 자로뿐일 것이다. 《시경》에서 말하길 해룹게도 하지 않으며 구하지도 않으니, 어찌 착하다고 하지 않겠는가?)'라고 했다. 이 말을 들은 자로는 몹시 우쭐거리며 늘 이 두 마디를 생각했다. 그러자 공자는 '늘 이 모양이니 어찌 더 좋아질 수 있겠는가?' '자로는 북과 거문고처럼 비열하고 천한 목소리를 가졌다.'라며 자로를 비판했다. 또한 자로를 여과 없이 비판하여 '중유는 고르지 못한 거문고를 어찌 나의 집에서 타느냐?'고 했다. 그런데 어느 학생이 이 말을 듣고 공자가 자로를 집에서 쫓아내었다고 생각하고는 자로를 공경하지 않았다. 그러자 공자는 비유가 적절하지 못했다고 생각하고 곧 다시 바꾸어 말했다.

"자로의 학문이 방의 입구까지는 올라왔으나, 방까진 들어오지 못하는구나."

《논어》에서 공자가 학생을 칭찬하거나 비평한 것과 관련된 기록은 대략 23곳인데, 그중 칭찬에 속하는 것은 17곳, 비판의 범주에 속하는 것은 6곳이다. 특히 칭찬 위주의 긍정적 교육방법은 학생의 도덕적 자존심과 자신감을 기르는 데 큰 의미를 갖는다.

상과 벌은 칭찬과 비판의 주요형식이다. 고대 중국 교육가들은 상을 주는 문제는 그다지 많이 다루지 않았으며, 이와 반대로 벌(체벌 포함)을 주는 문제는 집중적으로 다루었다. 이는 중국 봉건사회에서 체벌이 성행한 것과 깊은 관계가 있다. 다음 소개할 장재의 말은 깊이 생각해볼만하다.

어린아이가 기억을 못할 것이라 하지 말라. 아이는 자신이 겪은 일을 모두 잊지 않을 수 있다. 고로 아이를 낳아 기르는 사람은 아이가 갓난 아기일 때부터 양육하여 기르고 그로 하여금 온화해지며 더 나아가 장성하여 아름다운 성질을 갖게 하여야 한다. 가르칠 때는 좋든 나쁘든 꾸준해야 함을 보여주어야 한다. 개를 기르는 사람은 그 개가 마루에 올라오길 바라지 않는다. 그렇기에 마루에 올라오면 때린다.

위 글에서는 아동의 품덕을 기를 때에 좋든 나쁘든 꾸준히 하게 해서 바른 행위 기준을 세우고 습관화하는 것을 언급했다. 그러나 여기서는 또한 상과 벌에 관한 부분도 언급되어 있다. 만약 개가 집안에 들어오지 않길 바란다면 개가 안채에 들어가려고 할 때 때려야 한다. 그런데 때리고 바로 먹을 것을 준다면 그 개는 어느 장단에 맞춰야 할지 알 수 없게 된다. 그렇게 되면 개를 늘 때려도 헛수고일 뿐이며 개는 또다시 안채에 들어가려 할 것이다. 이를 통해 알 수 있듯이 음식이라는 포상은 때리는 징벌보다 훨씬 강력하다. 미국의 교육심리학자는 이 점을 이론화하여 개괄했다.

"신경계통에서 자극과 반응 사이에 연결 관계가 발생할 때 만족이 수반되면 그 연결은 더욱 강화되기 때문에 걱정이 그 연결을 약화시키거나 소멸시킬 가능성은 거의 없거나 아수 없다."

이는 도덕교육에 있어서 칭찬과 비평, 상과 벌은 모두 일정한 기준에 따라 이뤄져야 하며 학생의 심리에 혼란이 조성되지 않도록 극히 조심해야 한다는 것이다. 또한 칭찬과 상을 위주로 해야 하며 비평과 벌을 보조적인 것으로 활용해야 한다.

교육 분야에서 독보적인 성과를 이룬 왕양명은 당시에 유행한 체벌을 굉장히 싫어해서 이를 노골적으로 비판했다. 그는 《훈몽대의시교독유백송등訓蒙大意示教讀劉伯頌等(유백송을 읽으며 대의로써 어린이를 가르치다)》에서 열정적으로 강변했다.

대개 아이들의 감정은 놀기를 좋아하고 구속받고 규제당하는 것을 싫어한다. 초목이 작은 싹에서부터 시작되듯, 편안하게 두면 말이 조리 있어지지만 규제하고 재촉하면 도리어 위축되고 쇠약해진다. 오늘날 아이들의 교육은 반드시 사기를 북돋고 마음을 유쾌하게 해서 그 나아감이 멈춰지게 하면 안 된다. 단비와 봄바람이 초목을 적시고 예외 없이 싹을 틔워 내고 날이 갈수록 자라는 것과 같다. 만약 얼음과 서리가 내리면 곧 생기를 잃고, 나날이 시들어간다. 요즘의 어린이들을 가르침도 이와 같아서, 매일 문장만 살피고 수업을 모방하며 단속하고 예로써 이끌 줄을 모른다. 또한 총명을 구하나 선으로써 양육함을 모르고 말채찍으로 말을 구속하듯 하며 감금하고 묶어두는 것과 같다. 그러면 아이는 마치 감옥에 들어가고 싶어 하지 않는 것처럼 배움을 포기하게 되고 스승과 연장자를 원수로 여기고 만나고자 하지 않게 되며 유희를 쫓아다니며 피하여 숨고, 제멋대로 완고하게 고집을 부리고 없을 일을 꾸며 속이고, 경박하고 용렬庸劣하여지니, 날이 갈수록 하류가 된다. 악으로 이끄는데 선을 구한들 얻을 수 있겠는가?

　왕양명은 아이들의 마음은 늘 모든 아름다운 것에 활짝 열려 있으니, 교육 종사자들은 마땅히 차근차근 잘 타일러 가르치고 '예로써 이끌고 선으로써 기른다.' 는 긍정적 면에 역점을 둔다면 좋은 효과를 얻을 수 있다고 보았다. 그러나 만약 부정적인 재촉과 체벌에만 집중한다면 학생들은 마치 서리에 휩쓸린 초목 같이 '생기가 사라지고 점점 시들어질' 것이며, 학교를 감옥으로 보고 선생님을 원수로 보며, 무서워하고 두려워하여 미워하는 마음을 갖게 되고, 결국 불량한 품덕이 생기고 자라나게 될 것이라고 주장했다.

05

중국 고대의 교수론

교수 업무는 교육의 기본적인 수단을 전반적으로 발전시키는 것이다. 현대 교수론의 시각에서 보면 교수는 교사가 일정한 교육목적과 학생의 심신의 발달 상황에 근거하여 목적성과 계획성 있게, 조직적으로 학생을 지도하여 과학 및 문화 기초지식을 체계적으로 습득하고 이에 상응하는 기본 능력을 갖추게 하는 것이며, 지능과 창조력을 계발하고 신체 기능을 제고하며 심미능력과 사상적 품덕을 함양하게 하는 교육활동을 가리킨다.

현대교육의 이론과 실천의 영역에서 교수 문제는 가장 다양한 연구가 이뤄지는 분야이다. 현대 해외의 교수 분파로 말할 것 같으면 비지도성 교수, 발현법 교수, 암시교수, 단계교수, 파악교수, 범례교수, 탐구－연구토론 교수, 동반교수, 개방교수, 최적화 교수 등 십여 가지가 있는데 이런 분파들은 대체로 모두 어느 정도 이론적 기초를 가지고 교수 과정, 원칙 및 방법에 대해 독자적인 의견을 제시했다.

중국에서는 교수를 교학敎學이라고 하는데 고대 중국에서는 이를 주로 교와 학으로 나누어 말하였으며, 가끔 하나의 단어로 사용했다. 예를 들어 《학기》에는 "옥은 갈지 않으면 그릇이 되지 않으며, 사람이 배우지 않으면 알지 못한다. 그렇기에 예부터 왕들은 나라를 세우고 백성을 다스릴 때 교학教學을 우선으로 삼았다.”고 하여, 교학을 한 단어로 사용했다. 그러나 여기에서의 교학은 일반적 의미의 교육과 비슷한 것이지 현대적 의미의 교학, 즉 교수는 아니다. 고대 중국의 교수론은 중화 교육사상의 정수로서 매우 중요한 현실적 의미를 갖는다. 모리예毛李鋭 교수는 유가의 교수이론을 이렇게 평가했다.

“유가적 교수론은 매우 훌륭하며 세계 교육사에서도 독보적인 지위를 차지하고 있다. 우리는 이 소중한 유산을 비판적으로 계승해야 할 뿐만 아니라 계속 연구해야 하며, 과학적 실험 방식 및 현대교육심리학의 성과를 이용하여 논증하고 발전시켜야 한다.”

이번 장에는 교수의 뜻, 교수의 과정, 교수의 원칙 및 방법이라는 네 가지 측면에 기초하여 고대 중국의 교수론 사상을 체계적으로 정리하면서 그 정수를 더욱 발양시켜보고자 한다.

1. 교수의 의미

대다수의 고대 중국 교육가들은 교수의 중요성과 필요성에 대해 충분한 인식을 갖고 있었다. 《논어》의 첫 머리에도 “배우고 또한 익히니 어찌 기쁘지 않은가!”고 하여 인생 활동 중에서 공부를 즐거운 일로 꼽았다. 앞에 인용한 《학기》의 구절은 이런 부분을 더욱 명확히 말했다. 옥의 본질은 비록 아름답지만, 만약 절차탁마를 거치지 않으면 그것은 정밀하고 아름다운 기물이 될 수 없다. 마찬가지로 사람이 아무리 고귀해도 만약 부지런히 배우고 꾸준히 연습하지 않는다면 여전히 사물의 도리를 이해하지 못할 것이다. 간결하지만 깊은 의미를 담고 있는 이 구절은 교수의 의의를 매우 효과적으로 개괄했다.

중국 교육사상사에서 유일하게 교수의 의의를 부인한 사람은 '학문을 그만두어도 근심이 없다.' '성스러움을 끊고 지혜를 버리다.'라는 명제를 제시한 노자이다. 노자는 이렇게 말했다.

날로 학문에 힘쓰면爲學 도를 듣는 것聞道은 날로 손상을 입는다. 그것을 손상하고 또 손상하여 무위無爲에 이르는데, 무위는 아무것도 하지 않으면서 또 아무것도 하지 않음이 없다.

노자는 위학爲學(학문에 힘쓰다)은 문도聞道(도리를 듣다)와 대립되는 것이며, 지식은 사욕과 마찬가지로 도에 대한 깨달음을 방해할 수 있다고 보았다. 그래서 학문을 버리고 지혜를 끊고 무위의 경지에 도달해야만 지고지상한 도를 체득할 수 있다고 했다.

그러나 당시 노자의 학설은 묵가의 반대와 반박에 부딪혔다. 다음은 《묵자墨子·경설하經說下》이다.

배우는 것은 '배우는 것이 무익하다'는 것을 알지 못하기 때문이라며 사람에게 말한다. 그러나 사람에게 '배우는 것이 무익하다'는 걸 알려주는 것도 가르치는 것이다. 배우는 것이 무익하다면서 또한 가르치니, 이 얼마나 모순되는가!

배우는 사람이 '배우는 것이 무익하다.'는 것을 원래 알지 못하는데 이를 말하면, 이것 또한 그에게 '배우는 것이 무익하다.'는 것을 가르치는 것이다. 이미 '배우는 것이 무익하다.'고 말했다면 더 이상 가르치지 않는 것이 응당한데, 한편으로는 '배움의 무익'을 말하면서 다른 한편으로는 이를 가르치니 이 얼마나 모순 되고 터무니없는 말인가? 묵자는 노자의 창을 가지고 노자의 방패를 공격해서矛盾 '학지무익學之無益'의 명제를 깼다. 이 뿐만 아니라 묵자는 세우는 것立을 더욱 중시하여 교수의 의미를 긍정적으로 설명했다.

크게 외치는 것(가르치는 것)과 어울리는 것(배우는 것)은 같은 것으로, 공功을 말해야 한다. 크게 외치나 어울리지 않으면 배우지 않은 것이다. 지혜가 적음에도 배우지 않으면, 공로가 반드시 적다. 어울리나 크게 외치지 않는 것은 가르치지 않는 것이다. 지혜가 많아도 가르치지 않으면 공로는 소실된다.

첫 번째 문장에서는 가르치고 배우는 것은 모두 같은 공로가 있다고 했다. 두 번째 문장에서는 외치기만 하고 어울리지 못하면 배우려 하지 않는 것이라고 했다. 자신의 지식이 부족한데도 배우려 하지 않으면 효과는 적을 수밖에 없다. 또한 어울리기만 하고 외치지 않으면 사람을 가르치려 하지 않는 것이며, 그러면 효과는 곧 완전히 소실되어 버린다. 이렇듯 묵가는 가르치고 배우는 것 모두 중요하다는 점을 인정하고, 이 같은 전제하에 교수의 의의를 밝혔다.

고대 중국 교육가들은 일찍이 교수의 의미를 구체적으로 서술했는데, 대략 다음과 같은 몇 가지로 정리할 수 있다.

(1) 지식 및 기능을 습득하고 견고하게 함

고대 중국에서는 생지설生知說(나면서부터 알다)과 학지설學知說(배워서 알다)의 논쟁이 있었지만 쌍방 모두 지식과 기능 습득 측면에서 교수의 작용을 부인하지 않았다. 그래서 고대 중국 교육가들은 전통적으로 교수를 매우 중시했다. 순자는 "높은 산에 오르지 않으면 하늘의 높이를 알지 못한다. 깊은 시내에 이르지 않으면, 땅의 두터움을 알지 못한다. 선왕의 남긴 말을 듣지 못하면 학문의 크기를 알지 못한다."고 했다. 객관적 사물을 관찰하고 깊이 이해하며 선인先人의 지식을 학습해야만 교수활동에서 수확을 얻을 수 있다고 본 것이다. 《학기》 또한 교수활동이 학생들의 지식 습득, 특히 객관적인 규율 파악에 미치는 영향을 명확히 지적했다.

비록 맛좋은 음식이 있어도 먹지 않으면 그 맛을 알 수 없고, 비록 지극한 도가 있어도 배우지 않으면 그 선함을 알지 못한다.

북송 시기의 왕안석은 부정적 측면에서 이 문제를 다루었다. 《상중영傷仲永》이라는 글을 통해 왕안석은 깊이 생각해볼만한 일을 제시했다. 금계현金溪縣이라는 곳에 방중영方重永이라는 굉장히 총명하고 뛰어난 신동이 있었다. 그는 다섯 살 때부터 이미 '사물을 가리켜 시를 지었는데, 그 문맥이 모두 훌륭했다.' 소문이 멀리까지 퍼지면서 많은 이들이 이 아이를 보러 왔는데, '그 아버지는 점차 손님에게 돈을 받았다.' 아이의 아버지는 작은 이익에 욕심을 부려 중영을 학교에 보내지 않고 '매일 중영을 잡아 사람들에게 보이고, 배우게 하지 않았다.' 결국 '구경꾼들이 점차 사라졌다.' 왕안석은 이를 평론하여 이렇게 말했다.

중영의 깨달음과 지혜는 하늘로부터 받은 것이다. 그 하늘에서 받은 재능은 보통 사람보다 훨씬 뛰어났지만 결국 보통 사람이 된 것은 곧 사람에게서 교육을 받지 못했기 때문이다. 그처럼 천부적으로 총명하고 재능이 뛰어난 자도 사람에게서 받지 못하여 보통 사람이 된 것이다. 오늘날 무릇 재주를 하늘에서 받지 못한 사람은 본디 보통 사람이거늘, 거기에다 사람에게서도 받지 못한다면 보통 사람이 되는 것마저 어려울 것이다!

왕안석은 한 사람의 천부적 재능이 아무리 뛰어나노 만약 사람에게 받지 않으면, 즉 교학을 통해 지식을 좀 더 얻고 총명함을 더욱 키우지 않으면 천부적 재능도 나날이 사라져 결국 보통 사람과 비슷해진다고 보았다. 그렇기 때문에 보통 사람이라면 더욱 '사람에게 받는受之人' 교육이 필요하다.

명청 시기 왕부지는 이 문제를 가장 자세하게 서술했다. 그는 교수가 지식과 기능을 얻고 견고하게 하는 중요한 수단이라고 보았다. 소위 배움이라는 것은 알지 못함에서 앎으로, 할 수 없음에서 할 수 있음으로 나아가는 과정이다. 소위 연습이라는 것은 이미 얻은 지식을 더욱 깊이 알고 이미 얻은 기능을 단련하여 견고하게 하는 과정이다. 동시에 지식은 오직 집중적인 복습을 해야만 매일 향상될 수 있고, 기능은 오직 연습을 해야만 비로소 차츰차츰 능숙하게 된다. 그래서 왕부지는 "안다고 하는 사람은 깨닫기를 바라고 능하다고 하는 사람은 성과를 얻기를 바란다. 그래서 또 배우는 것이다. 깨닫고 더욱 깊이 스며들면 아는 것이 날로 새로워진다. 성과를 얻고 반복하여 연습하면 능함이 나날이 쉬지 않게 된다."고 했다. 왕부지는 교수의 의의를 부정하는 견해에 동의할 수 없다면서, 사람의 인식 과정을 동물의 본능적 활동과 비교하여 설명했다.

귀에는 총명함이 있고 눈에는 밝음이 있으며 마음과 생각에는 예지가 있다. 천하의 소리와 색을 통해 그 이치를 연구하는 것은 사람의 도리이다. 총명한 것은 반드시 듣는 것을 분별하면서부터 시작된다. 밝은 것은 색을 택하여 분명히 하면서부터 시작된다. 마음은 생각으로부터 얻어지고 생각하지 않으면 얻을 수 없다. 어찌 개똥벌레가 빛을 얻듯이 갑자기 들리고, 단번에 보이며 생각을 하지 않고 얻어질 수 있단 말인가? 만약 그러하다면 천하의 사람들은 모두 짐승과 다를 바 있겠는가. 어린 양과 새끼 새가 어미를 따르는 것은 효를 행함이 아니라 본성을 드러낸 것이며 그것은 배운 것이 아니다. 오늘날 태어나면서부터 알고, 배우지 않고도 능할 수 있다면, 어린 양과 새끼 새가 일반 사람들보다 낫고, 일반 사람들은 군사보다 현명할 것이다.

왕부지는 만약 세상에 배우지 않고도 알고, 배우지 않고도 할 수 있는 사람이 있다고 인정한다면, 이는 어린 동물이 보통 사람들보다 훌륭하며 보통 사람 또한 도덕과 학문이 있는 군자보다 훌륭하다고 인정하는 것과 다르지 않다고 보았다.

또한 왕부지는 활쏘기를 예로 들어 교수가 개인의 기능 및 기교 형성에 미치는 영향을 설명했다. "활쏘기에는 힘과 기교가 필요하다. 힘은 연습해서 얻을 수 있고 기교는 배워서 얻을 수 있으며 이는 모두 천성에 의한 것이 아니다. 이 두 가지는 모두 배움을 통해 이루어진 것이며 타고난 것이 아니다. 기능을 배우는 것이 어렵다고 해서 용속한 사람들은 게으름을 피우고 그것은 천성에 의한 것이라고만 한다."

공왕부지는 활 쏘는 것은 첫째로 힘이 필요하고, 둘째로 기능 및 기교가 필요한데, 이 두 가지는 모두 반복적인 연습을 통하여 얻어진다고 했다. 그러나 힘과 달리 기능과 기교는 후천적인 학습과 연습이 더욱 필요하다고 강조했다.

(2) 학생의 지능을 발달시키고 인재로 육성함

공자는 일찍이 사람의 지력 발달과 학습의 관계에 주목하고 "배우기를 좋아하면 앎에 가까워진다.”고 했다. 교수가 개인의 능력 발달에 미치는 영향을 지적한 것이다. 다음은 《공자가어孔子家語 · 자로초견편子路初見篇》의 일부이다.

> 자로가 공자를 뵈었는데, 공자가 물었다.
>
> “너는 무엇을 즐기느냐?”
>
> 자로가 대답하기를 “긴 검을 좋아합니다.”라고 했다. 그러자 공자가 다시 말씀했다.
>
> “나는 그것을 물은 게 아니다. 너의 재능에 노력하여 배움을 더해서 이루지 못한 것이 있느냐고 물은 것이다.”
>
> 자로는 깨닫지 못하고 다시 물었다.
>
> “남산에 대나무가 있는데 일부러 만지고 빚지 않아도 절로 곧고, 잘라내어 사용하면 그 끝이 소가죽을 뚫을 수 있을 만큼 날카롭습니다. 이러한 것을 보았을 때 천성적으로 재능이 있는 사람도 배울 필요가 있습니까?”
>
> 그러자 공자가 대답했다.
>
> “만약 대나무 줄기를 화살로 삼아 활시위에 걸기 전에 깃털로 꾸미고 끝을 갈아 더욱 날카롭게 하면, 더욱 깊이 뚫을 수 있지 않겠느냐?”
>
> 자로는 그제야 깨닫고 “스승님의 가르침을 존경합니다.”고 했다.

자로는 남산의 대나무가 부드럽지 않고 곧기 때문에 그 자체에 ‘가죽을 뚫을 수 있는’ 기능이 있다고 생각했다. 그러나 공자는 만약 그것을 가공하면, 즉 '깃털로 장식하고 끝을 갈면' 더욱 날카롭게 할 수 있다고 가르쳤다. 사람의 능력 또한 마찬가지여서, 반드시 학습과 연마에 매진해야만 더욱 높일 수 있다.

한대 왕충 역시 교수가 학생의 지능 발달에서 갖는 가치를 긍정했다. "무릇 그 일을 알 수 있는 사람은 볼 수 있는 바를 숙고한다. 알지 못하는 것을 배우지 않고 묻지도 않으면 알 수가 없다. 배우지 않고도 스스로 알거나, 묻지 않고도 스스로 깨닫는 일은 자고로 있어본 적이 없다. 그러므로 지능 있는 선비도 배우지 않고는 이룰 수 없고 묻지 않으면 알지 못한다."

송대 교육가 이정二程도 깊이 새기고 생각해볼만한 말을 남겼다.

만물은 모두 타고난 재능이 있다. 예를 들어 새들은 늘 지극히 교묘한 곳에 보금자리를 짓는데, 이것은 타고난 재능이며 배우지 않은 것이다. 하지만 사람은 처음 태어나면 젖을 먹는 일을 제외하고 다른 모든 일은 배워야 한다.

타고난 재능은 사람이 나면서부터 가진 본능이다. 그러나 사람은 이런 본능이 극히 적어서 젖을 먹는 것만이 선천적인 본능이고 다른 모든 능력은 모두 학습을 통해 얻어야 한다는 것이다.

고대 중국 교육가들은 학생을 인재로 육성하는 면에서 교수의 의의도 서술했다. 고대 중국에서는 재才/材 자에 두 가지 함축된 뜻이 있었다. 첫째는 재질才質로, 오늘날의 소질과 같은 의미이다. 지력과 능력은 모두 재질이라는 기초 위에서 발전하기 때문에 지력을 재지才智, 능력을 재능才能이라 칭하기도 한다. 둘째는 재능才能으로 오늘날의 능력, 혹은 능력 있는 사람과 같은 의미이다. 고대 교육가들은 교수의 인재 육성 기능을 상당히 긍정적으로 인정했다. 삼국시기 유소는 "무릇 배움을 통해 쓸모 있는 사람이 된다."고 했으며 제갈량은 "재능은 모름지기 배움이 필요하며 배우지 않으면 큰 재능을 가질 수 없다."고 했다. 북송의 호애胡瑗는 《송자현학기松滋縣學記》에서 "천하를 다스림에 있어서 관건은 인재다. 천하의 인재는 교화를 통해 이뤄진다. 교화의 장소는 학교에 의거해야 한다."고 썼다. 학교 교수활동의 인재 육성 역할을 명시한 것이다. 이러한 관점은 후대 학자들에 의해 계속 계승되었다. 청대 교육가 안원은 "학문을 익히는 것은 인재가 되기 위한 관건이고, 인재는 나라를 다스리는 관건이며 나라를 다스리는 것은 백성의 생사가 결정되는 관건이다. 학문을 배우지 않으면 인재가 없고, 인재가 없으면 나라를 다스릴 수 없으며, 나라를 제대로 다스리지 못하면 국가의 태평과 안정이 없고 백성의 생사 또한 위태롭게 된다."

왕부지는 지능의 발달 및 인재 육성에서 교수 활동의 의의를 비교적 전반적으로 서술했다.

본성(기질)은 덕을 말하면, 사람이 아는 것이 있고 능력이 있으면 모두 고유한 지능이 있어 배움을 얻고 알맞게 만난 것이다. 뜻을 세우는 것은 배움을 생각하는 것에서 온다. 원래 재능은 나날이 더하여 총명한 것이 깊이 반성하여 부유한 것이 도이지 않겠는가? 사람은 마음이 있어

밤낮 쉬지 않는다. 비록 사람이 복잡하게 움직이려고 하나 자질로 천리를 아는데 이런 마음을 버리면 무엇이 주인이랴? 그것을 사용하지 않고 고요함 마저 경미하여 자나 깨나 마음이 기운다. 재능은 일생을 사용하여도 생각을 이끌어 내는 것은 다함이 없다.

왕부지는 사람이 비록 '마음에 원래 지식과 능력'이 있지만 후천적인 교육과 학습, 실천적 활동이 수반되지 않고 '배운 것을 적용할' 기회가 없다면 선천적 요소는 충분히 발휘되거나 펼쳐질 수 없다고 여겼다. 그래서 사람의 지능은 오로지 '배움'과 '사용함'의 기초 위에서만 발전할 수 있으며 나날이 새로워질 수 있다고 보았다. 또한 사람의 생각은 오로지 '배움'과 '사용함'이라는 기초위에서만 고갈되지 않는다고 보았다. 만약 하루 종일 무위도식하고, 하는 일 없이 정좌하고 앉아 외부와 접촉하지 않고 스승의 가르침을 받아들이지 않으며 학습 등의 활동에 참여하지 않으면 "사람이 돼지나 돌과 다를 바가 무엇이 있겠는가."고 했다.

(3) 인품과 덕성을 함양하고 인성의 발전과 완성을 도움

고대 중국 교육가들은 대부분 교수가 학생의 인품과 덕성 함양에 미치는 영향을 인정하였으며 심지어 이를 교수의 가장 중요하고 유일한 역할로 여겼다. 이 부분은 제1장에서 이미 언급한 바 있다. 여기서는 교육가들의 서술과 의견을 더욱 자세히 분석할 것이다. 공자는 일찍이 이렇게 말했다.

어짊을 좋아하고 배우기를 좋아하지 아니하니 그 폐단은 어리석음이고, 슬기로움을 좋아하고 배우기를 좋아하지 아니하니 그 폐단은 방탕함이다. 신의를 좋아하고 배우기를 좋아하지 아니하니 그 폐단은 의義를 해치는 것이고 강직함을 좋아하고 배우기를 좋아하지 아니하니 그 폐단은 박정함이다. 용감함을 좋아하고 배우기를 좋아하지 않으니 그 폐단은 난폭함이고 굳셈을 좋아하고 배우기를 좋아하지 아니하니 그 폐단은 무모해진다.

어짊仁, 지혜知, 신의信, 강직함直, 용감함勇, 굳셈剛 등은 모두 고대의 지사志士와 인인仁人이 추구하였던 도덕적 목표이다. 그러나 이런 도덕 품성 중 단 하나라도 교수활동을 통하지 않고 형성할 수 있는 것은 없다. 배움을 떠난 사람은 어리석어지고愚(사람들에게 우롱 당함) 방탕해지며蕩(방탕하고 기초가 없음) 의를 해치게 되고賊(스스로 손해를 봄) 박정해지며絞(가혹하고 야박하게 말함) 난폭해지고亂(소란을 피워 화를 자초함) 무모해진다狂(겁 없이 함부로 날뜀). 후세의 교육가들은 모두 공자의 사상을 계승했다. 순자는 "나무는 밧줄로 묶어 곧게 세워지고 쇠는 숫돌로 갈아서 날카로워진다. 군자는 학문을 넓혀서 자신을 반성하고 밝히 알아 행함에 지나침이 없다."고 했으며, 한대 유향劉向은 "현명함에 가까워지고 배우는 자는 갈수록 덕이 자라난다."고 했다.

고대 중국에는 매우 다양한 인성학설들이 나타나 꽃을 피웠다. 비교적 잘 알려진 것으로는 공자의 성습론性習論, 맹자의 성선설性善說, 순자의 성악설性惡說, 고자告子의 성무선무부선설性無善無不善設, 동중여의 성삼품설性三品說, 왕부지의 성일생일성설性日生日成說 등이다. 비록 구체적인 내용은 학설마다 달랐지만, 모두 인성 발전과 완성에 교수활동이 미치는 영향을 인정했다.

성습론을 예로 들어보자. 공자가 "성질은 비슷하나 습성에 의해 차이가 생긴다."는 명제를 제시한 후로 후세의 교육가들은 이를 두고 다양한 해설을 했다. 왕부지는 공자의 명제를 설명하면서 "사람의 본성은 서로 비슷하다. 하지만 그 비슷한 것이 배움을 통해 각자 어질고 지혜로운 덕을 이루면 성정과 성과는 각기 달라진다."고 했다. 즉 선천적인 품성은 사람마다 별 차이가 없지만 후천적인 학습에 따라 인성이 달라지며, 배움은 인성의 발전과 완성의 중요한 수단이라는 것이다.

성선설과 성악설을 예를 들어보자. 성선설의 대표적 인물인 맹자는 사람은 누구나 선천적으로 '선단善端(선한 마음)'을 가지고 있지만, 선단은 맹아萌芽 상태에 있기 때문에 이를 선량하게 발전시킬 수 있을지 없을지는 좋은 교육과 성실한 학습 여부에 달려있다고 보았다. 그래서 "길러서 자라지 못하는 것은 없고, 기르지 않으면 사라지지 않을 것이 없다."고 했다. 또한 "양육함을 얻고", 즉 좋은 교육과 학습 조건이 있으면 선단이 더욱 넓어지고 채워져서 인, 의, 예, 지의 선한 본성이 길러진다고 보았다. 이와 반대로 만약 "양육함을 잃는다면" 선단이 사라지고 선하지 못한 잘못된 길에 들어서게 된다고 주장했다.

순자의 성악설에서는 인성은 본래 나쁜 재료이지만 후천적인 교육과 학습을 통해 악함을 선함으로 바꾸고 성인이 될 수 있다고 본다. 그래서 순자는 "길에 다니는 보통 백성이라도 선을 쌓고 힘써 노력하면 성인이라 할 수 있다. 그것을 구하여 후에 하늘에 닿고, 그것을 행하여 후에 이룬다. 그것을 쌓아서 후에 높아지고 그것을 다하여 후에 성스러워진다. 그러므로 성인은 사람이 쌓은 바이다."고 했다. 사람의 도덕 품성은 온전히 후천적으로 길러지는 것이지 선천적인 '성인'은 아예 존재하지 않는다는 것이다. 그래서 순자는 소위 고상한 인품과 덕성을 가진 '성인'은 보통사람이 교육을 받고 열심히 공부한 결과에 불과하기 때문에 누구나 이 경지에 도달할 수 있다고 주장했다.

2. 교수의 내용

교수내용은 학습단계별 학교(소학 등)의 전체 교수내용을 가리킬 뿐만 아니라 교과목(어문 등)의 교수내용을 가리키기도 한다. 교수내용은 교육 목적을 실현하는 중요한 수단이며, 스승과 학생이 교수활동을 공동으로 진행하는 매개이기도 하다. 현재 교수내용 연구는 이미 전문적인 학문 분야가 되었으며(학과과정론, 결과과정론, 활동과정론 등), 교수이론 분야에서 갈수록 각광받고 있다.

고대 중국의 원시교육은 사회의 생산과 생활과 아직 분리되지 못한 상태였다. 그래서 기본적인 교수내용도 생산 및 생활과 관련된 경험과 기능이 주를 이루었다. 씨족사회 말기, 학교가 막 출현했을 당시에는 대략 악樂과 효孝가 주요 교수내용이었다. 하夏, 상商, 서주西周 시대를 거치면서 교육내용은 갈수록 통일되고 명확해져서, 예禮, 악樂, 사射, 어御, 서書, 수數, 등으로 구성된 육예六藝교육이 형성되었다. 문文과 무武를 모두 중시하고 지식과 기능을 함께 추구하는 육예 교육은 중국 교육사에서 계속 이어져오며 깊은 영향을 미쳤다. 공자 때에 이르러 육서六書가 편찬되었고, 이는 후에 육경六經이라 불렸다. 육경은 중국 최초의 비교적 완전한 교과서였을 뿐만 아니라, 봉건사회의 가장 기본적인 교재였다. 한대 이후 '파천백가罷黜百家, 독존유술獨尊儒術(백가를 타파하고 유교만을 숭상한다)'의 문교 정책이 널리 시행되면서 유가 경전 및 저서의 교재 가치도 점점 높아졌다. 이밖에 한 당대에 이르러서는 각종 전문학교들이 나타나고 완성되었다. 이런 학교들 또한 각자 전문교재를 갖추고 있었다. 그러면서 육예, 육경 및 과학기술교재의 교수내용 연구가 시작되었으며 어린이를 위한 전문적인 교재 연구도 시작되었다.

(1) 육예의 교수내용

육예는 고대 중국 최초의 체계적 교수내용이다. 《주례周禮·춘관春官》편에 기록된 바에 따르면 '보씨保氏가 태자에게 노를 가르칠 때, 육예를 가르쳤다. 첫째는 오례五禮, 둘째는 육악六樂, 셋째는 오사五射, 넷째는 오어五御, 다섯째는 육서六書, 여섯째는 구수九數를 가르쳤다.'고 한다.

예교禮敎 : 초기의 예교는 국학國學의 예와 향학鄕學의 예로 나눌 수 있다. 국학의 예는 길吉, 흉凶, 군軍, 빈賓, 가嘉 등 다섯 부분으로, 향학의 예는 관冠, 혼婚, 상喪, 제祭, 향饗, 상견相見 등 여섯 부분으로 구성된다. 예교는 정치종법 교육, 윤리도덕 교육, 애국주의 교육과 행위습관 배양 등의 임무를 담당하고 있다. 《예기禮記·전례典禮》에는 예교의 기능이 잘 기술되어있다.

"도덕과 인의는 예가 아니면 이룰 수 없다. 바른 풍습을 가르치는 것도 예가 아니면 갖춰질 수 없다. 분쟁을 분별하여 가르는 것도 예가 아니면 결정할 수 없다. 군신과 상하, 부자와 형제는 예가 아니면 정해질 수 없다. 벼슬아치가 배우고 스승이 가르치는 것도 예가 아니면 친할 수 없다. 조정의 일을 하고 군사를 다스리며 관리를 세우고 법을 실행하는 것도 예가 아니면 위엄 있게 행할 수 없다. 사당에 제사를 지내고 귀신에게 공양하는 것도 예가 아니면 정성스럽지도 못하고 공경스럽지도 못하다. 그래서 군자는 공손한 태도와 절제, 겸양을 통해 예를 드러낸다."

악교樂敎 : 악은 당시 국학의 주요 교과과정으로서 악덕樂德, 악어樂語(음악에 맞추어 부르는 시가), 악무樂舞(음악 반주가 있는 춤) 등 여러 분야로 이뤄져 있다. 악덕은 음악의 도덕교육기능을 가리킨다. '성음의 도는 정치와 통한다.' '음악은 윤리와 통한다.' 등은 악덕을 설명한 것이다. 악어는 흥興, 도道, 풍諷, 송誦, 언言, 어語 등의 항목을 포함한다. 흥은 비유하는 것, 도는 예부터 전해온 가르침을 배우는 것, 풍은 책을 읽고 글을 외우는 것, 송은 노래하고 읊는 것을 가리키며 어와 언은 작문 수업에 해당한다. 악무는 운문雲門, 대함大鹹, 대소大韶, 대하大夏, 대호大濩, 대무大武로 구성되기 때문에 육악六樂으로 불리기도 한다. 여기서 알 수 있듯이 악교는 음악, 시가, 춤, 원시적 희극과 간단한 작문 등으로 이루어졌다.

사어지교射禦之敎: 사射는 활쏘기 기술훈련을 말한다. 활쏘기 교육방법은 크게 다섯 가지로 나뉘며, 이를 오사五射라 한다. 첫째는 백시白矢(화살이 과녁을 꿰뚫어 그 촉이 드러나는 것), 둘째는 삼연參蓮(화살 하나를 먼저 쏘고 3개를 연달아 쏘아 먼저 쏜 화살을 없애는 것), 셋째는 염주剡注(촉이 낮게 날아가도록 쏘는 것), 넷째는 양척襄尺(임금과 함께 활을 쏠 때 임금과 나란히 서지 않고, 아래쪽으로 한 자정도 떨어져서 쏘는 것), 다섯째는 정의井儀(네 개의 화살을 우물 정자 모양으로 과녁에 맞추는 것)이다.

어禦는 전차戰車를 모는 기술훈련을 말한다. 전차 운전 교육방법 역시 다섯 가지이며, 오어五禦라 한다. 명화란鳴和鸞(전차를 움직인 후 전차 앞뒤에 달린 방울이 함께 낭랑히 울리는 것), 축수곡逐水曲(물의 흐름에 따라 전차를 몰면서 군사들을 물에 빠뜨리지 않는 것), 과군표過君表(문이나 틈새 같은 곳을 통과하면서 장애물과 부딪치지 않는 것), 무교구舞交衢(교차로 같은 곳에서 전차의 방향을 전환할 때 춤추듯 절도 있게 하는 것), 축금좌逐禽左(전차로 짐승의 진로를 막아 수렵을 돕는 것) 등이 오어이다.

서교西敎: 글자교육이다. 글자 교학방법은 상형, 지사, 회의 형성, 전주, 가차 등 여섯 가지이며 이를 육서六書라 한다. 한대 허신許慎의 《설문해자說文解字》에는 육서를 다음과 같이 설명했다.

"《주례》에 따르면 8세에 소학에 들어가고 보씨가 태자에게 먼저 육서를 교육한다. 육서의 첫 번째는 지사指事이다. 지사는 보면 알 수 있고, 관찰하면 보이는 글자이다. 上, 下가 그러하다. 두 번째는 상형象形

이다. 상형은 사물을 그리고 그 사물의 형태를 본뜬 글자이다. 日, 月이 그러하다. 세 번째는 형성形聲이다. 형성은 이미 만들어진 글자에서 뜻과 소리를 취해 합쳐 만든 글자이다. 江, 河가 그러하다. 네 번째는 회의會意이다. 회의는 이미 만들어진 글자의 뜻을 합쳐 의미를 나타낸 글자이다. 武, 信이 그러하다. 다섯 번째는 전주轉注이다. 전주는 한 글자와 같은 부류 안에서 다른 뜻으로 바꾸어 쓰는 글자이다. 考, 老가 그러하다. 여섯 번째는 가차假借이다. 가차는 본래 없는 글자가 소리에 의탁하여 만들어진 글자이다. 슈, 長이 그러하다."

이는 고대 중국의 문자 구성 방식을 분석한 것이며, 서주 시기의 글자 교육방법을 이해할 수 있는 기초 단서이다. 당시에는 이미 중국 최초의 글자교재인 《사주편史籒篇》이 있었다고 한다.

수교數教 : 숫자교육이다. 수의 교학내용은 방전方田, 율미栗米, 쇠분衰分, 소광少廣, 상공商功, 균윤均輪, 영육盈朒, 방정方程, 구고勾股 등 아홉 가지로, 이를 구수九數라 한다. 당시의 수교는 자연과학기술과 종교지식까지 포괄했던 것으로 보인다. 여사면呂死勉 선생은 당시 수술數術의 교학을 여섯 가지, 즉 천문天文, 역보歷譜, 오행五行, 시귀蓍龜(점칠 때에 쓰는 가새풀과 거북), 잡점雜占, 형법刑法으로 나누어 설명했다.

앞서 말한 바와 같이 육예의 가르침은 문무를 겸비하고 지식과 기능을 모두 추구하는 특징이 있기 때문에 그 내용은 현대의 덕육 지육智育 체육 미육美育 군사교육 등과 상당히 흡사하며, 낮은 수준이지만 다양한 교육을 모두 갖추어 상호상승효과를 얻었다. 비록 한 대 이후 경학經學(경전을 연구하는 학문)이 성행하면서 상대적으로 육예 교육의 부족함

이 드러나고 심지어 관학으로 선택되지도 못했지만, 육예의 교육내용
은 지금까지도 전해지고 있다.

(2) 육경의 교육내용

공자가 살았던 춘추 말기에는 관에서 배우고 공부한다는 '학재관부
學在官府'가 사라지고 육예 교육내용이 기예 및 군사훈련에 편중되면서
당시 교수의 객관적 수요를 제대로 충족시켜주지 못하고 있었다. 그래
서 공자는 시詩, 서書, 예禮, 악樂, 역易, 춘추春秋 등 육서를 편찬하고 이
를 교수의 기본교재로 삼았다. 육서는 육예보다 이론적 성향이 강했고
신흥 선비계층의 요구에 적합했기 때문에 상당한 교육적 의의와 가치
를 지니게 되었다. 육서는 중국 최초의 비교적 체계적인 교과서로, 전
국시대부터 경經이라는 존칭을 붙여 육경이라고도 불렀다. 후에 악경
은 산실散失되었고 나머지 오경은 후에 사서四書와 함께 고대 중국 사회
의 정통교재로 자리매김했다.
　　시 : 현재는 《시경》으로 불린다. 《사기 · 공자세가》에 기록된 바에 따
르면 '예전부터 시에 삼천여 수가 있었는데, 공자에 이르러 중복되는
것들을 빼버리고, 예의를 실행하는 데 알맞은 것을 취해 보존했나'고
한다. 이렇게 지금의 305편이 선택되고 편찬된 《시경》은 중국에서 제
일 오래된 시가총집이다. 《시경》은 풍風(민가, 지방음악) 아雅(궁정음악)
송頌(주천자와 제후종묘음악) 등 세 부분으로 나뉘며 모두 현악에 맞춰
노래할 수 있다. 공자는 일찍이 시의 주지主旨를 '사무사思無邪'라는 세

글자로 압축했다. 즉 그 사상적 내용이 예의를 시행하기에 알맞다는 것이다. 그리고 정치, 외교, 수양, 예술 등의 분야에서 시의 교육적 기능을 서술했다.

서 : 현재는 《서경》, 또는 《상서尚書》로 불린다. 《상서》는 고문古文과 금문今文, 두 종류의 판본이 있다. 일반적으로 고문은 위서僞書로 여겨지며 금문 역시 몇몇 편의 진위여부에 대한 논쟁이 항상 있어 왔으나 공자가 《상서》를 편찬하고 이를 교재로 사용한 것은 부정할 수 없는 사실이다. 《상서》는 원시사회 말기부터 하, 상과 춘추시대 직전인 주왕조까지 아우르는 역사적 자료이다. 그래서 《상서》를 일컬어 '상고上古시대 역사서'라고도 하며 중국 최초의 역사교재라고도 한다. 공자가 《상서》를 편찬하고 이를 교재로 사용한 취지는 문무文武정치를 발양하고 정치의 근본과 역사의 정치 경험 및 교훈을 설명하기 위함에 있다.

예 : 현재는 《예경》, 혹은 《의례儀禮》나 《사례士禮》라고 불린다. 《예경》은 공자가 직접 편찬했으며, 모두 17편이다. 주대의 각종 전례절의典禮節儀(관혼상제 등의 의식)를 가르치는 예의수양 교과서이다. 공자는 예 교육을 매우 중시했으며 '예를 배우지 않으면 바로 설 수 없다.'고 보았다. 또한 학생에게 '마땅히 예가 아니면 보지를 말고, 예가 아니면 듣지를 말고, 예가 아니면 말하지 말고 예가 아니면 행동하지 말라.'고 할 만큼 예를 중시했기 때문에 그의 학설은 예교禮敎라고 불리기도 한다.

악 : 공자가 음악에 관해 편찬한 책이라고 전해지며 《악경》이라고도

불리나, 현재는 산실되어 전해지지 않는다. 비록 《악경》이 실제 존재 여부를 놓고 학술계에서 의견이 분분하기는 하지만, 공자가 음악을 중 요시했다는 점을 의심할 여지가 없다. 공자는 젊었을 때 취고수吹鼓手 (북을 치거나 피리를 불어 사기를 북돋우어주는 사람)를 담당한 적도 있었 으며, 나중에는 사양자師襄子에게 전문적으로 음악을 배워 하리파인下裏 巴人에서 양춘백설陽春白雪에 이르기까지 매우 정통했다. 공자는 '시로 써 흥하게 하고 예로써 세우며 악으로써 이룬다.'라고 했다. 즉 시는 사 람의 정신을 일깨울 수 있고, 예는 사람의 행위를 예속할 수 있으며, 악 은 사람의 덕성을 완전하게 할 수 있다는 것이다. 또한 '사람이 어질지 않으면 예가 있어 무엇하고 사람이 어질지 않으면 악이 있어 무엇하리 요?'라고 하여 인덕이 없는 사람은 예와 음악에 대한 높은 감상 능력이 없다고 여겼다. 그러므로 《악경》은 미육과 덕육의 주요내용이었으며, 악교樂敎는 공자 교육체계의 중요한 구성요소이다.

역 : 현재 《역경》, 혹은 《주역》으로 불린다. 공자 시대의 역은 현재 의 역경과 적지 않은 차이가 있었다. 당시의 역은 점을 치는 서서筮書 (점책)였으나 상나라, 주나라 때 문왕의 정리와 주해를 거친 뒤 공자의 연구와 설명을 거치면서 점을 치는 것에서 '하늘(자연)과 인간의 관계' 를 연구하는 학술의 영역까지 진입했다. 공자는 역도 매우 숭시해서, 역을 '매우 깊고 오묘하다.'고 했을 뿐만 아니라 역을 전문적으로 연구 하는 상구商瞿라는 제자를 배출하기도 했다. 말년에는 역 읽기를 더욱 좋아하여, 위편삼절韋編三絶(죽간을 연결한 가죽끈이 세 번 끊어지다. 열심 히 읽었다는 의미)의 아름다룬 고사를 남길 정도였다. 게다가 '나에게 몇

년이 더 주어져 오십의 나이에 역을 배울 수만 있다면 큰 잘못이 없을 것이다.'라고 말하기도 했다. 이런 면에서 보면, 당시 역은 공자의 철학 교과서였다고 해도 과언이 아니다

춘추 : 혹은 《춘추경》이라 불린다. 현존하는 중국 최초의 편년사編年史이다. 노은공魯隱公 원년부터 노애공魯哀公 14년까지 노국의 정치, 군사, 경제, 천문, 지리, 재난 등의 상황을 기록했다. 《상서》가 공자의 고대사 교과서라면, 《춘추》는 당대사 혹은 시사정치 교재라고 할 수 있다. 비록 당시의 금령을 위반하는 바람에 정식 교재로 채택되지 못했지만 공자의 제자들이 《춘추》로 교육받은 것은 사실이다.

물론 육경으로 육경을 논하는 수준에 머물러 있을 수는 없다. 공자가 전한 육경은 고대 중국 문화를 보존하는 데 매우 큰 공을 세웠다. 그러나 사실상 한대 이후 공자는 지존무상의 특수한 위치에 있었기 때문에 그가 육경을 전했다는 사실에 더 깊은 내적 의미가 부여된다. 즉 육경 자체가 문화를 창조하고 중화민족의 혼을 빚는 역할을 한 것이다. 곽제가郭齊家 선생은 육경이 중화민족에게 미친 영향을 이렇게 말했다.

"중국은 예의의 나라이며 중국인은 사회공덕을 준수하고 규율을 지키며 예절을 말하는 것을 좋아한다. 이것은 예의 영향이다. 중국인은 낙관주의적이거나 낭만주의적이다. 이는 시와 악을 좋아하기 때문이다. 중국인의 성격은 매우 다양하다. 정치(서)에 관심을 갖고, 역사(춘추)를 상당히 좋아하며, 철학(역경)을 추구한다."

그러나 곽 선생은 육경의 부정적 영향에 대해서는 언급하지 않았다. 예를 들어 예를 지나치게 중시한 나머지 사회에 번거로운 예절 절차가

형성된 것, 지나치게 낙관적이며 우환의식이 결여된 것 등은 모두 부정적 영향에 속한다. 그밖에도 자연과학을 경시하고 이를 누락한 점은 후세 교육의 자연경시 및 기예기피 풍조를 야기한 직접적 원인이 되었다.

(3) 과학기술의 교육내용

비록 과학기술교육은 고대 중국의 교육 체계에서 주도적인 위치를 차지하지 못했지만 그래도 여전히 소홀히 할 수 없는 부분이다. 그래서 고대 중국의 과학기술교육을 연구하고 고대 과학기술의 교육내용을 파악하는 것은 중화교육사상의 특징을 전면적으로 이해하는 데 많은 도움을 준다.

고대 중국은 일찍이 찬란한 과학기술문명을 이룩했다. 영국의 과학기술 역사가 조셉 니덤Joseph Needham 은 중국의 과학기술을 두고 "중국인이 수많은 분야에서 성취한 과학기술 발명은 매우 중요하다. 중국인은 그 유명한 '그리스의 기적'을 이룬 전기적인 인물의 정면으로 걸어가, 고대 서양세계의 모든 문화적 부를 소유한 아라비아인과 어깨를 나란히 하면서 3세기부터 13세기까지 서양은 도저히 따라잡을 수 없을 만큼 빠르게 과학지식을 발전시켰다."고 평가했다. 그렇다면 과학기술교육 상황은 어떠했을까?

서주시기 이전에는 기본적으로 정치와 교육이 분리되지 않았으며 관과 스승이 일치하는 형태였기 때문에, 교육 역시 정치적 색채가 짙었다. 춘추전국시대에 사학이 나타나면서 교육내용도 육예에서 육경으로 전환되었으나, 여전히 정치 지향적 색채가 농후했다. 그렇기 때문에 과학기술교육 내용은 부끄러운 것으로 치부되었다. 설령 교육 중에 자연 관련 지식이 등장했더라도 대부분 정치 및 도덕적 측면에서 그 의의와 가치를 끌어내는 것에 그쳤다. 예를 들어 공자가 한 말 중 "일식日蝕 월식月蝕과 같다." "마치 북극성이 제자리를 잡으면 뭇별들이 그곳을 향하는 것과 같다." 등이 그러하다. 이는 당연히 천문학적 현상을 탐구하는 것이 아니라 군자의 허물과 도덕정치의 안정을 비유하기 위해 사용된 것에 불과하다. 이를 일컬어 관물비덕觀物比德이라 한다. 이러한 배경에서는 과학기술교육(특히 정치, 사회생활과 그다지 큰 관련이 없는 부분)이 교육(특히 정부주관 교육)의 '명예의 전당'에 오르기가 매우 어려웠다.

고대 중국에서는 과학기술교육이 거의 민간 위주로 이뤄졌다. 이전에 어떤 사람이 상당히 의미 있는 통계 작업을 한 바 있다. 황제黃帝 초기부터 청대 초기에 이르기까지 중국에서 천문역산天文曆算 분야에 성취를 거둔 사람은 총 243명이었다. 그중 150명 가량이 서한 시기부터 명 중엽에 걸쳐 배출되었는데, 이 150명 중 관에 소속된 사천관司天官 및 사역천인司役天人은 겨우 2명에 불과했다. 나머지는 모두 민간에서 배출된 것이다. 중국과학기술교육의 시조인 묵자 역시 출신이 비천하여, 본래 수공업자였다가 후에 선비가 되었다. 그는 송나라의 대부大夫라는 관직을 맡아 수공업 분야의 관리를 담당하였으며, 묵자가 세운 사학에서는 기하학, 광학, 역학, 기계 제조 등의 과학기술지식을 전수했다. 또한 그가 제시한 겸애설은 저명한 학설로 인정받았다. 그러나 사마공司馬公은 역사서를 지으면서 묵자를 단독으로 언급하지 않았으며, 묵자에 관한 내용은 《맹가순경열전》 뒤에 덧붙인 24자에 불과하다. 그러니 묵자 역시 민간의 과학기술교육가로 보아야 할 것이다.

고대 중국의 민간 과학기술교육은 주로 가업세전家業世傳(부자간에 전수함), 사도상전師徒相傳(기능을 가진 예인이 제자를 받아들여 개별적으로 전수함. 보통 기술을 전수받을 자녀나 계승자 없는 경우에 제자를 받아들임), 설학수도設學收徒(스승 한 명이 여러 명의 제자를 거느리는 형식으로 민간학교에 해당함) 등 세 종류로 나뉜다. 그러나 그 본질은 모두 스승이 제자나 학생을 거느리고 가르치는 것이다. 이러한 형식의 과학기술교육은 매우 엄격하게 이루어졌다. "재목이 아니면 가르치지 않고, 진실이 아닌 것은 전수하지 않는다." 그만큼 제자를 선발함에 있어서 매우 조심스럽고 신중했을 뿐만 아니라 수업 역시 엄격하게 진행되었다. 또한 가르치는 자나 배우는 자 모두 매우 열심이었다. 게다가 대대로 전해지다 보니 기예는 날이 갈수록 정교해져서 마침내 오묘한 경지에까지 이르렀다. 중국의 역대 솜씨가 뛰어난 직공들이 보는 이로 하여금 절로 감탄이 나오게 하는 공예품을 창조할 수 있었던 비밀이 바로 여기에 있다. 그러나 가르치는 사람의 수가 너무 적었기 때문에 과학지식 및 기능이 제대로 보급되고 전해지는 데 한계가 있었다. 게다가 여러 가시 원인(가정에 계승자가 없거나 기능자가 돌연 사망하는 등)으로 인해 수많은 우수한 과학지식과 기예가 계승되지 않은 것도 고대 중국 과학기술의 발전을 제약한 요소 중 하나이다.

고대 중국의 관방 과학기술교육은 당대에 이르러서야 어느 정도 규모를 갖추었다. 그전에는 관부 역시 기본적으로 민간에서 아버지가 아들에게 전해주며 대대로 전수하는 가업세전과 비슷한 전수 제도를 채택했다. 그리고 천문, 역산曆算, 의약을 주요 전수 내용으로 삼았다. 역대 통치자들은 낮은 수준, 최소 규모의 과학기술 관련 종사자들을 통한 단순한 재생산에 만족했다. 한대에 이르기까지는 지방에 설립된 군국학君國學, 교校, 상庠, 서序 뿐만 아니라 규모가 상당한 대학에서조차 과학기술 교육이 이뤄지지 않았다. 그러다 한영제漢靈帝 때에는 서간, 사부辭賦, 자화字畵 등의 예술을 연구하고 전수하는 특수학교인 홍도문학鴻都門學이 설립되었지만 이때까지도 과학기술학교가 세워질 기미는 전혀 보이지 않았다.

고대 중국 과학기술 전문학교의 초기 형태는 대략 기원 443년에 나타났는데, 남조南朝가 의술학교를 세운 것이다. 수왕조 시기에는 국자감國子監 산하에 산학算學이, 태상사太常寺 산하에 태의서太醫署가 설립되었으나 설립 기간이 짧고 규모가 작았기 때문에 영향력이 그다지 크지 않았다. 그렇기 때문에 당나라 시기를 중국 과학기술교육의 기초 확립 시기로 보는 것이 일반적이다. 당대에는 국자학, 태학, 사문학四門學 외에도 율학律學, 서학書學, 산학算學, 의학醫學 등 분야에서 독립적인 전문학교가 설립되었다. 이러한 정부주관 과학기술 전문학교는 명확한 지도자와 관리체제를 갖추었다. 예를 들어 의학교 같은 경우에는 태의서에 속해 있었기 때문에, 실제로 전문적으로 의술에 종사하는 교육 관리들이 강의를 하고 학생들을 지도했다. 그뿐만 아니라 학과설치와 교육계획이 갖춰져 있었는데, 예를 들어 의학교는 의학, 침학, 안마와 주금

呪禁 네 개의 학과로 나뉘어 있었다. 의학 과목은 또한 운동요법(7년), 창종瘡腫(5년), 소아과(5년), 이비인후과(5년)와 뜸법(2년) 등 다섯 종류로 나뉘었다. 가히 세계 최초의 과학기술 전문대학이라고 할 수 있다. 교재로는 조정에서 주관하여 수정한 《신수본초新修本草》와 《황제내경黃帝內經》을 사용했다. 이는 세계 최초의 국가령에 의해 정한 과학기술 전문교재라 해도 과언이 아닐 것이다. 그 밖에 당대에는 사천태司天台에 천문학박사 2명, 교수천문관생 90명, 천문생 50명, 역학박사 1명, 교수역생 55명을 두었다. 이는 현대의 직업교육과 유사한 것이다. 당대는 고대 중국 과학기술교육의 기초를 다진 시기이자 고대 중국 과학기술교육이 흥성한 시기였다. 당대 이후, 과학기술교육은 규모, 체계, 내용 등에서 그다지 큰 발전을 이루지 못했으며 여전히 보통 학교교육의 내용에 포함되지 못했다. 이로 인해 수많은 과학기술 사상과 성과 역시 점차 사람들의 관심에서 멀어졌다. 이는 고대 중국 사회 발전에 부정적인 작용을 했다. 그래서 과학기술 경시는 어느 정도 중국 전통과학과 전통교육에 내재된 결함이라고 할 수 있다.

3. 교수의 과정

교수 과정은 교사와 학생이 공동으로 참여하는 활동으로 교사의 지도 하에 학생이 학습하는 과정이며, 학생의 경우 지식과 기능에 대해 인식하고 습득하는 과정을 말한다. 학생은 교수 과정의 인식주체이기 때문에 현대 교육론은 일반적으로 교수 과정을 인류 인식과정의 구성 부분으로 본다. 독일의 교육가 헤르바르트Johann Friedrich Herbart가 '명료—연합—계통—방법'의 교수 4단계를 제시한 이래로 교수 과정에 관한 연구는 날로 증가했으며 교수 과정 단계 구분 역시 다양하게 제시되었다. 교수 과정 연구는 이미 교수론의 핵심문제의 하나로 자리 잡았다고 볼 수 있다.

교수 과정과 관련한 이론은 일반적으로 교수의 본질, 교수 과정의 단계 및 교수 과정 중 각종 요인의 관계 등 세 가지 항목으로 이뤄진다. 고대 중국 교육가들은 이 세 가지 항목의 내용을 모두 다루었는데, 그 중에서도 교수 과정의 단계와 관련된 이론이 가장 다양하며 풍부하다. 그래서 이 부분에 중점을 두고 평론을 진행할 것이다.

고대 중국 교육의 교수 과정 이론에 대해 주덕창周德昌 교수와 연국재燕國材 교수는 비교적 심도 있는 연구를 진행했다. 주덕창 교수는 고대 중국 교수 과정의 대표적 일반 법칙으로 '박학博學, 신사愼思, 독행篤行'을 꼽았으며 연국재 교수는 고대 중국 교수 과정 이론을 2단계론(學, 習 혹은 學, 行), 3단계론(學, 思, 行), 4단계론(學, 思, 習, 行), 5단계론 (博學, 審問, 愼思, 明辯, 篤行), 6단계론(博學, 審問, 愼思, 明辯, 時習, 篤行), 7단계론(立志, 博學, 審問, 愼思, 明辯, 時習, 篤行)으로 볼 수 있다고 여겼다. 상기 견해들에 어느 정도 일리가 있다고 생각하지만, 의식적이고 명확하게 교수 과정을 설명한 것은 당연히 5단계론이라고 본다. 또한 5단계론은 고대 중국에서 영향력이 가장 컸던 교수(학습)과정 단계이론이다. 이 이론을 가장 먼저 제시한 이는 바로 《예기禮記·중용中庸》의 지은이이다.

널리 배우고, 자세히 묻고, 삼가 생각하고, 분명하게 분별하고, 착실히 실행하라. 차라리 배우지 않으면 몰라도 일단 배우기 시작했다면 익숙해질 때까지 멈추지 말라. 묻지 않으면 몰라도 일단 물으면 정확히 알기 전까지 질문을 멈추지 말라. 생각을 하지 않으면 몰라도 일단 생각을 하게 되면 얻어지는 것이 있을 때까지 멈추지 말라. 분별하지 아니함이 있을지언정 분별할 바엔 그것을 밝히지 않고서는 그만두지 말라. 행하지 아니함이 있을지언정 행할 바엔 성실해지지 않고서는 그만두지 말라.

송대의 대교육가 주희는 《백록동서원학규百鹿洞書院學規》에서 5단계설을 재차 강조하고 피력했다.

"부자유친, 군신유의, 부부유별, 장유유서, 붕우유신은 다섯 가지 가르칠 덕목으로 요·순임금은 사도司徒에게 경부서원에 오륜을 새기게 하여 바로 그렇게 하도록 했다. 배우는 자는 이를 배울 뿐이다. 배움의 순서에도 역시 다섯 가지가 있다. 바로 널리 배우고, 자세히 묻고, 삼가 생각하고, 분명하게 분별하고, 착실히 행하는 것이다."

후세의 서원들은 주희가 서술한 고대 중국 봉건사회의 교수 내용과 교수 과정을 준수했다. 주희의 5단계설은 또한 전체 봉건사회 교수이론 발전에도 영향을 주었다. 또한 주희는 상기한 5단계 중에서 "배움과 질문, 사고와 변별 네 가지는 이치를 탐구하는 것이고 일을 성실히 행하는 것은 스스로 수신함으로써 일을 처리하고 사물을 대한 것이니 모두 각자의 필요가 있다."고 했다. 명청 시기의 왕부지는 《중용中庸》에서 서술한 교수 5단계론을 더욱 발전시켰다.

배워서 할 수 없으면 급히 분별을 해야 하고, 물어서 알지 못하면 급히 생각을 해야 하며, 생각하여 얻지 못하면 또 배워야하고, 판별함이 분명하지 못하면 자주 물어야하며, 행함이 성실하지 못하다면 마땅히 학문과 질문과 사고와 변별력을 더욱 길러야 한다. 그리고 학문과 질문과 사고와 변별력이 서로 균형적으로 만날 때 마땅히 행할 뿐 아니라 힘써 행해야 한다. 그러나 학문과 질문과 사고와 변별력이 이르지 못했다면 후일을 기다려야 한다. 만약 다섯 가지를 논한다면, 먼저 늦추어서는 안 되며 행함을 더불어 하지 말라.

왕부지는 교수 과정의 학문사변행學問思辨行의 5단계에는 일정한 순서가 있을 뿐만 아니라, 경중완급이 있다고 보았다. 또한 배우고 분별함, 묻고 생각함, 생각하고 배움, 분별하고 물음 등의 내재 관계가 있으며, 이 네 가지와 행함 사이에 변증 관계가 있다고 보았다. 그러나 전체 교수 과정에서 가장 중요한 것은 행함이라고 주장했다. 이것은 고대 중국 교수 과정이론을 총결한 것이다.

현대 교육론은 일반적으로 교수 과정을 네 가지 기본 단계로 나눈다.

각 단계는 교재를 감지하고, 교재를 이해하며, 지식을 다지고 활용하는 것이며 기본 단계의 앞뒤로는 각각 동기 유발과 검사 평가가 덧붙여진다. 이것이 바로 교수 과정의 기본 6단계이다. 만약 고대 중국 교수 5단계론과 현대 교육론의 4단계론을 비교해본다면 양자 간에 놀랄 정도로 비슷하거나 아예 같은 부분이 있다는 것을 알 수 있을 것이다. 고대 교육가의 기타 다른 의견을 다시 종합하여 입지立志(현재의 동기 유발과 비슷함)와 고교考校(현재의 검사 평가와 비슷함)를 포함시킨다면, 즉 고대 중국의 교수 과정을 7단계론으로 본다면 현대 교육론의 6단계론과 상당히 많은 부분 일치함을 알 수 있다.

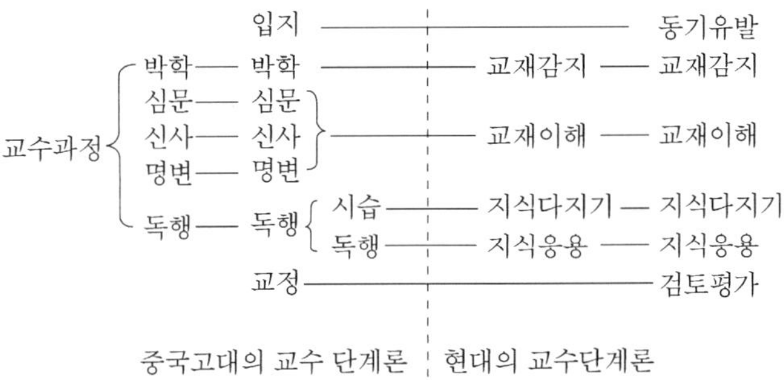

고대 중국 교수 과정의 단계론을 좀 더 전반적으로 파악하려면 입지, 박학, 심문, 신사, 명변, 독행, 고교의 7단계를 분석하고 각 단계별 요소의 상호관계를 논해야 한다.

(1) 입지立志

　지志(뜻, 의지)는 동기나 결심에 해당한다. 주희는 이를 '마음이 가는 곳心之所之'이라고 설명했으며 왕부지는 '마음이 바라는 것心之所期' 혹은 '사람 마음의 왕人心之王'이라고 해석했다. 주희의 제자인 고진순高陳淳도 '지'에 대해 이렇게 말했다.

　"지는 방향과 같은 것이며 마음이 정면이 전부 그쪽으로 향하여 가는 것을 말한다. 예를 들면 도를 지향하면 마음 전부가 도를 향하게 되고, 배움을 지향하면 마음은 전부 배움을 향한다. 꾸준히 가지도록 노력하면 필히 그것을 얻게 되는 바, 이것이 바로 지이다. 만약 도중에 그만두거나 물러서거나 다른 곳으로 향하려는 마음이 생기면 그것은 지라고 할 수 없다."

　여기서 말하는 지는 강한 동기와 끝까지 변함없는 마음의 의지를 가리킨다.

　고대 중국 교육가들은 입지를 교수 과정의 구체적 단계로 명시하지는 않았다. 그러나 적어도 중요한 전제조건으로 보고 이에 대해 서술했다.

　묵자 : 뜻이 강하지 못한 사람은 지식이 (경지에) 도달하지 못한다.

　장재 : "무릇 배움이란, 벼슬하는 이에게 있어서는 일이 우선이고 선비에게 있어서는 뜻이 우선이다." 벼슬에 있는 자에겐 먼저 일을 가르치고, 아직 벼슬하지 않는 자에겐 먼저 뜻을 바로 세우게 한다는 말이다. 뜻이란 대륜大倫을 가르치는 것을 말한다.

육세의 : 뜻이란 도로 들어가는 선봉이다. 선봉이 용감히 나아가야 후
방군이 비로소 나아갈 수 있는 것이다. 뜻志氣이란 학문으로 채워줘야만
성공할 수 있다.

왕부지 : 뜻을 세우면 학문과 사고는 이를 따르게 된다. 그래서 재주
는 날로 더해지고 총명함이 가득해져서 부유함을 이룬다. 뜻이 도타우
면 기氣가 그 뜻을 따르기에 게으름을 피우지 않고 날마다 새로워지게
되는 것이다.

고대 중국 교육가들은 '지'를 '대륜을 가르치는 것' '도로 들어가는
선봉'이며 입지는 '학문과 사고'의 전제조건이라고 보았다. 실제로 교
수 과정에서 입지를 없어서는 안 될 중요한 구성 부분으로 본 것이다.

입지를 중시한 것은 고대 중국 교육론의 우수한 전통이다. 예를 들어
공자는 학생들에게 도덕교육 과정에 있어서 반드시 도에 뜻을 두어야
하며, 교육과정에 있어서는 학문에 뜻을 두어야 한다고 가르치며 그들
의 학습동기를 유발했다. 또한 뜻을 강조하면서 "삼군에서 장수(군대의
최고 지휘관)를 빼앗을 수는 있어도 한 사나이로부터 그 지조는 빼앗을
수는 없다."고 했다. 북송 시기의 장재는 입지를 매우 중시했다. 그는
입지가 교수 과정의 전세 조건일 뿐만 아니라, 교수 과정에서 결성력을
가진 유일한 조건이라고 주장했다. 그리고 "배우려고 하는 자는 그 타
고난 기의 좋고 나쁨을 떠나 그 뜻이 어떠한가를 보아야 한다."고 했
다. 즉 뜻을 바르게 세우는 것이 학생 자신의 타고난 재능보다 중요하
다고 생각한 것이다. 왕부지는 심지어 "인간이 짐승과 다른 까닭은 뜻

이 있기 때문이다. 그 뜻을 지키지 않고 그 기량을 채우지 않는다면 사람이 짐승과 다를 것이 무엇인가?"라고 하여 뜻을 세우는 것은 사람이 동물과 구별되는 본질적 특징의 하나라고 보았다.

고대 중국 교육가들은 입지의 중요성과 필요성을 강조했을 뿐만 아니라 입지에 대한 요구를 제기했다. 입지에 대한 요구는 크게 두 가지로 나눌 수 있다. 첫째, 고상하고 원대한 뜻을 세워야 한다. 이에 대해 장재는 "배우는 자는 뜻이 작고 기가 가벼워서는 안 된다. 뜻이 작으면 쉽게 만족하고, 쉽게 만족하면 더 이상 나아감이 없기 때문이다."고 했다. 큰 뜻을 품지 아니하면 학습에 진보가 없다고 본 것이다. 왕부지 역시 바라보는 목표가 높을수록, 동기가 강할수록 성취도 더 커진다고 강조했다.

"배우는 자의 지식의 양은 모두 그 뜻에 달려 있다. 뜻이 크지 않으면 깊이가 없고, 뜻이 깊지 않으면 크지를 못한다. 뜻이 작은 자는 가벼이 떠도는 것은 얻을 수 있지만 두텁고 깊은 지식은 얻지 못한다. 그 구하는 것이 얕은 자는 그럭저럭 자처할 수는 있겠지만 고명한 재능은 얻지 못한다."

둘째, 뜻을 세우면 이에 집중하고 끝까지 견지해야 한다. 주희는 "견고한 마음을 가지고 줄곧 앞을 향하는데 어찌 나아가지 못함을 걱정하겠는가?"라고 했다. 왕부지도 뜻을 쉽게 바꾸는 것을 반대하면서 "학업의 뜻부터 시작하여 마음의 규칙에 이르기까지 한번 뜻을 정하면 쉽게 변하지 않는 자는 큰 것을 이룩할 수가 있다."고 했다. 또한 "사람이 행하는 일은 천차만별로 변하며 가지런하지 않은데 뜻만은 반드시 하나이다. 한 사람이 두 가지 뜻을 가지는 일은 없다. 이것도 내 뜻이고 저것도 내 뜻이라 한다면 뜻이라고 할 수 없으며, 그것은 뜻이 없는 것이다."고 했다. 만약 어떤 사람이 오늘은 이것을 배우겠다는 뜻을 세우고 내일은 또 다른 것을 배우겠다는 뜻을 세운다면 뜻이 없는 것이나 다름없다는 것이다.

(2) 박학博學

고대 중국 교육자들은 교수 과정 중에서 박학 단계를 비교적 중시하였으며, 박학이야말로 교육 성공의 기초라고 여겼다. 일례로 공자는 많이 듣고 많이 보며 광범위하게 글을 배워야 한다고 주장했다.

"많이 듣고 그중에서 바른 것을 택해 따른다. 많이 보고 그것을 인식해야 한다. 아는 것은 그 다음이다."

공자는 또한 "많이 듣고 의심스러운 것은 제외하고 그 나머지를 신중하게 얘기하면 잘못을 줄일 수가 있다. 많이 보고 확실하지 않은 것은 제외하고 그 나머지를 신중하게 행하면 후회를 줄일 수가 있다."고 했다. 그리고 자신의 실제 경험을 통해 박학의 의의를 설명했다.

"내가 침식을 잊고 내일 열심히 생각해보았지만 아무런 이익이 없고 오히려 배우는 것만 못했다."

청대의 왕부지는 자신의 박학 경험을 종합하여 많이 보고 많이 느끼며 많은 책들을 섭렵할 것을 주장했다.

"만물의 이치는 배우지 않고 알 수 없으며, 박식하지 않으면 분별하지 못한다.”

왕부지는 교수 과정 중에 배우는 자는 자기의 총명함만을 고집할 것이 아니라 선인들의 연구 성과를 흡수하고 배워야한다고 보았다. 그리고 만약 박학의 공을 들이지 않으면 재료의 결핍으로 인해 사유가 깊어질 수 없으며, 교수도 성과를 얻기 힘들다고 주장했다. 그래서 그는 “내 마음을 다하여 그 이치를 측량해서 그것이 옛사람의 뜻에 어울린다면 과연 그 이치가 모두 상식에 맞는 것이라고 할 수 있겠는가? 혹은 아닐 수도 있다고 여긴다. 그래야 배워서 성사한 자가 되며 배움에 있어 박식하게 될 수 있다.”고 말했다.

고대 중국 교육가들은 교수 과정 중에서 박학과 집중(핵심을 파악함)이라는 문제에도 주의를 기울였다. 맹자는 일찍이 “여러 학문을 배우고 그것을 상세하게 설명하는 것은 장차 반대로 간략하게 설명하기 위함이다.”라고 하여 박학은 반드시 집중과 결합되어야 한다고 주장했다. 왕부지는 이에 대해 “그렇기 때문에 말을 간략約하게 하려면 고금의 것을 널리 배우고 상세히 배워 그것을 나중에 간략하게 말할 수 있는 자본으로 삼지 않으면 아니 된다. 약約은 박博한 것을 간략하게 한 것이고 박은 간략한 것을 넓게 한 것이다. 이와 반대로 널리 배우고 상세히 알려면 간략하게 하는 것을 통해 이루어야 한다. 만약 간략함이 없이 널리 배운 것을 상세하게 말한다면 그 것은 널리 배우고 상세히 함에 있어서 틀린 길을 가고 있는 것이며 고생을 반복할 뿐이다.”그는 교수 과정에서 박博과 약約은 서로 분리된 것이 아니라 서로 기초가 되고, 서로 발전하게 하는 것이라고 생각했다. 그래서 ‘약은 박한 것을 간략하게 한 것이고 박은 간략한 것을 넓게 한 것이다.'라고 한 것이다. 만약 '약'의 노력에 의지해 교수 내용의 요점을 파악하고 체계적으로 정리를 하지 않는다면 해박한 지식을 장악할 수 없다. 마찬가지로 '박'의 노력에 의지해 널리 읽고 끊임없이 실천하지 않으면 '약'의 경지에 이를 수 없다.

학생들로 하여금 더 많은 지식을 얻게 하기 위해서 고대 중국 교육가들은 직관적 교수를 중시했다. 《학기》의 '군자는 비유로 가르친다.' 나 '비유를 넓고 다양하게 할 수 있어야 스승이 될 수 있다.'는 구절은 생동감 넘치며 적절한 비유는 학생이 지식을 획득하는 데 긍정적인 작용을 한다는 점을 보여준다. 그래서 언어의 직관은 중국 고대 교수의 특징이다. 어떤 사람이 《맹자》에 쓰인 비유를 조사하여 통계를 냈는데, 전체 261장 중 93장에서 총 159개의 비유가 사용됐다고 한다.

고대 중국의 식자識字교육은 그 자체로 직관적 특징을 가지고 있으며 후세를 위해 귀중한 경험을 상당량 축적했다. 그 외에도 자연과학 교수 중에서도 직관적 교수를 중시하는 경향이 있었다. 예를 들어 당대의 저명한 의학가 손사막孫思邈은 의학을 전수할 때 대형 컬러 침구도인《명당도明堂圖》를 활용하였으며 위진 시기에도 수학을 가르칠 때 '글로써 이치를 분석하고 그림으로 풀어서' 가르쳤다. 이는 모두 직관적 교수의 범례이다.

(3) 심문審問

　심문과 질의 역시 교수 과정의 중요한 부분으로, 교수의 효과 획득 여부와 관련한 핵심적 문제이다. 고대 중국 교육가들은 심문 단계에도 지대한 관심을 기울였다. 공자는 배우면서도 의문을 가질 줄 모르고 질문할 줄 모르는 학생들을 보며 탄식을 금치 못했다.

　"'어떻게 된 것인가, 어떻게 된 것인가'라고 말하지 않는 자는, 나도 그가 어떻게 된 것인지 알 수 없다."

　그래서 공자는 학생들에게 불치하문不恥下問, 즉 자기보다 아랫사람에게 묻는 것도 부끄러워하지 말고 스스로 힘써 모든 일에 의문을 가지라고 권고했으며 자신이 솔선수범해서 "매사에 의문을 가졌다."

　장재는 의문의 유무가 교수 활동의 성과를 가늠하는 기준 중 하나라고 보았다.

　의문을 모르는 자는 실제로 행한 것이 아니다. 실제로 행하면 의문이 생기기 때문이다. 만약 온 힘을 다하여도 그 한 부분 혹은 한 단락을 완전하게 이해하지 못했다면 바로 의문점을 물어 보는 것이 배움의 방법이다. 아니면 배워서 얻지를 못할 것이다.

　주희는 의문의 유무를 학습 진보의 기준으로 보았다.

　글을 보며 의문이 생기지 않는 자에게는 반드시 의문을 갖는 법을 가르쳐야 한다. 그리고 의문이 갖고 그 의문을 없애고자 한다면 비로소 진보한 것이다.

물론, 심문과 질의 자체가 목적은 아니다. 심문은 참된 지식을 얻기 위한 것이며 질의는 의문점을 해결하기 위한 것이다. 의문은 '깨달음의 기회'일 뿐이다.

모두가 알다시피 교수 과정에서 학생의 공부는 책의 지식을 위주로 하는데, 이런 지식들은 보통 극도로 간략화, 개괄화된 것으로 역사의 여과와 세심한 선택을 통해 엄선된 것이다. 만약 의심을 위한 의심을 하고 자기 고집만 고수한다면 잘못된 길로 들어서기 쉬우며 힘을 엉뚱한 곳에 소모하게 된다. 그렇기 때문에 진정한 교수는 의문이 없는 상태에서 의문이 있는 상태로, 그리고 다시 의문이 없는 상태로 학생들을 이끌어가는 과정이다. 그래서 주희는 다음과 같이 말했다.

책 읽기를 시작할 때면 의문이 있는지 모른다. 중간쯤 읽다보면 차차 의문이 생기기 시작한다. 이 과정이 지나가면 의문이 점점 해결되며 나중에는 완전히 통하게 된다. 의문이 없어져야만 공부가 되었다고 할 수 있다.

왕부지 역시 주희와 비슷하지만 의미는 더욱 깊은 말을 남겼다.

의심하지 않음에서 의심함에 이르는 자는 배움이 날로 자란다. 의심함에서 의심하지 않음에 이르는 자는 도가 날로 굳건해진다. 의심하는 자는 도를 의심하지 아니하며, 도를 의심한다고 말하는 자는 도와 더불어 함께하지 못한다. 의심하지 아니한 자는 도를 듣지 않고 끝까지 나아간다. 자세히 묻고 안정되게 실행함으로써 일에 부딪쳤을 때는 다시 의문을 갖지 않도록 하는 것이다.

이는 교수 과정 중에서 의문이 없는 상태에서 의문이 있는 상태로, 또 의문이 해결되는 상태로 나아가는 과정을 설명하는 것이다. 또한 문제를 발견하고 이를 해결하는 것은 교수 실천 중에서 자세히 묻고, 안정되게 실행하는 데 관건이 있다고 역설한다.

(4) 신사愼思

고대 중국 교육가들은 교수는 '박학'과 '심문'의 수준에 머무를 것이 아니라 반드시 '신사'의 수준에 이르러야 한다고 주장, 사고思考의 역할을 중시했다. 공자는 배움과 사고를 결합시켜서 "배우고 생각하지 아니하면 곧 속이는 것이요, 생각하고 배우지 아니하면 곧 위태로워진다."는 저명한 명제를 제시했다. 즉 만약 배우기만 하고 깊은 사고를 하지 않는다면 아무리 많이 배우고 또 아무리 묻는다 해도 여전히 확실히 알지 못하고 헤맬 것이며 아무것도 얻지 못한다는 것이다. 주희는 이에 대해 "읽으면서 생각하지 않고 또 그 뜻을 이해하지 못하는 것은 마치 타인에게 집을 지켜줄 것을 부탁하는 것과 같아서 가족이 아니면 결국 내가 원하는 대로 시킬 수가 없는 것이다.”고 했다. 배우고 열심히 생각하지 않는다면 지식을 진정한 자신의 것으로 소유할 수 없다는 뜻이다.

왕부지도 배움과 사고 사이의 변증법적 관계를 지적했다.

“둘 중 어느 한쪽도 버릴 수 없으며 반드시 서로 보완해야 성과를 이룬다.”

왕부지는 배우기만 하고 생각하지 않는 완고지사頑固之士(고집불통 선비)와 생각만 하고 배우지 않는 민단지사敏斷之士는 배움과 사고를 분리시키는 것이라고 비평하면서 배움과 사고는 통일된 교수 과정 속에서 불가분의 관계라고 지적했다. 즉 배움 속에 사고가 있으며 사고 속에 배움이 있을 때, 학습을 통한 지식은 점점 더 넓어지고 사고도 점점 더 깊어진다는 것이다. 그리고 사고를 하던 중에 장애물을 만났다면 반드시 부지런한 학습으로 이를 뛰어넘어야 한다고 했다.

“배우는 것은 생각을 방해하는 것이 아니다. 더욱 박식하게 배울수록 생각 또한 더욱 깊어진다. 사고는 학습에 공헌을 하며, 사고에 어려움이 생겼을 때는 더 부지런히 학습해야 한다.”

또한 그는 “배움은 계속 쌓이는 것이다. 새 지식과 옛 지식을 서로 비교하고 취사하는 중에 지식이 너욱 깊어신나. 사고는 오래노록 얻어지는 것이다. 서로 나타내고 자세히 보는 중에 세밀한 것까지 관찰하게 된다.”고 했다. 즉 배움은 반드시 계승 중에서 새로운 것을 창조해내야 하며 생각은 반드시 세밀한 관찰 속에서 끊임없이 깊어져야 한다는 것이다.

교수 과정에서 '사고'는 매우 중요한 단계이기 때문에 고대 중국 교육에서는 교수 실천 중학생의 사고 계발을 상당히 중시했다. 그래서 학생들에게 "한가지로부터 여러 가지를 알고" "한 가지를 물으면 열을 알며" "옛 일을 말해주면 미래를 알아야 한다."며 적극적으로 생각할 것을 독려했다. 그리고 학생들의 사고 계발 및 향상을 교수원칙으로 삼았다. 주희는 학생들이 깊은 생각에 잠길 수 있도록 지도하는 것을 중요시했다.

"반드시 반복적으로 연구하고 행할 때나 앉아있을 때나 생각해야 한다. 아침에 충분히 생각하지 못했다면 저녁에 다시 생각해야 한다. 저녁에 충분히 생각하지 못했다면 다음날 다시 생각해야 한다. 이렇게 하면 도리의 깊은 것을 얻지 못할 리가 없다!"

(5) 명변明辯

교수 과정 중 명변이란 학생에게 명확한 개념을 형성하고 적확한 지식을 습득하도록 하는 것이다. 명변과 신사는 지식을 파악하는 단계에 속하며, 모두 학생의 사유 활동을 가리킨다. 명변은 사유에 구체적인 요구를 제시하는 것이며, 신사의 발전이자 필연적 결과물이다. 왕부지는 《독사서대전설讀四書大全說》에서 신사와 명변의 관계를 다음과 같이 서술했다.

박학과 심문, 독행은 모두 배움에 속한다. 신사慎思와 명변은 생각에 속한다. 명변은 그것의 당연함을 생각하는 것이다. 신사는 그것의 연유를 생각하는 것이다. 당연함은 오로지 그것을 명확히 하기를 구하는 것이다. 그것이 당연하지 않으면 아무리 변별해도 밝히 할 수 없다. 연유라는 것은 그 의지할 것이 없다. 그러니 신중함을 더해야 하는 것이다. 그렇지 않으면 천지에 어짊이 없고 사방에 도리에 맞지 않음이 넘쳐나도 그것이 틀렸다는 것을 증명할 수 없다. 생각에는 두 가지 단계의 노력이 필요한데 하나라도 빠지면 이룰 수 없다.

왕부지는 교수 과정을 크게 배움과 생각이라는 두 부분으로 나누고 배움에는 세 단계의 노력이 있으며 생각은 두 단계의 노력이 있다고 했다. 생각의 첫 번째 노력은 '그 당연함을 생각하는 것'이다. 즉 생각을 통해 그것이 '무엇'인지를 알아서 사물의 외재 관계를 판별하는 것이다. 두 번째 노력은 '그렇게 된 까닭을 생각하는 것'이다. 즉 사고를 통해 '왜'인지 깨달아 사물의 내재된 본질을 이해하는 것이다. 전자는 명변의 노력이며, 후자는 신사의 노력이다. 왕부지가 《중용》에서 말한 명변과 신사의 순서를 뒤바꿨다는 것을 쉽게 발견할 수 있다. 사실 명변과 신사는 서로 떼려야 뗄 수 없는 관계이다. 혹은 모는 사유의 과성은 먼저 명변(이해)하고, 그런 후에 신사(그렇게 된 까닭을 앎)하고, 또 다시 명변(파악)하는 나사형 상승과정이라고 할 수 있다.

고대 중국 교육가들은 교수 과정 중에 명변의 노력이 갖는 의의와 작용도 매우 중시했다. 주희는 "명백히 구별하고 그 판단이 틀리지 않는다고 확신할 때 비로소 의심 없이 행동으로 옮길 수 있다.”고 했다. 즉 명백히 구별하여 적확하고 실재적인, 그리고 의심이 가지 않는 지식을 얻어야만 이런 지식들을 실제로 응용하고 행동으로 옮길 수 있다는 것이다. 그렇기 때문에 명변은 박학, 심문, 신사를 통해 얻은 믿을만한 지식들을 응용하기 위한 관건요소이다.

고대 중국 교육가들은 교수 과정에서 학생들이 명백히 구별할 수 있도록 지도하는 것을 중시했다. 명변을 위한 지도방법 중 하나는 주관적인 낡은 견해를 버리게 하는 것이다. 예를 들면 《논어》에서는 학생들에게 무의毋意, 무필毋必, 무고毋固, 무아毋我할 것을 요구했다. 즉 주관적인 억측을 하지 말고 자신의 견해를 고집하지 말며 스스로 옳다고 하지 말라는 것이다. 두 번째 지도방법은 비교 감별을 하게 하는 것이다. 왕충이 말한 것처럼 “두 날을 서로 베어보면 그 예리함을 알 수 있고 두 의견을 서로 부딪치게 해보면 시비를 가릴 수 있다.” 즉 갑이 그렇다고 말한 것을 을이 반박하고, 을이 그렇다고 말한 것을 갑이 반박하면서 더 깊이 생각하고 파고들다보면 어느 것이 참이라는 게 밝혀진다는 것이다. 비교를 통해 날의 예리함은 자연스럽게 분명해지고 시비도 자연스럽게 명백해진다.

(6) 독행篤行

독행 역시 두 단계로 나눌 수 있다. 시습時習(때때로 익히는 것)과 독행이다. 시습은 자신이 얻은 지식을 즉시, 그리고 끊임없이 복습하고 연습해서 그 지식을 공고하게 유지하는 것이다. 고대 중국 교육가들은 시습 역시 중시해서 시습이 이미 얻은 지식을 탄탄하게 할 뿐만 아니라 새로운 지식과 견해를 얻게 한다고 강조했다. 공자는 "배우면서 때때로 익히니, 참으로 기쁘지 아니한가!"라고 했으며, 또한 "날마다 모르던 것을 알아가고 달마다 할 수 있는 바를 잊지 않는다면, 배우기를 좋아한다고 말할 수 있다." "옛것을 익혀 새것을 아는 이는 다른 사람의 스승이 될 수 있다."고 했다. 그런가 하면 주희는 시습의 동기부여 기능을 서술했다.

"습習은 새가 수차례 날개를 퍼덕여 나는 법을 익히는 것에서 나온 글자이다. 배움이란 저절로 이뤄지는 것이 아니며 새가 날갯짓을 배우는 것과 같다. 설說은 기쁜 뜻이라는 글자이다. 배우고 또한 때때로 익힌다면 배운 것이 점차 익숙하게 되어 마음이 즐겁게 되며 자신의 것으로 된다."

이는 시습을 통해 복습한 지식에 익숙해지면서 마음속에 기쁜 감정이 생기고, 이로 인해 더욱 열심히 배우려는 새로운 마음이 생긴다는 것이다. 이렇듯 시습에는 중요한 역할이 있기 때문에 고대 교육가들은 "배우고 때때로 익히는 것" 혹은 "옛것을 익혀 새로운 것을 깨닫는 것"을 교학의 원칙으로 삼고 널리 알렸다.

고대 중국 교육가들은 교수 실천 중에서 학생에게 시습의 방법을 가르치고 지식을 기억하고 공고히 할 수 있도록 돕는 것을 매우 중시했다. 예를 들어 《관자管子·제자직弟子職》에는 "아침저녁으로 배움을 한층 더하며 이를 게을리 하지 않는다."고 했으며 《국어國語·노어하魯語

下》에도 "선비는 아침에 배우고 낮에 연구하며 저녁에 복습을 하고 밤에 생각하여서, 아쉬운 것이 없어지고 나서야 편안하게 쉰다."고 했다. 이는 현대교육심리학의 순향억제proactive inhibition 및 역향억제retroactive inhibition와 비슷한 부분이 상당히 많으며, 아침과 저녁의 가장 좋은 시간에 학습과 기억, 복습을 할 것을 주장했다. 또한 주희는 "소리 내어 읽는 것은 생각을 키우는 데 도움이 된다. 이렇게 하면 배운 것이 마음으로 흘러가 남는다. 만약 소리 내지 않고 입 속으로만 읽고 마음속에 생각을 하지 않으면 아무리 보아도 자세히 기억할 수 없다." "만약 익숙하게 읽고 세밀히 생각하면 자연히 마음과 이치가 하나가 되어 영원히 잊지 않게 된다."고 했다. 이는 소리 내어 읽기와 사고에 기억력 촉진작용이 있다는 것을 가리킨다.

명변과 시습을 통해 지식을 익히는 것은 결국 실제로 활용하기 위함이다. 만약 활용을 하지 못한다면 '독행'이라는 부분에 주의를 기울여야 한다. '독행'은 학습의 진정한 목적지이며 교수 과정의 하이라이트이다. 공자는 "《시경》 삼백 편을 읽어도 이를 배워 다스릴 수 없다면 진정으로 다다르지 못한 것이며, 사방으로 보내졌을 때 홀로 대하지 못한다면 아무리 많이도 그것이 무슨 소용이 있겠느냐?"라고 했다. 즉 《시경》 삼백 편을 모두 배우고 외웠어도 자신에게 주어진 정치임무를 훌륭히 완수하지 못하고, 외교적 사명을 받아 외국에 나갔을 때 홀로 협상할 수 있는 능력이 없다면 무슨 소용이 있냐는 것이다. 순자도 배운 지식을 활용하는 것은 학습의 근본적인 목적이라고 명확히 지적했다.

"배움은 행함에 이르러 그쳐야 한다. 그것을 행하여 밝히면 성인이 된다. 성인은 인의에 뿌리를 두고 옳고 그름을 대하여 언행이 정연하여 한 치의 오차도 없다. 다른 방법 없이 그저 그것을 행할 따름이다."

주희는 《답조원가서答曹元可書》에서 "배우는 것은 실천을 위한 것이다. 알면서 실천하지 않는 것은 배우지 않은 것이나 다름없다. 실천하고자 하나 도리를 알지 못한다면 그 결과가 어떠할지 알 수 없다."고 했다. 그는 모르면서 실천하는 것은 맹목적인 상태에 빠질 수 있다며 반대하였고, 알면서 실천하지 않는 것은 배우지 않은 것이나 다름없다고 일갈했다. 왕부지는 독행을 강조하지 않는 교수 과정을 더욱 반대했으며, 알면서 실천하면 더 큰 성과를 얻을 수 있다고 했다. 그는 지식의 활용을 매우 중시했으며, 진정한 지식은 행동을 통해서만 나타날 수 있다고 생각했다. 또한 진정으로 지식을 습득했는지를 보려면 반드시 행동을 통해 검증해야 한다고 보았다.

왕부지는 또한 바둑을 예로 들어 독행이 교수활동에서 갖는 의의를 설명했다.

"사물의 이치를 알고 행동하는 것은 바둑을 두는 것과 같다. 종일 기보棋譜를 배우기만 하면 실제로 결정적인 수를 어떻게 놓아야할지 알 수 없다. 반드시 사람과 대국을 해야만 기보에서 배운 이치와 기보 밖의 이치를 터득할 수 있다. 그런 후에 기보를 보면 그것을 열심히 보는 것만으로도 이미 힘써 행하는 것이 된다."

왕부지는 사람들이 바둑을 배우는 과정에서, 기보와 바둑 책을 읽기만 하면 아무런 효과를 볼 수 없으며 기껏해야 책에서 본대로 억지로 맞추려고만 해서 이길 수 없다고 했다. 그러니 기보와 바둑 책을 열심히 공부하면서 동시에 많은 사람과의 실제로 대국을 해야만 배운 지식을 실제로 활용할 수 있고 효과를 거둘 수 있다고 했다.

(7) 고교考校

현대 교수 과정 이론의 관점에서 보면 검사평가는 교수 과정에 없어서는 안 될 구성부분이다. 교사는 검사평가를 통해 학생이 지식 및 기능 습득 상황을 파악할 수 있으며, 이에 따라 교수업무를 더욱 적합하게 설계할 수 있다. 고대 중국의 교수 과정 5단계론에는 비록 검사평가 단계가 포함되어 있지 않지만, 고대 교육의 이론과 실제상황을 보면 그들 역시 검사평가의 필요성을 인식하고 있었던 것으로 보인다. 북송의 장재는 이에 대해 다음과 같이 말했다.

"가르치는 자는 반드시 배움의 쉽고 어려움을 반드시 알아야 한다. 사람의 선과 악을 알면, 마땅히 누구에게 먼저 전해야 할지를 알게 된다."

교사는 반드시 학생의 지식 습득 정도와 품덕 발전의 전체적인 상황을 이해해야 한다. 그래야만 다음 단계 교육의 청사진을 그릴 수 있기 때문이다. 《학기》에도 중국 상고시기 학교의 검사평가에 대한 내용이 기록되어 있다.

매년 신입생이 입학하면 2년에 한 번씩 시험을 치르고, 첫해에 기본적인 열독 능력을 배우며, 세 번째 해에는 열심히 공부하고 친구들과 잘 어울리는지 고찰하며, 다섯 번째 해에는 광범위하게 섭렵해서 배우고 선생님을 가까이 하는지 고찰하며, 7번째 해에는 학업을 논하고 친구를 분별할 줄 아는지 고찰하는데 이것을 소성小成이 라고 한다. 9년째에 들어서면 종합하여 응용하여 학문을 통달하여 강한 신념으로 일어서며 선생님의 가르침을 어기지 않으니 가히 대성이라고 한다.

그다음은 백성을 가르치고 미속을 변화시킬 수 있으며 가까이 있는 자는 설득시키고, 멀리 있는 자는 따르도록 품어 줄 수 있으니 이것이 바로 큰 배움의 길大學之道이다.

고시량高時良 선생의 고증과 해석에 따르면 위 글은 상고 시기 대학교육의 고교제도를 설명한 것이다. 학생은 정해진 나이가 되면 대학에 입학하며, 국가에서는 2년마다 한 차례씩 학생들의 학습과 품행 성적을 검사한다. 첫해에는 문장을 분석하고 단락을 나누는 능력과 학습의 뜻을 점검하고, 세 번째 해에는 열심히 공부하고 있는지, 주위 사람들과 화목하게 잘 지내는지를 검사한다. 다섯 번째 해에는 학식이 넓고 깊은지, 선생님과 친밀하게 잘 지내는지를 점검하며 일곱 번째 해에는 학문 연구하는 능력과 친구를 가려 사귈 줄 아는 능력을 고찰한다. 이것은 대학 교육의 제1단계로서, 기준에 부합되면 '소성小成'이라고 칭한다. 제2단계에 대한 요구도 명확하게 정해져있다. 그러나 고교의 구체적인 방법은 자세히 설명되어 있지 않다.

중국의 고교제도가 완비되기 시작한 때는 한나라 시기이다. 구체적인 고교방법도 이때부터 기록에 남기 시작했다. 예를 들어 한나라의 태학은 사책射策이라는 시험 방법을 도입하고 매년 한 차례 시험을 봤다. 시험 문제는 난이도에 따라 갑과 을 두 과목으로 나누고 시험문제는 밀봉했다. 그리고 학생들은 그중에서 시험문제를 하나 혹은 두 개를 임의로 선택하여 밀봉을 뜯고 답을 작성했다. 시험성적은 합격射中과 불합격 두 가지로 나뉘었으며 합격한 자는 관직을 받고 졸업할 수 있었다.

수당 시기부터 실행된 과거제도 역시 비교적 엄격하고 완비된 시험제도였다. 구체적 시험과목으로는 구시口試, 첩경貼經, 묵의墨義, 책문策問, 시부詩賦 등이 있었다. 이 부분은 이후 '08 과거제도와 중국 고대 교육'에서 자세히 다루도록 하겠다.

이 시기에는 학교의 내부 시험제도도 더욱 완비되고 강화되었다. 예로 당나라 중앙급 학교에서는 순시旬試, 세시歲試, 졸업시험 등 세 종류의 내부시험이 있었다. 의과전문학교의 경우에는 매월 시험, 계절 시험과 연말 시험이 있었다. 순시는 학생의 열흘 이내의 학습상황을 검사했으며 합격과 불합격으로 나뉘며, 불합격자는 벌을 받았다. 세시는 열 문제를 제출하고 그중 여덟 문제 이상 맞게 답하면 상등으로, 6문제 이상은 중등, 5문제 이하는 하등으로 구분하였으며 하등에 속한 사람은 보충수업을 들어야 했다. 3등급으로 나누어 점수 매기는 이러한 방법은 청나라 말기까지 사용되었다.

흥미로운 점은 고대 중국 민간교육에는 관학과 같은 시험 제도 및 채점법이 없었다는 것이다. 서관이나 서당부터 경서전, 서원에 이르기까지 모두 그러했다. 하지만 시험 제도가 없다고 해서 선생님이 학생을 평가하지 못했던 것은 아니다. 과거 민간교육기관의 선생은 학생의 언행과 몸가짐을 관찰하고 학생에게 질문을 던지며, 조사연구를 하는 등의 방법을 통해 학생의 수준을 이해했다. 이러한 방식을 통해 선생은 인재시교因材施敎 실천할 수 있었으며 학생들과 친밀히 교류할 수 있었다.

고대 중국 교육가들은 교수 과정을 매우 정밀하고 상세하게 연구한 뒤, 이에 관한 수많은 귀한 의견과 서술들을 제시했다. 특히 교수 과정 5단계론은 상당히 체계적이고 명확하여, 그 가치를 이루 말할 수가 없을 정도이다. 만약 《중용》부터 계산한다면, 중국의 교수 과정 이론은 서양의 헤르바르트가 제시한 학설보다 이천 년, 코메니우스의 《대교학론》보다 천 팔백년 먼저 출현했다.

4. 교수의 원칙 및 방법

교수 원칙은 교수 과정의 일반적인 원리이자 교수업무에 대한 기본적인 요구이다. 교수방법은 교수임무를 완수하기 위한 교사의 입무빙법과 학생의 학습방법을 총칭한 것이다. 교수원칙과 교수방법 모두 교수 과정을 실천하는 중에 형성되며 교수실천과 경험을 종합, 개괄한 것이라 볼 수 있다.

동서고금을 막론하고 교육학자들은 교육실천 과정 중에 대단히 가치 있는 교수원칙과 방법을 다수 제시했다. 특히 코페르니쿠스와 같은 근현대시기 서양 교육학자들은 일찍이 직관성의 원칙과 순서점진의 원칙을 제시했다. 듀이는 작동적 학습원칙과 홍미 및 주도적 원칙을 제시했고, 브루너는 동기의 원칙, 절차적 원칙, 구조의 원칙과 강화의 원칙을 제시했다. 잔코프는 고난도 고속도 등의 원칙을 제시했다. 교수방법에서는 소크라테스의 '산파술'부터 브루너의 발견법, 바겐샤인의 범례(예시)교수법, 노자노프의 암시교수법, 사다노프의 개요신호도시법에 이르기까지 다양한 교수방법이 꼬리에 꼬리를 물고 출현했다. 생각해볼 만한 점은 이러한 현대 교수원칙과 방법이 비록 해당 교육가의 특정한 역사적 배경과 철학사상에 기초하여 창조되고 제시되었지만, 고대 중국 교육가의 교수원칙과 방법이론을 자세히 살펴본다면 그 가운데 현재 교수원칙과 방법의 원형이나 시사점을 찾을 수 있다는 것이다. 그렇기 때문에 고대 중국의 교수원칙 이론이나 교수방법을 체계적으로 결산하고 연구하는 것은 중요한 현실적 의의가 있다.

고대 중국 교육가가 제시한 교수원칙과 방법은 상당한 수량을 자랑하며, 족히 백 가지를 넘어선다. 그중 비교적 중요한 것은 분계비발憤啓悱發, 순서점진循序漸進, 온고지신溫故知新, 교학상장教學相長, 인재시교因材施教, 적기교육適時而教, 숙독정사熟讀精思, 입지위선立志爲先, 허심함영虛心涵泳, 절기체찰切己體察, 저긴용력著緊用力, 거경지지居敬持志, 유박반약由博返約, 학사결합學思結合, 락면결합樂勉結合, 지행통일知行統一, 학이치용學以致用, 자구자득自求自得, 절마변명切磨辨明 등이다. 이중 어떤 것들은 고대 중국 교수 과정의 이론을 분석할 때 이미 언급했던 것이며,

일부는 '07 중국 고대의 독서법'에서 더욱 상세하게 다루도록 하겠다. 나머지는 이번 장에서 간략하게 소개하도록 하겠다.

고대 중국의 교수원칙은 크게 선생의 가르침敎, 학생의 배움學, 가르침敎과 배움學 모두에 관한 원칙과 방법 등 세 가지로 나눌 수 있다.

(1) 가르침敎에 관한 원칙과 방법

① 분계비발(알려고 할 때 가르쳐라 : 분발하면 깨우쳐주고, 표현하려 애쓰면 말로 일러준다)

분계비발의 원칙은 '계발식 교수원칙'이라고도 한다. 이 원칙은 교수 과정에서 학생의 주도성과 적극성을 자극하고 사유활동을 일으켜서, 학생들이 전체적으로 지식을 파악하고 습득하며 아울러 지력을 발달시키도록 하는 것이다. 이 원칙을 가장 먼저 제시한 사람은 대교육자인 공자이다.

알려고 분발하지 않으면 깨우쳐 주지 않으며, 표현하려고 애쓰지 않으면 말을 일러주지 않으며, 하나를 가르쳐 셋을 알아채지 못하면 더는 가르치지 아니하니라.

주희의 해석에 따르면 '분憤'은 마음이 통달하기를 구하나 얻지 못했다는 뜻이고 '비悱'는 입이 말하고자 하나 하지 못하는 모양이다. 이에 의거해 공자의 말을 풀어보면, 교수 과정에서 학생이 명백히 구하고자 하나 얻지 못하는 때가 오기 전에는 그를 일깨워주지 말고, 학생이 말하고자 하나 말하지 못하는 때가 오기 전에는 그에게 알려주지 말라는 것이다. 또한 그에게 동쪽을 알려주었는데 만약 이것을 통해 서, 남, 북의 세 방향을 유추해내지 못하면 더 이상 가르치지 말라고 했다. 분계비발의 교수원칙은 학생을 소극적·피동적 위치에 두는 주입식 교육과 달리 학생의 주도성·적극성을 강조한다. 그래서 분계비발은 공자가 처음 제기한 이후로도 오래도록 사라지지 않고 후세의 교육가들에 의해 계승, 발전되었으며, 가장 영향력 있는 교육원칙 중 하나가 되었다. 고대 중국 학술을 집대성한 왕부지 역시 이 원칙을 체계적으로 잘 설명했다.

만약 가르치는 데 있어 분발하지 않는데 깨우쳐 주고, 표현하려 애쓰지 않는데 말을 일러주는 것은 재잘거리며 헛수고하는 것이요, 무의미한 것이다.

사람을 가르친다는 것은 가르치지 않는 것이 없어 선과 공통을 이룬다. 그러나 억지로 가르치지 않는 것은 사람이 깨닫기를 기다리는 것이다. 깨우치는 것이 있다는 것이니 그 알지 못하는 것을 열어 보여줌으로써 반드시 그 구하여 통하려는 의지가 있도록 기다려야 한다. 그러나 아는 것이 그것에 미치지 못하여 스스로 분개하여 편안하지 못한다면 이에 방법을 제시하고 즐겁게 하도록 한다. 만약 분발하지 아니하고 알든 모르든 간에 여유롭고 안일하다면, 비록 그것을 알려주더라도 의심 없이 필연이 아니라고 여기고 또한 당연한 것으로 여기며 깨우치지 않는다. 알려준다는 것은 알 수 있는 것에 이르게 하는 것으로, 반드시 깊은 탐구력이 있으나 마음의 결정을 내릴 수 없을 때를 기다려야 한다. 마음속의 답답함을 말하기 어려운 상황에서 깨우친다면 더욱 스스로 믿게 될 것이다. 만약 표현에 서투르다면 처음엔 그가 아는지 모르는지 알 기회가 없어 막연하게 추측할 뿐이다. 비록 가르쳐준다 하더라도 그대로 믿을 뿐 결국 왜 그러한지를 알지 못하게 될 것이다. 그러니 말로 일러주지 않는다.

왕부지는 계발교육에 '무유불교無有不敎(가르치지 않는 것이 없다)'와 '유소불교有所不敎(가르치지 않는 것이 있다)' 등 두 가지가 있다고 보았다. 그러나 두 가지 모두 학생이 먼저 '구하여 통하려는 의지'가 있어야 한다고 주장했다. 즉 학생이 심리적으로 긴장된 기대감과 준비 상태에서 '아는 것이 그것에 미치지 못하면 스스로 분개하여 평온하지 못하고' '마음이 그것을 결정하지 못해 분개하여 말하기 어려운 상태'에 있는 상황에서 적절한 시기에 설명하고 깨닫게 하면 기대한 효과 이상을 얻을 수 있다는 것이다. 이와 반대로 만약 학생이 마음의 내적 동기가 여전히 분개하지 않았다면 선생이 아무리 열심히 가르치고 설명을 해도 학생은 여전히 혼자 여유롭게 있으면서 제대로 깨닫지 못한다. 혹은 어찌 되도 상관없다는 태도를 취하거나 가르침을 별 것 아닌 것처럼 여기기 때문에 들인 공의 반도 얻지 못하게 된다.

분계비발의 원칙에는 다양한 방법이 수반된다. 다음은 《학기》에 쓰인 관련 내용이다.

따라서 군자가 남을 가르칠 때는 유喩로써 한다. 배우는 자를 인도하
되 억지로 끌지 않으며, 격려할 뿐 누르지 않고, 그 마음의 대의를 열어
줄 뿐 통달하게 하지 않는다. 급하게 이끌지 않는다면 곧 마음이 화락和
樂하여 진정으로 깨닫게 될 것이고, 격려하되 억누르지 않는다면 곧 학
문을 즐거워하고 쉽게 여겨 힘쓸 것이며, 또 그 대의를 열어줄 뿐 통달
하도록 하지 않는다면 이를 힘써 연구하게 될 것이다. 학생이 학문을 즐
거워하고 쉽게 생각하게 하는 것이야말로 올바른 교유라고 할 것이다.

여기서 말하는 유喩는 비유가 아니라 "가르치는 사람이 잘 이끌어서
배우는 자가 그만두려 해도 그만 둘 수 없게 만드는 것"(남송 대계戴溪의
말)을 가리킨다. 그래서 유喩는 바로 계발을 의미한다. 여기서는 세 가
지 계발방법을 제시하고 있다. 첫 번째는 화和로, 가르치고 배우는 쌍방
관계를 잘 다루는 것을 말한다. 학생을 지도하고 인도하되 억지로 끌어
서 걷도록 하지 않는다. 두 번째는 이易로, 학생에게 엄격히 요구하면서
도 지나친 압박을 가하지 않는 것이다. 이렇게 하면 학생들은 공부를
두려운 일로 여기지 않는다. 세 번째는 이사以思로, 강의할 때 실마리를
열어주되 그 전체를 모두 가르치거나 보여주지 않음으로 학생들이 적
극적이고 활발한 사유를 하도록 하는 것이다. 이는 사실상 교수 과정에
서 교사의 주도적인 역할과 학생의 능동적인 자각이 서로 결합해야 한
다는 규율의 초보적 형태라고 볼 수 있다. 미국 현대교육가인 브루너는
《교수의 몇 가지 원칙을 논함》이란 글에서 '심리경향' 원칙에 대해 서
술하면서 "학습과 문제해결은 개인이 선택한 탐색활동에 의해 결정된

다. 이를 전제로 한다면, 교수활동은 반드시 학습자가 선택한 탐색활동을 기초로 촉진 및 조절 역할을 해야 한다."고 했다. 브루너의 서술과 《학기》의 내용은 비록 형식은 다르지만 그 맥락은 같다고 볼 수 있다.

고대 중국 교육가들이 제시한 분계비발 원칙을 활용한 교수방법은 크게 다음의 몇 가지로 개괄해볼 수 있다.

첫째는 문답 방식이다. 공자는 "내가 아는 것이 있는가? 아는 것이 없도다. 어리석은 이가 있어 나에게 물으면 아무것도 모른다고 할지라도 나는 앞뒤를 짚어서 성의껏 가르쳐 줄 뿐이다."고 했다. 즉 질문자가 제시한 문제의 정반 양면에서 그에게 다시 묻는다는 것이다. 《학기》에서는 이에 대해 더욱 상세하게 서술했다.

잘 묻는 자는 단단한 나무를 다스리는 자와 같다. 먼저 약한 곳을 건드리고 후에 절목하면 나무가 자연히 풀리는 것처럼 점진적으로 물으면서 자연히 알 수 있도록 하여 지덕이 크게 진보하게 한다. 잘 묻지 않는 자는 이와는 반대가 된다. 또 물음을 잘 대하는 자는 종을 치는 것과 같다. 작게 치면 작게 울리고 크게 치면 크게 울리며 허둥대지 않고 천천히 치면 그 소리가 널리 퍼져 나가는 것처럼 여유를 갖고서 물어보면 충분히 그 도리의 이치를 다 깨달을 수가 있는 것이다. 물음을 잘 대하지 못하는 자는 이것의 반대가 된다. 이것이 모두 학문에 나아가는 길인 것이다.

질문을 잘하는 교사는 마치 굳건한 나무를 베는 나무꾼과 같다. 먼저 나무의 취약한 부분부터 시작하며 그런 후에 절목, 즉 나무의 마디를 제거한다. 만약 학생의 질문에 대답할 때도 쉬운 것부터 시작해서 어려운 것으로 나아가면 갈수록 학생은 이를 즐겁게 받아들이고 각각의 문제의 의미를 이해하게 된다. 질문을 잘하는 것은 또한 종을 치는 것과 같다. 작게 부딪히면 작은 소리가 나고 크게 부딪히면 큰소리가 나듯, 학생이 제기한 문제의 크고 작음에 따라 상응하는 대답을 해주되, 반드시 침착하게 해야 한다. 또한 종소리가 은은한 음파로 널리 울려 퍼지듯이 학생이 반복적으로 음미하면서 충분히 깨달을 수 있도록 도와야 한다.

두 번째는 여지를 남겨두는 것이다. 고대 중국 교육가들은 가르칠 때 모든 부분을 빈틈없이 갖추고 가르치는 것을 반대했다. 이에 대해 동한의 왕충은 이렇게 말했다.

"성인의 말씀은 모두 해석할 수 없다. 이치의 뜻을 밝히는데 늘 드러낼 수 없다. 늘 드러낼 수 없으니 당연히 묻고 그것을 말로 알려주는 것이다. 다 해석할 수 없으니 마땅히 그것에 이르기가 어렵다. 고요는 순임금 전에 도리를 밝히는데 대략 생략하여 다하지 못하니 우임금이 그것을 따져 묻기를 미흡한 말이 다시 깊어지니 생략하고 가리켜 다시 나누었다. 압도하여 따져 물으니 이 말에 격동되어 매우 적절해지고 부딪혀 분명하게 드러났다."

위의 글은 어려운 질문의 역할을 강조했다. 순임금의 질문으로 인해 고도皐陶는 자극을 받고 옛 가르침을 더욱 깊이 풀어갈 수 있었으며 더욱 분명하게 드러낼 수 있었다. 그러나 이 글에서는 그밖에도 말을 다 하지 않음으로써 듣는 사람의 적극성을 자극하여 부족한 말을 더욱 깊게 하여 이해를 심화시키는 법을 설명했다.

세 번째는 한 가지 일을 통해 다른 일을 미루어 아는 것이다. 공자는 분계비발의 원칙을 제시하면서 거일반삼擧一反三, 즉 한 가지 일을 통해 다른 일까지 미루어 알아야 한다고 강조했다. 이는 사실상 비교추론, 비유추론의 사유방식이다. '하나를 들으면 열을 안다' '지나간 일을 미루어 앞으로 올 일을 안다.'와 같은 유사성 연상을 말하는 것이다. 교수 실천 중에 고대 중국의 교육가들 역시 늘 이런 계발방법을 사용했다. 공자와 자공의 대화에서 나온 '가난하여도 아첨하지 않는다.'이나 자하의 '방긋이 웃는 입맵시'에 관한 서술이 모두 이와 같다.

② 인재시교

인재시교는 덕육원칙이며 교수원칙이기도 하다. 교수원칙으로서의 인재시교는 학생의 개별적 차이와 연령에 근거하여 교수활동을 적확하게 조직하고 진행하는 것이다. 앞서 서술했듯이 인재시교의 원칙은 공자가 가장 먼저 제시했다. 공자는 덕육과 지육 과정에서 인재시교를 능수능란하게 실천했다. 그는 "보통 사람 이상에게는 위의 것을 말할 수 있지만 보통 사람 이하에게는 위의 것을 말할 수 없다."고 하여 지력 수준이 각기 다른 학생들을 교육할 때는 반드시 학생의 수준에 맞춘 학습 요구를 제시해야 한다고 주장했다. 즉 지력이 중간 이상이라면 비교적 심오한 학문을 가르칠 수 있지만 중간 이하라면 그럴 수 없다는 것이다. 공자 이후의 교육학자들도 모두 인재시교의 원칙을 실제 교육에 응용하는 것을 비교적 중시했다. 《학기》에는 "오늘날 교육자는 부질없이 책을 읽어 그 글을 외우게 할 뿐 그 깊은 뜻을 연구하지 않고, 공연히 질문만 퍼붓고 그들을 계발하지 못하며, 쓸데없이 말만 많을 뿐이다. 서둘러서 앞으로 나아가려 할 뿐 안정되게 하지 않니 배우는 자로 하여금 성심을 다하게 하지 못하고, 가르쳐도 그 재능을 다하게 하지 못한다. 그러므로 선생이 가르치는 것도 모순 되고, 학생이 스승에게 구하는 바도 역시 어그러진다."고 했다. 당시 교사들은 일반적으로 죽간의 문자를 낭독하는 것만을 중시하였으며 항생들에 이해하기 어려운 문제를 묻고 강의도 너무 자주 했다. 교수 실천 중에도 학생 개개인의 수용 능력을 고려하지 않았기 때문에 학생들도 학습에 집중하지 못했다. 교사가 인재시교의 원칙에 따라 학생 각자의 재능을 발휘할 수 있도록 해주지 못한 것이다. 이렇듯 가르치는 사람이 교수원칙을 어기면 배우는 사람 역시 순조롭게 발전할 수 없다.

고대 중국 교육가는 교수 업무 중에 인재시교의 원칙을 응용하는 주된 절차를 다음의 다섯 가지로 구분했다.

첫째, 학생의 지력 수준에 맞춰 교수를 진행한다. 공자는 학생마다 지력 수준의 차이가 있다는 점을 고려하여 "함께 배울 수는 있지만 함께 도에 가까워질 수는 없다(함께 공부하나 반드시 모두 같은 학업성취를 얻는 것은 아니다)." "또한 함께 도에 가까워진다 하더라도 함께 설 수 있는 것은 아니다(모두 똑같은 학업성취를 얻는다 하더라도 모두 힘써 실천하지는 않는다).” “함께 선다고 하더라도 함께 대의에 맞게 처리할 수는 없느니라(모두 동일하게 몸소 체험하고 힘써 실천하더라도 그 과정에서 반드시 모두가 융통성 있게 임기응변하는 것은 아니다).”고 했다. 묵자도 각 사람별로 신체치수를 재서 옷을 맞추듯, 인재에 따라 교육해야 한다고 강조했다.

“배우는 이가 깊으면 깊이 가르치고, 얕으면 얕게 가르치며, 유익하면 유익하게 가르치고 존귀하면 존귀하게 가르치라.”

묵자는 기능학습에서도 학생의 능력 차이에 따라 가르치는 것을 중시했다.

“두세 명의 제자들이 묵자에게 활쏘기를 배우겠다고 하자 묵자가 말했다. ‘안 된다. 대저 지혜로운 자는 반드시 자신의 힘이 미치는 것을 헤아려 일을 한다.”

둘째, 학생의 지식수준에 맞춰 교수를 진행한다. 현대 교수론은 학생이 이미 지니고 있는 지식수준이 새로운 교수내용·방법·배우는 속도 등을 제약하고 마침내는 교수효과에까지 영향을 미친다고 본다. 고대 중국 교육가들도 이러한 문제를 인식하고 교수 실천 과정에서 학생이 이미 가진 지식의 수준을 이해하는 것을 중시했을 뿐만 아니라 그 지식 수순에 맞추어 방향성 있고 목석성 있는 교수활동을 실천했나. 순사는 “줄이 짧은 두레박은 깊은 우물물을 길을 수 없으며, 지식이 얼마 없는 자는 성인의 말씀을 이해할 수 없다.”고 했다. 또한 “얕은 자는 깊은 것을 측량할 수 없고 어리석은 자는 지혜로움을 생각할 수 없으며 무너진 우물 안의 개구리와는 함께 동해 바다의 즐거움을 이야기 할 수 없다.”

고 했다. 이는 모두 기초지식과 배경지식이 부족한 학생들에게는 심오하고 어려운 내용을 가르칠 수 없다는 점을 비유한 것이다. 고대 교육가들은 원래 가지고 있는 지식과 새로운 지식의 관계에도 주의를 기울였으며, 이에 대해 온고지신溫故知新이라는 명제를 제시했다. 이에 관한 내용은 후에 다루도록 하겠다.

셋째, 학생의 연령별 특성에 따라 교수를 진행한다. 고대 중국 교육가들은 다른 연령대의 학생들에게는 각각 다른 교수내용과 방법을 취해야 한다고 주장했다. 주희는 "소학의 일은 아는 것이 얕고 행하는 것이 작다. 대학의 도는 아는 것이 깊고 행함이 크다."고 했다. 즉 소학에서는 주로 일事, 청소하는 법이나 사람을 대하는 법, 분수에 맞도록 처신하는 것을 가르친다. 그러나 대학은 주로 도道를 가르치는데, 궁리·수신·치국·평천하의 도리 등이 구체적 예이다. 소학에서는 행위 훈련이, 대학에서는 이론교육이 주가 되는 것이다. 이렇게 연령별로 맞춰서 가르치지 않으면 많은 노력을 들이고도 성과는 적게 거두게 된다.

어려서 소학을 익히지 않으면 방일한 마음을 억제할 수 없으니, 덕성을 길러 대학의 기본으로 삼아야 한다. 커서는 대학에 나아가지 않으면 그 도리를 살필 수 없다. 모든 일을 처리하는 것은 소학의 공로이다. 왕부지는 이 부분에 대해 이렇게 말했다.

6세가 넘으면 총명함이 육예를 감당할 수 있다. 그러나 예로부터 사람들이 미치지 못하니 어찌 아끼는 교육이라 하겠는가! 아마도 강제의 작은 성과로는 넓고 크고 깊은 도리에 이르기엔 부족하니 총명함의 도량이 좁아지고 뜻을 소홀히 하여 초보적인 수준에 미처 도리의 방에 들어가기 부족하다. 그러므로 반드시 깨닫기를 기다려 후에 그를 이끌어야 그 바른 가르침으로 걸출한 공로로 대성을 이루게 될 것이다.

이 말은 만약 교사가 학생의 연령별 특성에 주의하지 않고 어린이들에게 심오하고 어려운 개념과 지식을 가르치면 기대했던 효과를 얻을 수 없을 뿐더러 오히려 '총명함이 줄어들고 뜻을 소홀히' 하는 부작용을 낳게 된다는 뜻이다.

넷째, 학생의 적성에 따라 과목을 나누어 가르치는 것이다. 고대 중국 교육가들은 교수 과정에서 학생의 특기적성을 무시하고 무조건 획일적으로 가르칠 수는 없다고 보았다. 《논어》에 기록된 바에 따르면 공자는 덕행, 언어, 정사, 문학의 네 과목을 개설하고 학생의 학습 적성에 따라 가르쳤다고 한다. 맹자도 학생을 덕을 이룬 자成德者, 재주가 있는 자達才者, 질문에 대답해서 가르칠 자答問者, 스스로 덕을 수양하는 자私淑艾者 등의 유형으로 나누고 유형에 따라 각기 다른 교육을 실시했다. 북송시기에는 분과교육인 소호蘇湖교수법이 나타났다. 소호 교수법은 교육가 호원胡瑗이 소주蘇州와 호주湖州에서 실시해서 얻게 된 명칭이다. 그는 학교를 경의經義와 치사治事 두 과정으로 나누었다. 경의는 육예 등 유가 경전을 학습하는 것이고 치사는 군사·치안 등의 내용을 학습하는 것이다. 그리고 경학을 숭상하는 자, 병법을 논하기 좋아하는 자, 문예를 좋아하는 자, 절개와 의리를 좋아하는 자 등 유형별로 나눠 함께 거하도록 하고, 각각에 맞게 가르쳤다. 또한 주된 것과 부수적인 것을 함께 수련하는 형식을 통해 각기 기본적으로 한 가지 일을 전문적으로 익히고, 부수적으로 다른 일을 겸하여 배우도록 했다. 이 교수법은 상당히 큰 영향력을 가졌고 효과도 탁월했다. 후에 호원은 승진해서 태학에서 교편을 잡게 되었고, 그의 교수법은 조정에 의해 태학법이라고 명명되었다.

다섯째, 학생의 학습 특징에 따라 교수한다. 학생별로 지능과 지식수준, 연령, 적성뿐만 아니라 학습특징과 학습방식 또한 다르기 때문에 교수 과정에서는 반드시 이 요인을 고려해야만 비로소 학생 개개인의 발전을 도울 수 있다. 고대 중국 교육가들도 이 문제를 인식하고 깊은 관심을 보였다. 《학기》에는 "배우는 자의 잘못이 네 가지가 있는데, 가르치는 자는 반드시 이를 알아야만 한다. 지나치게 많이 배우는 잘못, 지나치게 적게 배우는 잘못, 지나치게 쉽다고 보며 배우는 잘못, 지나치게 어렵다고 배우다 마는 잘못 등이 있다."고 했다. 교사는 교수 과정 중에서 학생들이 항상 범하는 네 가지 실수를 이해해야만 한다. 어떤 학생은 욕심을 부려 많이 배우려고 하지만 깊이 이해하려고 하지 않는다. 또 어떤 학생은 수박 겉핥기 정도의 수준에 만족하여 지식의 범위가 너무 좁다. 그런가하면 어떤 학생은 의지가 굳지 못하고 산만해서 한 가지에 몰두하여 배우지를 못한다. 어떤 학생은 현재 상태에서 제자리걸음하며 더 이상 발전하지 못한다. 학생별 학습 특징을 이해하면 이러한 실수의 정곡을 찌르는 대책을 세울 수 있으며, 더 나아가 최적의 교수효과를 얻을 수 있다.

③ 적기교육

금우미발禁於未發과 몽이양정蒙以養正이 도덕교육의 시기원칙이라면, 최적의 시기를 파악하여 교육하는 적기교육은 교수 과정의 시기원칙이다. 적기교육을 가장 먼저 제시된 것은 《학기》의 "그러한 때가 이르렀을 때(학생이 발문하여 알기를 구하는 때)"와 "때가 지난 후에는 부지런히 힘써 배워도 이루기 어렵다."의 구절이라고 할 수 있다. 여기서 "그러한 때가 이르렀을 때"라는 것은 특정한 내용을 교육받을 특정한 시기가 있는데, 이보다 일러서도 안 되고 늦어서도 안 된다는 뜻으로 이해할 수 있다. 그러나 《학기》에서는 어느 정도 범위를 정해두고 서술하였는데, 시기를 놓친다고 절대 성공할 수 없는 건 아니며 단지 이루기가 어려운 정도일 뿐이라고 했다. 현대의 외국어 교수 실천과정에서도 《학기》의 결론이 증명되었다. 일반적으로 언어학습의 최적기는 12세 이전이다. 이때에는 대뇌 양반구가 아직 고도로 분화되지 않았기 때문에 언어를 학습하는 데 유리하다. 물론 이 시기가 지나도 충분히 외국어를 잘 배울 수 있다. 그러나 최적기에 비하면 상대적으로 더 큰 노력을 들여야만 가능하다.

현대 교육심리학에서는 가능성可能性에 대한 탐구가 이미 오래 전부터 시작되었다. 비록 아직까지는 만속스러운 성과를 얻지 못했시반 피아제Piaget가 제시한 '전조작기' '구체적 조작기' 및 '형식적 조작기'의 구분, 브루너Bruner의 교육내용구조 연구 등은 여전히 많은 것을 시사한다. 고대 중국 교육가들은 가능성의 문제에 대해 세밀한 연구를 하지 않았거나 하지 못했지만 이에 대해 탐색한 흔적은 상당수 발견된다. 다만 역사적 조건의 제약 때문에 천재적인 추측 혹은 개인의 경험에 머물렀을 뿐이다. 서한의 고의賈誼는 《보부保傅》에서 "마음이 아직 차고 넘치지 않아 먼저 깨우쳐 가르치면 변화가 쉽게 이루어진다."는 이유로 조기교육을 주장했다. 북주의 안지추는 7세부터 19세까지를 결정적 시기로 보고 "20세 이후에 경서를 암송하는 것은 논밭을 한 달 동안 방치하여 황폐해지게 만드는 것과 같다."고 주장했다. 육세의는 《논소학論小學》에서 15세를 임계점으로 보고 "모든 사람에게는 기억력과 이해력이 있다. 15세 이전은 아직 물욕에 물들지 않고, 지식은 많지 않다. 곧 기억력이 많고 이해력이 적은 것이다. 15세 이후에는 지식은 많아지고, 물욕에 점점 물드니 곧 이해력은 많아지고 기억력은 적어진다. 그래서 사람은 15세 이전부터 독서에 익숙해져야 한다."고 했다. 고대 중국 교육가들은 교수 내용에 관해서는 상세하게 언급하지 않았다. 다만 소학에서는 일(행위훈련)을 위주로 하고 대학에서는 도리(지식, 규율)를 위주로 하라고 했을 뿐이다. 이 부분은 앞에서 이미 설명하였으니 여기서는 덧붙이지 않겠다.

(2) 학습의 원칙과 방법

학생의 학습도 고대 중국 교수론의 중점사항이다. 고대 중국 교육가들은 교수 과정에서 학습원칙과 방법을 상세하게 서술했다. 이에 대해 이미 어떤 사람이 《고대학자논치학古代學者論治學》이라는 제목으로 연구를 하고 거의 20만자에 육박하는 저술을 남기면서 '이는 단지 요점을 간추린 것에 불과하다.'고 썼는데, 본 논문에서 설명한 것은 단지 요점의 요점이다.

① 자구자득自求自得(스스로 구해 스스로 얻다)

고대 중국 교육가들은 교수 과정에서 반드시 학생 자신의 능동성과 적극성을 발휘하게 해야 한다고 여겼다. 그리고 스스로 구해서 스스로 얻어야만 비로소 배움에 소득이 있다고 했다. 이에 대해 맹자는 다음과 같이 말했다.

군자가 올바른 방법으로써 깊이 진리를 추구하는 것은 그 스스로가 그것을 깨달아 얻기 위해서이다. 그 스스로가 이를 체득하게 되면 그곳에 있는 것이 안정되게 된다. 거처함이 안정되면 의지할 바를 취하는 일에 깊이가 있게 된다. 의지할 바 취하는 일에 깊이가 있게 되면 좌우에서 취하고서도 그 근원을 체득하게 된다. 그런고로 군자는 스스로가 깨달아 얻고자 한다.

맹자는 학생들이 정확한 방법을 통해 심오한 깨달음을 징정으로 얻으려면 반드시 직극직이고 능동직으로 학습해야 한다고 보았나. 이렇게 해야만 얻은 지식을 자유자재로 활용하여 여러 가지 도리와 사리에 통달하게 되고 모든 일을 순조롭게 풀어갈 수 있다는 것이다. 송대 장재도 교수 과정에서 학생들에게 반드시 자구自求(스스로 구하다)의 습관을 길러주어야 한다고 여겼다. 스스로 구해야만 비로소 스스로 얻을 수 있고, 스스로 얻어야만 스스로 편안할 수 있기 때문이다. 그는 "듣고 보기를 잘하는 것을 배움이라고 할 수는 있으나 도라고는 할 수 없다. 반드시 스스로 구하고 자기가 의와 도리를 찾아볼 수 있어야 스스로 목적이 생기고 흥미가 넘친다. 스스로 그것을 얻는 것이 편안함에 거하는 길이다."라고 했다. 스스로 구해서 스스로 얻어야만 흥미가 넘쳐흐르고 배우는 것이 견실해진다는 것이다.

고대 중국 교육가들은 자구자득의 원칙과 방법을 실천하려면 학생이 자신의 사고를 통해 배운 것을 소화해야 한다고 주장했다. 즉 학습을 위한 학습, 독서를 위한 독서를 하지 말고 학습한 자료를 스스로 소화해서 자신의 피와 살이 되도록 해야 한다는 것이다. 명대 왕정상은 "광대한 지식은 모두 다룰 수 없으니 생각하여 스스로 얻은 것이 참이다. 광범위한 내용의 강의는 반드시 꼭 들어맞을 수 없으니 배운 것을 정통하는 것(능수능란하게 하는 것)이 현묘이다. 그러므로 군자는 배울 때 밖으로는 아는 것이 많게 하고 안으로는 더욱 정교하게 함을 중시한다. 모든 이치를 토론하고 일에 이르기를 더욱 중시한다."고 했다. 그는 광범위한 지식(광범위하게 획득한 지식)에서부터 일에 이르기(배운 지식을 실제 응용하는 것)까지, 스스로 생각해서 얻는 중간과정을 생략할 수 없다고 했다. 청대 대진은 위에 소개한 맹자의 명언을 해석하면서 이렇게 썼다.

예를 들어 혈기는 음식으로 길러지고 그것이 소화되어 이루어진 것이다. 즉 우리의 혈기로 되기까지는 반복해서 음식이란 물질을 먹기만 한 것이 아니다. 지식은 물어 배우는데서 오지만 그 속에서 스스로 터득하는 것 역시 그러하다. 만약 물어 배워서 아는 것이 음식과 같다면 그것을 소화하는 것을 중히 여겨야 할 것이며 소화하지 못한 것은 중히 여기지 않아도 된다. 물어 배운 것을 암기하는 것은 들어가 변화되지 않은 것이다. 스스로 그것을 얻어야 편안함에 거하고 심오함에 의지하면 가까이 있는 사물이 학문수양의 원천이 된다.

그는 마치 음식이 인체에 들어와 흡수되어 뼈와 살로 변하는 것처럼, 물어서 배우는 것 또한 소화를 통해 마음으로 아는 것으로 변해야 한다고 보았다. 이는 교수 과정을 '물어서 배우다問學'와 '마음이 알다心知'의 두 개 단계로 본 것이다. 해외의 현대 교수론에서는 교수에 크게 3단계가 있다고 주장한다. 기억수준, 이해수준 그리고 사고수준이다. 블룸Bloom은 교수목표를 세 가지 유형으로 나누었으며(인지적, 감정적, 정신운동적), 그중 인지적 목표에는 6단계(지식, 이해, 적용, 분석, 종합, 평가)가 있다고 했다. 오스벨Ausubel은 교수를 학생의 학습 방식에 따라 수용과 발견으로 나누었으며, 교수 내용에 따라 기계적인 것과 유의미한 것으로 나눴다. 대진의 '물어서 배우는 것'은 오스벨의 수용 수준 혹은 기계적 학습에 해당하고 '마음이 아는 것'은 발견하는 난세 혹은 유의미 학습에 해당한다. 흥미로운 것은 왕양명 또한 일찍이 이와 비슷하게 3단계로 구분하는 학설을 제시했다는 점이다.

어느 제자가 '질문을 하고 독서를 하나 외우지 않으면 어찌합니까?' 라고 묻자 선생(왕양명)이 대답하길, '만약 알기만 하면 어찌 외우겠는가. 알려고 하는 것은 이미 두 번째 뜻을 빠뜨린 것이다. 자기 자신의 실체를 이해한다면 헛되이 외우는 것과 같은 것은 알지 못하고, 헛되이 아는 것과 같은 것은 자기 자신의 실체를 이해하지 못한 것이다.'

여기서 '암기 → 앎 → 이해'로 진행되는 3단계는 현대교수론의 기억수준, 이해수준, 사고수준과 기본적으로 일치한다. 그러나 왕양명은 이 3단계에 대해 자세히 설명하지 않았으며, 게다가 최종목적도 '자기의 실체'를 이해하는 것에 불과하다. 이것은 확실히 아쉬운 점이다.

② 락면결합樂勉結合(즐겁게 힘쓰다)

락면결합은 교수 과정에서 즐거운 감정 및 지속적인 흥미를 오래 지속되는 항심과 결합하여 즐겁게 힘쓰고, 힘쓰며 즐겁게 하여 학생들에게 강한 학습동기를 형성하게 하는 것이다.

고대 중국 교육가들은 교수실천 중에 학생의 일관된 흥미 및 즐거운 감정 유발을 매우 중시했다. 이에 대해 공자는 "아는 것은 좋아하는 것만 못하며, 좋아하는 것은 즐기는 것만 못하다."하고 했다. 하루는 섭공葉公이 자로에게 공자는 어떠한 사람인지 물었는데, 자로는 대답하지 못했다. 그러자 공자는 "네 어찌 대답하지 못하느냐? '그의 사람됨은 학문에 열중하면 먹는 것을 잊고 도를 즐기면 근심을 잊어, 장차 늙음이 이를 줄을 알지 못한다.'라고 말하면 되지 않느냐?"고 했다. 그는 학

생에게 배우는 것을 좋아하고 즐기도록 권고했을 뿐만 아니라 스스로
도 '분발하면 먹는 것을 잊고 도를 즐기며 근심을 잊는' 정도로 즐거움
과 힘씀을 함께 했다. 송대 장재도 배우는 것이 즐겁고 적극적인 학습
열정이 있어야만 비로소 배움을 그만두지 않고 계속 발전한다고 보았
다. 그래서 그는 '즐거우면 살게 된다.'라는 말은 배우는 것이 즐거워지
면 스스로 그치지 못하고 나아간다는 뜻이다."라고 했다. 《여씨춘추呂
氏春秋》에도 이와 비슷한 구절이 있다.

"스승의 가르침에 이르는 것은 제자들이 편안하고, 즐겁고, 휴식하
고, 유희하고, 엄숙하고, 엄격해지는 것이다. 이 여섯 가지를 배움에서
얻으며 간사한 도리는 막고, 이치에 맞는 도리는 힘을 다해 행하라. 사
람의 마음은 편하지 않은 곳에서 즐거울 수 없고, 즐겁지 않은 곳에서는
얻을 수 없다."

이 구절은 분석할 만한 가치가 충분하다. 사람은 안심할 수 없는 일
에서는 즐거움을 느끼지 못하며, 즐거움을 느끼지 못하는 일은 아무리
해도 성과가 없다. 교수활동도 이와 같다. 그래서 훌륭한 교사는 교수
활동 중에 편하고 즐겁게, 마치 휴식을 취하듯, 놀이를 하듯 가르쳐서
학생이 학습활동에 대해 강한 흥미와 즐거운 마음을 가질 수 있도록 한
다. 이 구절에서는 또한 편안함·즐거움·휴식·유희·엄숙·엄격을 열
거하고 이 여섯 가지를 학습에 성공하는 공통조건으로 꼽았다. 결국,
즐거움과 힘씀이 결합되어야만 비로소 탁월한 성과를 거둘 수 있다는
것이다.

고대 중국 교육가들은 교수실천 중에 학생들이 열심히 힘쓰고 부지

런히 추구하는 정신을 기르는 것을 중시했다. 학생의 학습도 고달픈 일이다. 공원에서 산책하듯이 늘 그렇게 자유로울 수 없고, 또 극장에서 연극을 보듯이 늘 그렇게 가벼울 수도 없다. 평원의 말도 아니고 또 해변의 세찬 파도도 아니다. 오로지 고생을 두려워하지 않고 항심을 지켜야만 가파른 산길을 따라 등반하는 사람이 비로소 찬란한 정상에 다다른다는 희망을 가질 수 있다. 공자는 노력하고 끈기 있는 성품을 매우 높이 평가하였으며, 심지어 "나는 선한 사람을 만나보지 못했다. 마음이 한결같은 사람이라도 만나보면 좋겠다."라고 하며 학생들을 독려했다. 또한 학습과정에서 용감하게 나아가고 도중에 그만두지 말라고 하며 "비유컨대 산을 만들되 흙 한 소쿠리가 모자란 상태에서 그쳐도 내가 그친 것이다. 또 비유컨대 땅을 평평하게 하되 비록 흙 한 소쿠리만 채웠더라도 계속한다면 이는 내가 나아가는 것이다."라고 했다. 송대 장재는 배울 때 가장 큰 잘못은 '힘들다는 이유로 그만두는 것'이라고 보았다.

"오늘날 사람들은 배우는 것이 산기슭을 오르는 것과 같아 바야흐로 구불구불한 곳에 이르면 성큼성큼 크게 걷지 않는 자가 없으나 높고 가파른 곳에 이르러서는 곧 그만둔다. 반드시 강경하고 결연하며 과감하게 나아가야 한다."

그래서 열심히 힘써야만 비로소 '날마다 나아가고 쉬지 않는다.'고 했다. 장재는 또한 '면勉(노력)'과 자신감과의 관계를 서술하면서 "배우면서 자신할 수 없음을 밝히 아는 자는 스스로 힘쓰지 않은 것을 근심한다. 도리를 지켜 되돌아오지 않으니, 하천이 흐르는 것처럼, 샘의 근원이 밤낮으로 멈추지 않고 흘러가서 다시 되돌아와 뒷걸음치지 않는다. 곧(자신하고) 스스로 밝은 사람은 스스로 얻는다."고 했다. '스스로 힘쓰다 → 스스로 믿다 → 스스로 밝히다 → 스스로 얻다'는 장재의 교수이론의 필연적 논리이다. 송대 문학가 소식蘇軾의 《황착론晁錯論》에는 더욱 격앙된 어조의 천고의 명언이 남아 있다.

예부터 큰일을 세우는 것은 오직 세상을 초월한 재능에 있지 않고 반드시 굳세게 참아 없어지지 않는 의지에 있다.

왕부지는 즐거움과 힘씀 모두 중시하고, 교수 과정에는 적극적이고 유쾌한 감정이 있어야 하며 열심히 노력하려는 의지가 뒷받침되어야 한다고 체계적이고도 명확하게 제시했다. 그는 교수와 '노력'의 불가분적 관계를 설명하면서 "배우는 이가 스스로 노력하지 않고 다만 가르치는 자에게 순종하고자 하면 끝내 스스로 알지 못하고 할 수 없게 된다."고 했다. 그러나 노력 또한 즐거움과 떼려야 뗄 수 없다. 노력에 만약 즐거움이 수반되지 않는다면 장기간 지속되기 어렵다.

"《중용》에 노력에 대해 언급하기를 학문은 사변(생각하고 변별함)하고 성실히 행한 결과이다. 그리고 노력하는 것에 그치는 것을 용납하시 않는다. 정성스럽고 장중하니 이내 변하지 않고 존재하는 일이니 힘써 거하는 것이 불안하여 인위적인 측면에 들어간 것이다. 또한 힘쓴 결과는 역시 즐거움과 함께 하지 않으면 끝까지 노력할 수 없다. 무지몽매를 기르는 도리는 성스러운 성과에 통하니, 일시적으로 그 본심이 즐겁지 않고 강압적으로 하니 끝까지 할 수 없다.”

즐거움이 왜 노력의 기초라는 것일까? 왕부지는 이를 감정의 특징과 기능에 의한 것으로 보았다. 즉 ‘화和는 사물에 거역하지 않는 것이요’ ‘즐거운 것은 마음이 싫어하지 않는 것’이기 때문에 배움을 즐겁게 생각할 수 있어야 힘든 것을 두려워하지 않고 ‘기꺼이 얻게 된다.’고 했다.

③ 학이치용學利致用(배운 것을 실제로 응용함)

학이치용은 학생이 배운 지식을 실제로 응용하고 실천하도록 요구하는 것으로, 현대 교수론의 ‘이론과 실제의 연계’라는 교육원칙과 유사하다. 고대 중국 교육가들은 학이치용의 교수원칙과 방법을 상당히 강조했는데, 이 부분은 교수 과정의 독행 단계를 언급할 때 이미 소개하고 분석했었다. 하지만 학이치용의 원칙과 방법은 고대 중국 교육론에서 매우 특수한 위치를 차지하고 있기 때문에 여기서 다시 몇 마디 토론을 덧붙이고자 한다.

고대 중국 교육가들은 왜 학이치용의 원칙과 방법을 특별히 강조했을까? 필자는 여기에 3가지 원인이 있다고 본다. 첫째는 배움(앎)과 쓰임(행함) 간의 변증법적인 관계의 객관적인 규칙 때문이다. 고대 중국 교육가들은 배움學과 쓰임用, 앎知과 행함行은 서로 추진 관계에 있다고 여겼다. 학습으로 얻은 지식이 이끄는 쓰임과 행함이어야만 비로소 효과가 있으며, 지식을 떠난 행동은 맹목적이라는 것이다. 이와 마찬가지로 쓰임과 행위가 있어야만 지식에 실제적 효력이 생기면서 비로소 진실한 앎과 명철한 견해가 된다. 쓰임과 행위를 떠난 지식은 공허할 뿐이다. 주희는 이에 대해 매우 날카로운 의견을 제시했다.

실천함에 힘쓰니 곧 지식이 날로 나아가고 지식이 깊어지니 곧 실천이 갈수록 통달된다.

배움의 결실은 실천에 있다. 만약 배우고자 하나 실천하지 못하면 진실로 배우지 않은 것과 다름없다. 그러나 실천하고자 하나 도에 밝지 않는 실천은 또 어떤 결과가 나타날지 알 수 없다.

여기서 앞의 문장은 배움과 앎, 쓰임과 실천 사이에 상호촉진관계가 있음을 설명한다. 뒤의 문장은 배움의 목적이 쓰임과 앎이니, 실천하지 않는 것은 배우지 않는 것만 못하다고 설명한다. 그렇기 때문에 교수 과정에서는 반드시 양자를 통일해서 학이치용, 지행일치해야 한다.

두 번째는 학습의 가장 근본적인 원동력과 목적이 실제 문제 해결에 있기 때문이다. 고대 중국 교육가들은 교수의 참뜻은 학생들이 배워서 실제에 응용할 수 있도록 하는 것이라고 보았다. 한대 왕충은 "무릇 통함을 귀하게 여기는 것은 그것을 사용할 수 있기에 귀하게 여기는 것이다. 즉 단지 낭송하고 시를 읽고 글을 읊는 것이 천편 이상이 된다 하더라도 앵무새가 말하는 것과 같다. 전하는 글의 뜻을 널리 퍼뜨리고 풍부한 말을 드러내는 것은 뜻이 크고 기개가 있으며 재능 있는 사람이 아니면 감당할 수 없다."고 했다. 교수 과정에서 가장 귀한 것은 여러 가지 도리와 사리에 통달하는 것이다. 그리고 통달함의 실질은 배워서 얻은 지식을 실제 활용함에 있다. 만약 단순히 경서를 읽고 외우기만

한다면 설사 천 편이 넘게 외웠다고 해도 앵무새처럼 뜻도 모르고 그저 말만 하는 것과 다름없다. 북송의 황희黃晞는 여기서 더 나아가 만약 배워서 쓸모 있게 사용하지 않으면 이는 배움의 의의를 완전히 잃는 것이며, 교수의 최고 경지는 학생들이 학이치용하는 것이라고 주장했다. 그는 "살아서 배움을 알지 못하면 살지 않는 것과 같고, 배우나 도리를 알지 못하면 배우지 않는 것과 같으며, 알지만 행하지 않으면 알지 못하는 것과 같다. 알고 난 후에 행하는 것은 중요하다."라 했다.

세 번째는 고대 사회에서 학술계 내의 두 가지 학술 풍조 간의 반작용 때문이다. 중국의 고대 역사를 보면 두 가지 비교적 영향력 있는 학술 사조가 출현했는데, 바로 위진현학魏晉玄學과 송명이학宋明理學이다. 이 두 가지 사조는 고대의 학술 사상 발전에 매우 긍정적인 역할을 했으며, 특히 고대 철학의 사유방식과 사유수준을 변화시키고 높이는 데 상당한 공로를 했다. 그러나 이 같은 긍정적 영향에도 불구하고 무시할 수 없는 단점 또한 적지 않다. 그중 하나가 바로 실제와 멀어진 이론이다. 예를 들어 위진 시대 청담 현학 풍조의 영향을 받은 선비들은 현실과 괴리된 채 오직 청담만 추구했다.

"세상 사람들이 공부하는 것을 단지 말로 할 수 있고, 행동으로 할 수 없으니 집짓는 것을 물으매 문 위의 가로 댄 나무의 가로와 동자기둥의 세로를 알지 못하는 것이며, 밭가는 것을 물으매 조가 이르고 기장이 늦은 것을 알지 못하는 것이다. 우스갯소리 한 것을 읊고 사부를 읊으니, 일하는 것은 여유가 있어 한가하고, 재주 있는 사람의 언동은 사리에 맞지 않는 일이 늘어난다."

안지추가 청담 풍조를 좇는 선비들을 비판한 말이다. 청대 이공李塨도 송명 이래로 실질적 내용 없이 공리공담만 일삼는 사림학풍에게 가차 없는 비난의 화살을 날렸다.

세상의 총명하고 뛰어난 선비들을 거느리고 늘 그 무리 안에서 공허한 선정에 들어선 즐거움으로 마음이 기뻐하고, 과장되어 실속 없는 필묵으로 손과 눈을 즐겁게 한다. 명 말기 종묘를 따르는 신하가 없으니 천하에 일을 처리하는 관리가 돌아오지 않는다. 대사마의 집에 앉아 《좌전》을 비평하고 수정하니, 적군이 성에 가까이 있는데, 시부를 들어 논한다. 그러한 풍조는 문무대신에 이르러서는 공을 세우고자 하니, 모두 사소한 것이다. 주야로 헐떡거리며 책을 써 말하기를 "이것은 세상에 전하는 업적이니라!"고 한다. 세상 물고기가 썩어 문드러져 강이 죽으니, 백성이 상해를 입는다. 오호, 누가 이런 까닭으로 충실하겠는가. 안 선생이 흐느껴 울며 말한 것은 당연하다.

이러한 상황에서 학이치용을 강조한 것은 역사적으로 매우 큰 의미가 있다.

학이지용은 교수원칙인 동시에 교수방법이기도 하다. 고대 중국 교육가들은 학이치용의 원칙과 방법 실천에 있어 다음의 두 가지를 강조했다. 하나는 교수를 통해 파악한 지식을 반드시 경세치용하며 실제 문제 해결에 활용해야 한다는 것이다. 당대 역사학자 유지기劉知幾는 이에 대해 다음과 같이 말했다.

"오랜 세월동안 힘써 공부하고 다섯 수레의 책을 읽어도 선량하고 정의로운 것을 보아 그 선함을 깨닫지 못하고, 서로 모순된 것을 맞닥뜨려도 그 오류를 알지 못한다. 갈홍葛洪이 말한 '장서藏書의 상자' '오경五經의 주인'은 선생께서 '비록 많더라고 역시 어찌 생각하는가?'라고 한 것을 이른 것이다."

만약 배운 지식을 활용하지 못하면 합리적인 것을 보아도 그 아름다움을 느끼지 못하고, 불합리적인 것을 보아도 그 잘못을 알지 못하니 이런 사람을 책벌레에 불과하며 걸어 다니는 책장일 뿐이다.

두 번째는 교수를 통해 파악한 지식을 반드시 '몸으로 행할 것'을 주장했다. 이로써 자신의 인품과 덕성의 수양 수준을 높이라는 것이다. 이 부분은 덕육관에서 이미 논했으니 더 이상 논하지 않겠다.

(3) 가르침과 배움의 공통된 원칙과 방법

교수는 가르침敎과 배움學의 쌍방적 활동이다. 교수 과정에서 가르침을 위주로 한 세 가지 교수원칙과 방법 및 배움을 위주로 한 세 가지 교수원칙과 방법 이외에도, 가르침과 배움의 공동 원칙과 방법이 세 가지 있다.

① 교학상장敎學相長(스승은 학생을 가르치며 성장하고, 제자는 배우면서 진보한다)

교학상장의 원칙과 방법은 교수 과정에서 교사와 학생 쌍방 모두 상대방의 존재와 영향을 전제로 쌍방의 공동 활동을 통해 상호촉진하며 함께 향상하는 것을 말한다.

저명한 교육사학자 모례예毛禮銳 선생은 교학상장의 원칙에 대해 다음과 같이 논했다.

"교학상장이라는 교수원칙은 외국의 교수론에서는 제기되었던 적이 없으니, 매우 독창적이고 귀중한 유가 교수원칙이라 할 수 있다. '가르침'과 '배움'은 서로 반대이나 또 서로 보충하고 서로 도와 잘 되어가도록 하는 것이다. 배움은 가르침을 필요로 한다. 가르쳐주지 않으면 지식을 배울 수 없기 때문이다. '스승 없이 스스로 통달하다'라고 하는 것은 극소수의 경우이다. 가르침은 교사 스스로의 배움뿐만 아니라 학생에게서 배우는 것도 필요로 한다. 또는 학생을 통해 시사점을 얻고 더욱 노력하여 자기 자신의 지식수준을 높이게 된다."

이 말은 중국고대의 교학상장 원칙과 방법의 핵심 및 가치를 매우 적절히 설명한 것이라고 할 수 있다

공자를 위시한 고대 중국 교육가들은 대부분 교학상장의 원칙과 방법을 중시했다. 예를 들어 공자는 스승과 제자 사이의 절차탁마 및 상호 영감 교류를 중시했다. 그는 "가르치는 사람은 힘들지 않다." "차근차근 사람을 잘 이끈다."라 하며 학생을 지도하고 도와주는 것을 중시했다. 이와 동시에 학생에게서 배우는 것 역시 중시하여 "나를 일깨우는 이는 바로 너 상商이로구나!" "길에 세 사람이 가면 그중에 반드시 나의 스승이 있느니라."고 했다. 《학기》에는 교학상장의 원칙을 정형화하고 "배우고 나서야 자기의 앎이 모자람을 알게 되며, 가르치고 나

서야 아는 것이 얼마나 어려운지를 알게 된다. 자기의 앎이 모자람을 알고 난 후에야 능히 스스로 반성하여 공부에 힘쓰게 되고, 아는 것의 어려움을 알고 나서야 스스로 강하게 할 수 있다. 그래서 가르치는 자와 배우는 자는 함께 성장한다.”라는 명백한 명제를 제시했다.

고대 중국 교육가들은 교학상장의 원칙과 방법을 관철하고 응용하는 측면에서 다음의 견해와 방법을 제시했다.

첫째, 사법師法을 강조, 교사의 지도역할 발휘를 중시한다. 이에 대해 순자는 “스승과 법을 옳다고 인정하지 않고 제멋대로 굴기를 좋아함은 바로 장님의 눈을 가지고 색깔을 판별하고 안 들리는 귀를 가지고 소리를 분별하려는 것과 같아서 어지럽고 망령된 사람이 아니면 할 수 없을 것이다.”고 했다. 또한 “그러므로 스승이 없고 법을 모르는 상태에서 지혜만 있다면, 그 사람은 반드시 도둑질하게 되고 용기만 있다면 반드시 남을 해치게 되며 재능만 있다면 반드시 난을 꾀하게 되고 찰찰(지나치게 꼼꼼하고 자세함)하다면 반드시 괴설怪說을 세우게 되며 말을 잘한다면 반드시 거짓말하게 될 것이다. 한편 사람에게 스승이 있고 법을 아는 상태로 지혜가 있다면 빨리 통달하게 되고 용기가 있다면 빨리 위엄을 갖추게 되며 재능이 있다면 빨리 성사하게 되고 찰찰하다면 빨리 연구를 극진히 다하게 되며 말을 잘한다면 빨리 논단하게 될 것이다. 그러므로 스승과 법(규범)을 갖는다는 것은 사람에게 큰 보배가 되는 것이다. 반대로 스승과 법이 없다는 것은 사람에게 큰 재앙이 되는 것이다.”라 했다. 순자는 만약 사람에게 교사의 지도가 있고 법을 아는 지식이 있다면 예의를 알아 통달하고, 날카롭게 관찰하며 탁월한 성과를 거두는 사람이 될 수 있다고 보았다. 이것은 매우 귀한 일이다. 왕충은 교사의 지도가 학생의 성숙한 발전에 매우 중요한 의미를 가진다고 보고, "학문을 연구하는 사람學士은 배움에 의해서 간단하고 요령 있게 되고, 스승에 의해서 성숙하게 된다."고 했다. 당대 한유韓愈는 《사설師說》에서 교사의 지도역할이 더욱 강조했다.

옛 학자는 반드시 스승이 있었으니, 스승은 도를 전하고 학업을 알려주고 의혹을 풀어주기 위한 것이다. 사람은 나면서부터 아는 것이 아닐진대 누가 능히 의혹이 없을 수 있으리오? 의혹하면서 스승을 따르지 않는다면 그 의혹된 것은 끝내 풀리지 않는다. 누구든 나보다 먼저 나서, 그 도를 듣기를 진실로 나보다 먼저라면 내 좇아서 이를 스승으로 할 것이요. 나보다 뒤에 났다 하더라도 그 도를 듣기를 또한 나보다 먼저라고 하면 내 좇아서 이를 스승으로 할 것이다. 나는 도를 스승으로 하거니, 어찌 그 나이의 나보다 먼저 나고 뒤에 남을 개의하랴? 이렇기 때문에 귀한 것도 없고 천한 것도 없으며, 나이 많은 것도 없고 적은 것도 없는 것이요, 도가 있는 곳이 스승이 있는 곳이다.

슬프다! 사도師道가 전해지지 않은지 오래되었으니, 사람이 의혹이 없애기가 어렵다. 옛날 성인은 다른 사람보다 훨씬 뛰어났으나 오히려 스승을 좇아 물었건만, 오늘날 많은 사람들은 그 성인보다 한참 모자라면서도 스승에서 배우기를 부끄럽게 여긴다. 이렇기 때문에 성인은 갈수록 성인이요, 어리석은 자는 갈수록 더 어리석어진다. 성인이 성인 된 까닭과 어리석은 자가 어리석어진 까닭은 그 모두가 여기서 나오는 것인가?

한유는 교사가 지식 전수와 도덕교육의 지도 역할을 충분히 감당할 수 있고, 학생이 의혹을 해소하도록 도와줄 수 있는 까닭은 지식을 얻고 도리를 아는 부분에서 학생보다 낫기 때문이라고 여겼다. 그렇기 때문에 성인이나 아둔한 사람이나 관계없이 모두 스승을 존중하고, 겸허하게 가르침을 구해야 한다. 이는 교사의 본질에 대한 비교적 체계적인 서술이라 할 수 있다.

둘째, 교이위사交以爲師를 강조했다. 스승과 제자가 서로 장점을 취하고 단점을 보충하며, 서로 배우고 서로 촉진하고, 함께 향상할 것을 제창한 것이다. 《안지춘추晏子春秋·내편간상內篇諫上》을 보면 "여럿의 선비가 함께 공부하지만 결국 뛰어난 자가 스승이 된다."고 했다. 당대 두보杜甫의 《희위육절구戲爲六絶句》에서도 "이로움을 많이 터득하게 하는 스승이 너의 스승이다."라는 구절이 등장한다. 유종원은 이를 더욱 명확하게 밝혔다.

"거부하는 것은 단지 스승과 제자라는 이름인데 스승을 존경하는 예로 받아들일 수 없다. 만약 어떤 사람이 정치, 역사, 학술과 작법을 토론하기를 원한다면 어떻게 백안시하고, 입을 닫고 상대하지 않겠는가? 만약 스승과 제자의 헛된 명성을 찾지 않고 진정으로 사우관계를 유지한다면 장점을 취하고 단점을 보완하며, 서로 스승이 된다. 그럼 세속의 걱정거리는 떨쳐버리고 모두 가르침의 이익을 얻을 수 있으니 예로부터 무릇 진리를 추구하는 사람은 이렇게 하기를 원하지 않는 이가 없었다.”

교이위사教以爲師는 교학상장의 원칙과 방법을 계승하여 한층 더 발전시킨 것으로, 고대교수론 측면에서 확실히 새로운 장을 열고 더욱 깊은 깨달음을 주는 공헌을 했다. 왕부지는 이에 대해 깊이 깨닫고 “사제는 도리로서 사귀어야한다.” “서로 돕기를 옳은 것으로써 해야 한다.”는 관점을 제기하며, 사제 간의 학문적으로 절차탁마해야 할 뿐만 아니라 도덕적으로도 서로 도와야 한다고 여겼다.

셋째, 청출어람靑勝於藍을 강조해 학생이 교사에게서 배운 것을 기초로 교사를 능가하도록 격려했다. 청출어람이라는 명제를 처음 제시한 사람은 순자이다.

“군자가 말하기를, 학문이란 도중에 그만둘 수가 없다. 푸른 물감은 쪽풀에서 얻지만 쪽풀의 빛보다 더 푸르고, 얼음은 물이 언 것이지만 물보다 더 차다.”

순자 본인도 청출어람의 모범이었다. 그는 일찍이 전국시대 제나라의 문화성지인 직하稷下 국자감에 세 차례 유학하면서 학술적으로 광범위한 지식을 섭렵했다. 유학의 학설을 받아들였을 뿐만 아니라 도가·법가 등의 장점을 흡수하는데 집중하였고, 그 결과 선진시대 학술의 집대성자가 되었다. 한유도 학생이 스승을 구하는 목적은 스승의 기초를 바탕으로 스승보다 나아지는 데 있으며, 스승보다 나아지기 위해서 스승에게 가르침을 구하는 것도 안 된다고 할 수 없다고 보았다. 송대의 장재 역시 스승을 능가하기 위해 스승에게 가르침을 구하는 청출어람의 규율을 필연적인 것으로 보고 “오늘 그에게 물어 배우고, 내일은 그를 능가한다. 이것이 안 될 것이 어디 있겠는가?”라고 했다.

② 순서점진循序漸進(체계적이고 순서적으로 진행하다)

순서점진의 원칙과 방법은 교수 과정에서 반드시 과학적인 지식 체계와 학생의 지능발달 수준에 따라 체계적이고 순서적으로 교수를 진행할 것을 가리킨다. 고대 중국 교육가들은 순서점진의 원칙과 방법을 비교적 중시했다. 예를 들어 공자의 제자는 공자를 두고 “차근차근 잘 이끌어준다.”고 칭송하였는데, 이는 공자가 교재의 순서에 따라 단계별로 지도하여 학생들이 순서 있게, 체계적으로 학습할 수 있도록 가르쳤다는 뜻이다. 이러한 점진적인 교수 방법을 통해 공자는 학생들을 얕은 뜻으로부터 심오한 뜻으로 심화되고 흥미가 날로 깊어져 ‘그만둘 수 없는’ 경지로 이끌었다.

맹자는 공자의 ‘서수지탄逝水之嘆(흐르는 물에 대한 탄식)’을 해석하면서 순서점진 사상을 명확하게 제시했다.

샘의 근원에서 흘러나온 물은 밤낮을 끊이지 않고 흘러서 웅덩이를 채우고, 또 흘러서 바다에 이른다. 근본이 있는 것은 이와 같으므로 이것을 취한 것이다.

대체로 흐르는 물이란 움푹 팬 곳을 채운 다음에야 비로소 흘러내리는 법이다. 군자가 도에 뜻을 두었을 경우에도, 마디마디 이룩하지 않고는 전체에 통달할 수가 없다.

맹자는 교수 활동은 흐르는 물과 같이 밤낮을 가리지 않고 전진해야 하지만, 반드시 순서점진의 원칙에 따라야 한다고 보았다. 흐르는 물처럼 '움푹 팬 곳을 가득 채운 후에야' 비로소 흘러나가 지식의 바다를 이루고, 진정한 배움을 이룬다는 것이다. 또한 그는 만약 이 원칙과 방법을 따르지 않고 교수 과정에서 일정한 순서 없이 성공하려고 급히 서두르게 되면, 모가 늦게 자란다고 모를 뽑는 것과 같아서 오히려 일을 그르친다고 주장했다. 그리고 '성급하게 앞으로 나아가는 사람은 그만두는 것도 빠르다.'라며 오히려 아무것도 이루지 못한다고 보았다.

《학기》도 순서점진 이론의 발전에 큰 공헌을 했다. 《학기》의 "이것저것 배우되 순서가 없이 하면 되레 혼란해지고 제대로 수련하지 못하게 된다."는 구절은 간단하지만 심오한 말로, 매우 심오한 의미가 있다고 할 수 있다. '이것저것 배우다雜施'는 교사가 학생을 가르칠 때 교수 내용의 내재적 체계와 깊이, 순서에 따르지 않고 조리 없이 난잡하게 진행하는 것을 가리킨다. 교수에는 순서가 있어서 "두 권의 책으로 그것을 말하자면 먼저 《논어》이고 후에 《맹자》이다. 한 권의 책으로 그것을 통달하고 난 후 다른 한권에 이르러야 한다. 한 권의 책으로 그것을 말하면 그 문장에 처음과 끝의 순서가 있고, 또 각각의 순서가 있어야 무질시하지 않다."고 했다. 이는 순서점진의 원칙과 방법을 말하는 것으로, 지식 자체의 논리 순서에 따라 결정된 규칙이다. '순서가 없이 하다不孫'는 교사가 학생을 가르칠 때 학생의 연령이 많고 적음과 심리 수준을 고려하지 않고 일괄적으로 진행하는 것을 가리킨다. 왕양명은 다음의 말을 통해 이 부분을 설명했다.

“사람과 배움을 논하려면 역시 반드시 사람의 본분에 따라 미치게 해야 한다. 만약 나무에 이만큼의 새싹이 있으면 이만큼의 물을 주어야 한다. 새싹이 또 자라면 곧 또 물을 주어야 한다. 스스로 아름드리나무까지 돋아나니 물을 대는 공은 모두가 그 본분에 따라 이뤄진 것이다. 만약 이런 작은 싹에 한통의 물을 준다면 힘닿는 대로(될 수 있는 대로) 위로 향하려고 하니 곧 그것(새싹)에 점점 스며들어 무너뜨리게 된다.”

“갓난아기가 엄마 뱃속에 있을 때는 단지 순순하기만 한데 어떻게 지식이 있겠느냐? 아기가 세상에 나온 후에 비로소 울 수 있고, 곧 그 후에 웃을 수 있고, 그 후에 그 부모 형제를 알 수 있고, 또 그 후에 설 수 있고, 걸을 수 있고, 잡을 수 있고, 짐을 질 수 있고 죽으니 그래서 천하의 일은 불가능이 없다. 사람의 정기가 날로 풍부해지고 근력이 날로 강해지며 영민함이 날로 넓어지는 것은 아기가 태어난 그날부터 바로 얻고자 노력할 수 있는 것이 아니니, 근원이 있음을 반드시 알아야 한다.”

이는 순서점진의 원칙과 방법 및 학생의 심신발달 순서에 따른 규칙을 설명한 것이다. 왕양명은 사람의 발달과 묘목의 성장은 상당히 유사해서, 반드시 작은 것으로부터 큰 것에 이르고 미성숙한 것으로부터 성숙한 것에 이른다고 여겼다. 그리고 만약 이 특징을 고려하지 않는다면 한 통의 물을 작은 묘목에 쏟아 붓고, 막 태어난 영아에게 심오한 도리를 강의하는 것과 같아서 바라는 결과를 얻기는커녕 오히려 해를 입히게 될 수 있다고 강조했다.

순서점진의 원칙과 방법을 관철하는 부분에 있어서 고대 중국 교육가들은 다음의 몇 가지 의견을 제시했다.

첫째, 기초를 잘 다지는 것이다. 이에 대해 노자는 "아름드리나무는 지극히 작은 것에서 생긴다. 아홉 층의 탑은 흙을 쌓는 것에서 시작된다. 천리 길은 한 걸음부터이다."고 했다. 주희는 중국교육사상 순서점진의 명제를 처음으로 확실히 제기했을 뿐만 아니라 이 명제를 철저하게 설명했다.

"배움을 묻는 것은 탑을 오르는 것과 같아서 하나의 층을 올라가면 위에 한 층이 있다. 비록 묻지 않는 사람이라도 이는 스스로 알 것이다."

즉 학문에 힘쓰는 것은 보탑寶塔에 오르는 것과 같기 때문에 최하층에서 한 걸음에 정상에 오르려는 생각은 '공허한 망상'에 불과하다는 것이다.

둘째, 쉬운 것에서부터 어려운 것으로 점차 나아가는 것이다. 《학기》에는 교수는 반드시 쉬운 것에서부터 어려운 것으로, 깊이가 얕은 것에서 심오한 것으로 나아가야 한다고 했다.

"잘 묻는 것은 단단한 나무를 다스리는 것과 같다. 단단한 나무를 다스리는 자가 쉬운 곳을 먼저 하고 뒤에 절목하여 자연히 풀리는 것처럼, 점진적으로 물으므로 자연히 알게 되어 지덕智德이 크게 진보한다."

"훌륭한 대장장이의 자식은 반드시 가죽 풀무 만드는 것부터 배운다. 좋은 궁공弓工의 자식은 반드시 활통 만드는 것부터 배운다. 또 망아지에게 수레 끄는 법을 가르치려면 먼저 말을 수레 앞에 두고 그 망아지를 수레 뒤에 매어 따르게 한다. 군자 된 자는 이 세 가지를 잘 살피고 난 뒤, 학문에 뜻을 세울 수 있다."

경험 있는 대장장이는 아들에게 기술을 전수할 때 반드시 먼저 가죽으로 풀무 만드는 법부터 가르치고, 경험 있는 조궁장이는 반드시 먼저 버드나무 가지를 엮어 활통 만드는 법부터 가르친다. 망아지가 수레를 끌도록 훈련시키려면 반드시 먼저 훈련된 말이 끄는 수레 뒤를 따르게 해야 한다. 이처럼 쉬운 것부터 시작해서 점차 어려운 것을 배워야만 나중에는 어려운 것도 쉽게 할 수 있게 된다.

셋째, 계획을 확실히 세우는 것이다. 계획을 확실히 세우려면 교수 과정과 내용을 적절히 분배해야 한다. 즉 먼저 무엇을 가르치고 후에 무엇을 배울 것인지에 대한 청사진이 미리 그려져 있어야 한다는 것이다. 아무런 계획 없이 조리 없고 난잡하게 해서는 안 된다. 주희는 일찍이 예를 들어 무계획의 폐단을 비판했다.

"뒤섞여 어수선하게 나아가며 순서에 따르지 않는 것은 굶주린 채로 술자리에 제멋대로 들어와 살찌고 기름진 고기와 생선을 보고 급하게 앞으로 나아가 마음 가는 대로 이것을 움키고 저것을 쥐고는 입에 밀어 넣으며 빨리 씹고 급히 삼키는 것과 같다. 이렇게 할진데, 어찌 배가 팽팽하게 부르지 않겠는가. 과연 배부르도다! 그러나 그 맛을 알도록 먹지 않았으니 음식이 과연 어떠한지 알지 못한다."

교수 과정에 계획성이 없다면, 굶주린 사람이 식당에 들어가 생선과 고기, 떡, 과자를 가리지 않고 아무 것이나 바쁘게 입에 집어넣고 대충 씹어 넘기는 것과 같다. 비록 배불리 먹긴 했어도 근본적으로 그 맛을 알지 못하는 것이다.

③ 온고지신溫故知新(옛것을 배우고 익혀 새로운 것을 알다)

온고지신의 원칙과 방법은 교수 과정에서 학생이 이미 배운 지식을 확실하게 복습하고, 복습을 기초로 새로운 의미를 깨닫고 새로운 성과를 얻게 하거나 새로운 구상을 떠올리게 하는 것으로, 새로운 지식을 탐구할 수 있는 동력이 된다. 고대 중국 교육가들은 상당히 이른 시기부터 온고지신의 원칙과 방법을 중시했다. 예를 들어 《논어》 첫머리에는 "배우고 때때로 익히니 기쁘지 아니한가!"라고 했으며, 《위정爲政》편에는 "옛것을 익혀서 새것을 알면 능히 스승이 될 수 있을 것이다."라는 공자의 말이 실려 있다. 교사라면 반드시 온고지신의 원칙과 방법을 파악해야 한다는 점을 강조한 것이다. 온고지신은 교사뿐만 아니라 학생도 반드시 알고 익혀야 하는 원칙이다. 그래서 공자는 교수 중에도 학생들에게 이 원칙에 따라 학습하도록 했다. 예를 들어 증삼은 날마다 자기 자신을 돌아보며 세 가지를 반성했는데 그중 한 가지가 '스승이 전수해준 학업을 잘 복습했는가?溫習'였다. 또 다른 제자 자하도 "날마다 그 모르는 바를 알며, 달이 지나도록 그 능한 바를 잊지 아니하면 배움을 좋아한다고 할 것이다."고 했다. 즉 매일 모르는 것을 공부하고 매달 이미 아는 것을 복습하여 잊지 않는다면 배움을 좋아한다고 칭할 만하다는 것이다.

온고지신의 교수 원칙과 방법을 어떻게 관철하고 적용해야 할까? 고대 중국 교육가들은 이에 대해서도 매우 가치 있는 견해를 제시했다.

첫 번째는 정업正業과 거학居學의 결합이다. 정규학업과 과외 연습의 상호상승 효과를 강조한 것이다. 이를 최초로 명확하게 제시한 것은

《학기》이다.

"대학의 교육은 사철에 따른 정업과 쉴 때의 거학이 있다. 즉 한가하게 쉴 때 거문고나 비파를 잡아 그것을 연주하는 것을 배워 익숙해지지 못하면 손이 악기에 안주安住할 수 없는 것이다. 또 휴실할 때 널리 사물의 정리情理의 의부依附하는 바를 연구하여 그 실實을 시험하는 일이 없을 때는 시를 풀어 응용할 수 없는 것이다. 또 물러나서 쉴 때 여러 가지 잡다한 복제를 직접 보고 그 만드는 법을 연구하거나 배우지 않는다면 편안한 마음으로 예를 해석하고 응용할 수도 없는 것이다."

평상시의 정규학업 외에 쉬는 때에도 과외활동을 통해 학생의 지식을 견고히 하고 기능을 숙련해야 한다. 예를 들어 과외로 거문고 연주의 기본동작을 익히고, 잡곡雜曲을 연습하며, 청소하고 응대하는 등 예의의 사소한 부분을 익히는 것은 훌륭한 거문고 연주 및 시가의 음률과 예의 규범을 아는 데 두말 할 것도 없이 중요한 의미를 가진다.

두 번째는 온고溫故와 지신知新의 결합으로, 옛것을 익히는 목적이 새로운 것을 아는 데 있음을 강조한 것이다. 진대晉代 육기陸機는 《문부文賦》에서 "또는 옛것을 계승하여 새로운 것을 보충하고, 혹은 탁함을 씻어내어 더욱 맑아진다."고 했다. 장재 또한 "도리에 의심이 있어 옛 견해를 씻어내니 새로운 뜻이 온다. 만약 마음에 열리는 것이 있다면 곧 찰기剳記하라."고 했다. 장재는 학생들에게 공부할 때 만약 글에 문제가 있음을 발견한다면 오래된 견해를 버리고 새로운 뜻을 세우며, 만약 마음에 새로운 깨달음이 있다면 이를 곧 기록하라고 했다. 주희 역시 학생들에게 낡은 견해를 고집하지 말고, 이를 타파하여 새로운 뜻을 세우라고 권고했다.

"배움은 오로지 이전의 의견을 고수하는 것이 아니며, 반드시 배제하여 바야흐로 새로운 뜻을 발견해야 한다. 이는 탁한 물이 지나간 후에 맑은 물이 나오는 것과 같다."

명대 방이지方以智는 온고지신에 대해 옛것故을 소극적으로 받아들이지 말고 반복적인 연구를 통해 "배움은 그 오랜 기간 누적된 지혜를 받아들이고 그 옛것을 날로 새롭게 하는 것이며, 그 옛것이 점점 새로워지는 것을 스스로 얻어야지 답습하면 안 된다."고 했다. 즉 진정으로 새로운 것을 아는 것知新은 다른 사람의 진부한 견해를 그대로 베끼는 것을 통해서 얻어지는 것이 아니라 옛 사람의 지혜를 기초로 삼고 연구를 반복해야만 새로운 지식을 스스로 얻는自得 경지에 이를 수 있다고 한 것이다.

06

중국 고대의 교사론

교사라는 직업은 세계에서 가장 오래된 직업 중 하나이다. 인류사회 중 교사가 없는 사회는 없다. 교사는 선인의 지식과 경험을 젊은 세대에게 전달하고, 인류사회의 지속적인 발전에 다리 역할을 한다.

러시아 교육가 우신스키는 교사에 대해 이렇게 말했다.

"만약 한 교사가 현대교육의 발전과정에 뒤떨어지지 않는다면, 자신이 인류의 무지와 악습을 극복하기 위해 활약하는 거대한 조직의 열성적인 구성원이라는 것과, 과거 역사의 모든 고상하고 위대한 인물들과 새로운 세대 간의 매개자의 역할을 하며, 진리와 행복을 쟁취하기 위한 인간의 신성한 유훈遺訓의 보존자라는 것을 느끼게 될 것이다. 또한 스스로 과거와 미래 사이의 하나의 살아 있는 일환이라는 것을 느끼게 되며 …… 그의 직업은 비록 겉으로 볼 때 평범해 보이지만, 알고 보면 역사상 가장 위대한 직업 중의 하나임을 깨닫게 될 것이다……."

17세기 체코 교육가 코메니우스 역시 "국가에 공헌하고자 한다면, 청년을 지도하고 교육하는 것보다 더 훌륭하고 더 위대한 것이 어디 있겠습니까?"라고 했다. 그래서 그는 교사라는 직업을 "태양 아래 가장 찬란한 직업"이라고 칭송했다.

그렇다면 고대 중국 교육가들은 교사에 대해 어떤 의견을 가지고 있었을까? 중국 고대사회에서 교사의 지위와 역할은 또 어떠했을까? 본 장에서는 이 부분을 소개하고 연구하려 한다.

1. 교사의 변천 과정

고대 중국 교육사상사에서 교사의 지위에 대한 논쟁은 끊임없이 계속 되어왔다. 중국 역사상 교사를 존중하고 교육을 중시하는 좋은 전통이 있었다고 보는 사람이 있는 반면, 고대 중국사회에서 교사들이 특별히 존중을 받은 적은 없고 다만 학생과의 관계에서 교사의 권위가 있었을 뿐이라고 생각하는 사람도 있다. 도대체 이 문제를 어떻게 보아야 할 것인가? 이 문제를 이해하기 위해 교사라는 직업의 출현과 그 지위의 변천 과정을 역사적으로 고찰해 봐도 무방할 것이다.

중국 최초의 원시 인류 단계에서는 전문적인 교육활동이 따로 존재하지 않았다. 원시 인류의 교육은 완전히 집단 중심으로 진행되었는데, 주로 집단적 교류에 의해 생산 및 생활의 경험을 전수하고, 집단적으로 후대를 교육하고 양성했다.

원시사회로부터 씨족 공동체 단계로 접어든 후, 중국 고대 사회에는 "씨족의 우두머리를 각 씨족의 같은 일가 중에서 선출하는 풍속"이 형성되었다. 이로써 최초의 부락현귀部落顯貴(씨족 중의 우두머리 혹은 장로)가 출현했다. 이러한 부락현귀가 교육 직책을 담당하면서 최초의 겸직

교사兼職教師(교사 직무를 겸한 사람)로 되었다. 옛 서적에는 이에 관한 기록이 많이 남아있다.

> 복재 씨 시기 짐승들이 많아서
> 백성에게 사냥하는 법을 가르쳤다.
> 창희 씨 시기에 이르러서는 짐승이 적어 신농 씨는 경작하는 법을 가르쳤다.
> 나무를 깎아 보습을 만들고, 나무를 휘어 쟁기를 만들어 천하 사람들에게 쟁기로 경작하는 법을 가르쳤다.
> 요 임금은 기棄를 초빙하여 백성들이 산 위에 올라가 살게 하고, 지형에 따라 집을 짓게 하도록 하였으며 곡물을 재배하는 기술을 연구하게 하였다. …… 이에 요 임금은 기를 농사農師로 임명하고, 태台 땅을 봉지로 내리며 후직後稷이라는 호와 함께 희姬 씨 성을 내렸다.
> 후직은 백성들에게 파종하고 수확하는 법을 가르쳐 백성들이 점차 오곡을 재배하고 파종하는 법을 익히게 하였다.

이 기록은 겸직교사의 교육활동이 기본적으로 생산 노동의 과정에서 이뤄졌다는 점을 입증한다.

씨족 공동체 단계의 말기에는 사회 생산 발전과 사회 분업화 확대에 따라, 교육도 점차 분화되기 시작한다. 이 시기에 부락현귀의 자제를 가르치는 성균지학成均之學과 우고지학虞庠之學이란 전문학교가 생겼는데, 이것이 바로 최초의 학교이다.

이 시기 학교의 교사는 두 부류로 구성되었다.

하나는 앞서 소개한 부락현귀의 겸임교사이다. 이들은 행정지도자인 동시에 학교의 교사였다. 이를 일컬어 관사합일官師合一(관리와 교사를 하나로 합하다)이라 한다.

또 다른 하나는 신중한 선발을 거쳐 덕성이 높고 명망이 두터운 노인을 전문교사로 임명한 것이다. 여기서 최초의 전문 교사는 인생의 선배인 노인이 맡았다는 것을 알 수 있다. 그들은 귀족 자제들에게 활쏘기, 예禮, 악樂 등을 가르쳤을 뿐만 아니라 또한 노인을 공경하고 봉양하는 의식인 걸언乞言(공손하게 교훈이나 가르침을 구하는 말)과 합어合語(어른의 의견을 받들며 그에 일치한 말)로 천자, 제후, 신하 및 귀족의 자제들에게 선한 말과 선한 행실을 가르치고 오륜의 도를 강술했다. 이 시기에 교사는 물론 상당한 존중을 받았다. 그러나 존중을 받은 가장 큰 이유는 아마도 관사합일 때문이었을 것이다.

이러한 관사합일의 제도는 하, 상, 서주의 노예사회로 바로 이어졌다. 특히 서주(기원전 11세기부터 기원전 771년까지) 시기에는 정치와 교육이 분리되지 않고 관사합일 제도가 날로 완성되면서 학재관부學在官府(관청에서 배우다)의 풍조가 형성되었고, 관에서 교육기관을 세우는 교육보넬이 등상했다.

서주 시기의 교사는 국학國學, 향학鄕學의 두 부류로 나뉜다.

국학 교사는 대악정大樂正(대사악이라고도 불리며, 국가의 종교 제사와 의식을 책임지는 예관임)이 전체를 총괄하고, 아래로는 소악정小樂正, 대서大胥, 소서小胥, 대사성大司成, 약사龠師, 약사승龠師丞, 대전大傳, 소전小傳,

사씨師氏, 보씨保氏 등의 관리들이 각각 직무를 나누어 해당 업무를 관장했다. 그들은 관의 정식 악관이자 귀족자제를 교육하는 교사이기도 했다.

향학의 교사는 대사도大司徒(백성을 다스리는 관리의 우두머리)가 전체를 총괄하고 아래로는 향사鄕師, 향대부鄕大夫, 주장州長, 당정黨正, 부사父師, 소사少師 등이 교사 직무와 각급 지방 행정관리를 겸임했다. 또한 사대부인 치사致仕(퇴직한 관료)의 대부 및 선비들도 교사의 책임을 맡았다. 이들을 일컬어 문사文師 혹은 소사少師라고 했다.

정치와 교육이 분리되지 않고 관리가 교사직을 겸임했던 서주의 교육제도는 중화교육사상 중 정치논리의 기초를 다졌으며, 동시에 이후 교사의 사회적 지위에 많은 영향을 미쳤다. 즉 교사가 관리직까지 겸임하며 정치와 밀접한 관계를 가질 때에는 그 지위가 인정과 존중을 받았으나 그렇지 않을 경우에는 존중을 보장받기 어려웠던 것이다. 교육 분야의 '관본위官本位(직위나 권력으로 개인이나 단체의 사회적 지위를 평가하는 가치관)' 사상은 바로 이러한 역사적 배경에서 기인했다.

역사의 수레바퀴가 춘추전국시대에 이르렀을 때, 중국 고대 사회에 큰 동요와 변혁이 나타났다. 교육 분야에서는 세 가지 뚜렷한 변화가 나타났는데, 바로 관학의 쇠퇴, 사학의 발흥과 선비 계층의 흥기이다.

노예의 주인인 귀족 무리들이 서로 패권을 다투면서 군사 투쟁에 온 힘을 집중하면서, 교육 사업에 대한 관심은 점차 줄어들었다. 그러면서 "천자는 관官을 잃고, 배움은 사이四夷(사방의 오랑캐로, 동의, 서융, 남만, 북적을 가리킴)에 있게 되었다."의 표현과 같이 관학 쇠퇴 현상이 나타났다.

관학이 쇠퇴하면서 교육에 대한 사회적 요구에 따라 곧 사학私學이 나타났다. 비록 중국 역사상 사학의 창시자가 누구인지 정확히 고증하기는 어렵지만, 새로운 학교 운영 형식인 사학의 출현에 가장 많은 공을 세우고 영향을 준 사람은 공자라는 의견이 지배적이다. 사학이 나타나면서 "배움은 관청에 달려 있다."라는 관의 교육 독점 구조가 깨졌으며, 신흥 상인이나 지주 및 농민과 수공업자의 자제들도 교육을 받을 수 있는 기회가 생겼다. 또한 중국 역사상 처음으로 순순히 가르치는 것만을 직업으로 하는 교육가가 나타났다.

선비 계층의 흥기는 사학과 상호 작용을 하면서 당시 교육사업의 번영을 촉진시켰다.

춘추전국시기 교사는 여전히 관청, 정치와 긴밀한 관계를 맺고 있었기 때문에 교사지위는 그런대로 괜찮은 편이었다. 《염철논鹽鐵論·논유論儒》에 당시 제나라에서 교사 등 문화인을 중시했다는 기록이 보인다.

"제나라는 선왕이 유학을 숭상하고 학문을 존중하여 맹가孟軻, 순우곤淳於髡 등 무리들은 상대부上大夫의 녹을 받으면서 직책은 맡지 않았지만 국사를 논하였다. 당시 제나라의 직하 선생은 천여 명에 이르렀다."

이를 통해 직하학궁稷下學宮(사당 아래 국자감)이라는 당시의 고등학부에서 가르침에 종사한 교사들은 제나라 왕의 두뇌집단 역할을 담당했다는 것을 알 수 있다.

그러나 바로 이 시기부터 교사의 지위가 불안정해지기 시작했다. 교사의 성쇠盛衰와 영욕榮辱이 정치가에 의해 좌지우지되기 시작한 것이다. 이 부분을 좀 더 이해하기 위해 공자의 경력을 살펴보도록 하자.

공자는 중국 역사상 최초의 대교육가이며, 또한 교사의 모범이었다. 사마공은 공자의 일생을 다음처럼 간단명료하게 요약했다.

공자는 가난하고 신분이 낮았다. 일찍이 계씨의 사관(역사를 기록하던 관리)으로 있으면서 장부를 맡은 적이 있는데 수입과 지출을 균형 있게 하였다. 후에 목장의 관직을 맡아 있으면서 가축들을 크게 번식시켰다. 이에 사공의 직에 발탁되었다. 그러나 얼마 후에 노나라를 떠나 제나라로 간다. 제나라에서 배척을 받고, 이어서 차례로 송나라와 위나라를 찾아 가지만 모두 추방을 당한다. 진나라와 채나라 국경 지대에서 난을 겪고, 다시 노나라로 돌아갔다.

공자는 짧은 일생 중 관운이 형통했던 적도 있었다. 노나라의 사공司空(공업부장에 해당)과 대사구大司寇(사법부장에 해당)를 겸했을 때만 해도 공자의 '인지도'는 상당히 높았다. 그러나 그의 사상이 당시 시대에 부합하지 않아 관직생활을 받아들이지 못하였기에 사직하고 유랑생활을 시작하였다.

공자는 대략 30세 전후에 교사생활을 시작했으며 그 후로 가르침을 쉬어본 적이 없다. 그러나 당시의 역사적인 배경으로 인해 (비록 후에는 만세사표, 성인으로 받들어지지만) 공자는 유랑 생활 중에 처량하고 괴로운 심정을 맛본다. 폭도의 공격, 군주의 냉대, 세인의 비방, 제자의 낙심 등이 공자의 말년 사상에 염세주의 등 비관적인 정서를 형성하는 데 큰 작용을 했다는 점은 의심할 여지가 없다. 결국 공자는 말년에 '초상집의 개와 같이 초라한 꼴'이 되었으며, 제자인 자로가 위나라에서 죽었다는 흉보凶報를 들은 지 얼마 지나지 않아 돌연 세상을 떴다.

순자의 경우도 살펴보자. 순자는 중국 역사 및 교육 역사상 최초로 교사의 지위와 역할을 전반적으로 서술하고, 교사의 지위를 사상 초고로 높이 끌어 올린 교육사상가이다.

순자는 비교적 이른 시기에 교사의 역할이 국가의 성쇠, 법제의 존폐 및 인심의 선악과 관계가 있다는 사상을 명확하게 제시했다

"나라를 흥하게 하려면 반드시 사師(스승)를 귀하게 여기고 부傳(기예의 스승)를 중히 여겨야 한다. 사를 귀히 여기고 부를 중히 여기면 곧 법도가 세워진다. 나라가 쇠하려 하면 필연적으로 사를 낮추고 부를 소홀히 하게 된다. 사를 낮추고, 부를 소홀히 하면 사람들이 경솔하게 되고 따라서 곧 법도가 무너지게 된다."

위 문장에서 알 수 있듯이 순자는 교사를 존중해야만 사회제도와 법률이 비로소 완전하게 세워지고 준수될 수 있다고 생각했다. 순자는 또한 이렇게 말했다.

"예에는 세 가지 근본이 있다. 천지는 생명의 근본이며, 조상은 인류의 근본이고, 현자는 정치의 근본이다. 천지가 없이 어찌 생명이 생겨날 수 있겠는가? 조상이 없이 어찌 인류가 생겨날 수 있겠는가? 군주가 없이 어찌 천하가 태평할 수 있겠는가? 이 세 가지 근본 중 한 가지만

결여되어도 백성이 평안할 수 없다. 그러므로 예禮를 갖추어 위로는 하늘을 섬기고 아래로는 땅을 섬기며 조상을 존중하고 군주를 숭배해야 하니, 이것이 바로 예의 세 가지 근본이다.”

이는 중국 역사상 처음으로 교사를 임금, 부모와 나란히 한 것이다. 교사 지위의 존귀함은 예禮적인 지위의 숭고함에서 비롯된다. 그러나 만약 교사의 역할이 없다면 또한 어찌 예를 알 수 있겠는가?

그래서 순자는 《순자荀子·수신修身》에서 “예의란 몸을 바로잡는 것이고, 스승은 예의를 바로잡는 것이다. 예가 없이 어떻게 몸을 바로잡을 수 있겠는가? 스승 없이 어찌 예의를 알고 올바르게 행할 수 있겠는가? 예의를 따르는 것은 진심으로 예를 원하기 때문이고, 스승의 말을 따르는 것은 지혜가 스승을 믿기 때문이다. 진심으로 예를 원하고 지혜가 스승을 믿는다면 곧 성인이다.”라고 하였다.

예는 사람의 사상과 행위를 바로잡는 데 쓰이고, 교사는 사람의 사상과 행위가 예에 부합하는지를 판단하므로, 최종적으로 교사 자신에 의해 예가 실현된다는 뜻이다.

그러므로 순자가 배움의 여부를 한 개인의 성패를 결정하는 열쇠로 생각한 것도 무리가 아니다.

“그러므로 스승이 없고 법을 모르는 상태에서 지혜만 있다면, 그 사람은 반드시 도둑질하게 되고, 용기만 있다면 반드시 남을 해치게 되며, 재능만 있다면 반드시 난을 꾀하게 되고, 지나치게 꼼꼼하고 자세하다면 반드시 괴설怪說을 세우게 되며, 말을 잘한다면 반드시 거짓말하게 될 것이다. 한편 사람에게 스승이 있고 법을 아는 상태로 지혜가 있다면 빨리 통달하게 되고, 용기가 있다면 빨리 위엄을 갖추게 되며, 재능이 있다면 빨리 성사하게 되고, 꼼꼼하고 자세하다면 연구에 극진을 다하게 되며, 말을 잘한다면 빨리 논단하게 될 것이다. 그러므로 스승과 법은 사람에게 큰 보배가 되는 것이다. 반대로 스승과 법이 없다는 것은 사람에게 큰 재앙이 되는 것이다.”

그러나 사법師法을 존중하고 추앙했던 모범적인 교육가인 순자도 공자와 비슷한 경력을 겪었다. 순자는 직하학궁이 한창 번창하던 시기에 돌연히 출세한 적도 있었다. 그는 학자 중의 ‘가장 큰 스승’이 되었을 뿐만 아니라 또한 제나라 임금의 총애를 받아 세 차례나 제주祭酒를 맡았으며 객경客卿의 자리에까지 올랐었다. 그러나 제나라 정치 판도에 변화가 생기면서 할 수 없이 제나라를 떠나 초나라로 갔다. 하지만 초나라에서도 모함을 당해 중용되지 못했을 뿐만 아니라 엄청난 고초를 겪는다. 후에 다시 직하학궁으로 돌아가지만 “지혜로운 자가 뜻을 펴지 못하고, 능력 있는 자가 재능을 발휘하지 못하고, 현명한 자가 중용받지 못하는” 식으로 “명예를 얻지 못하고 학도들 속에 그 빛을 발하지 못한 채” 그럭저럭 여생을 마친다.

이로부터 교사라는 직업은 정교합일政敎合一, 관사일체官師一體 제노에서 빠져나와 독립적인 직업이 되면서 그 지위가 불안정해졌음을 보아낼 수 있다. 이처럼 교사의 지위는 당시의 정치시국의 영향을 크게 받았으며, 심지어는 위정자 개인의 호오好惡와 희노喜怒에 따라 좌우되기도 하였다. 교사는 봉건 윤리정치 체계의 한‘유대 고리’가 되어야만 비로소 중시되며 요직에 임용될 수 있었다.

양한(서한과 동한) 시기 교사를 포함한 지식인에 대한 태도상 차이점이 있는데 이는 다음의 관점을 증명한다.

> 서한의 개국공신은 망명하였던 무뢰한에서 많이 생겨났고, 동한이 홍기하기까지 많은 장수들은 모두 유학자의 기상을 보였다. 이는 한 시기의 사회 풍기와는 다른 것이었다. …… 이른바 홍성이란 임금과 신하가 모두 한마음 한뜻으로 생각과 기호가 비슷하게 되어 그렇게 희망하지 않아도 그렇게 되어가는 것을 가리킨다. 소위 올바른 임금이 있으면 올바른 신하가 있는 것과 같은 것이다.

조익은 양한의 개국 군주가 유학자를 대하는 태도가 각기 달랐던 이유를 "임금과 신하는 같은 부류이다."와 "성격이나 기호가 비슷하다."로 정리했다. 물론 사회적, 역사적 배경의 영향을 경시했다는 점에서 다소 편향적 견해이기는 하지만, 양한 개국 군신의 성격 차이와 유학자에 대한 태도를 정확히 지적했다는 점에서 어느 정도 일리는 있다. 사서史書를 보면 한고조 유방은 '오만하고 다른 사람을 곧잘 모독하였다.'라고 평가되어 있는데, 심지어 유생들의 관冠을 벗겨서 그 안에 소변을 보기도 했다고 한다. 이는 지식인들에 대한 큰 인격적 모독이 아닐 수 없다.

그러나 한무제漢武帝는 이와 달리 전국에 학교관學校官을 세우라고 명했다. 그리고 오경五經 박사를 세우고, 널리 제자들을 받아들이게 하였으며, 학과별로 사책射策을 마련하고, 벼슬자리와 녹봉으로 격려하게 하였다. 이를 백여 년 동안 실행하면 업을 전수하는 자가 점차 늘어나고, 여러 학설이 생겨나게 되며, 대교육가가 수천여 명에 달하게 될 것이라고 했다.

사실 한고조가 유생들을 푸대접한 것도 나름의 이유가 있었다. 한고조는 건국 과정에 무인武人들의 힘에 의지해 천하통일을 이루었다. 건국 후 전쟁에서 거의 아무런 역할도 하지 못한 유생들이 군사와 정치에 참여해도 자연히 유방의 눈에 들 리가 없었다. 그러나 한무제 때 이르러서는 사대부가 점차 주도적인 지위를 차지하면서 정치에 직접적으로 개입하기 시작했다. 동한 초기에 광무제光武帝, 명제明帝, 장제章帝 등은 모두 비교적 유생들을 존중하였다. 그들 또한 선비 출신인 경우가 많았는데 광무제 등이 그러한 경우이다.

한 나라 이후로 교사의 지위는 점차 흔들리기 시작했다. 이러한 경향은 위진 시기부터 당조唐朝에 이르러 절정에 다다랐다. 이때의 교사는 매우 아슬아슬한 위기 상황에 처해있었다고 볼 수 있다. 이는 한유韓愈가 지적한 바와 같이 "한 나라 이후로 사도師道가 날로 미미하게 되어 간혹 경과 업을 전수하는 자가 나타나듯 지금에 이르러 별다른 차도가 없다."고 한다.

유종원柳宗元 역시 교사의 지위가 땅에 떨어진 상황에 대해 개탄을 금치 못했다.

"위진 시대 이후로 사람들은 스승이 되려 하지 않았다. 지금 세상에서 스승이 있다는 말을 들을 수 없고, 또 스승을 한다고 하면 곧 떠들썩하게 웃으며 미치광이로 본다. 오직 한유만이 세상 흐름에 얽매이지 않고 더욱 분발하여 비웃음을 받으면서도 제자들을 받아들여, 《사설師說》을 짓고 세상의 멸시에 맞서며 스승 노릇을 했다.”

당조 때 교사는 더 이상 예전처럼 명예롭고 신성한 직업이 아니었다. 정치와 교육, 관리와 스승이 분리되면서 교사가 사회정치생활에서 더욱 멀어진 것이 근본적인 이유라고 할 수 있다. 이 밖에도 또 한 가지 소홀히 할 수 없는 원인은 바로 과거제도의 영향이다.

주지하다시피 과거제도는 사회화된 교육을 만드는 주요 요소이다. 그 당시 사회에서 공부의 목표는 오로지 과거시험의 관문을 통과하는 것이었다. 그러나 이 관문을 통과할 수 있는 사람은 극소수의 ‘행운아’뿐이었다. 과거시험을 통해 벼슬을 얻는 사람은 수많은 사람 중에서도 가장 우수한 한 사람뿐이었던 것이다.

과거시험에서 낙방한 사람은 다시 농업, 상업, 수공업 등에 종사하면서 다른 사람들에게 심한 모욕을 당했을 뿐만 아니라 스스로도 심각한 스트레스를 받았다. 그래서 과거시험에 합격하지 못한 사람들은 어쩔 수 없이 교사라는 직업을 생업으로 선택해야 했다. 이렇게 과거시험에서 떨어진 사람들이 교사직을 맡다보니, 교사의 사회 지위는 자연히 크게 떨어지게 되었던 것이다.

원대에 이르자 중국에서 교사의 지위는 거의 사회 최하층까지 떨어졌다.

정사소鄭思蕭는 원대의 신분등급을 설명하면서 “첫 번째는 중앙 관리, 두 번째는 지방관리, 세 번째는 승려, 네 번째는 도사, 다섯 번째는 의사, 여섯 번째는 공인, 일곱 번째는 사냥꾼, 여덟 번째는 장인, 아홉 번째는 선생, 열 번째는 거지이다.”라고 했다. 그런가 하면 사방득謝枋得은 《송방재백귀삼산서送方載伯歸三山序》에서 원대의 잡극雜劇 예인藝人들을 기술하면서 “유학자가 서러워하며 말하기를, 원의 의식과 제도, 사람은 열 등급이 있다. 첫 번째 벼슬아치와 두 번째 하급관리는 귀하고 귀한 자로서 나라를 이롭게 한다고 평가받는다. 일곱 번째 장인과 여덟 번째 창기, 아홉 번째 학자, 열 번째 거지는 뒤떨어지는 자이고 천하고도 천한 자이며, 나라를 이롭게 하지 못한다고 평가받는다.”고 했다.

여기서 알 수 있듯이 교사를 포함한 지식인은 장인, 기생보다 못하고 거지보다 겨우 한 등급 높은 처지였다. 청대 유명한 화가 정판교鄭板橋도 남에게 얹혀서 겨우겨우 살아가는 교사의 생활을 다음과 같이 묘사했다.

가정교사란 본디 비천한 지위인지라,
일 년 내내 남에게 빌붙어 살아간다네.

반은 굶고 반은 배불리는 한가한 손님으로,
쇠사슬도 형틀도 없는 자유로운 죄수와 다름없다네.

수업이 적으면 게으름 피운다 부모형제의 질타 받고,
수업이 많으면 많다고 자제분들 원성을 산다네.

다행히 오늘날 높은 관직을 얻어,

당시의 치욕을 반쯤은 가리네.

이 시는 서당 선생이나 아이들 가정교사 노릇을 해서 겨우 입에 풀칠하고 사는 가난한 유생들의 곤궁하고 초라한 모습과 고생스러운 생활을 매우 사실적으로 표현했다. 실제로 중국 봉건사회에서는 교사와 같은 직업을 지식인의 말로라고 여겼다. 그래서 심지어 "집에 곡식 두 말만 있어도 자식에게 교사 노릇을 시키지 않는다."는 말이 널리 유행하기도 하였다.

그러나 통치자가 교사의 사회적 신분을 최하층까지 끌어내렸을 때에도 교사에 대한 교육계의 존경심은 여전히 존재했다. 중국 고대 역사상 교사의 사회적 지위는 수없이 많은 변화를 겪어, 심지어 최고층에서 최하층까지 떨어지는 질곡을 겪기도 하였지만, 교육가 및 교육사상가, 백성들 사이에서 교사를 찬미하고 존경하는 전통은 근본적으로 사라지지 않았다.

2. 교사의 기능

앞서 고대 사회에서 교사의 변천 과정에 대해서 간략하게 고찰해 보았다. 이번 장절에서는 교사의 역할과 그 기능에 대한 고대 중국교육가들의 논술을 분석해보려 한다. 고대 중국에서 제시된 교사의 기능에 관한 학설은 대략 다음의 세 가지로 분류할 수 있다.

(1) 도를 전달傳道하는 기능

도道는 고대 중국 철학의 기본 개념이다. 춘추전국 시기 《좌전左傳 소공昭公·십팔년十八年》에서 자산子産의 "하늘의 도는 멀고 인간의 도는 가까우니 미치지 않는 곳이 없다."라는 구절에서 처음 등장했다. 여기서 '하늘의 도'란 천체 운행의 규칙을 뜻하고, '인간의 도'란 사람으로서 지켜야 할 준칙을 말한다.

후세의 유가에서는 도를 봉건시대의 윤리인 삼강오륜으로 규정지었다. 서한의 동중서는 《한서漢書·동중서전董仲舒傳·거현량대책삼擧賢良對策三》에서 "도의 큰 근원은 하늘이다. 하늘이 변하지 않으니, 도 또한 변하지 않는다."고 했다. 때문에 도를 전달하는 것은 정치윤리도덕을 전수하는 것이며, 이는 고대 중국의 가장 중요한 기능이자 교사의 가장 중요한 임무였다.

한대의 마융馬融은 《통전通典》에서 비교적 이른 시기에 "스승이 사람들이 올바르게 행하도록 가르침에 있어서 덕으로 타이른다."는 사상을 명확히 제시했다.

정현鄭玄 역시 《주례주소周禮注疏》에서 "스승은 도로 사람을 가르치는 이를 칭하는 말이다."라는 마융과 비슷한 주장을 제시했다. 즉 교사의 기본 임무와 역할은 정치윤리도덕을 전수하는 것이라는 주장이다. 그런가 하면 당대의 한유는 《사설師說》에서 "스승은 도를 전하고 업을 전수함으로 제자의 의문을 풀어주어야 한다.”며 매우 예리하면서도 광범위하게 교사의 역할을 정리했다. 여기서 한유가 말한 ‘도를 전하는 것’은 봉건주의의 정치윤리도덕을 전수하는 것을 뜻한다. ‘업을 전수하는 것’은 《시경》, 《서경》, 《역경》, 《춘추》 등 유가 경전을 가르치는 것이다. ‘의문을 풀어주는 것’은 학생들이 도道와 업業을 배우는 과정에서 부딪치는 각종 난제에 해답을 제시하고 궁금한 점을 풀어준다는 것이다. 세 가지 중에서 전도傳道가 근본이며, 수업과 질문의 해결은 모두 도가 순조롭게 전수될 수 있도록 하는 보조적인 역할이다.

송대의 양간楊簡은 유심주의 심학 체계를 기초로 교사의 역할을 자세히 분석했다.

“가르친다는 것은 도를 전하는 것이다. 도는 외부에 있는 것이 아니라, 개인의 마음속에 존재하고 있던 것이다. 가르침이란 외부의 어떤 것을 취하여 가르치는 것이 아니라 본래부터 배우는 자 내심에 고유한 것을 회복시켜 깨치게 하는 것이다. 만약 배우는 자가 성실함을 따르지 않고 가르치는 자가 바깥의 것을 빌려 가르치고자 한다면 이는 배움에 아무런 도움이 없게 된다.”

교사의 기능은 학생 마음속에 원래부터 존재하는 ‘도’를 계발하고 회복시키는 것이라는 뜻이다.

청대의 왕부지는 ‘도를 전달하는 것’을 매우 중시했고, 대학의 근본 목적은 ‘스스로 수양하며 남을 다스릴 수 있도록 가르쳐서 큰 사람의 덕업을 이루게 하는 것’이라고 생각했다. 그러나 심학에서 주장한 ‘내심 스스로 깨닫는 방법’에 찬성하지 않고, ‘바깥의 사물을 관찰하며’

'스스로 내면의 능력을 수양하는' 방법을 결합해야 한다고 주장했다.

(2) 인재육성 기능

서양의 교육 사상사에서 프랑스의 교육가 루소Jean Jaques Rousseau는 일찍이 "사람은 교육으로 만들어진다."는 명제를 주창했다. 루소는 아이를 사회와 두 부모님의 구속으로부터 벗어난 한 명의 인격체로 간주하고, 아이들의 자연적 본성을 키워주는 것이야말로 진정한 교육이라고 생각했다. 루소의 이러한 주장은 교육계에 180도 대전환을 이루었고, 이로써 근대교육의 원리가 세워졌다.

비록 고대 중국 교육가 중 이러한 명제를 명확히 제기한 사람은 없지만, 이와 비슷한 사상은 상당히 오래 전부터 있었다. 선진先秦 시기의 순자는 교사가 학생의 인격 형성에 결정적 역할을 하는 중요한 요소라고 주장했다. 그리고 《순자荀子·유교儒效》에서 "스승과 법도가 있다는 것은 사람에게 큰 보배이다. 반대로 스승과 법도가 없다는 것은 사람에게 큰 재앙이다. 스승과 법도가 없는 자는 그 악한 본성이 제멋대로 날뛰게 되고, 스승과 법도가 있는 자는 그 배움이 나날이 쌓이게 된다."고 했다.

서한 말기의 양웅揚雄도 교사의 인재 육성 기능을 인정하였으며, 더 나아가 《법언法言·학행學行》에서 "스승이여, 스승이여! 배우는 자의 운명을 잡고 있도다!"라고 찬탄했다. 교사가 학생의 운명을 잡고 있다는 것은 그만큼 학생의 앞날에 큰 영향을 미친다는 뜻이다. 한대의 반고班

固가 편찬한 《백호통덕론白虎通德論》에서는 만약 교사의 가르침이 없다면 인간은 단지 생물학적 의미의 자연인에 불과하며, 교사의 가르침을 통해 인류의 문화유산과 사회도덕 규범을 배워야만 명실상부한 사회학적 의미의 사회인이 될 수 있다고 했다.

송대의 장재는 《장재집張載集·어록중語錄中》에서 루소의 그 유명한 명제와 비슷한 의견을 제시했다.

"배움은 반드시 인성을 기초로 이루어져야 한다. 인仁은 소위 인간다운 인간의 근본이다. 배우는 것은 배움을 거쳐 인간으로 성장하기 위함이다."

반고와 장재의 명제를 루소의 사상과 동일선상에 놓고 논하기에는 무리가 있지만, 시기적으로 본다면 반고와 장재는 각각 루소보다 천육백 년, 칠백 년 가량 이른 시기에 이 명제를 제시했다.

당조의 유종원과 송대의 육유는 스스로의 경험에서 얻은 교훈을 활용하여 교사의 인재 육성 기능을 설명했다. 다음은 《유하동집柳河東集》에 수록된 유종원의 글이다.

나는 어렸을 때 음악을 즐겨서 거문고를 타는 사람을 찾아 배웠지만, 큰 스승을 만나지 못했다. 그러나 악보 읽는 법과 소리 듣는 법, 줄을 짚는 법은 전수 받아 아침 일찍 일어나 밤늦게까지 연습을 거듭했다. 밤이 깊으면 초를 켜놓고, 초가 다 탈 때까지 자리에 앉아 거문고를 켰다. 십

년 동안 이와 같이 노력하였다. 이윽고 큰 도읍에 나가 여러 사람 앞에 자리를 펴고 연주를 하자, 모두 크게 웃으며 말했다. "하하! 어찌 맑은 것과 혼탁함이 섞여 있고 괴로움과 편안함이 서로 어그러져 있는가!" 결국 부끄러움을 느끼며 돌아왔다. 세월이 지나 책을 즐기게 되어, 학자를 찾아 배웠지만 큰 스승을 만나지 못했다. 그래서 홀로 옛 책을 구해 깊이 연구했다. 그 노력이 거문고를 연습하는 것과 같았으나, 시간은 오히려 배나 걸렸다. 그리고 밖으로 나아가 "나의 책에 대한 경지는 이러하다."라고 말했다. 그러자 책을 아는 사람이 크게 웃으며 "모양은 따르는 듯 보이나 오히려 이치는 거스르는구나."라고 말했다. 갑자기 천하에 버려진 듯하였다. 결국 또다시 부끄러움을 느끼며 돌아왔다. 거문고와 책 모두 열심히 노력하였는데 어찌하여 도리어 버림 받는 신세가 되었는가? 스승 없이는 아무리 노력해도 그 글을 제대로 알지 못한다. 그것을 제대로 전할 수도 없으며 또한 얻을 수도 없다. 그렇기 때문에 비록 밤낮으로 노력하고 많은 세월을 들였지만 갈수록 멀어질 뿐 가까워질 수 없었던 것이다.

교사의 지도와 가르침 없이, 오로지 자신의 노력에만 기대어 추구한다면 요점을 파악하지 못하는 경우가 종종 있다. 이렇게 되면 공을 몇 배나 들여도 별로 얻는 것이 없거나 아예 아무것도 얻지 못한다. 또한 효율도 떨어지기 때문에, 혼자만의 노력에 의지해서 인재가 되는 일은 거의 불가능하다. 그래서 유종원은 《사우잠師友箴》에서 "스승이 없었다면 내 어찌 이만큼 이룰 수 있었겠는가?"라고 했다.

송대의 육유는 스승의 가르침이 없음으로 인한 고초를 몸소 겪었다. 그가 쓴 《답류주박서答劉主薄書》를 보면,

송유는 20대에 고학古學에 흥미를 느끼고 공부를 시작했다. 그러나 공부를 하는 과정에서 스승과 벗의 도움이 없다보니 정작 핵심적인 부분에 의문이 생겨도 대강 추측만 할 뿐 정확히 알 도리가 없었다. 혼자서 이리 저리 추측하다 옳다고 생각하여 확신을 가졌다가도 곧 아니라는 의심이 들거나, 아예 깨닫지 못하는 부분도 수두룩했다. 결국 그러다 무엇이 옳고 그른지조차 구별할 수 없을 만큼 혼란한 상태에 빠지기도 했다.

그래서 육우는 한 분야의 지식을 진정으로 파악하기 위해서는 반드시 교사의 지도와 가르침을 받아야 한다고 주장했다.

명明·청淸 시기 황종희는 《남뢰문안南雷文案》에서 "고금에 학문의 성취가 큰 사람이건 작은 사람이건 간에 스승의 가르침이 없이 이룬 사람은 단 하나도 없다."고 하면서 교사의 기능을 설명했다. 학업의 성패와 인재 성장은 교사의 교육 없이는 이뤄질 수 없다고 본 것이다.

(3) 교정 기능

교정矯正이란 교사가 교육활동으로 학생들을 완전한 인격체로 육성하는 것뿐만 아니라 자연인인 사람을 사회인으로 변화시키고 학생들의

치우친 부분이나 불량스런 행위를 바로잡고, 사회에 부적합한 사회인을 적합한 사회인으로 바꾸는 것을 가리킨다. 《여씨춘추》의 작가는 이미 이 부분에 대해 수차례 언급했다.

《여씨춘추》에서는 좋은 스승의 지도를 받은 사람은 반드시 좋은 소양을 갖추고 성현의 한 사람으로 성장하게 된다고 했다. 즉 "스승에게 배워 갖춰진 사람이 성인이 되지 않은 경우를 나는 보지 못했다."라고 했다. 이와 동시에 불량한 행동에 대한 교사의 교정 역할을 매우 강조했다. 《여씨춘추》에 따르면 전국 시기의 몇몇 저명한 현사賢士(현명한 선비)들 중에는 원래 '형벌을 받아 치욕스럽게 죽어야' 마땅한 사람도 있었다고 한다. 그러나 그들은 형벌을 받지 않았을 뿐만 아니라 심지어 천하에 이름을 날리는 유명인사가 되었다. 그들이 불량배에서 현사가 될 수 있었던 이유는 바로 교사의 가르침, 즉 교사의 교정교육을 받았기 때문이다. 예를 들어 자장子張은 원래 노나라에서 비열하기로 유명한 사람이었고, 안탁취顏涿聚는 양부의 큰 도둑이었다. 단우목段干木은 진나라의 건달이었고 고하高何와 현자석縣子石은 진나라의 폭력배였으며 색노참索盧參은 교활하기로 유명한 사람이었다. 그러나 그들이 각기 공자孔子, 자하, 묵자, 금활리禽滑厘 등 훌륭한 스승의 가르침 아래, 마침내 품행을 단정히 하고 도덕적으로 훌륭한 사람이 되었다.

3. 교사의 자격요건

교사는 교육의 기능을 실현하고 교육의 목표를 달성하는 과정에서 마땅히 어떤 수양을 갖춰야 할까? 바꿔 말하자면, 교사의 자격요건은 과연 무엇일까? 미국 교육조사연구회AERA(1952)는 교사의 '능력'을 다음의 몇 가지 분야로 구분하여 볼 수 있다고 했다.

① 교사의 영향력(학생이 평생에 걸쳐 달성하게 될 수준과 성공에 대한 영향, 학생이 다음 단계의 학교에서 도달하게 될 수준에 대한 영향)
② 교사에 대한 학부모의 만족도
③ 교사에 대한 교육행정부서와 교장의 만족도
④ 교사의 의견, 가치관, 태도
⑤ 교사의 교육심리학 지식수준
⑥ 교사의 정서 및 사회 적응 능력
⑦ 교사의 수업 계획 수립과 관련된 지식수준
⑧ 교사의 전공 교과목 관련 지식수준
⑨ 교사의 여타 교과목에 대한 흥미 정도
⑩ 교사의 교육실습 성적
⑪ 교사의 교육 전공과목 성적
⑫ 교사의 지력

중국의 고대 교육가들은 이와 같이 '현대적'이지는 않지만 전반적으로 나름대로 체계와 특색이 있는 의견을 제시했다. 고대 중국의 교사 자격요건에 관한 교육사상을 다음의 세 가지로 나누어 살펴보도록 하자.

(1) 교사 자격요건 강령

고대 중국에서는 교사의 자격요건을 간단명료하면서도 핵심을 짚어 논술하였는바 그 예로 공자의 여덟 자 강령을 들 수 있는데 바로 '학이불염學而不厭(배움에 싫증내지 않는다), 회인불권誨人不倦(남을 가르치는 데 게을리 하지 않는다)'이다.

> "(배운 것을) 조용히 깨닫고 배움에 싫증내지 아니하며, 남을 가르침에 게을리 하지 않는 것 외에 내게 또 무엇이 있겠는가? 성聖스러움과 인仁을 논하자면, 내 어찌 감당해낼 수 있겠는가? 그러나 그것을 배우는 데 싫증내지 않고, 남을 가르치는 데 게을리 하지 않는 것은 할 수 있다고 감히 말할 수 있다."

학이불염과 회인불권에 내포된 의미를 자세히 분석해보면, 이것이 교사의 자격요건에 대한 깊이 있는 개괄이자 고대 중국교육이론 발전에 일대 공헌을 한 강령임을 알 수 있다. 지금까지도 이 여덟 글자보다 더 간결하고 정확하게 교사의 기본 소양을 서술한 말은 나타나지 않았다.

우선 학이불염부터 살펴보자. 한 교사가 명실상부한 진정한 교사가 되려면 먼저 꾸준히 공부하며 배움에 싫증내지 말아야 한다. 지속적으로 꾸준히 배워야만 학식의 수준을 더욱 높이고 고상한 품성을 도야할 수 있다. 공부를 게을리 하는 교사는 다른 사람의 본보기가 될 수 없다.

공자는 중국 역사상 학이불염의 전형적인 모델이라 할 수 있다. 그는 교사로 평생을 보내면서 잠시라도 배움을 멈춘 적이 없었다. 공자는 《논어論語·술이述而》에서 "나는 태어나기 전부터 아는 것이 아니었다. 고대 성현이 남긴 글을 좋아하여, 애써 배워서 얻은 것이다."라고 말했다. 그가 태어난 고향에서 그보다 공부하기를 즐긴 사람은 없었다고 한다. 공자는 어디에서나 끊임없이 묻고 공부했으며, "자기보다 연하의 사람에게 묻는 것도 부끄러워하지 않았고", 일정한 스승을 두지 않고 많은 사람에게 배웠다. 그는 말년에 이르기까지도 계속 공부했다. 심지어 "내가 몇 해를 더 살 수 있다면 50세에 역을 배워 부족함을 채울 것이다."라고 하며 배움에 대한 끝없는 열정을 보였다. 공자는 《논어論語·위정爲政》에서 자신의 생애를 이렇게 요약했다.

"나는 열다섯에 학문에 뜻을 두었고 서른에 뜻을 세웠으며 마흔에는 미혹당하지 않았고 쉰에 천명을 알게 되었다. 예순에는 귀가 순해졌으며 일흔에는 마음 내키는 대로 해도 법도에 어긋나지 않았다."

죽는 날까지 배움에 싫증을 내지 않았던 공자는 마침내 중국 역사상 손꼽히는 박학다재한 인물이 되어, 후대 교육가들의 우수한 모델이 되었다. 중국 역사의 한 페이지를 장식한 교사들은 모두 부지런히 배우면서, 이에 관한 수많은 명언을 남겼다. 예를 들어 송나라 시대의 대교육가 주희는 여덟 살 때 《효경孝經》을 공부하면서 "만약 효경의 내용처럼 부모에게 효도하지 않는다면 사람이 아니다."라는 말을 남겼다. 또한 열 몇 살 때 《맹자》를 공부하다가 "성인은 나와 같은 사람이다."라는 문장을 읽고, 너무 "기뻐서 말을 할 수 없었다."고 한다. 이동李侗을 스승으로 모실 때 주희는 침식을 잊어가며 공부에 전념했고, 이 모습을 본 이동은 매우 흡족해하며 이렇게 칭찬했다.

"(주희처럼) 최선을 다해 학문을 닦고 즐겨 행하며, 도리를 경외하는 사람을 나는 얼마 보지 못했다."

다음으로 회인불권을 살펴보자. 교사가 열심히 배우는 목적은 잘 가르치기 위함이다. 한 교사가 명실상부한 진정한 교사로 되려면 학이불염 외에 회인불권을 성실히 이행해야 한다. 교육 사업에 성심성의껏 헌신해야만 교육 업무를 제대로 할 수 있기 때문이다. 교육 업무에 싫증내는 사람은 우수한 교사가 될 수 없으며 종종 학생들을 오도할 수 있다.

공자는 중국 역사상 회인불권을 가장 잘 실천한 모범적 인물이다. 공자는 어떤 종류의 사람이 자신에게 가르침을 청해도 전혀 망설임 없이 모두 가르쳤다. 또한 상황이 아무리 힘들어도 굴하지 않고 계속해서 가르쳤다. 예를 들어 송나라에서 포위당했을 때에도 공자는 흔들림 없이 '제자들과 큰 나무 아래서 예를 공부'했나. 신나라에서 식량이 떨어졌을 때에도 그는 '현악에 맞춰 낭송하는 것을 멈추지 않았다.' 공자가 안연을 칭찬하기를 "가르쳐주면 게으름을 피우지 않는 자가 바로 안회이다!" "안회와 더불어 하루 종일 이야기하는데 조금도 거스르지 않는 것이 흡사 어리석은 자와 같았다."라고 했다. 이런 말들은 물론 안연의 성실한 학습 태도에 대한 표현이지만, 또한 공자의 회이불권 정신을 보여주는 것이기도 하다. 만약 공자에게 회인불권의 정신이 없다면 안연의 "게을리 하지 않고" "거스르지 않는" 정신도 찾아보기 어려웠을 것이다. 안연 본인도 스승의 "계속해서 사람을 이끄는" 회인불권의 정신에 체득한 바가 깊어서, 자신이 학문과 도덕수양을 쌓음에 있어 '그만두려 해도 그만둘 수 없는' 경지에 이르렀다고 본다.

공자의 회인불권 정신은 후세 교사들의 본보기가 되었다. 《송사宋史》에 기록된 바에 따르면 정이는 "평생 회인불권하여 문하의 학생들이 가장 많았다. 안연 역시 그로 인해 명사가 되었다."고 한다. 주희도 백록동 서원에서 학문을 전수하면서 "쉴 때에도 항상 모든 학생들과 질의 토론하였고, 가르치고 이끄는 데 게을리 하지 않았다. 자연 산수를 한가롭게 거닐 때도 종일 반성했다." 《주자연보朱子年譜》에 따르면 주희는 정치 사무가 매우 바쁜 중에도 시간을 내어 악록서원嶽麓書院의 교수 상황을 살폈다고 한다.

"선생은 하루 종일 힘써 일하고 여러 가지 일을 하고 나서도 밤에는 학생들과 강론하고, 어떠한 질문에도 답하시며 피곤한 기색이 없었다. 많이 가르치고 또한 몸소 행하며 비근함이 없고 오히려 더욱 높고 심원해졌다. 간절하고 정성스러움이 극에 달해 학생들로 하여금 감동하게 했다."

학이불염과 회인불권은 밀접한 연관을 가지며 상호 작용한다. 50여 년 전 마오쩌둥毛澤東은 학습문제를 논하면서 다음과 같이 지적했다.

"공부의 적은 자기만족이다. 어떤 것을 열심히 공부하려면 반드시 자만하지 않는 것부터 시작해야 한다. 자신으로 하여금 '배움에 싫증내지 않고', 타인을 대함에 '가르치는 데 게을리 하지 않는' 태도를 가져야 한다."

실제로 교사 자신이 배움에 싫증내지 않아야 남을 가르치는 데 게을리 하지 않는 것이 사실이다. 마찬가지로, 남을 가르치는 데 게을리 하지 않아야 배움에 싫증내지 않을 수 있다.

(2) 교사의 기본자질

고대 중국 교육가들은 교사의 자격요건에 관한 강령을 제안했을 뿐만 아니라, 교사의 기본자질과 주요 능력을 구체적으로 제시하여 교사 자격요건을 더욱 풍부하게 설명했다. 다음은 《순자荀子·치사致士》에서 나온 순자의 말이다.

"사술師術(남의 스승이 될 만한 도)에는 네 가지가 있으나 널리 배운 것은 포함되지 않는다. 존엄하면서도 행동을 가릴 줄 안다면 스승이 될 만하고, 나이가 들어서도 남에게 믿음을 줄 수 있으면 스승이 될 만하다. 경진을 통딜하고 해실하되, 남을 무시하거나 그 가르침을 범하지 않는다면 스승이 될 만하며, 세밀한 것을 알면서도 이론을 논할 수 있다면 스승이 될 만하다."

이는 교사의 기본 자질을 말하는 것이다. 첫째, 존엄하여 학생들의 존경을 받을 만해야 한다. 둘째, 위엄과 신망이 있고 교수 경험이 풍부해야 한다. 셋째, 체계적이고 조리 있게 지식을 전수해야 한다. 넷째, 교재의 모든 부분을 완벽하게 이해하고, 간단하지만 심오한 말로 그 안에 내포된 큰 뜻을 가르칠 수 있어야 한다.

한편, 한나라 유학대사儒學大師 동중서는 《춘추번노春秋繁露·옥배玉杯》에서 우수한 교사가 갖추어야 할 기본자질로 다음과 같은 내용을 제시했다.

"우수한 스승은 도를 완전하게 알고 단정하게 행한다. 시기의 빠르고 늦음을 조절할 줄 알고 학생의 수준에 맞추어 학습량과 진도를 정한다. 차근차근 진행하며, 학생을 잘 살피고 권고하여 학업을 이룰 수 있도록 힘을 준다. 세밀한 관찰을 통해 각자의 재능에 맞게 가르친다. 이렇게 하면 가르침을 통해 목적한 바를 쉬이 얻을 수 있으며, 이러한 가르침이야말로 성화聖化이다."

즉 교사는 재능과 덕성을 겸비하고 인격적인 감화력을 갖추어야 하며 본인의 일을 능히 감당할 수 있어야 한다. 또한 학생의 연령별 특징에 주의하여 그들의 심리를 파악하고, 각자의 능력에 맞게 교육을 진행하되 순서대로 해야 한다. 학생 관리 및 감독에 신경을 쓰면서도 학생의 흥미와 적극성을 억압하지 말아야 하며, 학생의 모든 행동을 깊이 있게 관찰하고, 이를 바탕으로 파악한 성격 특징에 근거하여 가르침을 펼쳐야 한다.

정리해보자면, 교사의 기본자질은 다음의 몇 가지로 구분할 수 있다.

① 일시동인一視同仁, 공정무사公正無私

교사는 반드시 모든 학생들을 공평하게 대해야 한다. 지위나 재산을 잣대로 삼아 불공평한 대우를 해서는 안 된다. 공자는 교사로 있으면서 이 점을 매우 중시했다. 한번은 제자인 진항陳亢이 공자가 교수 과정에 자신의 아들 백어伯魚에게 따로 가르침을 준다고 의심을 하였다. 어느 날 우연히 백어를 만나 "당신은 (스승께) 따로 들은 얘기가 있겠지요?" 라고 묻자, 백어는 솔직하게 "없다."고 대답했다. 《여씨춘추》의 작자 역시 교사는 학생의 출신이 높고 낮음, 혹은 가정형편의 좋고 나쁨을 따지면 안 된다고 역설했다. 그리고 만약 교사가 권위 있는 자에게 아부하고 빌붙어 '권세 있고 부유한 자'의 자녀들은 특별히 대하고 아첨하면서, 꾸준하게 열심히 공부하지만 권세와 재물이 없는 학생들을 억압하고 괴롭히면 사제 간에 감정적 대립을 이룰 뿐 아니라 가르침 역시 실패하게 될 것이라고 지적했다.

② 스스로에게 엄격하고 솔선수범함

교사는 자기 자신을 엄격히 단속하고, 스스로 모범적인 행동을 해서 다른 사람에게 본보기가 되도록 해야 한다. 공자는 이에 대해 "자신을 많이 책망하고 남을 적게 책망하면 원성 받을 일이 멀어질 것이다."고 했다. 공자는 교사의 솔선수범 역할을 매우 중시했으며, 말로만 가르치는 것보다 실제로 행하여 보여주는 것이 더욱 효과적이라고 하면서 '무

언의 가르침'을 주장했다. 동중서 역시 교사는 반드시 자신의 언행을
단속해서 학생들에게 나쁜 영향을 주지 않도록 미연에 방지해야 한다
고 주장했다.

"경솔한 말로 후배를 미혹시키는 것은 군자로서 얼마나 모진 일인가,
교사 된 자로서 어찌 이처럼 신중치 못하단 말인가."

양웅도 교사를 '사람의 본보기'라 칭하며, 교사는 마땅히 솔선수범을
통해 학생들을 감화시켜야 한다고 주장했다. 송대 왕안석 역시 같은 맥
락의 의견을 제시하여, "가르치려면 반드시 먼저 사람들의 모범이 되어
야 한다."고 말했다. 또한 그러므로 가장 적절한 인물을 교사로 선택해
야 한다며 "사대부 중에 재주와 거동이 완비하고 시험을 통해 이미 관
직을 얻었으나 거절한 자를 택해 스승이 되게 해야 한다."고 했다. 그
런가하면 명청 시기 왕부지는 '효제孝弟(부모님께 효도하고 형제에게 공손
히 하다)'의 교육 방법을 설명하면서 다음과 같은 글을 남겼다.

"효제라는 것은 사람의 마음에서 나오는 것으로 말로는 다 할 수 없
다. 그 이치를 연구하자면 너무나 광활하여 글로 표현할 수 없고, 가르
치고자 하면 행동으로서 보여서 스스로 깨닫게 해야 한다. 선왕들도 천
하 사람들 앞에 몸소 행하여, 사람들로 하여금 스스로 그 마음이 생기게
했다. 그리하여 말에 기대지 않고도 사람들이 자신을 따라 효제를 행하
도록 했다. 선인들도 바로잡아 이끌어주어서 진실로 모두 할 수 있게 했
다."

왕부지는 효제란 말에 의존해서 어떤 것은 가르칠 수 있는 것이 아니라 교사의 실천을 통해, 즉 몸으로 실제 행해서 보여주어야 하는 것이라고 생각했다. 그래야 학생에게 영향을 주고, 효제의 필요성을 느끼게 할 수 있다고 보았다.

③ 정서적 안정, 진중한 태도

교사는 반드시 자신의 정서를 제어할 수 있어야 하며 조급하게 일을 서두르거나 무모하게 일을 벌여서는 안 된다. 이에 대해 공자는 아홉 가지를 고려해야 한다고 주장했다.

"볼 때에는 명쾌할 것을 생각하고視思明, 들을 때에는 총명할 것을 생각하고聽思聰, 안색을 지을 때에는 온화할 것을 생각하고色思溫, 태도를 취할 때에는 공손할 것을 생각하고貌思恭, 말할 때에는 진심을 다할 것을 생각하고言思忠, 일할 때에는 가벼이 여기지 않을 것을 생각하고事思敬, 의심이 들 때에는 질문할 것을 생각하고疑思問, 노여울 때에는 곤란해질 것을 생각하고忿思難, 이익 볼 때에는 의로울 것을 생각해야 한다見得思義."

공자는 그 자신 역시 "온화하면서도 엄숙하고, 위엄이 있으면서도 사납지 않고, 공손하면서도 평안"하여, 늘 안정된 정서 상태를 유지했다고 한다. 주희도 교사는 기분에 의해 좌우되거나 문제를 일으켜서는 안 되며 늘 '마음이 맑고 안정'되어 '기분이 온전하고 혼란스럽지 않아야' 한다고 했다. 또한 《경재잠》에서 사람들에게 다음과 같이 할 것을 요구했다.

“의관을 바르게 하고, 존경하는 눈빛으로 대하라. 마음을 모아 안정을 취하여 하늘에 제사를 드리듯 하라. 걸음을 무겁게 하고, 두 손에 공경함을 담아라. 땅을 가려 밟고, 개밋둑을 피해 걸어라. 밖에 나가면 손님을 대하듯 하고, 일을 받들 때는 제사를 지내듯이 하라. 조심성이 있어야지, 경거망동하거나 쉽게 하지 마라.”

이는 실로 ‘단정하고 엄숙한’ 기상을 설명한 것이다.

④ 활발한 성격, 낙관적 향상심

교사는 낙관적인 정신 면모를 유지해야 하며, 적극적이고 활발한 성격으로 학생들을 감화시켜야 한다. 공자는 바로 이런 교육가였다. 한번은 섭공이 자로에게 공자의 사람됨을 물었다. 자로는 대답하지 않고 돌아와서 공자에게 이 일을 말하였다. 그러자 공자는 자로에게 이렇게 말했다.

“너는 어찌 이렇게 말하지 않았느냐? ‘그의 사람됨은 학문에 열중하면 먹는 것을 잊고 도를 즐기면 근심을 잊어, 장차 늙음이 오는 줄을 알지 못한다.’라고 하면 되지 않느냐?”

이렇듯 공자는 상당히 낙관적인 생각을 가지고 있었기 때문에 비록 “변변치 않은 음식을 먹고 팔을 구부려 베개로 삼는” 생활을 하면서도 “그 가운데 즐거움”을 느낄 수 있었다. 송나라의 정호 또한 낙관적이고 활발한 성격이었다. 그는 제자들에게 늘 친절히 대하였다. 제자들은 그와 교류하면 항상 ‘부드러운 봄바람’이 불어오는 듯한 느낌을 받았다고 한다. 황종희는 《명도학안明道學案》에 다음과 같이 썼다.

"스승(정호를 가리킴)께서 여행하시다 구산龜山에 이르렀다. 구산이 '어디에서 오셨는가?'라고 묻자 스승은 '봄바람 따뜻하게 부는 곳에서 왔다.'고 대답했다. 구산이 그곳이 어디인지 묻자 스승은 명도明道가 있는 곳에서 왔다고 했다."

⑤ 성실하고 겸허하며 잘못을 용감히 고침

교사는 반드시 산골짜기만큼 깊은 성실함과 겸허함을 지니고 있어야 하며, 또한 자신의 잘못을 과감히 인정하고 고칠 줄 알아야 한다. 《순자·자도》에는 공자가 이 부분에 대해 자로에게 한 말이 기록되어 있다.

"그러므로 군자는 아는 것은 안다고 말하고 모르는 것은 모른다고 말해야 한다. 이는 말을 할 때 필요한 것이다. 할 수 있으면 할 수 있다고 하고 할 수 없는 것은 할 수 없다고 해야 한다. 이는 행동이 미쳐야 하는 것이다. 이렇게 하면 말은 지식이 되고 행동은 인이 된다. 알고 어질다면 부족함이 있겠는가!"

공자가 말한 대로 지식과 능력에 있어서 교사는 반드시 성실한 태도를 취해야 한다. 또한 교사는 겸허한 마음가짐으로 타인으로부터 가르침을 구해야 한다. 공자가 "세 명이 길을 가면 그중에 반드시 내 스승이 있다."고 한 것도 이를 일컫는 것이다. 그런가하면 맹자는 "사람의 가장 큰 고질병은 남에게 스승노릇 하기를 좋아하는 것이다."라고 했다. 만약 자신이 가르치던 학생이 자신을 넘어섰다면, 그에게 배우는 것을 수치스럽게 생각하지 말고 학생을 스승으로 삼아야 한다. 남북조 시기

의 이밀李謐은 원래 소학박사 공번孔璠을 스승으로 삼고 그에게 배웠었
다. 그러다 몇 년 후 이밀의 수준이 스승인 공번을 넘어서자, 공번은 아
무 거리낌 없이 이밀에게 가르침을 청했다. 이 같은 미담은 오래도록
전해졌다. 《북사北史·이밀전李謐傳》에서는 이를 두고 "푸른빛은 쪽으
로 인해 완성되고, 쪽은 푸른빛에게 고마워하니, 어찌 배움에 정해진
스승이 있겠는가."라고 썼다. 수말 당초의 학자 왕통王通은 15세에 이
미 셀 수 없이 많은 사람들의 스승이 되었으며, 심지어 이정李靖, 방현
령房玄齡, 위정魏征과 같은 사회 저명인사들도 그를 찾아 가르침을 구했
다.

또한 교사는 잘못을 용감히 인정하고 고칠 줄 알아야 한다. 공자의
제자 자공은 이에 대해 "군자의 허물은 마치 일식, 월식과 같아서 잘못
을 저지르며 누구나 다 보게 되고, 잘못을 고치면 누구나 다 우러러본
다."고 말했다. 교사는 잘못을 저지른 뒤, 사람들이 이를 알게 될까봐
두려워할 것이 아니라 이로 인해 자신의 위신이 손상될 것을 두려워해
야 한다. 그리고 만약 자신의 잘못을 고칠 수만 있다면 "사람들이 모두
우러러 볼 것"이며, 자신의 위신도 높아질 것이다.

(3) 교사의 주요 능력

교육 업무를 훌륭하게 완수하고 교육의 수준을 높이려면, 교사는 상
술한 기본자질 외에도 어느 정도의 능력을 갖춰야 한다. 고대 중국 교
육가들의 서술과 실천을 고려해본다면 교사는 다음의 몇 가지 능력을

갖춰야 한다.

① 학생을 잘 이해하는 능력

학생에 대한 바른 이해는 교육 업무 성공의 전제이다. 러시아의 교육가 크로프스카야Krupskaya는 교사들이 늘 민감하게 깨어있어야만 아동의 심리적 변화를 발견할 수 있다고 했다. 그리고 만약 아동의 연령별 특징을 이해하지 못한다면 각 연령대의 학생들이 평소 무엇에 관심이 있는지, 어떻게 환경을 인식하는지를 이해할 수 없으며 이를 이해하지 못한다면 교육 업무에서 성공을 거둘 수 없다고 지적했다.

고대 중국 교육가들도 이 점을 중시했다. 공자는 교육 과정에 여러 가지 방법을 사용해서 학생을 이해하는 데 매우 능했다. 특히 말과 행동을 중점으로 삼았다. 학생들이 일반적인 상황에서 어떻게 말하고 행동하는지를 주의 깊게 살폈을 뿐만 아니라, 특별한 상황에서는 그들의 언행이 또 어떻게 달라지는지를 지켜보는 데 중점을 두었다. 공자는 학생의 외적 행동을 분석해서 어떤 행동의 뒤에 감춰진 내적 세계까지 통찰했다. 또한 학생의 과거 행동들을 이해해서 그들의 현재 모습, 심지어 미래까지도 예측했다. 송대의 육구연도 학생을 이해하는 데 탁월한 능력을 가지고 있었다. 그는 스스로 "나는 할 수 있는 것이 아무것도 없다. 다만 병이 무엇인지를 알 뿐이다."고 했다. 그래서 교육과정 중에 "배움에 규칙은 따로 필요하지 않다. 작은 잘못이 있으면 말로 타이르거나, 혹은 땀을 흘리도록 꾸짖는다. 진심으로 뉘우치지 못하는 자들은 하나하나 그 연고를 따져 스스로 깨치게 한다."고 했다.

② 계발을 이끄는 능력

공자는 학생의 계발을 이끄는 교수원칙을 분명하게 제시했을 뿐만 아니라, 스스로 교육실천 중에 실제로 적절한 시기를 포착해 계발을 이끄는 것을 매우 중시했다. 이를 통해 공자는 학생들이 하나를 보고 열을 알며 확실하게 발견할 수 있도록 하였으며, 적은 힘으로 큰 효과를 보게 했다. 문답법이 대표적인 예이다. 공자는 학생이 질문을 하면 자신의 견해를 바로 말해주는 대신 먼저 그 학생으로 하여금 자신의 의견을 말해보게 했다. 그리고 난 다음 질문을 통해 문제의 정면과 반면을 모두 언급하고, 반문을 던지면서 문제의 성질과 내용을 명확히 알게 한 뒤에, 마지막으로 질문을 한 학생이 스스로 합리적인 답을 찾아 자연스럽게 결론을 이끌어 내도록 했다. 묵자도 계발을 이끄는 방법을 매우 중시했다. 교수 과정 중에 그는 예시설명을 중요하게 생각해서 종종 구체적인 비유로 사물의 속성을 설명했다. 또한 '어디로부터' '무슨 까닭으로' '어찌하여' '어떻게 그것을 알았는지' 등의 질문을 던지며 학생들의 사고능력을 발전시켰다.

③ 맞춤교육因材施敎 능력

맞춤교육은 학생의 개별적 심리 차이에 근거한 것으로, 학생의 심리 활동에 대한 깊은 이해를 바탕으로 한다. 그렇기 때문에 맞춤교육 능력은 교사가 꼭 갖추어야 할 부분이다. '04 중국 고대 덕육관, 05 중국 고대의 교수론'에서 이미 교학 및 교육과 덕육의 맞춤교육 문제를 다룬 바 있는데, 이를 통해 고대 중국의 맞춤교육에 관한 교육사상과 실천을 이해할 수 있었다. 여기서는 또 다른 예를 들어 이를 설명하고자 한다.

하루는 자공과 자로가 공자에게 가르침을 청하며 물었다.

"어떻게 해야 선비라고 일컬을 수 있습니까?"

그러자 공자는 두 사람 각자의 특징에 근거하여 서로 다른 답변을 해주었다. 자공에게는 "자신의 행동에 미흡함이 있으면 부끄러워 할 줄 알며, 사방에 사신으로 나가서 임무를 완수하여 임금의 명을 욕되게 하지 않으면 선비라고 말할 수 있다."고 대답했다. 주희의 해석에 따르면 자공은 말을 잘하기 때문에 공자는 실제에 비추어 대답한 것이라고 한다. 그런가 하면 자로에게는 "간곡한 마음으로 열심히 학문을 닦으며 서로 독려하고 잘 어울리는 것이 선비이다."라고 대답했는데, 이는 자로의 사람됨이 거칠고 경솔하기 때문이었다. 공자는 자로에게 '간곡한 마음으로' '학문에 열중하며' '잘 어울려 지내기'를 힘써 노력하여 선비의 품격을 갖추도록 지도한 것이다. 왕부지도 학생의 다양한 개성에 따라 교육해야 한다는 점을 강조했다. 그는 학생별로 재능과 소질에는 뛰어남과 그렇지 못함의 구별이 있고, 성격에는 강하고 부드러움의 차이가 있기 때문에 교사는 각기 차별화된 교육방법으로 잘못된 것을 바로잡아 모든 학생이 중도中道(중용의 도)에 부합될 수 있도록 가르쳐야 한다고 주장했다.

그런가하면 명대 왕양명은 교사들이 연령 차이에 따라 맞춤교육을 할 수 있는 능력을 갖추어야 한다고 주장했다. 교육 과정에 만약 학생의 심리발달 정도와 연령의 차이를 고려하지 않는다면 교사는 주도권을 잃게 되며, 결국 이상적인 교육효과를 얻지 못하고 학생들의 지력발전을 저해한다고 보았다.

"가르침에 있어서 반드시 사람의 한계에 따라 행해야 한다. 나무에 새싹이 돋을 때 필요한 만큼의 물을 주어야 한다. 새싹이 자라나면 물의 양을 더해준다. 새싹이 돋아 아름드리나무가 되기까지 주는 물의 양은 조금씩 조절해야 한다. 만약 작은 싹이 빨리 자라나게 하려는 욕심으로 한통의 물을 준다면 새싹은 오히려 죽어버리게 된다."

이것은 어린 학생에게 지나치게 심오한 지식을 전수할 경우 생길 수 있는 폐해에 대한 내용이다. 반면, 어느 정도 나이가 있는 학생이나 수준이 높은 학생에게 너무 쉬운 지식을 전수하는 것 역시 맞춤교육 능력이 부족하다는 반증이다.

④ 언어표현 능력

언어표현 능력 역시 교육의 질을 보장하고 제고시키는 중요한 능력이다. 솔로먼D. Soloman과 힐러J. H. Hiller의 연구는 교사의 언어표현의 정확도와 학생의 학업성취도 간의 관계를 잘 보여준다. 중국 고대 교육가들은 교사의 언어표현 능력에 대해 몇몇의 요구사항을 제시했다. 《학기》에서는 교사가 반드시 정확하고 정밀하며 적절한 언어를 사용할 것과 예를 많이 들지 않고도 문제를 잘 설명할 수 있기를 요구했다. 순자 역시 교사는 반드시 뛰어난 설명 능력을 갖추어야 한다며 '비유하여 설명하고, 분별하여 설명'해야 한다고 했다.

학생에게 질문을 잘하는 것 역시 교사의 언어능력을 구성하는 부분이다. 《학기》에서는 "질문을 잘하는 사람은 단단한 나무를 베는 것과 같다. 같이 먼저 자르기 쉬운 부분부터 시작하여 나무의 마디까지 잘라나가며, 시간이 지나갈수록 손이 가는대로 잘 자를 수 있게 된다. 답변에 능한 사람은 종을 치는 것과 같다. 가볍게 치면 소리가 작고, 세게 치면 소리가 크며 차분하게 치면 차분하게 울린다. 이것이 바로 '학문으로 나아가는 길'이다.”

고대 중국의 많은 교육가들은 언어를 비교적 능숙하게 구사했다. 공자의 경우, 그는 상당히 생동감 있게 언어를 구사했다. 《논어》에서 볼 수 있듯이, 공자는 당시의 천문 현상과 물리화학 데이터, 동식물의 생활현상, 농업과 수공업의 생산현황 등을 인용하여 설명하는 데 능했으며, 심지어 당시의 시가와 민간속담으로 본인의 정치관점과 논리사상을 설명하고 어떤 문제나 이치를 해석했다. 또한 말을 할 때 적절한 표정을 지어 언어표현의 효과를 증대시켰다. 예를 들어 '빙그레 웃으며' 이야기하거나, 혹은 '길게 한숨을 쉬며' 이야기했다. 엄숙한 표정으로 말하기도 했으며, 농담을 하듯 유머러스한 표정을 짓기도 했다. 이 모든 것은 언어표현 수준과 교육의 효과를 제고하기 위함이었다.

4. 사제 관계

스승과 제자의 관계는 교육과정 중 가장 기본적인 인간관계이다. 사제 관계는 교육활동 중에 교사와 학생의 상호교류 및 상호인식을 통해 형성되며, 교육 효과에 직접적인 영향을 주는 가장 기본적인 관계의 하나이다.

고대 중국 교육가들은 사제 관계에 대해 상당히 많은 논술을 남겼는
데, 대체적으로 다음 두 가지 부분에 집중되어 있다.

(1) 교학상장

앞에서 이미 언급한 대로 교학상장의 개념을 가장 먼저 정확하게 제
시한 것은 《학기》였다.

"아무리 좋은 음식도 먹어보지 않으면 그 맛을 알 수 없으며 아무리
지극한 도도 배우지 않고는 그 훌륭함을 알 수 없다. 배운 후에야 아는
것이 부족하다는 것을 깨달으며, 가르쳐 본 뒤에야 얼마나 어려운지를
깨닫는다. 부족함을 안 뒤에야 스스로 반성할 수 있으며 어려움을 안 뒤
에야 스스로 강하게 할 수 있다. 그러므로 가르치고 배우는 일은 서로가
성장하는 일이다."

윗글은 '가르치는 일의 반은 배우는 일이다.'라는 옛 말과 일맥상통
한다. 아무리 맛있는 요리라 할지라도 먹어보지 않으면 그 맛을 알 수
없듯이, 비록 가장 선하고 훌륭한 이치가 있더라도 배우지 않으면 그
것의 좋을 점을 알 수 없다. 그래서 배워보아야만 자신의 지식수준이
부족하다는 것을 알 수 있고, 가르쳐보아야만 비로소 진정으로 당혹함
을 느끼고 원래 문제가 되지 않던 것이 문제가 됨을 발견할 수 있다.
자신의 수준이 부족함을 알아야 반성하고 학습에 힘써 정진할 수 있
고, 당혹함을 느껴야만 끊임없이 연구에 매진하도록 스스로를 채찍질

할 수 있다. 《학기》의 위 문장은 가르침과 배움 사이의 상호영향 및 상
호침투, 상호촉진의 변증관계를 명확히 밝힌 최초의 문장이다. 이를
통하여 교육활동 중에 교사와 학생 사이에는 불가분의 관계가 있음을
알 수 있다.

당대 한유는 《사설》에서 교학상장의 이치를 또 다른 각도에서 설명
했다.

"성인은 정해진 스승이 없다. 공자께서는 담자와 장홍과 사양과 노담
을 스승으로 삼으셨으나, 그들의 어짊은 공자에 미치지 못했다. 공자께
서 말씀하시기를 '세 사람이 길을 가면 그중에 반드시 내 스승이 있다.'
고 하셨다. 그렇기 때문에 제자가 반드시 스승만 못한 것도 아니고, 스
승이 반드시 제자보다 훌륭한 것도 아니다. 도를 들음에 선후가 있고 학
술과 기예에 깊이와 전공이 있는 것에 불과하다."

한유는 공자를 예로 들어 스승과 제자 관계의 기본 세 가지를 논술했
다. 첫째, 제자라고 해서 반드시 스승보다 못한 것은 아니다. 제자라고
반드시 스승보다 뒤떨어지는 것은 아니며, 오히려 스승을 뛰어넘을 수
도 있다. 둘째, 스승이라고 해서 반드시 제자보다 현명한 것은 아니다.
아무리 스승이라도 모든 면에 있어서 반드시 제자보다 뛰어난 것은 아
니다. 그래서 스승은 세자를 포함한 보는 사람에게 배우고자 하는 겸손
한 마음을 가지고 배움에 싫증내지 않으며 더 잘하려고 애써야 한다.
셋째, 도를 듣는 것에 선후가 있고 학술과 기예에 깊이와 전공이 있을
뿐이다. 스승과 제자는 이치를 깨닫고 이해한 시기가 빠르고 늦은 차이
가 있고 학술과 기능에서 각자의 장기 또는 특색이 있을 뿐이다. 또한

처음부터 스승이었던 사람은 없으며, 먼저 도에 대해 묻고 먼저 기능을 배운 사람이 스승이 되는 것이다. 학생은 교사의 지도가 있어야만 건강하게 성장할 수 있기 때문에 학생이 교사에게서 배우는 것은 매우 중요하다. 교사 또한 자신이 선생이라는 이유로 학생에게서 배우는 것을 소홀히 해서는 안 된다. 그래서 사제 관계는 교육활동 중에 완전한 한 쌍의 대칭 관계라고 할 수 있다.

(2) 존사애생尊師愛生(스승을 존경하고 제자를 사랑하다)

존사애생은 사제 관계의 또 다른 핵심이다. 고대 중국에서 교사는 매우 안정적인 사회적 지위를 가지고 있었으며, 사제 관계 역시 비교적 양호한 편이었다. 그래서 몇 천 년의 긴 역사의 흐름 속에 존사애생에 대한 감동적인 미담이 많이 전해오고 있다. 여기서는 존사尊師와 애생愛生 두 가지로 나누어 자세히 분석해보겠다.

① 존사尊師(스승을 존경함)

《학기》에 따르면 대학의 예법에서는 천자를 가르칠 때 스승은 신하의 예를 취하지 않아도 되었는데, 이는 스승에 대한 존경을 나타내기 위한 것이었다. 한대의 정현鄭玄은 이를 두고 "스승을 존경하고 도덕을 중시한 왕은 스승을 신하의 위치에 있게 하지 않았다."고 해석했다. 물론 스승을 존경하는 것은 도덕에 대한 중시에서 비롯된 것이다. 왜냐하면 스승은 도를 전해주는 사람이기 때문이다. 그러나 위진 시기 이후 교사의 사회적 지위는 땅바닥에 떨어졌으며, 교사가 되는 것을 수치스럽게 여기는 풍조가 성행하게 되었다. 당대의 한유는 이러한 불량한 풍조를 날카롭게 비판했다.

"옛날 성인은 다른 사람보다 훨씬 뛰어났으나 오히려 스승을 좇아 배움을 구했다. 그러나 오늘날 많은 사람들은 그 성인보다 한참 모자라면서도 스승에서 배우기를 부끄럽게 여긴다. 이렇기 때문에 성인은 갈수록 성인이요, 어리석은 자는 갈수록 더 어리석어진다."

스승에 대한 존경은 구체적으로 다음의 몇 가지로 표현된다.

1. 스승의 가르침과 지도를 마음에 깊이 새김

고대 중국에서는 제자가 스승의 가르침과 지도를 기꺼이 받아들이는 게 일반적이었다. 일례로 공자의 제자들은 공자의 가르침을 두고 "세상의 모든 일이 이 말에 담겨있다."고 하거나 그 가르침을 늘 외웠으며, 심지어 어떤 제자는 띠에 새겨 지니고 다녔다. 한번은 공자가 "나는 말을 하지 않으려고 한다."라고 하자 자공이 걱정스럽게 "스승께서 말씀하시 않으시면 저희들은 무엇을 좇겠습니까?"라고 했다. 고대 중국에서 스승의 가르침을 따르고자 하는 제자의 정신은 사뭇 감동스리울 정도였다. 《후한서後漢書·이고전李固傳》에 따르면 이고李固는 '어린 시절부터 학문을 좋아하여 만 리가 조금 못 되는 길을 걸어가서 스승을 찾아뵈었다.'고 한다. 《송사宋史·양시전楊時傳》에도 이런 사례가 있다.

하루는 양시楊時가 스승인 정이程頤를 뵈러 갔는데, 때마침 정이는 눈을 감고 명상 중이었다. 이에 양시는 바깥에 서서 기다렸는데, 정이가 깨어나서 보니 문밖과 양시의 어깨 위에 눈이 한 자나 쌓여 있었다고 한다. 이 에피소드에서 지금까지도 인구에 회자되고 있는 정문입설程門立雪이라는 성어가 유래했다. 저명한 학자 송염宋濂은 자신이 스승에게 가르침을 구했던 경험을 이렇게 설명했다.

"자주 백 리 밖까지 달려가 나보다 학문이 앞선 사람에게 경전을 들고 가르침을 구했다. 먼저 가서 스승을 존경스럽게 우러러보았으며, 다른 학생들이 교실을 가득 채워도 말과 얼굴빛이 변하지 않았다. 스승의 곁에서 시중을 들며 궁금한 이치를 묻고 몸을 굽히고 귀를 기울여 가르침을 들었다. 스승에게 질책을 받으면 오히려 안색은 더욱 공손해지고 예는 더욱 지극해져서, 감히 한 마디의 말도 대꾸하지 않았다. 스승을 기다리며 기뻐하고 또한 가르침을 청했다. 나는 본래 아둔하였으나 결국은 들음을 얻게 되었다."

《관자管子·제자직弟子職》은 스승의 가르침을 마음 깊이 새기는 것을 학생의 기본 본분으로 보았다.

"스승이 가르치면 제자는 따른다. 얌전하고 공손하게 자신을 비우면, 그 배우는 것이 극에 다다른다. 선을 보면 그 다스림에 따르고 의를 들으면 그에 복종한다. 상냥하고 따뜻하게 부모에게 효도하고 형제에게 공손하며, 교만하지 않고 미덥게 한다. 의지가 없고 사악하지 않다면 그 행함은 반드시 바르고 곧을 것이다."

2. 스승과 동고동락함

중국 교육 역사에서 스승과 제자가 동고동락하는 사례는 흔히 찾아볼 수 있다. 공자의 제자 중 적지 않은 이들이 공자와 동고동락하면서 그의 신변을 지켰다. 예를 들어 자로는 공자에게 용기는 있지만 지혜가 없는 점을 여러 번 비판받았지만, 줄곧 스승을 따라다니면서 실제로 근위병의 역할을 담당했다. 공자 역시 이러한 자로를 자랑스러워했으며, 심지어 "더 이상 길을 갈 수 없어 뗏목을 타고 바다를 표류한다면, 그때에도 나를 따를 사람은 아마도 자로일 것이다."라고 했다. 또 한번은 공자가 진陳나라를 떠나 위나라로 갈 때 포주浦州 사람들이 길을 막고 통행을 저지한 일이 있었다. 이때 제자 공양유公良儒는 자신의 개인 마차를 이용하여 공자를 모시고 포주 사람들과 치열한 싸움을 벌여, 마침내 동문을 통해 공자를 성 밖으로 내보냈다.

남송의 저명한 교육자 주희가 세상을 떠날 때, 어떤 사람이 조정에 거짓으로 상소문을 올렸다.

"사방에서 제자라는 자들이 모여들어서 스승의 장례를 치르고자 하는데, 모인 제자들 중에 그 사람의 장단점을 함부로 말하지 않으면서 오히려 정치의 득실을 거짓되게 의론하는 자들이 많습니다. 바라건대 군사를 보내어 잡아들이십시오."

이 상소문을 본 영종제寧宗帝는 주희의 장례식에 참여할 수 있는 인원을 제한하는 조서를 내렸다. 그러나 장례식에 참여한 제자의 수는 여전히 몇 천 명을 웃돌았다고 한다.

명청 시기의 왕부지는 그의 교육 생애 중에 자주 제자들과 '낮에는 음식을 함께 하고, 밤에는 불을 공유했다.'한다. 당시 그는 매우 가난하여 책과 필기 용구가 없는 경우가 많았는데, 그때마다 친구나 제자에게 빌려 책을 만들어 가르쳤다. 왕부지는 학술활동은 거의 제자들의 자금 지원으로 진행되었다. 남을 가르치기 시작한 36세부터 그는 제자들의 지원에 의지하여 생계문제를 해결했다. 비록 이처럼 열악하고 힘든 상황이었지만, 그는 보잘 것 없는 초가집에서도 제자들과 함께 지식을 탐구하였으며, 진리의 즐거움을 추구했다.

3. 스승의 존엄을 보호함

고대 중국 교육가들은 스승의 존엄을 매우 중시했다. 《학기》에서는 '무릇 배움을 구하는 도리 중 스승을 존경하는 것이 가장 어렵다. 먼저 스승을 존경하게 되어야 도를 존경할 수 있으며, 도를 존경해야만 백성들이 배움을 존경하게 된다.'고 했다. 순자 역시 스승의 존엄을 매우 강조하였으며, 스승은 반드시 권위를 세워야 한다고 여겼다.

"말을 하면서 스승이라고 부르지 않는 것은 배신이라 하며, 가르침을 청하면서도 스승이라 부르지 않는 것은 배반이라 한다. 배신하고 배반하는 사람은 명철한 임금이 조정에 들여놓지 않고, 사대부들은 길에서 그를 만나도 더불어 말을 하지 않는다."

그래서 그는 몸가짐이 진중하고 엄숙하여 다른 이의 경외를 받는 것을 스승이 될 수 있는 필수조건 중 하나라고 보았다. 《여씨춘추》의 작가는 여기서 순자의 사상을 좀 더 발전시켜서 학생들에게 스승의 가르침을 따르도록 요구하였을 뿐만 아니라, '의를 논함에 반드시 스승이라

부르며 도를 논할 것이고, 듣고 따름에 힘을 다하여야 더욱 빛을 얻게
된다.'고 했다. 또한 스승을 대할 때 반드시 정중하고 예의를 갖추어야
한다고 하면서 '공손한 태도와 온화한 안색, 신중한 말, 신속한 행동'을
취하라고 했다.

고대 중국에서 제자가 스승의 존엄을 지킨 미담 역시 상당히 많이 전
해진다. 일례로 노나라 대부 숙손무숙이 "자공이 공자보다 낫다."고 했
는데, 자공은 이 말이 실제와 맞지 않으며 또 공자의 위신을 손상한다
고 생각하고 분명하게 말했다.

"담장에 비유한다면 나의 담장은 어깨 높이 정도라서 담 너머로 집안
의 좋은 것을 엿볼 수 있다. 스승의 담장은 높이가 몇 길이나 되기 때문
에 문을 찾아 들어가지 않으면 종묘의 아름다움과 방들의 다채롭고 풍
부함을 볼 수 없다. 그 문을 찾아간 사람이 적으니, 무숙 선생이 그렇게
말한 것도 당연하다."

무숙이 공자를 잘 이해하지 못한 무지함에서 그런 말을 했다는 것이
다.

또 한번은 진자금陳子禽이 자공에게 말했다.

"그대가 겸손해서 그렇지, 공자가 어찌 그대보다 낫겠는가?"

그러자 자공은 이렇게 대답했다.

"군자는 한 마디로 총명을 표현하기도 하고 말 한마디로 어리석음을
표현하기도 하니, 말을 신중하게 하지 않을 수 없다. 스승께 미칠 수 없
음은 계단으로 하늘을 올라갈 수 없는 것과 같다."

또한 자공은 "다른 사람의 현명함은 언덕과 같아서 넘을 수 있지만

공자의 현명함은 해나 달과 같아서 넘을 수 없다."고 했다. 다른 현인들은 언덕에 불과하기 때문에 얼마든지 뛰어 넘을 수 있지만, 공자는 해와 달 같아서 그 누구도 뛰어넘을 방법이 없다는 것이다. 이처럼 스승의 존엄을 지킨 자공을 두고 사마공은 공자의 명성은 하늘 아래 드러내어 밝히는 데 자공이 가장 큰 역할을 했다고 평가했다.

4. 인을 추구할 때에는 스승에게도 양보하지 않음

스승을 존경하고 사랑하는 것은 무조건적인 순종과는 다르다. 제자는 스승의 말씀을 듣고 따르면서도 스승의 단점과 실수를 용감하게 지적하고, 스승을 초월해야 한다. 공자는 일찍이 "인을 추구할 때에는 스승에게도 양보하지 않는다."라는 명제를 제시하고, 인仁 앞에서는 스승과 제자 모두 똑같이 평등하다고 주장했다. 이러한 주장은 아리스토텔레스의 "나는 나의 스승을 사랑한다. 그러나 진리를 더욱 사랑한다."는 명제에 필적할 만하다. 한유는 "제자라고 반드시 스승보다 못한 것은 아니며, 스승이라고 반드시 제자보다 현명한 것은 아니다."라는 관점은 공자의 생각을 한 단계 뛰어넘은 것이다. 한유는 《사설師說》에서 "누구든 나보다 먼저 태어나 나보다 먼저 도를 알았다면 나는 그를 스승이라 할 것이요, 나보다 늦게 태어났다 할지라도 나보다 먼저 도를 알았다면 그 또한 스승이라 할 것이다. 나는 도를 아는 자를 스승으로 삼을 것이니, 어찌 먼저 태어나고 늦게 태어나고를 개의하랴? 이렇기 때문에 도에 있어서는 귀한 것도 천한 것도 없으며, 나이가 많고 적음도 없는 것이요, 도가 있는 곳이 곧 스승이 있는 곳이다."라고 했다.

고대 중국의 학자들은 이 점을 스승과 제자의 교류의 중요한 준칙으로 보았다. 하루는 자로가 공자에게 "위나라 군주가 선생님을 모셔서 정치를 하게 한다면, 선생님께서 먼저 무엇을 하시겠습니까?"라고 물었다. 그러자 공자는 "반드시 명분을 바르게 하겠다."고 대답했다. 자로는 공자의 대답이 현실과 맞지 않다고 생각하고, 거리낌 없이 공자를 비판하며 말했다.

"참으로 그렇습니까? 선생님께서는 너무 진부하십니다. 명분을 바로 잡아 무얼 하겠습니까?"

또 한번은 공자가 난신적자亂臣賊子를 비판하고 반대하면서도 그들에게서 좋은 점을 취하려는 것을 자공이 비판한 일도 있었다.

공산불요公山弗擾가 반란을 일으키고 공자를 모시고자 하였는데, 공자는 가고자 했다. 이에 자로는 못마땅해 하며 말했다. "갈 곳이 없으면 그만 두실 일이지, 하필 공산에게 가려고 하십니까?"

스승을 존경하는 것은 물론 고대 중국의 전통미덕이지만, 여기에 봉건윤리 관계가 반영되어 있다는 사실 역시 부인할 수 없다. 스승과 제자의 사이가 군주와 신하, 아버지와 아들의 관계와 비슷하다는 것이다. 그래서 비록 "인을 추구할 때에는 스승에게도 양보하지 않는다."는 미담이 있기는 하지만, 그보다 더 많은 학생들은 스승의 명령을 공손하게 받들었으며, 스승에게 복종했다. 생동감 있고 활발한 민주적 교육 분위기는 거의 찾아볼 수 없었으며, 있다 해도 주류가 되지는 못했다. 그래서 고대의 스승을 존중하는 전통을 계승할 때, 그 안에 내포된 부정적인 부분은 반드시 버려야 한다.

② 애생愛生(제자를 사랑함)

교사의 교육애는 교육 업무의 마르지 않는 힘의 원천이다. 학생들에 대한 진실한 사랑이 있어야만 언제 어디서나 학생의 심신발전에 관심을 가질 수 있으며, 즐거운 마음으로 교재 연구를 할 수 있고, 교육 방법을 더욱 정교하고 유익하게 개선할 수 있다. 그래서 동서고금을 막론하고 교육자들은 모두 사랑을 교사됨의 출발점으로 여겼다. 공자는 "사랑한다면 힘써 권면하지 않을 수 있겠는가? 진실하다면 깨우쳐주지 않을 수 있겠는가?"라고 했으며, 루소 또한 "만약 교사에게 사랑이 없다면 아무리 좋은 성품이나 지혜가 있어도 충분히, 혹은 자유롭게 발전할 수 없다."고 했다. 소련의 교육가 수호믈린스키는 학교에서의 학습이란 아무런 열정도 없이 지식을 하나의 두뇌에서 다른 두뇌로 옮겨서 채워 넣는 것이 아니라 스승과 제자 사이에 순간마다 이뤄지는 마음의 교류라고 주장했다. 즉 만약 마음끼리의 접촉이 없고 사랑이 수반되지 않는다면 설령 교사가 책을 많이 읽어 학식이 풍부하고 뛰어난 지식이나 경험을 가지고 있다 하더라도 결코 학생들의 마음의 문을 열 수 없다는 것이다.

고대 중국 교육가들은 학생을 사랑하는 것과 관련된 이론과 실천에서 다음의 부분을 중시했다.

1. 학생을 친절히 배려함

공자는 '어진 사람은 널리 사람을 사랑한다.'의 정신을 실제로 학생에게 쏟아 붓고, 학생의 품성, 학습과 생활에 대해 전반적으로 관심을 가져야 한다고 여겼다. 그는 제자들과 거의 늘 함께 하면서 어느 것에도 구속 받지 않고 자유롭게 이야기를 나누었다. 제자인 백우伯牛가 병들자, 공자는 친히 그를 찾아가 손을 잡고 슬퍼하며 이렇게 말했다.

"이런 병에 걸릴 리가 없는데, 운명이란 말인가. 이런 사람이 이런 병에 걸리다니! 이런 사람이 이런 병에 걸리다니!"

또 안연이 불행히도 젊은 나이에 죽자, 공자는 매우 슬퍼하며 하늘을 향해 연달아 한숨을 쉬며 말했다.

"아! 하늘이 나를 망하게 하는구나! 하늘이 나를 망하게 하는구나!"

공자를 따르던 사람이 "선생님께서 지나치게 상심하십니다."라고 위로하자 공자는 이렇게 대답했다.

"지나치게 상심했다고 했는가? 이런 사람을 위해서 지나치게 상심하지 않는다면 누구를 위해서 하겠는가?"

《여씨춘추》의 작자는 '제자 보기를 자신 보듯이 하며, 자기 자신으로 돌아가 가르친다.'고 하여 학생을 가르칠 때 입장을 바꾸어 생각할 것을 주장하였으며, 이것을 좋은 사제 관계를 만드는 데 있어서 필수불가결한 조건으로 보았다. 그리고 '자기 자신처럼 사랑하고, 자기 자신처럼 칭찬하며, 자기 자신처럼 도와야'한다며, 스승과 제자 사이의 인간적인 정을 강조했나.

2. 학생을 충분히 신뢰함

학생을 존중하고 신뢰하는 것은 교육 업무의 금과옥조金科玉條이다. 소련의 교육가 수호플린스키는 이에 대해 다음과 같이 말했다.

"어린이의 마음 세계로 깊이 들어가서 그들의 생각과 감정을 체험할 수 있다면 우리 교육 업무의 매우 중요한 진리를 더욱 분명히 확인할 수 있을 것이다. 바로 학생의 마음 세계에 영향을 줄 때, 그들의 마음 구석진 곳에 있는 가장 민감한 부분인 자존심을 손상시켜서는 안 된다는 진리 말이다."

고대 중국 교육가들은 교육 현장에서 이 금과옥조를 실천했다. 공자는 자신의 제자들을 매우 신뢰했다.

"젊은 사람의 실력도 과히 놀랄만하니 어찌 내일의 그들이 오늘의 나만 못하리라고 단정할 수 있으랴."

공자는 젊은 사람들은 경외했다. 왜냐하면 젊은 사람들은 무한한 가능성을 가지고 있기에 언젠가 반드시 현재를 추월할 것이기 때문이다. 제자 공야장公冶長이 감옥에 갇혀 있을 때, 공자는 그가 무죄라는 것을 굳게 믿고 먼저 나서서 딸을 공야장에게 시집보냈다. 공자는 제자들이 모두 어느 정도의 재능을 가지고 있을 것이라 굳게 믿었다. 그래서 "자로는 천 대의 전차를 가진 나라의 병력과 군정을 맡을 만하다." "염유는 천 가구가 되는 지역과 백대의 전차를 가진 부족국가의 민정을 총괄할 만하다." "공손적은 대례복을 입고 조정에서 일하면서 외교를 담당할 만하다." "염옹은 관직을 담당할 만하다." 등의 말을 했다. 다른 사람이 염옹에게 관직을 담당할 만한 재능이 있다는 것을 믿지 못할까 봐 걱정이 된 공자는 일부러 더욱 강조하여 말했다.

“얼룩소 송아지라도 붉은 털과 곧은 뿔을 지녔다면 쓰지 않으려 해도 산천의 신이 받아주지 않겠는가?”

즉 얼룩소의 새끼가 밭가는 소처럼 붉은 털과 완전한 뿔을 가지고 있으면 비록 그것을 제물로 쓰지 않는다 해도 이미 조건이 충분하기 때문에 산천의 신이 그것을 내버려 두지 않는다는 것이다. 공자는 이를 통해 염옹이 비록 출신이 빈천하지만 도덕품성이 고상하고 재주가 많으며 총명하니, 충분히 경대부와 같은 큰 관리가 될 수 있다는 점을 강조했다.

3. 학생에게 엄격하게 요구함

학생에 대한 사랑은 그들을 향한 관심과 존중, 신뢰뿐만 아니라 엄격하게 요구하는 것으로 나타나기도 한다. 소련의 교육가 잔코프는 이에 대해 상당히 자세하고 날카로운 의견을 제시했다.

“어린이를 향한 교사의 사랑을 단순히 자상하고 친절한 태도로 그들을 대하는 것으로만 생각해서는 안 된다. 물론 이러한 태도는 당연히 필요하지만, 그러나 학생들에 대한 사랑은 무엇보다도 먼저 교사가 자신의 힘과 재능, 지식을 교육활동에 조금도 아낌없이 쏟아 붓는 것으로 나타나야 한다. 그래야만 학생들의 성신 성장에 있어서 가장 좋은 결과를 얻을 수 있기 때문이다. 그래서 교사의 학생에 대한 사랑은 반드시 합리적인 엄격한 요구와 적절히 결합되어야 한다.”

고대 중국 교육가들은 학생에게 상당히 엄격한 요구를 제시했다. 예를 들자면 공자의 제자들은 모두 배움을 좋아하고 학문을 사랑했지만,

공자는 안연이 학문을 좋아한다고 칭찬한 것 외에는 다른 제자들의 이러한 점을 칭찬하지 않았다. 또한 '석 달이 지나도 그 마음이 인을 어기지 않는다.'고 안연을 칭찬하긴 했지만, 그 외의 제자들에 대해선 인덕의 기준에 다다르지 못했다고 보았다. 그리고 일단 제자의 실수와 결점을 발견하면 항상 인정사정없이 지적하였으며, 심지어 엄하게 비판하고 훈고했다. 예로 공자는 자로를 수차례 비판했다. '참으로 거칠구나, 자로야!' '자로는 다른 사람보다 지나치다.' '자로는 나보다 더 용감하지만, 어떻게 자신을 절제해야 할지는 모른다!' 등이 그러하다. 또 재아宰我가 한낮까지 잠을 자는 것을 본 공자는 화를 내며 '썩은 나무로는 조각을 할 수 없고, 썩은 흙으로는 담장의 흙손질을 할 수 없다.'며 야단을 쳤다. 물론 이러한 질책이 조금 지나친 감이 없지는 않지만, 이를 통해 공자가 학생에게 매우 엄격한 요구를 제시했다는 점을 알 수 있다. 묵자 역시 학생들에게 엄격하여 '금활리는 묵자를 섬긴 지 삼년 만에 손발에 못이 박히고 터서 쩍쩍 갈라졌으며 얼굴은 누렇게 뜨고 시커멓게 탔다. 몸을 혹사하면서 스승을 위해서 일하였지만 묻고 싶은 것은 감히 물어보지 못했다.'고 한다.

4. 학생이 인재로 거듭나도록 격려함

학생을 향한 관심, 믿음, 엄격한 요구는 근본적으로 학생이 인재가 되기를 희망하고 격려하는 데 목적이 있다. 그래서 체코의 교육가 코메니우스는 학교를 '인간을 만드는 공장'이라고 정의했다. 고대 중국교육가들은 인재 육성을 매우 중요시했다. 맹자는 일찍이 "천하의 영재를 얻어 가르치는” 것을 인생의 기쁨으로 여겼으며, 송대 교육가 호원胡瑗 역시 “천하를 다스리는 것은 인재에 달렸고, 인재를 길러내는 것은 교육에 달렸다. 교육의 직무는 스승에게 있으며 교육을 널리 온 백성에게 미치게 하는 것은 군읍을 담당하는 사람의 임무이며, 교육의 근본은 학교에 있다.”고 했다. 청나라 안원은 더욱 명확하게 “사람들이 가르치는 일은 한가한 일이라고 말하는 것은 인재가 정사의 근본이며, 학교가 인재의 근본임을 모르기에 하는 소리이다.”고 말했다.

교육 실천 중에 고대 중국 교육가들은 또한 학생이 스스로 인재가 되기 위해 노력하도록 격려하는 것을 매우 중시했다. 공자는 학생이 더욱 큰 신념과 용기로 스스로의 발전을 추구하고 쟁취하기를 격려했다.

“인이 멀리 있는가? 내가 참으로 인을 행하고자 하면 인은 곧 내게 이르러 온다!”

“하루의 정력을 모두 인을 얻기 위해 쏟는 데 힘이 모자라는가? 어쩌면 그럴 수 있겠지만 나는 아직 그런 경우를 본 적이 없다.”

주희는 학생들에게 인재가 될 수 있다는 믿음을 가지라고 격려하였으며, 자신의 소질이 부족하거나 기초가 약한 것을 걱정하지 말고 끝까지 나태해지지 말고 노력할 것을 요구했다.

“비록 인성이 선하지 않은 사람은 없으나 다만 타고난 천성이 서로 다르다. 그렇기에 도를 듣는 것이 이르고 늦음이 있으며, 도를 행하는 것이 어렵고 쉬움이 있는 것이다. 그러나 끝까지 게을리 하지 않고 노력한다면 모두 도에 이를 수 있다.”

07

중국 고대의 독서법

독서법은 고대교육사에서 늘 한 구석에 '잊혀져' 있었다. 각종 중국 교육사상사 저술에서도 독서법을 언급한 부분은 매우 적다. 그러나 교육 활동에서 독서법은 매우 중요한 위치를 차지하고 있다. 1920년대에 마르크스주의 교육이론가 양현강楊賢江은 독서법 연구의 필요성을 제기하면서 이는 현대교육에 필수적인 요구라고 역설했다.

"독서 자체를 중시하고, 또한 효과적인 독서를 하기 위해서는 반드시 독서법을 연구해야 한다. 작문법도 있고 교수법도 있는데, 설마 독서에 방법이 없겠는가? 이전의 수동적인 교육 환경에서 학생들은 그저 스승의 가르침을 듣기만 하면 되었기 때문에 독서법을 모를 수도 있었다. 하지만 주동적 교육이 대두된 현대에는 학생 스스로 모든 학문을 묻고 연구할 수 있어야 한다. 그러므로 독서법 역시 반드시 필요한 것이 되었다."

중국의 고대 교육은 독서 지도를 매우 중시했다. 특히 송나라 때 서원書院이 성행하기 시작한 이후로 교육가들은 학생 스스로 책의 지식(육경 위주)을 습득하도록 지도하는 데 더욱 주의를 기울였고, 그 결과 일련의 독서 방법이 나타났다. 주희는 독서의 역할을 매우 강조하여

"학문의 도리는 먼저 사물의 이치를 탐구하는 데 있다. 사물의 이치를 탐구하려면 반드시 독서가 필요하다."고 했다. 고대의 독서법은 고대 사상가나 교육가가 자신의 독서 경험을 총괄한 것이 대부분이기 때문에 고대 교육의 지혜의 결정체라고 볼 수 있으며, 중국 교육사상사에서 중요한 위치를 차지하고 있다. 대만 학자인 위정통韋政通은 이미 《중국의 지혜》라는 저술에서 전문적으로 고대의 독서 방법을 다룬 바 있다. 그렇기에 독서방법에 관한 연구는 매우 시급한 과제라고 할 수 있다.

1. 독서법의 강령

독서법 강령은 또 다른 말로 독서의 기본원칙이라고 할 수 있다. 송나라의 주희는 이에 대해 상당히 자세한 서술을 남겼다. 주희는 《맹자집주孟子集注》에서 "모든 일에는 반드시 방법이 있으니, 그 방법을 터득한 후에야 이룰 수 있다. 스승이 그 방법을 모르면 잘 가르칠 수 없고, 제자는 잘 배울 수 없다. 민간의 학문조차도 그러한데 하물며 성인의 도는 어떠하겠는가?"라고 명확히 지적했다. 어떠한 일이든지 반드시 방법이 있다. 가르침에는 가르치는 법이, 배움에는 배우는 법이 있으며, 구체적인 방법을 벗어나면 교사는 '가르칠 수 없고' 학생은 '배울 수 없기' 때문에 결국 아무런 성과도 얻을 수 없게 된다.

선인들의 독서경험을 종합하고 장기간 힘들게 연구한 결과 주희는 상당히 독창적인 독서 방법을 제시했다. 그리고 그가 세상을 떠난 뒤 그의 제자들이 이를 정리해 《주자독서법朱子讀書法》을 편찬했다.

원나라 초기의 저명한 학자인 정단예程端禮는 《정씨가숙독서분년일정程氏家塾讀書分年日程》에서 제자와 사숙의 무리가 주희의 일상적인 가르침을 요약하고 취사선별 하여 여섯 가지 독서법을 정했다고 기록하였다. '순서에 따라 조금씩 나아감, 숙독熟讀하고 깊이 생각함, 마음을 비우고 깊이 빠져듦, 실제적 체험과 관찰을 바탕으로 함, 꾸준히 힘쓰며 노력함, 삼가고 조심한 마음으로 지향함' 등 이 여섯 가지 독서법은 그 시대에 매우 큰 영향을 주었으며 고대 독서법의 강령 및 원칙이자 후세 학자들의 유일한 준칙이 되었다. 지금 하나하나 분석하며 논하여 보자.

(1) 순서점진循序漸進(순차적으로 나아가다)

순서점진은 교육원칙인 동시에 독서법의 강령이다. 순서점진은 책의 논리체계와 학습자의 수준에 맞게 체계적으로, 단계적으로 독서를 진행하는 것을 가리킨다. 이에 대해 주희는 한 가지 예를 들어 설명했다.

"독서란 산을 오르는 것과 같다. 사람들은 높은 곳에 오르기를 바라면서 자신이 낮은 곳에 있다는 것을 모르고 낮은 곳은 쳐다보지도 않으니, 결국 높은 곳의 이치에는 도달하지 못한다."

독서는 왜 순서에 따라 점진적으로 나아가야 하는가? 주희의 말에서 답을 찾아보자.

"대개 요즘 학문을 배운다고 하는 사람들은 고상함이 없으며 독서하고 뜻을 말하는 데 대체로 지름길로 쉽게 앞지르려고만 하고, 단계별로 올라가려 하지 않는다. 그러니 그 차이가 굽고 깊으며 바로 흥미로운 곳만 찾아 읽고 사례를 모두 등한시하고 싫어하며 자질구레하고 하찮은 것이라 여겨, 정성을 쏟음이 부족하다."

위에서 말한 '낮은 곳은 쳐다보지도 않으며' '지름길로 쉽게 앞지르려고 하며, 단계별로 올라가려 하지 않는' 학습방법은 배움의 길에 있어서 재난과도 같아 '잘못하면 남에게 손해를 끼치는 깊은 수렁'에 빠지게 된다. 그래서 주희는 공자가 제기한 '일을 너무 서두르면 이루지 못한다.'와 《학기》에서 주장한 '배움은 결코 순서를 건너뛸 수 없다.'는 독서 방법에 찬성하고, 성실하게 차근차근 낮은 단계에서 높은 단계로 나아가야 최고봉에 오를 수 있다고 했다. 그렇다면 어떻게 독서를 점차적으로 심화시킬 수 있을까? 이에 대해 주희는 다음과 같이 말했다.

"책으로 말한다면 먼저 《논어》를 보고 그 후에 《맹자》를 보아야 한나. 한 권을 동달한 뒤에 노 한 권을 읽어야 한다. 책 한 권을 누고 말하자면 책, 글, 문장, 구절에 처음과 끝의 차례를 알고 각각의 순서가 있어야 혼란스럽지 않다. 자신의 능력을 헤아리고 이 과정을 삼가 지켜서 글에서 가르침을 구하며 문장에 가르침을 찾아야 한다. 앞의 것을 알지 못하면 감히 그 다음을 구할 수 없으며, 이것에 통달하지 못하면 감히 저

것에 뜻을 둔다고 하지 못한다. 바로 이것이 순서가 점진적으로 나아가
는 것이다."

주희가 말한 순서점진에는 세 가지 중요한 의미가 있다. 첫째, 독서
시에 옛 지식과 새로운 지식의 전후관계에 주의하며 기초를 제대로 다
져서 '다 채운 후에야 나아가는', 즉 속성速成으로 하려 하지 말고 차근
차근 하는 것이다. 예를 들어 《논어》와 《맹자》의 경우, 먼저 《논어》를
익힌 후에 《맹자》로 넘어가야 한다. 둘째, 자신의 능력에 따라 진행해
야 하며, 자신의 지식수준 및 지적발달 수준을 초과해서는 안 된다. 주
희는 활쏘기를 예로 들어 이 부분을 설명했다.

"자신에게 5두頭의 힘이 있다면 우선 4두의 화살을 사용해야만 끝까
지 잡아 당겨도 활의 당김을 견딜 수 있다. 그러나 요즘 배우는 사람들
은 자신의 능력은 생각하지도 않고 무조건 책을 보는데, 스스로 그것을
감당하지 못할까 걱정된다."

셋째, 복습을 통해 이미 배운 것을 확실하게 다지는 것이다. 주희는
내일 배울 것만을 바라면서 오늘 배운 것을 끝까지 습득하고 알려고 하
지 않는 공부 방법을 반대했다. 그는 장경부張敬夫에게 보낸 회신에서
이에 대해 명확히 지적했다.

"배우고 난 뒤에 익히지 않는다면 비록 그 이치를 알고 그 일을 깨우
친다 하더라도 서툴고 위태로울 수밖에 없으니, 스스로 평안할 수 없다.
익히되 꾸준히 하지 않으면 비록 익혔다 하더라도 그 노력이 도중에 끊
어졌기 때문에 결국 그 배움에 성과를 이룰 수 없다."

배워서 늘 익히고, 옛것을 익혀 새로운 것을 알며, 끊임없이 모자란 것을 보완해야만 비로소 배운 것을 확실히 자기 것으로 만들 수 있다는 말이다.

(2) 숙독하고 깊이 생각함

숙독하여 깊이 생각한다는 것은 책을 읽을 때 기억과 사고가 결합되는 것을 가리킨다. 주희의 해석에 따르면, 숙독이란 '한 권의 책을 완전히 이해하여 익숙해지게 하고, 암기하여 기억나지 않는 부분이 없는 것'이자 '그 말이 마치 모두 내 입에서 나온 것처럼 만드는 것'이다. 깊이 생각하는 것은 '그것이 그러함을 보고서 바로 그러하다고 말하지 않고, 반드시 반복하여 그 의미를 깊이 음미하는 것'이며 '그 뜻이 마치 모두 내 마음에서 나온 것처럼 만드는 것'이다. 여기서 알 수 있듯이, 속독과 깊은 사유에 대한 주희의 설명은 공자의 '배우고 생각하지 않으면 곧 없어지며, 생각만 하고 배우지 않으면 위태로워진다.'는 명제에서 한 단계 더 구체적이고 심도 있게 나아간 것이다.

그렇다면 왜 숙독하고 깊이 생각해야 하는가? 주희는 이에 대해 이렇게 설명했다.

"배우는 자는 반드시 숙독해야 한다. 숙독을 하되 마치 눈앞에 보이는 것과 같은 지경에 이르러야 한다. 숙독하지 않을 때에는 반드시 깊이 생각해야 한다. 사색을 통해 얻게 되면 생각이 처음과 같지 않게 된다.

무릇 독서는 반드시 숙독해야 한다. 스스로 정밀하여 익숙해지도록 읽어야 하며, 정밀히 살펴 익숙해진 후에야 깨우칠 수 있다. 마치 과일을 먹을 때 과일을 막 깨물어 삼키면 맛을 알지 못하지만, 잘게 씹을 때에 비로소 맛이 우러나오고, 그제야 이것이 달거나 쓰거나 맵다는 것을 알게 되는 것과 같다. 이렇게 되어야 맛을 안다고 할 수 있다.”

주희는 숙독을 해야만 마치 눈앞에 펼쳐지듯 확실하게 기억할 수 있으며, 확실하게 기억해야만 깊이 생각할 수 있고, 더 나아가 배운 것을 깨달을 수 있다고 보았다. 또한 만약 숙독하고 깊이 생각하지 않는다면 대추를 통째로 삼킨 것과 같다고 했다. 먹어도 맛을 느끼지 못하며 해만 되고 이로운 것은 없다는 말이다. 주희가 말한 숙독의 목적은 단순히 지식을 저장하거나 지키는 것이 아니라 지식을 꺼내어 응용하는 데 그치지 않고 지식을 응용하려면 반드시 깊은 사유가 필요하다. 이것은 그의 견해가 한층 더 발전된 것이다. 주희는 학습효과가 떨어지는 문제는 숙독하고 생각하는 능력이 모자라기 때문이라고 보았다.

“공부하는 사람은 책을 볼 때, 먼저 본문을 읽고 주석(풀이)을 기억하며 외워서 숙독해야 한다. 글의 의미, 사물, 명칭을 집중하여 해석하고 경전이 가르치는 바를 밝혀 근본이 되는 부분을 꿰뚫고 하나하나 알아가야 한다. 마치 처음에 바닥부터 시작했던 것처럼 뜻을 깊이 새겨보고 반복한 후에야 깨달아 발전할 수 있다. 만약 이와 같이 하지 않으면 단지 허울뿐인 의론이 되어 과거시험 준비와 같이 되니, 자신의 배움에 아무런 도움이 되지 않는다."

주희는 한층 더 나아가 독서 과정 중의 숙독(기억)과 깊은 사고(사유) 간의 변증관계를 서술했다.

"독서는 생각의 분량을 키우는 데 도움을 주며, 그 마음이 널리 퍼질 수 있도록 가르친다. 단지 입으로만 읽고 마음으로 생각하지 않으면, 어찌 해도 그 읽는 것은 세심하지 못하게 된다. 읽고 또 생각하고, 생각하고 또 읽으면, 자연히 뜻을 알게 된다. 읽고 생각하지 않으면 그 의미를 알 수 없으며, 생각만 하고 읽지 않으면 설사 깨닫는다 하더라도 결국엔 위태로워 안정되지 못한다. 마치 좋은 사람을 얻어 가까이 하면 서로 닮긴 하지만 한 식구가 아니어서, 결국엔 자기 집에서 부릴 수도 없는 것과 같다. 숙독하고 또한 깊이 생각하면 마음과 도리가 자연히 하나가 되어 영원히 잊지 않게 된다."

그는 숙독(기억)은 깊은 생각(사유)의 기초이기 때문에 숙독을 통해 생각의 분량을 키울 수 있다고 보았다. 또한 깊은 생각은 숙독의 조건이기 때문에 생각하지 않으면 기억이 나지 않는다고 했다. 기억과 사유는 협동 작업이며, 기억의 기초 위에 사유가 있고, 이해가 되어야 기억할 수 있으며, 이렇게 되어야 비로소 '마음과 도리가 하나 되어, 영원히 잊을 수 없는' 경지에 다다를 수 있다. 이는 서양 학습이론의 연결파聯結派나 인지파認知派가 기억이나 사유를 강조한 것과 비슷하지만, 더욱 본질적이며 합리적이라고 볼 수 있다.

숙독은 어떻게 하는가? 주희는 우선 독서를 마음과 눈, 입 등 '세 곳에 두루 미치도록' 해야 한다고 주장했다.

"나는 독서가 마음에 이르고 눈에 미치고 입에 머물도록 해야 한다고 했다. 마음이 이르지 못하면 보아도 자세히 보지 못한다. 마음과 눈이 집중되지 않은 상태에서 그저 입으로 읽기만 한다면 절대 기억할 수 없으며 설사 기억한다 해도 오래가지 못한다."

책을 읽을 때에는 반드시 '마음이 이르도록' 해서 생각의 적극성을 불러일으켜야 한다. 마음을 책에 두고 책장을 마음에 담아야 한다. 또한 반드시 '눈에 미치도록' 해야 하는데 이는 정신을 집중하여 자세히 보는 것을 가리킨다. 그리고 난 뒤에 반드시 '입에 머물러야 한다.' 즉 책의 내용을 낭독하며 보아야 한다는 것이다. 그중 '마음에 이르는 것'이 가장 기초이지만, 물론 이것뿐만이 아니라도 모든 부분을 두루 중시해야 한다. 후에 근대학자 호적胡適은 주희의 이론에 '손에 이르도록'이란 내용을 더하여 '네 곳에 두루 미치다.'라는 의견을 주장했다.

숙독의 두 번째 방법으로 주희는 반복하여 읽을 것을 요구했다. 그래서 "똑바로 살피고 거꾸로 살피며, 왼쪽에서 살피고 오른쪽에서 살펴야 한다." "살핀 곳이 옳더라도 곧바로 단정하지 말아야 한다. 오늘 천 번을 보았더라도 또다시 만 번을 보면 볼 때마다 달라지기 때문이다."라고 했다. 또한 "백번 읽은 것은 오십 번 읽은 것보다 나으며, 이백 번 읽은 것은 백번 읽은 것보다 낫다."고도 말했다. 주희가 숙독을 강조한 것은 물론 합리적인 이유와 핵심내용이 있지만, 지나치게 강조한 나머지 미국의 교육심리학자 쏜다이크Thorndike의 '빈도頻度의 법칙'처럼 기계적이고 딱딱해진 경향도 있다.

깊은 생각이란 어떻게 하는 것일까? 주희는 능숙하게 문제를 제기하고 해결하는 것이 관건이라고 보았다.

"독서를 하면서 의문이 없는 사람은 의문 갖는 법을 가르쳐야 한다. 의문이 있는 자는 그 의문을 없이 해야 한다. 여기까지 이르러야 비로소 진보가 있다 하겠다."

위 글을 통해 독서는 '의문이 없음 → 의문이 있음 → 의문을 없앰'의 과정을 거쳐야 함을 알 수 있다. 그렇다면 어떻게 의문이 없는 상태에서 있는 상태가 될 수 있을까? 주희는 의문이란 것은 아무런 근거 없이 마구 의심하는 것이 아니며, 의문이 없는 상태에서 있는 상태로 갈 수 있는 유일한 길은 각고의 노력뿐이라고 보고, "사람은 모름지기 의문을 품도록 노력하여야 한다."고 말했다. 그렇다면 의문은 또한 어떻게 없앨 수 있을까? 주희는 이에 대해 두 가지 방법을 제안했다. 첫 번째는 '스스로 따져 책망하는 것'이다. 이는 자신의 의문에 근거가 있는지 없는지를 반성하는 것을 말한다. 주희는 "인간의 병은 오로지 다른 사람의 말만 의심할 줄 알지, 자신의 말은 의심할 줄 모르는 것이다. 타인을 힐난하기도 하고 스스로를 질책하기도 하면서 자신의 과오를 보아야 한다."고 했다. 두 번째는 '여러 사람이 서로를 따져 책망하는 것'이다. 주희는 이에 대해 이렇게 말했다.

"무릇 문자를 보면, 모든 학설은 서로 같은 점과 다른 점이 있음을 알 수 있다. 이와 같이 갑甲이 이렇게 말하면 갑甲을 붙잡고 그의 주장을 철저하게 파헤친다. 을乙이 이와 같이 말하면 또한 을乙을 붙잡고 그가 말한 주장을 철저하게 파헤친다. 양쪽의 주장이 다한 후에는 또한 이를 참고하여 깊이 연구하면 반드시 진실 되고 옳은 것이 나타난다."

서로 다른 이론을 대할 때, 먼저 상대방의 논점을 명백히 한 뒤 생각과 연구를 통해 쌍방의 공통점과 차이점, 옳고 그름을 비교한 후 최후에 자신의 견해를 제기해야 한다. 이렇듯 주희는 문제를 정밀한 사고의 핵심으로 보고, 의문을 확실히 해결할 수 있는 효과적인 방법도 제안했다.

(3) 마음을 비우고 깊이 몰입함

마음을 비우고 깊이 빠져든다는 것은 골짜기처럼 깊고 고요한 마음과 생각으로 꼼꼼하고 성실히 독서하여, 반복적인 연구와 이해를 통해 책의 취지를 체험하고 터득하는 것을 가리킨다.

"독서의 방법은 다른 것이 아니다. 오로지 뜻을 전일하게 하고 마음을 비우며, 반복하여 자세히 살피면 반드시 얻는 것이 있다."

그렇다면 독서를 할 때 왜 마음을 비우고 글에 완전히 빠져야 할까?

"책을 읽을 때는 반드시 마음을 비워야 비로소 얻은 수 있다. 사물의 이치를 탐구하는 것은 빈 마음과 차분한 생각을 근본으로 한다. 책을 읽을 때에는 마땅히 글에 완전히 빠져 오직 꼼꼼히 따져본 후에야 비로소 마음속에 얻는 것이 있다."

주희는 독서란 마음을 비우고 차분히 생각하며, 깊이 몰두하고 진지하게 연마하는 상황에서야 비로소 마음속에 얻는 것이 있다고 보았다. 이를 통해 알 수 있듯이, 마음을 비우고 글에 온전히 빠지는 상태는 독서와 학문에 정진하는 중요한 심리 상태이다.

그렇다면 어떻게 마음을 비우고 글에 온전히 빠져들 수 있을까? 주희는 이에 대해 다섯 가지 의견을 제시했다.

첫째, 책을 읽기 전에 먼저 가설을 세우지 말아야 한다.

"무릇 책을 볼 때에는 반드시 빈 마음으로 보아야 한다. 먼저 가설을 세우지 말고, 한 단락을 보고 이해를 하면 이후에 다시 한 단락을 본다. 마치 소송을 받는 사람처럼 그 말을 끝까지 듣고, 이후에 비로소 결정을 내리는 것이다."

주희는 만약 사전에 어떠한 견해나 틀을 먼저 가진다면, 책의 참된 의미를 깨달을 수 없다고 보았다. 그래서 당시 몇몇 학자들이 독서할 때 주관적으로 판단하거나, 먼저 가설을 세우는 잘못된 학풍을 비판했다.

"요즘 사람들은 책을 볼 때, 먼저 자신의 의견을 세우고 난 뒤에 본다. 선조들의 말을 따르려고 애쓰나 자신의 생각이 섞여 들어간다. 이렇게 되면 자신의 의견을 확대하는 것에 불과하니 어찌 선조늘의 생각을 엿볼 수 있겠는가?"

그래서 주희는 원작을 존중하고 참된 의미를 탐구하고자 하는 태도만이 성과를 얻을 수 있다고 여겼다.

둘째, 책을 읽을 때 자만심을 가져서는 안 된다. 주희는 독서할 때 과장되거나 거만한 태도를 가지만 안 된다고 주장했다.

"배우는 사람은 먼저 자족하는 마음을 품지 말아야 한다. 이것이 지론이다."

그는 독서에 '교만' 과 '인색'이라는 두 가지 금기가 있다고 보았다. 교만은 사실상 자기만족에서 비롯되며, 거드름 피우고 거만하게 구는 것을 말한다. 그리고 인색은 스스로 옳다고 여기면서 지식을 독차지하고, 사람들과 나누지 않는 것을 가리킨다. 교만과 인색이라는 부정적 성품을 가진 사람은 겸허한 마음으로 독서하고 공부할 수 없다.

셋째, 책을 읽으며 견강부회牽強附會해서는 안 된다. 주희는 당시의 학자들이 독서를 할 때 먼저 자신의 의견을 세우고, 성현의 가르침을 자신에 생각에 맞추려고 하는 풍조를 비판했다. 그리고 이렇게 억지로 끼워 맞추고 대충 갖다 붙이는 독서 방법은 사람을 잘못된 길로 인도할 뿐이며, 개인의 발전에 아무런 도움도 되지 않는다고 보았다.

"공부하는 사람을 가까이서 살펴보면, 대개는 돌연히 억지로 끌어다 붙여 정론으로 삼거나 혹은 뜬소문을 그대로 받아들여 믿을 뿐 제대로 생각하거나 고찰하지 않는다. 그러니 날마다 성현의 책을 암송하면서도 성현의 가르침을 알지 못한다. 또한 그것을 암송한 뒤에 단지 자신의 의견을 뒷받침할 근거로 삼고 심지어 제 입맛대로 꾸며내니, 어찌 더욱 향상됨이 있겠는가?"

넷째, 독서를 하기 전에 먼저 기대하는 효과를 정해서는 안 된다. 주희는 "책을 읽으며 그 내용과 이치를 볼 때는 반드시 마음을 크게 하며, 복잡한 것을 명료하게 하되, 먼저 거기서 얻을 효과를 따지지 말라.”고 했다. 책의 내용을 이해하지 못한 상황에서는 요구사항이나 반드시 도달해야 할 효과를 주관적으로 결정지어서는 안 된다는 것이다. 만약 그렇게 하면 ‘효과를 바라는 것이야말로, 더욱 근심스런 저의를 갖게 되는 것’이며, 조급한 마음으로 서두르다가 도리어 이루지 못할 수도 있다.

다섯째, 독서를 할 때 경솔하거나 성급해서는 안 된다. 주희는 이를 다음과 같이 설명했다.

“독서는 반드시 열심을 다하고 또 세심히 살펴야 한다. 마음을 급히 먹으면 결국 일을 이루지 못한다. 《논어》에서 일렀듯이, 서로 비교하며 자세히 살핀다면 자연히 바른 도리를 얻을 수 있다.”

고금동서의 독서 경험을 종합해보면 알 수 있듯이 경솔함과 성급함은 독서의 적이다. 마음을 가라앉히고 진지하게 탐구해야만 비로소 좋은 독서 효과를 얻을 수 있다.

(4) 실제적인 체험과 관찰

실제적인 체험과 관찰은 독서 과정에서 스스로의 노력과 책 밖에서의 노력을 중시하여, 독서와 자신의 생활 경험을 잘 결합시키는 것을 가리킨다. 주희는 이를 다음과 같이 설명했다.

“도에 입문하는 것은 자기 자신을 그러한 도리 가운데 들어가게 하여 점점 가까워져서 자신과 하나 되게 하는 것이다. 그러나 요즘 사람들은 도는 여기 있는데 자신은 밖에 있으니 서로 관계가 없다. 배우는 사람의 독서는 마땅히 성현의 말씀이 자신에게 실제로 체험되어야 한다.”

그는 독서는 단지 문장과 의미를 따라가며 기한에 쫓겨 급히 보거나, 혹은 표면적인 글자의 의미를 아는 데 만족해선 안 된다고 보았다. 그리고 마땅히 책 속의 도리를 반복적으로 체험하면서 그 심오한 뜻을 깨달아야 한다고 주장했다.

독서에서 실제적인 체험과 관찰이 필요한 이유는 무엇일까? 주희는 그 이유를 이렇게 설명했다.

“인간이 학문에 힘쓰는 것 역시 어려운 일이다. 만일 문자에서부터 노력하고 쌓지 않으면, 어디서부터 시작해야 할지 몰라 당황할 수밖에 없다. 만약 한마디 한마디를 힘써 구하고, 구절구절마다 논하여도 몸과 마음에서 실제 체험을 통해 이해하지 않으면 이로움이 없다. 독서는 종이 위에 쓰인 이치와 뜻만 구해서는 안 되며, 반드시 돌이켜 스스로 몸소 체험하여 구해야 한다. 그러나 진한秦漢 이후, 이처럼 말하는 이가 없고 오로지 줄곧 책에서만 구하려하고 스스로 체험하여 깨우치려 하지 않는다. 성인은 먼저 이를 두고 말하기를, 자신은 언어를 빌려 말할 뿐, 몸소 연구하여야 비로소 얻을 수 있다고 했다.”

주희는 만약 문자를 공부하는 것에만 머무르고 종이 위에 적힌 것에서 이치와 뜻을 구하려 한다면, 실제의 자신과 독서를 연관시키지 못하기 때문에 스스로 돌이켜 구하고자 해도 구할 수 없으며 깊이 이해하지 못한다고 했다. 그러니 아무것도 얻을 수 없고, 아무 이익도 없는 것이 당연하다. 물론 주희가 말한 체험은 주로 윤리도덕과 관련된 체험이므로, 이 부분은 마땅히 배제해야 할 것이다.

그렇다면 독서에서 실제적인 체험과 관찰은 어떻게 해야 할까? 주희는 이에 대해 상당히 가치 있는 세 가지 주장을 제시했다.

첫 번째는 자구자득自求自得이다. 주희는 독서란 다른 사람에게 의지할 수 없는 것이라고 보았다. 물론 독서에서 스승과 친구의 도움은 반드시 필요한 것이다. 특히 독서를 처음 시작할 때 바른 방법과 길을 알려준다는 점에서 그러하다. 그러나 그들의 도움 역시 한계가 있다. 그래서 주희는 일찍이 제자들에게 이렇게 말했다.

"내가 이곳에서 강의하는 시간은 적어도 너희들이 스스로 실천하고 체험할 시간은 많다. 모든 일에 스스로 나서 이해하고 스스로 체험하고 관찰하며 스스로 수양해야 한다. 책을 이용하여 너 스스로 공부하고, 도리를 이용하여 너 스스로 연구 탐색하라. 나는 단지 길을 안내하는 사람일 뿐이며 증명하는 사람일 뿐이다. 의심스럽고 판단하기 어려운 것은 함께 상의하고 구하여야 한다."

두 번째는 몸소 실천하여 깊이 이해하는 것이다. 주희는 '책에서만 구하려 하고, 스스로 체험하여 이해하려고 하지 않는' 독서 방법을 반대했다.

"요즘 사람들의 독서는 대부분 체험을 통해 고찰하려 하지 않으며, 오직 글만 보고 글의 의미를 얻었다고 말하기 쉽다. 그러나 이렇게 하면 무슨 일을 할 수 있겠는가?"

또한 주희는 '구절과 문장의 뜻 사이에 머물지 않고 체험과 성찰을 실천하여 그 후에 편안한 마음으로 이치를 밝히면 점차 의미를 알 수 있게 된다.'고 했다. 그리고 그렇게 하지 않으면 설사 '널리 지식을 구해 얻고 날마다 다섯 수레의 책을 읽는다' 할지라도, 배움에 아무런 보탬이 없다고 보았다. 그래서 글의 의미를 확실히 깨닫고 이해하면서 자신의 실제 경험과 결합시켜야만 목적성이 좀 더 뚜렷한 독서를 할 수 있다.

세 번째는 자신을 믿고 의심하지 않는 것이다. 주희는 "사람은 글을 보고 부화뇌동하며 남의 생각을 쫓아서는 안 된다. 그러나 내가 보기에 옳다고 생각하는 부분은 믿을 수 있어야 한다. 반드시 몰두하여 실마리를 찾아내어야 그것을 볼 수 있다. 남들이 모래로 밥을 지을 수 있다고 말한다고 나 역시 모래로 밥을 지을 수 있다고 말한다면, 그것을 어떻게 먹을 수 있겠는가?"고 했다. 그는 독서와 학문을 추구하는 사람은 자신의 주관 없이 부화뇌동하면 안 된다고 보았다. 그렇지 않으면 아무것도 이루지 못한 채, 그저 줏대 없고 볼품없는 사람이 되어버린다고 여겼다.

(5) 꾸준히 힘쓰고 노력함

꾸준히 힘쓴다는 것은 독서를 할 때 꾸준한 의지를 가지고 정신을 가다듬어 힘껏 노력하고 큰 힘을 쏟는 것을 말한다. 주희는 이 경지를 다음과 같이 묘사했다.

"배움을 위해서는 굳은 의지와 결단이 있어야 한다. 침식을 잊을 정도로 분발하고, 근심을 잊을 정도로 즐거워하며, 심지어 몸도 마음도 잊어버리는 것과 같다!"

왜 꾸준히 힘써야 하는가? 마르크스는 《자본론》 프랑스판 서문에 이렇게 썼다.

"과학에 평탄한 대로란 존재하지 않는다. 고생을 두려워하지 않고 험준한 산길을 따라 오르는 사람만이 찬란한 정상에 오를 수 있는 희망이 있다."

마르크스의 말은 독서와 학문을 하면서 왜 꾸준히 힘써야 하는지라는 질문에 충분한 답이 된다. 주희 역시 이 부분을 매우 잘 표현했다.

학문을 할 때 가장 필요한 것은 끊임없이 노력을 들이는 것이다. 힘이 빠지려 하면 다시 노력을 더하여 계속 저어 앞으로 나아가듯이 학문을 하는 것은 흐르는 물을 배로 거슬러 올라가는 것과 같다. 물이 천천히 흐르는 곳에서는 상관없겠지만, 여울이 지는 급류에서 사공이 삿대를 천천히 저어서는 안 될 것이다. 반드시 있는 힘껏 저어야만 한 뼘이라도 앞으로 더 나아갈 수 있을 것이다. 조금만 힘을 빼어도 배는 앞으로 나아갈 수 없게 된다.

물살을 거슬러 올라가는 배는 나아가지 않으면 뒤로 밀리게 된다. 주희는 독서와 학문을 하는 것을 강의 흐름을 거슬러 올라가는 배와 같다고 보았다. 만약 힘을 다하지 않으면 지금까지 애쓴 것은 수포로 돌아가며, 결국 중도에 그만둘 수밖에 없다는 것이다.

주희는 독서에 몰두하는 사람들을 격려하며, 이것저것 살피지 말고 계속 집중할 것을 요구했다. 이것저것 살피다가 두려움이 생기고, 방황하며 망설이게 되는 것을 걱정한 것이다. 또한 개인의 소질이나 재능과 상관없이, 학습에는 반드시 각고의 노력이 필요하다고 보았다. 그리고 총명한 사람도 힘들게 노력해야 비로소 성과를 얻을 수 있는데, 아둔한 사람은 얼마나 노력해야겠느냐고 지적하기도 했다. 그래서 주희는 기초가 없고 앞으로 나아감이 더디며 성격이 둔하고 기억력이 모자라는 것 등등은 모두 학습의 장애가 될 수 없다며, 스스로 믿음을 가지고 계속 노력할 것을 권고했다.

"그 마음을 격려하고 용감하게 분발하며, 패기를 가지고 그가 하고 싶은 대로 하게 한다. 만약 전고의 양쪽을 친다면 먼저 어떻게 해야 하는지 아무도 묻지 않고, 알아서 방향을 바꾸어 가는 것처럼 이와 같이 시간이 지나면 할 수 있게 된다."

꾸준히 힘쓰고 노력하는 것은 '강건하며 과감하고 결단력 있는' 정신으로 독서하는 것으로, 애매모호하며 산만하고 들뜬 마음의 독서 태도를 마땅히 지양해야 한다. 주희는 "문자를 보면 반드시 맹장이 병사를 쓰듯 하여 한바탕 악전고투를 치르듯 하고, 가혹한 관리가 끝까지 죄인을 취조하고 결국엔 그를 용서하지 않는 것처럼 해야 비로소 얻을 수 있다."고 했다. 이는 독서를 할 때 흥분되고 긴장된 태도로 몸과 마음, 모든 정력을 집중하라는 뜻이다. 그리고 '배가 주려도 식사를 잊고, 목말라도 마시는 것을 잊는'경지에 올라 한 걸음 한 걸음 확실히 디디며 앞으로 나아갈 것을 권고했다.

(6) 삼가고 조심한 마음으로 지향함

삼가고 조심하는 마음으로 지향한다는 것은 묵묵하고 순수한 마음과 확고부동한 뜻을 가지고 독서하는 것을 말한다.

독서를 할 때 왜 삼가고 조심한 마음으로 뜻을 지켜야 할까? 주희는 이에 대해 다음과 같이 말했다.

"삼가고 조심하는 것은 문을 지키는 사람과 같다. 이는 바로 배움의 강령이다. 배움에 있어 뜻을 세우는 것은 천성이 강하고 약한 것과 무관하다. 사람이 일하고자 하면 마음에 먼저 근본이 되는 뜻을 세워야 한다. 뜻을 세우지 않으면 일을 이루지 못한다."

주희는 '삼가고 조심하는 것'을 '문을 지키는 사람'으로 보았는데, 이는 현대 심리학에서 말하는 '주의注意'와 비슷한 개념이다. 러시아의 저명한 교육가인 우신스키는 "'주의'는 유일한 문이다. 이 문을 통해야만 외부 세계의 인상, 좀 더 가까운 곳에 있는 신경 계통의 상황 등이 우리 심리 속에서 느낌을 불러일으킬 수 있다."고 했다. 중국의 심리학자인 연국재燕國材 교수도 '주의'란 지력 활동의 조직자組織者이자 유지자維持者라고 보았으며, 인간의 지력 활동은 반드시 주의의 진지한 참여가 있어야 비로소 순조롭게 발생하고 발전하게 된다고 보았다. 그렇다면 '지향'은 무엇인가? 주희는 이것을 '마음에 다다른 곳'이라고 설명했다. 그의 제자 진순의 해석에 따르면 '지향은 방향과 같은 것'이다. 지향은 길과 같아서 지향이 도에 있으면 마음이 전부 도를 향하게 되고, 지향이 배움에 있으면 마음은 전부 배움을 향한다. 또한 가지려고 꾸준히 노력하면 필히 그것을 얻게 되는 바, 이것이 바로 지향이다. 여기서 알 수 있듯이 지향은 현대 심리학자들이 말하는 동기와 상당히 비슷하다. 주의注意와 지향志向이라는 요소는 학습 심리의 중요내용으로써, 주희는 이 두 가지 심리 요소를 다른 소질보다 더욱 중요하다고 여겼다. 또한 이것을 연계시켜 연구하였으며 거경居敬(삼가고 조심한 마음)을 강綱으로, 지지持志(지향)는 본本으로 보아, 독서와 학문 활동에서 가장 중요한 지위를 차지한다고 보았다.

그렇다면 어떻게 삼가고 조심한 마음으로 지향할 수 있을까? 주희는 이렇게 답했다.

"책을 읽을 때는 반드시 자신의 마음을 신중히 자제해야 한다. 이것이 바로 경敬이다. 책을 읽을 때는 반드시 먼저 마음을 그 책에 두어야 한다. 한 문구 한 글자마다 각각의 귀결이 있으니, 처음부터 잘 살피고 생각해야 한다. 대개 배우는 자는 반드시 마음을 정리하여 한가지로 순수하게 전념하여야 한다. 날마다 시간을 내서, 지나치게 서두르거나 산만하게 하지 않고 글을 정밀하고 자세히 보아야 한다. 이렇게 하면 갈수록 요령이 생긴다. 삼가는 마음으로 말하되 말을 많이 할 필요는 없다. 다만 가지런하고 엄숙히 숙독하여 음미하고, 거동과 표정, 생각을 가지런히 하며, 의관을 단정히 하고 존경하는 눈빛을 가져야 한다. 이러한 것들을 실제로 행해야 한다. 여기에 뜻을 두었다면, 늘 그것을 생각하며 그것을 하는 데 싫증내지 않는다.”

주희는 삼가는 마음으로 지향하는 것은 불교 선종의 ‘마음을 맑게 하고 바르게 앉으면, 귀가 있으나 들리지 않고, 눈이 있으나 보지 않으며, 마음이 있으나 생각이 없다.’는 것과 다르다고 보았다. 그것은 몸과 마음을 신중히 하고 늘 생각하면서 ‘정신을 똑바로 세우고, 자세를 꼿꼿이 하여’ ‘안으로는 생각하는 것을 잊지 않고, 밖으로는 실천함을 잊지 않는 것’이라고 생각했다. 그리고 삼가는 마음으로 지향하는 것의 관건은 큰 뜻을 세워 ‘사물의 표면을 벗어나 높은 경지에 나아가며’ ‘견고한 마음을 가지고 오로지 앞을 향함’에 있다고 보았다. 삼가는 마음은 반드시 진심이 있어야 하며, ‘사물의 핵심에 늘 있도록 해야 한다.’ 주희는 삼가는 마음을 지향의 전제 조건으로 보았다.

“비록 뜻을 세운다 하여도 ……그 마음이 범연하여 종일 떠다니면 다만 빈 말에 불과하다.”

삼가는 마음의 구체적인 방법에 있어서 주희는 충분한 물적, 심적 준비를 하고 산란한 마음을 정돈하여, 순수하게 하나로 모아야 한다고 보았다. 만약 집중해서 ‘주의’하지 않으면 비록 책을 보아도 아무런 소용이 없으며 시산과 힘을 낭비할 뿐이니, 다시 집중할 수 있는 때를 기다려 다시 독서를 하는 것만 못하다.

주희가 제안한 독서법은 고대 독서법의 강령이며, 오늘날에도 여전히 가치 있으며 충분히 본받을만한 규칙이다. 가히 고대 중국 교육이론의 귀중한 유산이라 할 수 있다.

2. 독서법의 정수

위에서 소개한 독서법의 강령 외에, 고대 중국 교육가들은 상당히 창의적인 독서법을 상당수 제시했다. 청대 주영년周永年은 일찍이 《선정독서결先正讀書決》에서 이를 상세히 소개했다. 여기서는 그중에서도 정수라고 할 수 있는 것만 다루고자 한다.

(1) 제요구현법提要鉤玄法

제요구현법은 당대 교육가 한유가 《진학해進學解》에서 제시한 것이다.

> ……입으로는 육예의 글을 외우고 손으로는 백가의 서를 펼치기를 멈추지 않는다. 사실을 기록할 때는 요점을 짚어내고, 성현의 말씀을 편찬할 때는 반드시 그 심오한 원리와 사상을 이끌어 낸다. 많은 학문을 탐구하시고 진리를 이해하기에 힘써, 크건 작건 간에 버리지 않는다. 기름을 태워 등불을 밝혀놓고 날이 밝을 때까지 독서를 계속하고, 항상 부지런히 힘쓰며 해를 보낸다.

한유가 제시한 방법에 따르면, 독서는 반드시 먼저 읽을 책을 분류하는 것부터 시작해야 한다. 그런 다음 글의 성격, 종류에 따라 각기 다른 독서법을 선택해야 한다. 기사記事 성격의 역사 서적을 읽을 때에는 반드시 책의 내용에서 요점을 간단명료하게 뽑아낼 수 있어야 한다. 찬언纂言(편찬)의 성격이 강한 이론 서적을 읽을 때에는 그 안에서 반드시 심오한 관점을 얻어낼 수 있어야 한다. 이러한 제요구현법은 독서과정 중에 중요한 부분을 찾아내고 그 정수를 흡수하는 것이 관건이다.

제요구현법을 실행할 때는 부지런히 손을 놀려 요점을 기록하는 것이 비결이다. 청대 학자 이광지李光地는 한유의 독서법을 평론하며 이렇게 말했다.

"(한유의 독서법의) 비결은 기사記事와 찬언纂言이라는 말 속에 있다. 무릇 책을 볼 때 입을 거치는 것은 늘 손을 거친 것만 못하다. 대개 손을 움직이면 마음은 반드시 그를 따라 기억한다. 스무 번을 소리 내어 읽어도 한번 손으로 적어보는 것만큼 성과가 많지 않다. 더구나 그 중요한 것을 파악하려면 읽을 때 상세하게 읽지 않을 수 없다. 반드시 그 심오한 것을 꾀려면 이치가 정밀하지 않으면 안 된다. 만약 이 가운데 같은 것과 다른 것을 고찰하고 옳음과 그름을 분석하여 의문 가는 점을 기록하고 자신의 관점을 변론으로 덧붙이면 지혜로운 것이 더욱 깊어져서 마음은 더욱 분명히 기억하게 된다."

광지는 위 글을 통해 제요구현법에서 수동手動, 즉 손을 움직여 쓰는 것이 소리 내어 읽는 것보다 더 큰 효과를 거둘 수 있다는 점을 설명했다. 또한 수동 그 자체가 독서에 직접적인 촉진작용을 한다는 점을 제시했다. 왜냐하면 '중요한 것을 파악하고' '그 심오한 것을 꾀려면' 반드시 상세하게 읽고, 이치가 정밀해야 하기 때문이다. 그렇지 않으면 제요구현법의 본래 목적을 달성할 수 없다.

(2) 팔면수적법八面受敵法

팔면수적법은 송나라의 문호 소식蘇軾이 정리한 독서법이다. 소위 '팔면수적八面受敵(팔방의 적을 상대로 난투극을 벌이다)'은 《손자병법》 중 '나는 집중하여 적을 구별해낸다.'는 표현법에서 유래했다. 전쟁 중에 아군이 팔방八方에서 적의 공격을 받는 위기 상황에서는 당연히 우세한 병력을 집중하여 각개 격파하는 식으로 적과 맞서야 한다. 또한 '많은 수로 적은 수를 공격'해야지 적은 수로 많은 수에 맞서면 안 되며, 팔방으로 공격을 나간다고 병력을 분산시키면 안 된다. 소식은 손자의 용병법에서 팔면수적의 독서법을 깨달았다.

젊은 시절 참가했던 과거 시험이 인재를 뽑는 면에 많은 변혁을 거쳤지만 그 조목 등은 지금과 별반 차이가 보이지 않는다. 사실 학습에는 지름길이 없다. 하지만 자네와 같이 재능이 넘치고 젊은이는 오랜 시간 공을 들여 공부하였으니 반드시 깨닫는 바가 있을 것이며 얻는 바도 있을 것이다. 사실 학습에는 반드시 거쳐야 할 길이 있다. 나의 견해라면 책 한 권을 읽더라도 여러 차례 완독해야 한다는 것이다. 책의 내용은 바다 속과 같고 그 종류는 수백 여 종에 달하여 인간의 힘으로 그 모두를 소화하기 어렵다. 때문에 그저 자신이 배우고자 하는 내용의 책을 선택해 읽을 수밖에 없다. 그러니 책 한 권을 읽을 때마다 반드시 계획을 세워야 할 것이다. 만약 고금의 흥망과 성현의 역할을 알고 싶다면 이 부분을 집중해서 파고들며, 다른 생각은 가지지 말라. 그리고 난 뒤에 다음 계획을 세워서 전고典故 등을 찾아보아라. 다른 내용 역시 마찬가지 방법으로 학습하면 된다. 이러한 방법은 비록 아둔해 보이지만 언젠가는 반드시 배워 익히고 자세히 알아 통달하는 날이 올 것이며, 그저 책을 읽는 데만 급급했던 사람들과 비교도 할 수 없을 만큼 성장할 수 있다.

소식의 주장에 따르면 '책의 바다'는 끝이 없으며, 다루는 내용이 매우 풍부하여 포함하지 않는 것이 없다. 설령 단 한 권의 책이라도, 그 책이 포괄하는 범위는 상당히 넓다. 그래서 독서할 때 매번 구할 것을 한 가지로 정해놓고, 특정한 한 가지 문제에 집중해야 한다. 예를 들어 고금의 흥망치란興亡治亂(나라의 흥망, 혼란함을 다스림)과 성현의 관계를 알고 싶다면 이 문제를 집중적으로 파고들고 연구해야 하며, 이 과정에서 또 다른 문제 즉 사적, 역사사실, 법령제도, 유물 등은 고려할 필요가 없다. 이렇게 하나하나 착실하게 해나가야 성실하게 성과를 얻을 수 있다.

(3) 판교독서법板橋讀書法

판교독서법은 청대 시화가 정섭鄭燮(판교는 그의 호)이 제안한 독서방법이다. 그는 시와 서예, 그림에서 최고의 실력을 갖추었을 뿐 아니라 독서에도 상당한 조예가 있어서 매우 정밀하고 독창적인 독서법을 제안했다.

첫 번째는 유기유망有記有忘(기억하기도 하고 잊기도 해야 함)의 독서법
이다. 어떤 사람들은 정섭이 시, 서, 화에서 모두 당대에 견줄 만한 사
람이 없을 만큼 뛰어나 자성일가할 수 있었던 까닭은 그의 뛰어난 기억
력 때문이라고 여겼다. 그러나 정섭은 오히려 그렇지 않다고 생각했다.

"나의 일생에서 가장 좋아하지 않는 사람은 한 번 보면 잊지 않는 사
람이다. 나는 《사서》, 《오경》을 읽어도 곧 얼마 지나지 않아 조금 잊어
버린다. 다름이 아니라 잊어야 할 것을 잊고 잊지 말아야 할 것은 잘 기
억해 두어야 할 것이다."

정섭은 독서란 한번 보면 결코 잊지 않는 것이 아니라, 반드시 기억
을 해야 할 것은 기억하고 기억하지 않아도 되는 것은 잊어버리는 것이
라고 여겼다.

정섭은 확실히 남들보다 기억력이 좋았다. 한번은 다른 사람과 경서
를 암송하는 내기를 했는데, 그는 하루에 한두 장 혹은 서너 장씩 쓰면
서 외우더니, 두 달이 못되어 모든 경서를 다 외워버렸다. 비록 글자를
잘못 쓴 것이 있기는 했으나 어구 사이는 잘못된 것이 하나도 없었다.
그의 기억력의 비결은 바로 유기유망의 독서법이었다. 정섭은 만약 기
억할 가치가 없는 것까지 기억한다면 '잡동사니가 가득 쌓여 있고, 기
름과 된장 등을 모두 섞어 넣어두어 참지 못할 만큼 더러운 부엌찬장'
이나 다름없다고 생각했다. 이러한 결론은 현대 심리학의 연구 성과와
일치하는 부분이 상당히 많다. 기억심리학에서는 기억과 망각을 변증
법적 통일 관계로 본다. 또한 망각을 반드시 부정적인 것으로 보지 않
는다. 능동적으로 어떤 정보를 잊어버려야만(정보론 시각에서 본다면 소

음을 제거하는 것) 효과적으로 다른 정보, 즉 유용한 정보를 기억할 수 있기 때문이다. 만약 기억만 하고 망각하지 않는다면 우리는 본 것, 들은 것을 모두 대뇌에 저장할 것이고, 기억의 창고는 곧 폐기물로 가득 차버릴 것이다. 그렇게 되면 마음껏 생각하거나 상상의 나래를 펼치기가 어려워진다. 그렇기 때문에 정섭의 유기유망 독서법은 상당히 과학적이라고 볼 수 있다.

두 번째는 유학유문有學有問(배우고 질문하다) 독서법이다. 정섭은 독서를 하면서 깊게 생각하고 많이 질문하며, 배우고 또 물어보아야 탁월한 성과를 거둘 수 있다고 여겼다. 책을 읽고 생각하지 않고 배우고 묻지 않으면, 아무런 효과가 없으며 어떤 것도 얻을 수 없다. 정섭은 이 부분을 이렇게 설명했다.

"'학문'이라는 두 글자는 분해해서 볼 필요가 있다. 학學은 배우는 것이고 문問은 묻는 것이다. 오늘날의 사람들은 배우기만 하고 물을 줄을 모르니, 비록 책을 만권이나 읽어도 여전히 아둔하다. 윤희胤禧는 책을 읽고 묻기를 좋아했는데, 한번 물어서 답을 얻지 못하면 재차 세 번을 물어보았고 한 사람에게 물어 답을 얻지 못하면 열 사람에게 물어보아서 의문을 개운하게 해결하고 훌륭한 이치를 찾아냈다. 그러므로 그 붓을 대면 밝히 알고 명백히 이해하는 것이 마치 불을 보고 불을 보는 것과 같았다."

정섭은 문답을 중시했던 고대의 독서전통을 계승하였으며, '학문'이라는 단어에 내재된 뜻을 깊이 분석했다. 그리고 만약 질문하는 노력이 없다면 아무리 책을 많이 읽어도 '여전히 아둔할 뿐'이라고 생각했다.

그래서 그는 심도 있게 묻고, 답을 얻지 못하면 또 다시 물어볼 것을 주장했다. 1980년대에 해외에서 유행한 SQ3R독서법도 Question, 즉 질문의 역할을 상당히 강조했다. 현대 독서법 연구에서도 질문을 하고 답을 찾는 과정이 이루어져야만 독서에서 능동성과 준비성, 비평성을 갖출 수 있다는 점을 여러 차례 증명한 바 있다. 질문 제시에 능숙하고 의문스러운 점을 포착할 수 있어야 비로소 새로운 지식을 얻을 수 있는 것이다. 이는 독서법의 금과옥조라고 할 수 있다.

세 번째는 유학유포有學有抛(배우는 것과 버리는 것이 있음) 독서법이다. 정섭은 독서를 할 때 창의성을 충분히 발휘하여 취사선택을 잘 해야 한다고 강조했다. 그는 그림을 그릴 때도 이 방법을 따랐다. 석도石濤, 이선李鱓 등의 화사畫師가 그린 난초와 대나무 그림을 배우면서 이를 그대로 답습하거나 모방하기보다는 오히려 취사선택을 통해 자신만의 독특한 그림 세계를 만들었다.

독서에서 왜 유학유포가 필요할까? 정섭은 그 이유로 두 가지를 제시했다. 첫째, 독서는 지식을 사용하기 위한 것이기 때문이다. 만약 지식을 사용할 능력이 없다면 아무리 책을 많이 읽어도 마치 돈을 어떻게 써야할지 몰라 쩔쩔매는 벼락부자와 같이 될 뿐이다.

"책을 만 권이나 읽어도 머리에 적절한 주관이 없으면 돈을 어찌 써야 할 줄 몰라 고생하는 벼락부자와 같다."

그래서 지식을 제대로 사용할 줄 알아야만 독서를 통해 얻고 배운 것을 적절히 활용하는 경지에 이를 수 있다.

둘째, 독서는 창조를 위한 것이지 이전 것을 무조건 답습하거나 다른 사람을 그대로 따라 하기 위한 것이 아니다. 정섭은 이에 대해 이렇게 말했다.

"배우는 것이 반이고 버리는 것이 반이니 완전히 배울 수는 없다. 완전하기를 바라지 않는 것은 아니나, 실제로 완전할 수 없고 또한 완전할 필요도 없다. 《시경》에서 말하기를, 열에서 일곱은 배우고 셋은 버리게 되는데, 각각 분별하고 스스로 깊이 찾아야 한다."

정섭은 이러한 기초 위에서 매우 조심스럽고 신중하게 책의 내용을 분별하고 선택해야 한다고 주장했다.

"나는 《사기》 백삼십여 편 중 《항우본기項羽本紀》를 최고로 본다. 《항우본기》 중에서도 거록전을 가장 많이 읽었다. 그중에서 홍문지연, 해하지회를 최고로 반복해 읽으면서 함께 기뻐하고 함께 눈물을 흘렸다. 만약 《사기》의 모든 편을 다 읽고, 구구절절 다 기록한다면 분수를 모르는 우둔한 자가 아니겠는가!"

이 밖에도 정섭은 "《오경五經》, 《장藏》, 십이부를 구구절절 모두 읽는 사람은 바보이다." "한漢, 위魏, 육조六朝, 삼당三唐, 양송兩宋의 매 시인들의 시를 배우는 자는 곧 미련한 사람이다." 등의 예를 들었다.

독서에서 정섭은 정신의 집중을 중시했으며 허황되게 과장하는 것을 경계했다. 또한 좋은 독서 환경을 강조했다.

"정돈된 실내와 청결한 방에서 책을 읽는 것은 세상에서 손에 꼽을 만큼 즐거운 일이다."

또한 "그 구멍을 뚫고 그 정신을 가르고 그 골수를 도려내다."라며 책의 깊고 오묘한 이치를 파악하고 이해할 것을 강조했다.

(4) 정숙일서법精熟—書法

정숙일서법은 청나라 학자 이광지가 제시한 것이다. 다음은 이광지의 글이다.

> 독서에는 기억력이 필요한데 기억력을 높이는 것은 어렵다. 만약 기억력을 단련하려면 책 한 권을 완전히 알고 익히는 독서법을 사용해야 한다고 본다. 큰 책이든 작은 책이든 구애받지 않고, 책 한 권을 완전히 익혀서 글자 하나하나의 도리를 투명하게 이해하고 주석을 달아 그것의 옳고 그름, 높고 낮음을 판별할 수 있을 정도가 되면 그 책을 근본으로 다른 것까지 깨달을 수 있다.

이광지는 정독일부서의 방법이 기억력 훈련에 도움이 될 뿐만 아니라 다른 서적을 이해하고 깨달을 수 있는 기초를 다지게 해준다고 보았다. 또한 정독할 책은 반드시 잘 선택해야 하는데, 특히 기초를 다지고 다방면의 지식을 유추해낼 수 있는 책을 골라야 한다. 책을 읽을 때에는 열심히, 그리고 세세히 읽어서 "글자 하나하나의 도리를 투명하게 이해하고 주석을 달아 옳고 그름, 높고 낮음을 분별할 수 있어야" 한다. 이렇게 책 한 권을 정통하여 이를 학문의 근본으로 삼는다면 눈덩이를 구르듯 갈수록 많은 지식을 흡수할 수 있다.

(5) 연호독서법連號讀書法

연호독서법은 청대 형무순刑懋循의 스승이 제안한 독서 방법으로, 왕균王筠이 《교동자법敎童子法》에서 간단히 소개했다.

형무순은 그의 스승이 연호법을 사용하여 독서를 가르쳤던 일을 자주 이야기했다. 첫째 날에 한 장을 소리 내어 읽는다. 그 다음날에는 또 한 장을 소리 내어 읽고, 첫째 날 읽었던 것도 다시 한 번 읽는다. 세 번째 날에는 첫째 날과 둘째 날 읽었던 것을 다시 읽고, 한 장을 더 읽는다. 이런 식으로 열하루 째에 이르면 첫날 읽었던 것을 없앴다. 매일 모두 열 번 이어서 소리 내어 읽고, 소리 내어 읽은 것이 일주일에 이르고 또 한 십주에 이르면 곧 책의 모든 내용에 익숙해진다.

사실 이것은 책을 기억하는 독서방법으로, 현대의 순환기억법과 아주 유사하다. 먼저 첫 날 한 단락을 읽는다. 둘째 날에는 첫 날 읽은 단락을 다시 읽고, 한 단락을 더 추가한다. 셋째 날은 첫째 날과 둘째 날 읽은 단락을 다시 읽고, 다시 한 단락을 더하여 읽는다. 이렇게 계속하여 십일일 째 이르면, 첫째 날 읽은 단락을 뺀다. 그리고 둘째 날부터 십일까지 읽은 아홉 단락을 다시 읽고 또 새로운 단락을 하여 읽는다. 십이일 째에는 다시 둘째 날 읽은 단락을 빼고 셋째 날부터 십일일 째 날까지 읽은 단락을 다시 읽고, 또 새로운 단락을 더하여 읽는다. 이렇게 매일 열 단락을 소리 내어 읽어야 한다. 이렇게 순환 송독誦讀(소리

내어 읽는 것)을 하면 매 단락을 열 번 이상 읽게 되기 때문에 앞뒤가 고르게 연결될 뿐만 아니라, 재능이 평범한 보통 사람도 책을 능히 익숙하게 익힐 수 있다.

(6) 약취실득법約取實得法

약취실득법은 명말청초의 문학가 엽혁승葉奕繩이 제안한 독서방법이다. 청대학자 장이기張爾岐는 《호암한화蒿庵閑話》에 이 독서법을 기록했다.

역성 엽혁승은 이전에 기억력을 강화하는 방법을 말했다.

"나는 본래 몹시 우둔하기 때문에 매일 한 권의 책을 읽고 마음에 드는 문장을 발견하면 옮겨 써두었다. 옮겨 쓰기를 다하면 열 번 정도 낭송하고 벽에 붙인다. 하루에 반드시 많으면 십여 단락, 적어도 여섯 일곱 단락을 이렇게 한다. 그리고 책을 덮고 산책하면서 벽에 붙여놓은 것을 본다. 하루에 세 차례나 다섯 차례를 보통으로 하되 반드시 자세하게 읽어 한 자도 빠뜨리지 않는다. 종이로 벽이 가득 차면 첫째 날 붙인 것을 대바구니 가운데 거두어들이고, 또 옮겨 쓴 것이 있으면 다시 벽에 붙여서 보충한다. 매일 쉬지 않고 이렇게 하여 일 년 안에 삼천 단락을 익히게 된다. 수년 후에는 가슴속에 점차 쌓이는 것이 많아진다. 매일 대강 보게 되면 약간의 영향에 그친다. 시일이 약간 지나고 비게 되면 내가 간단히 취한 것으로 실제 얻은 것만 못하게 된다."

약취실득법은 수박 겉핥기식으로 한번 보고 곧 잊어버리는 독서습관을 반대하며, 적은 양이라도 확실히 소화하고 매일 지속할 것을 강조하는 독서방법이다. 구체적인 방법은 이러하다. 매일 책을 읽으면서 만약 맘에 드는 문장이나 단락, 격언이나 경구를 발견하면 그것을 종이에 베껴 써서 열 번 정도 소리 내어 읽는다. 그런 뒤에 한 장씩 한 장씩 벽에 붙여놓는데 매일 많게는 십여 단락, 적게는 여섯 단락 정도 그렇게 한다. 일을 하다 잠시 쉬는 시간을 이용하여 집안을 거닐면서 벽에 붙은 글을 읽는데, 이렇게 하기를 매일 세 차례에서 다섯 차례 정도 한다. 익숙해질 정도로 읽고 사면의 벽이 종이로 가득 차면, 과거에 붙였던 것을 떼어내고 새로 베낀 것을 붙여 공백을 메운다. 바로 보충을 하면서 계속해나가면 일 년에 삼천 개가 넘는 단락과 글을 익힐 수 있다. 수 년 후에 쌓인 양은 가히 굉장하다고 할만하다. 엽혁승은 바로 이 약취실득법을 통해 해박한 학술과 문학적 재능이 넘쳐흐르는 저명한 희곡가가 될 수 있었던 것이다.

(7) 권말독서법圈抹讀書法

권말독서법은 청대학자 왕균이 《교동자법》이란 책에서 제기한 것으로, 책을 읽는 과정에서 머리와 손을 함께 써서 이해에 깊이를 더하고 기억을 강화하는 독서방법이다.

학교에 들어간 후에는 매 과목마다 반드시 붓과 먹을 준비하게 한다. 학생에게 책을 읽으면서 모르는 부분에 동그라미를 그리거나 칠하며 성실히 공부하게 한다. 공부에 발전이 있다면 그 칠한 곳에 동그라미를 치게 될 수도 있고, 동그라미를 그린 곳을 칠할 수도 있다. 중요한 것은 남을 따라서 하는 게 아니라 자신이 스스로 하는 것이다. 곧 경서를 읽다가 이해한 바가 있으면 책 말미에 써놓고 때때로 지우거나 고친다. 만약 책을 보는데 책이 깨끗하고 아무런 글자도 쓰여 있지 않다면, 그 학생이 열심을 다해 공부하지 않았음을 알 수 있다.

권말독서법에는 두 가지 단계가 있다. 첫 번째, 어떤 자료를 읽을 때 반드시 자기의 이해와 견해에 근거하여 훌륭하다고 생각하는 부분에는 동그라미를 그리고, 그다지 훌륭하지 않다고 생각하는 부분은 줄을 그어 지워버린다. 배움이 점차 발전하면서 원래 동그라미를 쳤던 부분을 지울 수도 있고, 원래 지웠던 부분에 오히려 동그라미를 그릴 수도 있다. 이렇게 "지웠던 곳에 동그라미를 그리고, 동그라미 쳤던 곳을 지워버리는" 과정이 반복되는데, 한 번씩 동그라미를 그리거나 지울 때마다 학생의 배움은 한 단계 성장한다. 왕균은 이렇게 하는 것을 '성실히 공부하는 것'이라고 평했다. 두 번째는 읽던 자료에 표시를 하거나 빈 공간에 주석을 쓰거나 평론을 단다. 이러한 표시나 주석, 평론은 때때로 지우거나 고치며, 동그라미를 그리거나 지우는 등, 끊임없이 보고 생각해야 한다. 만약 책을 산 뒤로 몇 날이 지나도록 책이 여전히 "깨끗하고 한 자도 쓰여 있지 않다면" 배움에 마음을 두지 않았다는 반증이 된다.

(8) 출서입서법出書入書法

출서입서법은 명대의 학자 이후李詡가 제안한 독서방법이다.

독서를 할 때에는 반드시 들고 나는 법을 알아야 한다. 처음에는 당연히 들어가는 법을 구해야 하며 마지막에는 나오는 법을 구해야 한다. 보고 친근해지는 것은 들어가는 법이다. 밝고 확실히 사용하는 것은 나오는 법이다. 책으로 들어갈 수 없으면 선인들이 마음 쓴 곳을 알지 못한다. 책에서 나올 수 없으면 언어 아래 죽게 된다. 오로지 들고 나는 법을 알아야만 독서하는 법을 모두 알았다고 말할 수 있다.

출서입서법은 사실상 독서의 두 가지 부분을 설명한 것이다. 첫 번째 부분은 '입서入書'이다. 책을 읽기 시작할 때에는 '보고 친근하게' 여길 수 있어야만 책의 깊고 오묘한 이치를 열심히 탐구할 수 있다. 두 번째 부분은 '출서出書'이다. 독서 과정에서 책의 노예가 되지 말고(언어 아래 죽음), '밝고 확실하게 사용'할 줄 알아야 한다. 즉 책에서 배운 지식을 실제 생활에 응용할 수 있어야 하는 것이다.

정대 육동陸鑨은 줄서입서 녹서법을 더욱 발전시켜 독서와 사람됨을 하나로 보는 관점을 제시했다.

"독서는 사람됨은 서로 다른 일이 아니다. 책을 읽을 때 구절구절을 자신에게 대입하면서 읽는 것은 사람됨을 추구하는 방법이기도 하다. 이렇게 해야만 비로소 책을 읽을 줄 안다 할 수 있다. 만약 사람이 자신을 알지 못하면서 독서는 독서이고 사람됨은 사람됨이라고 생각한다면 책을 제대로 읽는 사람이라 할 수 없다.”

그는 ‘보고 친근하게 여기는 것’은 독서이며 ‘밝고 확실하게 사용’하는 것은 사람됨을 가리키는 것으로, 이 두 가지는 본래 통일된 과정이라고 보았다. 또한 구절구절 자신에게 대입하며 읽는 것이야말로 사람됨을 완성하는 방법이며 진정한 독서라고 여겼다.

3. 독서의 기본원칙

고대 중국의 독서법 관련 연구 및 논술 관련 저서는 상당히 많다. 그래서 위의 두 장절에서 다루지 못한 가치 있는 견해들을 이번 장절에서 다루어볼까 한다. 다음에 소개할 독서에 대한 격언들은 잘못을 바로잡고 결점을 보완하는 데 상당한 효과가 있다.

(1) 독서귀의讀書貴疑(독서를 할 때 의구심을 중시함)

독서 과정 중에 그 내용을 맹목적으로 받아들이지 말고, 의구심을 가지고 내용을 충분히 분석한 뒤 받아들여야 한다는 관점을 가장 먼저 제시한 사람은 맹자이다.

《서書》의 내용을 그대로 믿는다면 《서書》가 없는 것만 못하다. 나는 《무성武成》편을 읽으면서 그중 두세 죽간만을 받아들였을 뿐이다. 어진 사람仁人은 천하에 대적할 사람이 없다고 하니 지극히 어진 자가 극도로 어질지 못한 자를 정벌함에 어찌 그 피가 방패를 흐를 수 있었겠는가?

맹자는 주 무왕의 예를 들며 《상서尙書》의 진실성에 의구심을 제시했다. 또한 경서를 지나치게 의지하고 쉽게 믿어버리는 풍조에 대해서도 이의를 제기했다. 한 나라의 왕충은 맹자의 의견을 한층 더 발전시켰다.

세상 사람들은 허망한 책을 믿는데, 이는 책에 적혀 있는 것은 모두 성현의 말씀이기 때문에 틀린 부분이 하나도 없다고 생각하기 때문이다. 그래서 그것을 믿고 읽고 외운다. 또한 후에 진실을 기록한 책과 그들이 믿는 그 허망한 책이 다르면, 진실을 기록한 책의 가치가 없다고 하며 그것을 믿지 않는다. 심원한 일은 여전히 알 수 없으며 깊은 곳에 숨겨진 사정은 여전히 판단할 수 없다. 하물며 명백한 문자와 확실한 기록은 옳고 그름이 분명히 보이는데 막연하게 그것이 사실이 아니라고 말하니, 이는 바로 마음을 하나로 집중하지 않고 아무 생각 없이 일을 대하기 때문이다.

이를 요즘 말로 옮겨보자면, 활자로 인쇄된 것이라고 해서 모두 진리로 생각하거나 믿어서는 안 된다는 것이다. 어떤 책을 읽던지 간에 반드시 자신의 사고를 거쳐 집중하여 보며 직접 옳고 그름을 가려야 한다.

송나라의 장재 역시 이 부분에 심오한 견해를 밝힌 바 있다.

책을 적게 읽으면 검증과 고찰을 통해 이치를 얻을 수 없다. 책을 읽는 것은 그러한 마음을 유지하는 것인데, 잠시라도 내려놓으면 덕성을 쌓는 데 태만해진다. 책을 읽을 때에는 늘 그런 마음이 있지만 책을 읽지 않으면 아무리 살펴보아도 바른 이치가 보이지 않는다. 책은 반드시 낭독하고 깊이 생각해야 하며, 밖에서 다닐 때나 조용히 정좌한 때에도 모두 그렇게 해야 한다. 만약 책의 내용을 기억할 수 없으면 기억하지 못하는 이유를 잘 생각해야 한다. 그러나 전체적인 흐름을 관통하게 되면 쉽게 기억할 수 있다. 따라서 책을 보는 사람은 자신의 의문점을 풀고 자신이 도달하지 못한 부분을 밝히 알면서 나아가면 볼 때마다 앎이 늘고 이익을 얻으며 배움이 진보할 것이다. 또한 원래 의문이 없던 곳에서 의문을 가지면 이 역시 배움이 더욱 앞으로 나아가게 한다.

그는 독서의 관건은 원래 의문이 없던 곳에서 의문을 가지는 것이며, 독서의 목적은 자기의 의문을 해결하는 것이라고 보았다. 따라서 독서 과정에서 기억과 사고의 변증적인 관계를 잘 다룰 수 있어야만 학습 중 진이라는 경지에 도달할 수 있다고 주장했다.

육구연은 맹자의 관점을 한층 더 발전시켜 의문을 품는 방법을 제시했다.

옛 사람들이 쓴 책의 내용은 믿지 않을 수도, 반드시 믿을 수도 없으니 그 이치를 잘 살펴 어떠한지 보아야 한다.

육구연은 책에 있는 지식을 신뢰할 수 있는지의 여부를 판단하는 기준으로 이치理를 제시했다. 책에서 언급한 것이 이치이든 일이든 간에, 진위를 감별할 수 있는 이치로 판단할 수 있다고 본 것이다.

(2) 독서귀정讀書貴精(독서를 할 때 정독을 중시함)

앞 장절에서 소개한 팔면수적법과 약취실득법은 모두 정독精讀을 중시했다. 여기에서도 정독과 관련된 격언을 두 가지 정도 소개할까 한다. 첫 번째는 송나라 주희의 격언이다.

책을 상세하게 읽고 대강 보지 말라. 낮은 시각으로 보고 높은 시각으로 보지 말라. 어리석어 보일지언정 첩경(지름길)을 이용하지 말고, 더욱 가까워지지 멀어지지는 말라.

두 번째는 청대 기윤紀昀이 한 말이다.

책을 너무 많이 읽으면 일을 그르칠 수 있다. 책을 전혀 읽지 않아도 일을 그르칠 수 있다.

위에 소개한 격언은 모두 책을 읽을 때 지나치게 욕심을 부려 급하게 하지 말고, 세밀하게 구하는 정독을 통해 순서적으로 나아갈 것을 강조한다.

(3) 독서귀숙讀書貴熟(독서를 할 때 숙독을 중시함)

고대 교육가들은 숙독熟讀을 매우 중시했으며, 특히 낭독을 통한 암기와 숙독이 초학자初學者에게 미치는 영향을 중시했다. 이에 대해 장재는 다음과 같이 말했다.

경서나 서적은 또한 반드시 기억해야 한다. 비록 순임금과 우임금의 지혜를 가지고 있어도 이를 읊조리고 말하지 않으면 귀머거리나 장님이 깃발을 들고 지휘하는 것과 다름이 없다. 기억하면 말할 수 있고, 말할 수 있으면 행동할 수 있다. 그렇기 때문에 배우기 시작하는 사람은 반드시 기억하고 낭독해야 한다.

책을 많이 읽으면서 빨리 잊어버리는 사람은 이치에 정통하지 않았기 때문이다. 만약 이치에 정통하였다면 잊어버리지 않을 것이다. 공자는 하나의 이치를 가지고 처음과 끝을 관통하면 전부 이해할 수 있어야 한다고 했다. 배우는 자가 마음을 수양하여 밝고 조용한 것을 분별하면 자연히 볼 수 있으며, 사람의 생사존망이 어디서 오는지 알 수 있어서 마음속에 의문이 풀리게 된다. 이것이 바로 이치理라는 것이다.

그는 잘 기억하는 것이 언어 표현과 행동 실천에 매우 중요한 의의를 가지고 있다고 보았다. 그래서 독서를 할 때는 마음을 수양하여 분별할 줄 알아야 하며, 이를 통해 책 속의 깊고 오묘한 이치를 구해야 한다고 여겼다.

육구연은 숙독의 관건은 책 속에 깊이 빠져드는 것이라고 보았다. 그래서 의미가 평이한 것에서 깊은 것으로, 간단한 것에서 어려운 것으로 나아가야 한다고 주장했다.

배우는 자는 책을 읽을 때 우선 쉬운 것부터 반복하여 읽은 후 온갖 지혜를 다 짜내어 생각해야 한다. 그렇게 하면 어려운 것도 모두 이해할 수 있다. 어려운 것부터 시작하면 결국 깨달을 수 없게 된다.

육구연은 숙독의 또 다른 관건으로 자세하고 열심히 읽는 태도를 내세우며 이렇게 말했다.

"독서의 방법은 반드시 차분한 마음을 가지고 보며, 자세하고 깊이 그 의미를 새겨보아야 한다."라고 말했다. 또한 "책을 읽을 때 문장의 대략적인 의미가 표면상으로 통하면, 그냥 차분한 마음으로 읽어야 한다. 일일이 시시콜콜 따지는 것이야 말로 시간과 정신력을 낭비하는 것이다. 만약 통하지 않는 것이 있으면 그냥 넘어가는 가야 해가 없다. 원래 명확한 내용을 자주 읽으면 자연스럽게 의문이 풀리고, 나중에 기초가 탄탄해져서 모르던 것도 자연스럽게 풀리게 된다.”

송나라 시인인 황정견은 숙독의 노력은 책을 읽을 때뿐만 아니라 읽지 않을 때에도 계속 되어야 한다고 보았다.

옛사람의 말씀 중 이런 말이 있다. 적을 모두 없애려면 천릿길을 쫓아가서 장군을 먼저 죽여야 한다. 마음을 다해서 많은 책을 읽는 공을 쌓아야만 책의 진정한 의미를 음미할 수 있다. 책을 놓고 쉬는 동안에 그 음미한 의미가 마음속에 있으면 옛 사람이 마음을 쓴 곳을 잘 알 수 있다. 만약에 이렇게 정성을 다해서 한 두 권의 책을 읽으면 나머지의 책도 절로 깨달아갈 수 있다.

책을 읽을 때는 정신을 집중해서 그 의미를 깨닫고 음미하며, 쉴 때에 읽은 내용을 계속 생각하는 것이야말로 진정으로 마음속에서 익숙해진 것이라는 뜻이다.

숙독을 바탕으로, 책의 세부적인 의미뿐만 아니라 전체적인 의도도 파악할 수 있어야 한다. 이에 대해 장재는 이렇게 썼다.

책을 읽을 때 급박하면 안 된다. 그러면 의미를 볼 수 없으니, 반드시 전체적인 흐름에서 그 의미를 구해야 한다. (책의) 언어는 가리키는 바가 있는데 이 가리키는 바를 보는 자는 많지 않다. 만약 글자 하나하나에 매여서 전체적 흐름을 구하지 않고 이를 놓치면 이는 아이가 보는 것과 같이 의미를 알지 못하게 된다. 책을 볼 때에는 반드시 그 말을 보면서 저자의 뜻을 구해야 한다.

육구연 역시 이 부분을 명확히 지적했다.

"독서를 할 때 글의 뜻을 몰라서는 아니 된다. 그러나 글의 뜻만 아는 것은 어린아이의 배움이나 다름없다. 반드시 전체적인 의미가 무엇인지를 볼 수 있어야 한다."

장재와 육구연은 숙독의 목적은 단순히 문장의 뜻을 아는 것뿐만 아니라 책의 전체적인 의도를 파악하는 데 있다고 보았다. 그리고 만약 문장의 의미파악에만 머무른다면 이는 어린아이의 독서와 다를 바 없다고 보았다.

(4) 독서귀겸讀書貴謙(독서를 할 때 겸손을 중시함)

독서 시에는 겸손한 마음을 가져야 한다. 이는 고대 중국 교육가들의 공통된 인식이다. 이에 대해 안지추는 다음과 같이 썼다.

배움은 이익을 구하는 것이다. 내가 본 어떤 사람은 수십 권의 책을 읽은 후 스스로 내난하나고 살난 체하면서 선배를 얕보고 같이 공부하는 사람을 경시한다. 다른 사람들은 그를 마치 적을 대하는 것처럼 싫어하고, 올빼미인 것처럼 미워한다. 이렇게 되면 배움이 오히려 자신에게 손해를 입히므로 차라리 한 권의 책도 읽지 않는 편이 더 낫다.

그는 사람이 책 몇 권 읽은 것에 만족하지 말아야 한다고 생각했다. 그리고 만약 책을 많이 읽었다고 스스로 매우 대단하다고 생각하면서 선배를 얕보고 같이 공부하는 사람을 경시한다면, 독서를 통해 이익을 구하는 본래 목적을 달성하기는커녕 오히려 손해를 보기 때문에 차라리 단 한 권의 책도 읽지 않는 편이 더 낫다고 보았다.

육구연은 또 이렇게 지적했다.

고서를 읽을 때에는 문장의 뜻이 분명한 곳도 외우고, 익히고, 보고, 깨달아야 한다. 이해하기 쉽다고 해서 가벼이 여기지 말고, 자기가 아는 것이라고 믿지 말아야 한다. 오랫동안 지속적으로 그렇게 한다면 실익을 얻을 수 있다. 의문이 생기면 그 의문으로 인해 뒤로 물러서지도 말고 그저 흘러가는 대로 두고, 억지로 힘써 탐구하지도 말아야 한다. 후에 이해할 수 있는 부분이 더욱 늘어났을 때, 원래 있던 의문이나 이해하기 어려운 부분들이 갑자기 모두 풀리게 될 것이다.

그는 책을 읽을 때, 특히 고전을 읽을 때 이해하기 쉽다고 가벼이 여기는 것과 자신이 이미 다 안다고 생각하는 것, 이 두 가지 독서태도를 제일 피해야 한다고 생각했다. 이런 태도를 가지면 독서에 충분히 마음을 기울이지 않게 되고, 결국 아무것도 얻을 수 없기 때문이다. 그래서 반드시 겸손한 태도로 연습하고 외우고 배우고 보고 깨달아야 한다. 그러다 의문점에 맞닥뜨리면 위축되거나 후퇴하지 말고, 또한 억지로 탐구하지 말고 계속 읽으면서 흐름에 맡겨둔다. 그러면 점점 몰랐던 부분들을 알게 되면서 의혹이 풀리고 끊임없는 발전할 수 있다.

(5) 독서귀용讀書貴用(독서를 할 때 사용을 중시함)

고대 중국 교육가들은 독서과정에서 사용用을 중시했다. 예를 들어 송대 시인 육유陸遊는 《동야독서시자질冬夜讀書示子聿》에서 이렇게 말했다.

"종이에서 얻는 지식이 너무 얕아서 지식을 깊게 하려면 반드시 실천해야 한다."

그는 독서를 통해 얻은 지식은 반드시 실천을 해보아야만 진정한 지식이 될 수 있다고 보았다.

북제北齊의 안지추는 독서귀용에 대해 비교적 상세한 설명을 남겼다.

책을 읽고 학문을 하는 것은 마음을 깨우치고 눈을 밝게 하여 행동을 이롭게 하고자 하기 위함이다. 부모를 공양할 줄 아는 사람은 글에서 옛사람이 부모의 뜻을 미리 헤아리고, 그 뜻에 따라서 일을 처리하며, 마음을 진정시키고 소리를 낮춰 부드럽게 말하고 고생을 두려워하지 않으며, 허리를 굽혀 부모를 보시는 모습을 보고 스스로 반성하고 옛사람을 따라 행하게 된다.

임금을 위해 일할 줄 아는 사람은 글에서 옛사람이 자기의 직책을 잘 지키고 위급할 때 명을 받고도 성실하게 따르며 국가에 이롭게 한 것을 읽고 이를 읊으며 옛사람을 본받아 행하게 된다.

평소에 교만하고 사치스러운 사람은 글에서 '옛사람이 근검절약하며 겸손하게 자기를 낮추고 예의를 잘 지키며 다른 사람을 공경했다'는 것을 보고 깜짝 놀라서 스스로를 버리고 태도를 바로잡고 뜻을 억누르기도 한다.

평소에 인색한 사람은 글에서 '옛사람이 재물은 가볍게 여기고 의를 중요시하며, 자기의 욕망을 절제하고 지나치게 많은 것을 싫어하며, 부족한 것을 불쌍히 여겨 가난한 사람에게 돈을 주었다'는 사실을 알고 부끄러워하며 모은 재물을 쾌히 나눠주기도 한다.

평소에 사나운 사람은 글에서 옛사람이 다른 사람에게 조심스럽게 대하고 말을 하며 굴욕을 참으면서 다른 사람을 공경하였다는 것을 읽고 더는 모질게 굴지 않기도 한다.

평소에 겁이 많고 연약한 사람은 옛사람이 죽음을 불사하면서 바르게 살고 신용을 지키며 계속 나아가는 모습을 보고 힘을 얻어서 더 이상 겁이 날 일이 없다고 생각할 수도 있다. 예로부터 업종을 막론하고 모든 사람이 다 이러하였다.

만약 책을 읽는 사람이 말만 할 줄 알고 행동할 줄을 모르면 충효를 잘 모르고 인의가 부족한 것이다. 그런 사람이 검사관으로 재판을 하면 옳고 그름을 잘 분별할 수 없고, 관직에 있으면 백성을 잘 보살피지 못하며, 집을 지으면 가로로 있는 것이 도리(문 위에 가로댄 나무)이고 세로로 있는 것이 기둥이라는 걸 모르고, 농사를 지을 때에는 곡식이 언제 익을지 모를 것이다.

세태를 잘 풍자하고 시를 잘 읊으며 생활이 여유로워도 사리에 맞지 않으면, 뛰어난 학식이나 정치적 경륜을 가지고 있어도 쓸모가 없게 된다. 무인武人된 자가 하급관리에게 비웃음과 욕을 자주 먹는 것은 바로 이 때문이다.

육유는 독서의 근본 목적을 자신을 현명하게 하고 배운 지식을 실천에 옮기는 것이라고 보았다. 또한 어떠한 부족함과 심리적 약점이 있어도 독서를 통해 모두 개선하고 교정할 수 있다고 생각했다.

명말 청초의 학자 진학陳確은 성공적인 독서를 판단하는 기준이 바로 실행여부라고 생각했다. 책을 읽고 실천하지 못한다면 이는 한 권도 보지 않은 것과 다름없다. '말을 신중하게 하고 식욕을 절제하라.'는 말은 내가 항상 아들 '화禾'에게 간곡하게 타이르는 것인데, 아들이 그중 하나라도 능히 할 수 있을 것인가? 아버지의 말을 행하지 않는 것은 효에 어긋나는 것인데, 하물며 그 책에 있는 내용을 실행하는 것이랴? 나는 평소 겉치레를 싫어하고 단지 학업의 증진을 위해 행동으로 실천하는 것이 중요하다고 생각하여, 조그만 부분이라도 아들이 나의 말을 따른다면 곧 학습이 진보한 것이라고 생각하고 기쁘게 생각했다. 그렇지 않으면 아들이 명성을 날리는 사람이 되어도 이는 내가 바라는 일이 아니다.

청대의 안원은 "마음으로 생삭하고 입으로 말하고 책에서 본 것은 아직 힘을 얻지 못한다. 반드시 일에 직면했을 때 이전처럼 익힌 것이 바로 나와야 한다."고 말했다. 즉 독서는 생각이나 말, 읽었던 수준에 머무르지 않고 읽은 것을 실천에 옮겨야만 진정한 힘을 얻게 된다는 것이다.

08

과거제도와
중국 고대 교육

중국 교육사에서 고대 교육, 고대 학교, 고대 지식인, 고대 문화에 가장 큰 영향을 미친 것은 아마 과거제도科擧制度일 것이다. 과거제도는 중국 봉건사회의 모태에서 탄생했을 때부터, 불가사의하게도 가장 강력한 힘을 갖게 되었다. 과거제도는 '천하의 영웅'들을 모두 그 '함정'에 빠져들게 하였으며, 천하의 문인들을 모두 백발로 만들어버렸다. 김쟁金諍 선생은 다음과 같이 말했다.

"길고 긴 봉건사회에서 중국 문화의 풍부한 발전에 큰 공헌을 한 위대한 정치가, 사상가, 문학가, 사학가 및 기타 학문가들 중에서 과거시험을 거치지 않고 사회의 상류층에 진입한 사람은 매우 드물다. 그들은 과거제도를 통해 사회에 공헌할 수 있는 활동의 기반을 얻었다. 뿐만 아니라 같은 시기에 중국 문화 형성에 커다란 부정적인 영향을 미친 큰 인물 중에서 이와 같은 길을 걷지 않은 사람 역시 드물다. 한 민족과 한 사회의 문화를 대변하는 것이 지식인이라면 중국의 수많은 지식인의 모습과 정신은 모두 과거제도에서 만들어진 것이다."

과거제도는 분명 중국 고대 문화와 교육의 토양이 길러낸 산물일 뿐아니라, 과거제도가 중국 고대 문화와 교육의 재창조 기능과 현대 중국인의 행동양식에 미친 영향 역시 간과할 수 없다.

1. 과거제도科擧制度의 창립

중국 고대 과거제도가 창립된 시기에 대해 교육계에서 비교적 공인
하는 것은 '수대隋代 기원설'이다. 고수삼顧樹森, 모례예毛禮銳 등 교육사
의 대가들은 모두 이 학설을 견지하고 있다. 고수삼은 다음과 같이 주
장하였다.

"수대隋代의 '진사과進士科' 설치는 과거의 향시제도鄕擧裏選의 폐지와
그 후 1300년간 과거제도의 기원이 되었다."

한편, 모례예毛禮銳, 심관군沈灌群도 다음과 같이 분명하게 지적하였
다.

"과거제도科擧制度는 수隋나라 때 창립되었다."

그러나 "과거제도는 수隋나라에서 시작된 것이 아니다."라는 주장도
있다. 여기에서는 과거제도의 근본적인 특징과 실질적인 연관이 있는
인식과 이해를 통해, 잠시 그러한 학설들의 옳고 그름은 접어두고, 과
거제도의 기원과 발전에 대한 역사적인 고찰을 시도해보도록 하자.

과거제도는 관리 선발제도에서 발전한 것이다. 《브리태니커 백과사
전》에는 다음과 같이 나와 있다.

"우리가 알고 있는 최초의 시험제도는 중국에서 실시한 관리 선발제
도(기원전 1115년)와 정기적으로 시행된 시험(기원전 202년)이다."

이는 아마도 서주西周의 관리 선발제인 선사제도選士制度와 한대漢代
의 관리 등용제인 찰거察擧를 일컫는 것으로 보인다. 서주 시기에는 분
명 향거현능鄉擧賢能이나 향거리선鄉擧裏選 제도가 있었다. 이는 '향시'
를 통해 마을의 어질고 능력 있는 선비를 선발하여 점차 상부에 천거하
여 중앙 관직에 오르게 하는 제도이다. 마을에서는 3년에 한 번씩 시행
하는 '대비大比'를 통해 마을 사람들을 선발하는데, "덕행德行과 도예道
藝를 시험하여 어질고 능력 있는 사람을 뽑았다." 그러나 천거된 후보
는 일반적으로 국왕이 친히 시험을 보아 "제후들이 해마다 천자에게
선비를 추천하면 천자는 그들을 사궁射宮으로 시험을 치게 하였다." 이
것은 화살을 쏘아 선비를 선발하는 것으로, 상고시대에 부락에서 무공
을 숭상한 유풍에서 비롯되었다.

춘추전국春秋戰國 시기에는 세경세록世卿世祿 제도가 점차 와해되고,
선비계층이 갑자기 등장하여 추천과 시험을 통해 임용하는 관리 선발
제도는 점차 완비되고 그 대상도 나날이 확대되었다. 한대漢代의 유방劉
邦은 진시황秦始皇과 항우項羽가 선비를 채용하지 않는 교훈을 받아들여,
기원전 197년에 조령을 내려 어진 인재를 천거하게 하였다.

"사대부 가운데 나를 따르는 자가 있다면, 그를 아끼고 드높여 줄 것
이다. 이를 천하에 공표하여 나의 뜻을 분명히 알려라. 어사대부禦史大
夫 주창周昌은 조서를 재상에게 하달하고, 재상 찬후鄼侯는 제후들에게
하달하고, 어사 중승中丞은 각 군郡의 군수들에게 하달하라. 그리하여
그들이 관할하는 지방에서 명망 있고 덕행이 훌륭한 사람이 있으면 반
드시 직접 찾아가 출사를 권하고, 거마를 준비하여 승상부로 데리고 가

서 그의 외모의 특징과 나이를 쓰게 해야 한다. 만약 이러한 인재가 있는데도 보고하지 않는다면 발각되는 즉시 관직에서 파면 조치할 것이다."

유방의 조서에서는 지방에서 중앙의 각급 부서에 이르기까지 모두 어진 인재를 천거해야 하며, 천거하지 않을 경우 조사하여 발각되면 면직 처분을 내리겠다고 하였다. 인재를 발굴한 후에는 반드시 '직접 방문하여 출사를 권한'다음 '관가에서 거마를 준비하여 승상부로 데려가야 하며' '외모의 특징'과 '연령'을 기록해야 한다. 이것은 나중에 과거시험에서 '향공鄕貢'과 형식이 매우 흡사하며 한대에는 찰거察擧라 하였다.

한무제漢武帝 시대에 찰거는 이미 고조高祖 때의 조령으로 인해 정형화된 제도로 변모했다. 예를 들면, 무제는 각 군국郡國지방에서는 매년 그 지방의 인구 비례에 따라 중앙으로 효렴孝廉을 천거하는데, 일반적으로 20만 명 가운데 1명이며, 각 군국에서 적으면 1명, 많으면 6명을 추천한다. 그 조령은 이러하다.

"효렴을 천거하지 않고, 조령를 받들지 않으면, 마땅히 불경으로 보아야 한다. 효렴을 천거하지 않고, 임무를 수행해내지 못하면 면직해야 한다."

효렴 천거 외에도 수재秀才, 명법明法 등 역시 찰거의 과목이다. 찰거는 나중에 일괄적으로 조정의 시험을 거쳐야 하는데, 시험 방법은 일반적으로 대책對策과 사책射策이다.

찰거제도는 형식과 내용 면에서 후대의 과거제도와 비슷한 점이 많지만 본질은 다르다. 전자는 천거를 위주로 하고 시험을 보조로 한 것으로, 시험에서 제외되는 문제가 없기 때문에, "대책對策에 응시한 자는 모두 선발되며, 단지 우열만 있을 뿐이다."

찰거제도는 당시의 배경에서 상당히 긍정적인 작용을 하였으나 적지 않은 폐단을 남기기도 했다. 이 제도는 한 무리, 한 당파가 서로 치켜세우고, 각 지방에서 추천한 사람은 모두 명문대가 호족 자제들이었을 뿐만 아니라 가식적이고 간사하며 언변과 기지가 뛰어난 사람들에게 발붙일 틈을 주고 공공연히 속임수를 쓸 수 있어서 이른 바 '유명무실'한 상황이 나타났다. 진晉나라 사람 갈홍葛洪은 일찍이 다음과 같이 비평했다.

글을 잘 써야 하는 '수재'들이 글자조차 모르고, '효행孝行'으로 칭찬을 받은 이들이 아버지를 집 밖으로 내쫓아 다른 곳에서 살게 하고, '소박하고 청렴결백한' 이들도 사실은 진흙처럼 혼탁하고, 고층 건물 내에 살면서 '명장'으로 칭송받는 사람도 실제로는 닭보다도 담이 작다.

이것은 당시 찰거의 유명무실한 상황을 절묘하게 풍자하고 있다. 이로 인해 한나라를 멸망시키고 위나라를 세운 조조曹操의 아들 조비曹丕는 이부상서吏部尙書 진군陳群이 제기한 '구품중정제九品中正制'를 받아들였다. 구품중정제란 각 주州와 군郡에 '중정中正'관을 설치하여 현지의 인사에 대해 책임지고 관찰, 조사하여 평가, 결정하게 하고, 재능과 덕행에 따라 상상上上, 상중上中, 상하上下, 중상中上, 중중中中, 중하中下, 하상下上, 하중下中, 하하下下의 구품九品으로 나누어 이부吏部에 관리가 될 만한 적임자를 천거하게 하는 제도이다. 이것은 명문 호족들이 찰거를 조종하는 국면을 변화시켰다는 면에서 분명 긍정적인 의의가 있다. 그러나 사실 이는 형식은 변했지만 내용은 바뀌지 않은 것으로, '중정'관 자체를 세도 관리가 겸임하게 되었다. 이것은 어느 새 또다시 새로운 명문 호족을 만들어내 점차 한대의 찰거와 비슷한 양상으로 변모했다. 이른바 "상품上品에는 가난한 집안이 없고, 하품下品에는 세력 있는 집안이 없다."는 것이 바로 그 증거이다.

수隋 왕조는 위진魏晉 이래의 분열된 국면을 종식시키고 관리를 선발하는 제도에서 중요한 변혁들을 추진하였다. 수문제隋文帝는 구품중정제를 폐지하고 '주도州都'를 설치하여 책임지고 인재를 천거하게 하였으나 더 이상 등급을 나누지 않았다. 개황 18년(598년), 수문제는 조서를 내렸다. "경관京官 5품五品 이상, 총관總管, 자사刺史는 덕행과 재능 두 가지로 나누어 선발하라." 대업 3년(607년), 수양제隋煬帝는 다시 조서를 내려 "어질고 능력 있는 사람을 선발하고, 은둔하여 출사하지 않은 인재들을 채용하라."고 하였고, 효심과 우애가 이름난 사람, 덕행이 두터운 사람, 절개와 의리를 칭찬할 만한 사람, 평소의 품행과 뜻이 맑고 깨끗한 사람, 의지가 강하고 정직한 사람, 법령을 지키고 뜻을 굽히지 않는 사람, 학업이 우수하고 영리한 사람, 글재주가 아름답고 뛰어난 사람, 용병의 지략을 갖춘 재주 있는 사람, 체력이 강하고 건장한 사람 등 10과로 나누어 인재를 천거하도록 제의했다. 2년 후에는 다시 4과로 줄였다. "여러 군郡에서 학문에 통달하고 재능과 기예가 탁월한 사람,

체력이 강하고 건장하며 같은 무리들보다 훨씬 뛰어난 사람, 관직 생활을 부지런하게 하고 정사를 다룰 줄 아는 사람, 품성이 정직하고 권력 있는 사람을 피하지 않는 사람 등 4과로 사람을 천거한다.”《구당서舊唐書·양관전楊綰傳》에는 다음과 같이 기재되어 있다. “양제煬帝는 처음 진사과를 설치하였는데, 당시 시책試策과 같을 뿐이었다.” 유숙劉肅의 《대당신어大唐新語》에서도 역시 수대隋代에는 “진사進士, 명경明經 2과를 설치했다.”고 언급하였다. 후세 사람들은 대부분 이를 근거로 과거 제도가 수隋 나라에서 시작되었다고 여기게 되었다. 그러나 여전히 검토할 만한 몇 가지가 있다. 첫째, 정사《양제본기煬帝本紀》와《자치통감資治通鑑》가운데 결코 수대에 진사, 명경 2과를 설치했다는 기록이 없다. 이는 당시에 이러한 제도가 있었다 할지라도, 중요한 위치를 차지하지 않았음을 말해준다. 둘째, 수대에 이미 상술한 두 과가 있었다고 하더라도, 앞에서 제기한 2과, 10과, 4과와 결코 본질적인 차이가 없다. 뿐만 아니라 한대漢代의 찰거에서 실시한 분과分科와 책시策試의 틀을 결코 벗어나지 못했다. 셋째, 일반적인 공론에 따르면 과거제에는 세 가지 가장 중요한 특징이 있다. ① ‘신청서를 제출하고 스스로 응시하는 것’으로, 지식인은 출신, 지위, 재산에 관계없이 모두 스스로 신청하여 시험에 응시할 수 있으므로, 지방이나 중앙 관리가 추천할 필요가 없다. ② 시험은 정기적으로 실시되므로, 황제가 조령을 하달할 때까지 기다릴 필요가 없다. ③ 시험을 엄격히 실시하여 합격 여부는 고사장에서의 글재주의 우열에 따라 결정된다. 그러나 이 세 가지는 모두 수대隋代의 관리 선발 제도에 없었던 것이다. 수대에 관리 선발에 참여하는 선비는 반드시 지방 관리의 추천을 받아야 했으며 스스로 참여 신청을 할 수 없었다. 시험도 정기제도의 규정이 없었고 황제가 임시로 조서를 내려 시행하였다. 수대에도 엄격한 시험을 시행하지 않았을 뿐만 아니라 당대唐代에도 시행하지 못했다. 게다가 수대는 제위기간이 매우 짧아 '출중한 인재' 역시 '십 여 명에 불과'하여 큰 규모와 그러한 분위기가 형성되지 못했다. 그러나 수대의 관리 선발 제도는 양한의 찰거와 후대의 과거의 과도기 단계로, 당대 과거제도의 정식 출현에 대해 간과할 수 없는 촉진제 역할을 했다. 중국 고대 과거제도는 한대漢代에 잉태되어 수대隋代에는 배아가 점차 성숙하여 당대唐代에 이르러 정식으로 탄생했다고 할 수 있다.

당대에 정식으로 과거제도를 설치한 주요 근거는 다음 두 가지이다. 하나는 고조高祖 무덕武德 5년(622년)에 공포한 선거選擧 조령에서 '자거自擧'와 '자진自進'의 합법성을 규정하여, 하층 계급의 가난한 선비들이 스스로 신청하여 시험에 응시할 수 있도록 한 것이다. 다른 하나는 "여러 주州의 학자들은 미리 명경明經, 수재秀才, 준사俊士, 진사進士과 시험을 보았으며, 사리에 밝고 마을 사람들에게 칭송받는 사람은 본 현縣에 위탁하여 시험을 보고, 주州의 장관이 중복하여 그 합격자를 취하여 매년 10월에 조정에 공물과 함께 바쳤다고 명확히 제시한 점으로 미루어 보아 고정된 시험 시간이 생겼음을 알 수 있다.

2. 과거제도의 변천

　과거제도는 당나라 때 정식으로 채택된 이후 점차 완비되고 발전하였으며 끊임없는 변혁과 개정을 거치면서 흥성 → 성숙과 정형화 → 쇠락과 종결의 과정을 겪었다.

　당나라 때는 과거시험 과목이 매우 많았다. 《신당서新唐書·선거지選擧志》에는 다음과 같이 기록되어 있다.

　"과거 과목으로 수재秀才, 명경明経, 진사進士, 명법明法, 명자明字, 명산明算, 일사一史, 삼사三史, 개원례開元禮, 도거道擧, 동자童子 등이 있었다. 그 가운데 수재, 명경, 진사, 명법, 명자, 명산은 상설 과목이었다. 수재과는 계획과 책략에 관한 다섯 문제를 출제해 문리文理의 수준에 따라 상상, 상중, 상하, 중상 4등급으로 나누어 합격시켰다."

　수재과는 박학다식하고 뛰어난 재능을 중시하였기 때문에 요구 수준이 너무 높아서 합격하기 어려웠다. 게다가 정원수가 너무 적고 벼슬 등용문이 너무 좁아서, 선비들은 대부분 수재과보다는 명경과와 진사과에 몰렸다.

　명경과는 먼저 첩문帖文을 한 뒤 구술시험을 보았다. 구술시험에서는 경서의 대의大義 열 가지를 묻고, 시무책時務策 세 가지를 답해야 했으며 역시 4등급으로 나누었다. 명경과에서는 주로 유가경전을 얼마나 완벽하게 습득했는지를 보았다. 유가의 경전 《예기禮記》, 《좌전左傳》(대경大經), 《모시毛詩》, 《주례周禮》, 《의례儀禮》(중경中經), 《주역周易》, 《상서尚書》, 《공양公羊》, 《곡량穀梁》(소경小經) 및 《도덕경道德經》, 《효경孝經》(상경上經) 등은 모두 명경과의 시험 내용이다. 요구 수준이 비교적 낮았기 때문에 응시자들이 구름 떼처럼 몰렸다.

진사과는 먼저 첩경帖經을 하고 난 뒤 잡문과 책策을 시험했다. 글은 유려하면서도 내용이 알차고, 책策은 반드시 이치가 합당한 자가 시험에 통과되었다. 진사과는 시부詩賦와 책문策問을 중시했으며 임용되는 관직이 명경과보다 높았기 때문에 응시자가 매우 많았다. "과거에 응시한 자가 많게는 이천 명에 달했고, 적게는 천 명 이상이었다." 그러나 명경과보다 급제하기가 훨씬 어려워서 "서른에 명경에 급제하면 늙은 편이고, 쉰에 진사에 급제하면 젊은 편이다."라는 말이 있을 정도였다.

당대의 과거시험 방법은 구술시험, 첩경帖經, 묵의墨義, 책문策問, 시부詩賦 등 다섯 종류였다. 구술시험은 현장에서 바로 묻고 바로 답하는 것이기 때문에 고증할 만한 자료가 남아있지 않다. 그래서 이를 제외한 네 가지에 대해 논하려고 한다.

① 첩경 : 당대 과거 시험의 각 과에서 모두 사용하던 중요한 시험방법이다. 시험을 치를 때 "공부한 경서의 처음과 끝을 가리고 중간의 한 행만을 보여주고, 종이를 붙여서 글자를 가렸다. 보통 세 글자를 가렸으나 수시로 가감하니 일관성이 없었다. 4가지, 5가지, 6가지를 맞추면 통과되었다." 이것은 현재의 '빈 칸 채우기'에 해당하는 것으로, 경서와 주석의 숙달 정도를 시험하는 것이다.

② 묵의 : 시험관들이 경문經文을 근거로 문제를 출제하고, 그 경문에 대한 주석이나 앞뒤 문장을 서면으로 답하는 방식으로, 현재의 단답형

시험과 비슷하다. 역시 경문과 주석의 숙달 정도를 시험하는 것이다. 예를 들어 다음과 같은 문제가 있었다.

"'군주에게 예로써 대하는 자를 보면, 효자가 부모를 봉양하는 듯하다.'의 다음 구절을 쓰시오."

그러면 응시생은 이 구절이 《좌전左傳》에서 나왔음을 알고 다음과 같이 대답해야 했다.

"'군주에게 무례하는 자를 보면, 큰 매가 작은 새를 쫓아가는 것 같다.'라고 대구합니다."

묵의의 형식은 때로는 구술시험에 이용되기도 했기 때문에 구의口義라 불리기도 했다.

③ 책문 : 서한西漢의 사책射策를 그대로 이어받아 만든 시험방식이다. 실제 정치, 관리의 공무집행, 교화, 생산 등의 문제를 출제하고 응시생에게 적절한 대응책을 제시하도록 요구했다. 사실상 정치적 의견을 묻는 문제였다. 각 과에 모두 급제하려면 반드시 책문이라는 관문을 통과해야 했기 때문에 선비들은 필사적으로 역대 책문 문제와 급제자의 답안을 수집하고 이를 숙독하여 시험 준비를 했다.

④ 시부 : 책문이 점차 형식적으로 변하면서 시부라는 시험과목이 개설되었다. 응시생들에게 시詩와 부賦를 짓도록 한 이 시험과목은 선비의 역사적, 문화적 지식 및 사상의 경지를 알아볼 수 있을 뿐만 아니라 문학 및 문장 실력을 알아볼 수 있었다. 당나라 때에는 응시생들에게 오언五言, 육운六韻, 십이구十二句 등 배율시 형식의 시를 짓도록 하였으며 운각韻脚도 제한했다. 부는 대구나 전고典故를 반드시 사용해야 했으

며 시와 마찬가지로 운이 제한되어 있었다.

당대의 과거시험은 '서찰을 보내어 스스로 응시'할 수 있었다. 이것이 평민이나 가난한 선비들의 정치에 참여하고자 하는 강렬한 열망과 부합하면서, 당대에 과거제도는 크게 부흥하게 되었다. 당 태종唐太宗이 새로운 과거에 합격한 진사들이 합격자 공고판 아래 모인 것을 보고는 기뻐하며 다음과 같이 감탄하였다. "천하의 영웅이 내 손 안에 모였구나!"

그러나 당대 과거제도에도 간과할 수 없는 폐단과 결점이 있었다.

첫째, 당대 과거시험에는 후세에 채택한 호명糊名 및 예록謄錄제도가 없었기 때문에, 시험관들은 응시생의 성명과 필적을 그대로 볼 수가 있었다. 이것은 부정 급제가 이뤄질 수 있는 빌미를 제공했다.

둘째, 당대에는 통방通榜제도를 채택했기 때문에 시험관은 응시생들의 사회적 능력과 명망에 근거하여 명단(방첩榜貼)을 만들어 뽑을 때 참고했다. 때로는 전문가에게 응시생에 대한 조사를 위임하였고, 이렇게 만들어진 명단은 '통방첩通榜貼'이라 불렀다. 이러한 조사 과정에서 사회 유명 인사와 고관 귀족의 추천이 매우 큰 영향력을 발휘했다. 그러다 보니 심지어 정식시험이 치러지기도 전에 급제자가 내정되기도 했다. 그래서 응시생들은 '행권行卷'이나 청탁, 뇌물 상납까지도 불사했다. 이는 당대의 과거제가 여전히 양한兩漢의 찰거察擧제도와 위진魏晉의 구품중정제九品中正制의 영향을 받고 있음을 보여준다.

셋째, 당대의 과거제도는 학교 교육에 타격을 주었고, 이때부터 과거제도와 학교 사이의 갈등이 본격적으로 불거지기 시작했다. 당대 초기까지만 해도 학교 교육을 비교적 중시했으나 측천무후則天武後 집권 시기부터 점차 과거제를 중시하고 학교를 경시하는 경향이 나타나기 시작했다. 학교 출신 중 과거에 응시할 수 있는 인원이 제한되어 자연히 벼슬길도 점점 좁아져 "경조京兆와 함께 번성하는 것을 영광으로 삼아 입학하지 않는다."는 사회풍조가 성행하기 시작했다. 게다가 과거제도가 '지휘봉' 역할을 하면서 학교 교육의 목표, 내용, 방법에 전반적으로 중대한 영향을 끼쳤다. 예를 들면 당대唐代의 국자國子, 태학太學, 사문학四門學은 과거가 구경九經으로 관리를 선발한 기준에 의거하여 수업을 구성하였다.

송대宋代에는 만당오대晩唐五代 시기의 교훈을 받아들여 문관이 세상을 다스리는 것을 강조하였고, 과거제도에서도 일련의 정비와 개혁이 단행되었다.

하나는 과거로 관리를 선발하는 인원수를 증가시킨 것으로, "과거의 등용문을 넓혀 모든 사람들에게 희망을 주어 자포자기로 도적이나 악당이 되지 않게 하였다." 송 태종宋太宗이 재위한 22년간의 기록에 의하면 진사 한 과목만으로 관리로 선발된 사람이 만 명에 이르렀으나 당대唐代 290년간 배출된 진사는 6천여 명에 불과했다. 이처럼 과거제도의 문을 활짝 연 것은 송나라 초기의 인재 부족 문제를 완화시키는데 상당한 역할을 했다. 관리 선발이 지나치게 많아지자 관리가 쓸데없이 많아지는 폐단을 낳게 되었다.

두 번째로 급제자에 대한 대우를 개선했다. 송나라는 과거 급제자를 위해 황제가 연회를 베풀고 합격자 게시판에 이름을 올리는 등 당나라의 방법을 그대로 받아들였다. 예를 들어 태종은 태평흥국太平興國 2년에 급제자 오백여 명에게 모두 녹색 두루마기와 장화, 홀 등을 하사하고 개보사開寶寺에서 연회를 베풀고 친히 시부賦詩를 지어 하사했다. 또한 급제하면 관직을 제수할 수 있는 제도를 확립하고, 이부吏部가 심사하는 최종 단계를 없앴다.

세 번째로 과거 제도의 각종 폐단을 막는 입법제도를 마련했다. 예를 들어 '인연에 의한 사적인 공천'을 금지하고, 당나라 때 성행한 조정 관리와 사회의 유명인사가 수험생을 추천하는 방식을 폐지하고 수석 시험관인 지공거知貢擧의 특권을 제한하였다. 그리고 이른 바 별두別頭(예를 들면 시험관의 가족이나 친척이 시험에 응시하면 반드시 별도의 시험장을 설치하여 응시하게 하는 것)와 쇄원鎖院(수석 시험관은 일단 명을 받으면 공원貢院에 들어가 외부와 격리되어 가족과도 접촉할 수 없게 하며 나가지 못하게 함으로써 청탁을 미연에 방지하는 것)의 방법을 실시했다. 또한 부시험관인 권지공거權知貢擧 약간 명을 배치하여 서로 감시, 감독하게 하였다. 뿐만 아니라 미봉彌封(시험지 위에 수험생 이름, 출생지, 가문 등 기록을 밀봉하는 것으로, '호명糊名'이라고도 한다)과 예록謄錄(1015년 예록원謄錄院을 설치하여 책임자가 시험지를 베끼게 하여 답안지를 채점하는 사람이 수험생의 필적을 알아보지 못하도록 하는 것) 제도를 채택하여 권문세족이나 기타 관계자의 과거에 대한 간섭을 비교적 효율적으로 배제시켰으며 과거시험 중에 뇌물 청탁이나 음모를 꾀하여 사리사욕을 채우는 그릇된 풍토를 타파했다. 이렇듯 당대에 새로운 행태를 갖춘 고대 과거제도는 송대의 정비와 개혁을 통해 크게 성숙하고 정형화되었다.

송대의 과거제도 개혁은 사회, 정치, 생활에서 과거의 기능을 한층 강화시켜, 과거제도는 더욱 광범위한 사회적 기반이 마련되었다. 게다가 통치자의 강력한 제의로, 전 사회의 대부분의 지식인들이 과거제도를 부귀와 관록을 거머쥘 수 있는 유일한 방법으로 여겼다. 요컨대, 과거제도는 고대 지식인들의 모든 요구를 만족시켰다. 주목할 만한 점은 송대에 과거 교육을 연구하는 이론도 발전하기 시작하여, 범중엄範仲淹, 왕안석王安石, 사마광司馬光, 소식蘇軾 등은 과거 개혁에 대해 모두 많은 의견을 제시하였다는 사실이다.

원대元代 초기에는 과거제도를 중시하지 않다가 개국한지 80년이 되어서야 비로소 처음으로 과거를 실시하여 관리를 등용하였는데, 이는 한족 지식인을 회유하고 유인하는 데 효과적이었기 때문이다. 원대의 과거제는 두 가지 뚜렷한 특징이 있다.

하나는 불평등 경쟁을 하도록 하는 민족 차별 정책이다. 원대에는 3년마다 한 번씩 과거를 실시하였으며 향시鄕試와 회시會試, 전시殿試 등 3단계로 나누어 치러졌다. 향시에서 몽고인과 색목인은 경의經義와 대책對策 등 두 과목만 치렀지만, 한족은 부와 잡문을 각각 한 편씩 더 작성해야 했다. 회시에서는 거인擧人 300명 중에서 진사 100명을 뽑았는데, 합격률을 보면 몽고인과 색목인이 각각 25명, 한족과 남인南人이 각각 25명을 차지했다. 그러나 한족과 남인의 총인구수가 몽고인과 색목인의 두 배나 됐기 때문에 결국 한족과 남인은 절반의 기회밖에 얻지 못한 셈이었다. 합격자를 발표할 때에도 왼쪽과 오른쪽으로 구분하여 게시했으며, 관직도 민족에 따라 불평등하게 정해졌다. 실제로 몽고인과 색목인은 한족이나 남인에 비해 더 높은 관직을 받았다.

두 번째 특징은 정주학자程朱學者가 주석을 단 사서四書와 오경五經을 과거시험의 주요 과목으로 삼은 것이다. 원元 인종仁宗은 1313년에 과거 금지를 해제하는 조서를 내리고 시험 전형을 정했다.

"몽고인과 색목인은 첫 번째 시험에서 경문 다섯 문제를 제출하되, 《대학大學》, 《논어論語》, 《맹자孟子》, 《중용中庸》에서 문제를 내고, 《주씨장구집주朱氏章句集注》를 사용한다. 문장의 내용과 이치가 세밀하고 분명하며 유려한 것을 뽑는다. 두 번째 시험에서는 책策 한 문제를 내며 시무時務를 출제하여 답문은 오백 자 이상으로 제한한다. 한족과 남인은 첫 번째 시험에서 명경明經과 경의經疑 두 문제를 《대학》, 《논어》, 《맹자》, 《중용》 내에서 출제하고, 역시 《주씨장구집주朱氏章句集注》를 사용하며, 자신의 생각을 쓰되 글자수를 300자 이상으로 제한하였다. 경서의 의미는 하나이므로 각각 하나의 경서만을 다루게 하였는데, 《시경詩經》은 주희의 《시집전詩集傳》을, 《상서尚書》는 주희의 제자인 채침蔡沈의 《서집전書集傳》을, 《주역周易》은 정씨程氏와 주씨朱氏의 학설을 위주로 하였으며, 이상의 세 가지 경서는 옛 주석을 겸용하였다." 이처럼 과거시험에서 정주학을 최고의 권위를 지닌 표준으로 채택한 것은 중국 후기 봉건사회에서 정주학의 지위를 확립하는 데 중요한 역할을 하였으며, 후세의 과거의 내용에 대해서도 모범이 되었다.

명대明代 홍무洪武 3년(1370), 주원장朱元璋은 과거를 시행하라는 조서를 내리고, "조정 내외의 문신들은 모두 과거를 통해서 등용하며, 과거

출신자가 아니면 관직을 얻을 수 없다."고 규정하였다. 그 후 비록 많은 변화가 있었지만, 과거를 통해 관리를 선발하는 방식 자체는 크게 변하지 않았으며, 단계, 등급, 규정 등 명칭이 복잡한 체계가 세워졌다. 명대의 과거 응시생들은 반드시 다섯 단계의 과거시험을 거쳐야 했다. 첫 번째 시험은 동시童試이다. 가장 기본이 되는 단위인 현縣과 부府의 시험으로, 통과한 사람을 동생童生이라 불렀다. 두 번째는 원시院試로, 부府와 주州의 '학원學院'에서 치르는 시험이며, 세시歲試와 과시科試 두 종류로 나누었다. 세시歲試는 매년 거행되는 동생童生의 입학시험으로, 이 시험을 통과하면 생원生員이 되었고, 수재秀才라 불렀다. 과거시험은 이미 학교에서 공부를 한 수재들이 치르는 시험으로, 합격자는 거인擧人을 선발하는 향시에 참가할 수 있었다. 불합격자는 벌을 받거나 생원 자격이 취소되기도 했다. 세 번째는 향시鄕試로, 3년에 한 번씩 각 성省의 공원貢院에서 치렀으며 대비大比라고도 했다. 자子, 묘卯, 오午, 유酉년 8월 초아흐레부터 15일까지 거행되었기 때문에 추위秋闈나 향위鄕闈라고도 불렀다. 향시에 합격한 생원을 거인擧人이라고 하고 거인 중의 일등을 해원解元이라 했다. 네 번째 시험은 회시會試이다. 향시를 치르고 난 다음 해에 수도의 예부禮部에서 진행된 시험이다. 2월 초아흐레부터 15일까지 치러졌기 때문에 춘위春闈 혹은 예위禮闈라고도 불렀다. 회시에 합격한 거인을 진사進士라 하였고, 진사 중에 일등을 회원會元이라 했다. 다섯 번째는 전시殿試로, 회시가 있은 후 1개월이 경과한 3월 15일에 궁에서 진행했다. 시험 내용은 시무대책時務對策이었으며 제목은 황제가 동그라미를 쳐서 정했다. 전시는 등수를 정하는 시험이었기 때문에 탈락자는 없었다. 일등부터 삼등까지는 일갑一甲이었는데, 순서대로 장원狀元, 방안榜眼, 탐화探花라 칭했다. 그리고 이들을 진사급제자라고 했다. 이갑二甲은 약간 명으로 진사출신進士出身이라 했고, 삼갑三甲도 약간 명으로 동진사출신同進事出身이라 했으며 모두에게 관직을 주었다.

명대 과거제도의 가장 큰 특징 중의 하나는 팔고문八股文의 채택이다. 팔고문은 제의制義, 제예制藝, 시예時藝, 시문時文, 팔비문八比文, 사서문四書文 등으로도 불린다. 각 편은 파제破題, 승제承題, 기강起講, 입수入手, 기고起股, 중고中股, 후고後股, 속고束股 등의 고정된 단락으로 이루어졌다. 파제破題는 두 구절로 제목의 뜻을 명확히 설명하도록 규정한 것이며, 나머지 네 부분은 각각 두 부분이 상호 대구로 쌍을 이루는 산문체 의론 문자로 구성되어있는데, 네 부분은 모두 8개의 기둥을 세운듯하다고 해서 팔고문八股文이라 칭했다. 격식, 표현양식, 언어 및 글자 수까지 일일이 규정한 시험을 통해 급제자를 뽑는 팔고취사八股取士는 실질적이지 못한 경직되고 형식화된 학문과 공허한 글의 양산을 조장하였으며, 이로 인해 과거제도도 점차 활력을 잃어갔다. 청대淸代의 권신 악이태鄂爾泰는 다음과 같이 평했다.

"팔고문이 쓸모없는 것임을 모르는 바는 아니나, 뜻있는 선비를 속박하고 영재를 부리기에 이보다 더 좋은 방법이 없다."

청대 과거제는 기본적으로 명나라의 제도를 모방했지만 훨씬 부패했다. 과거에서 팔고를 중시하였기 때문에 노력하지 않고 잔꾀를 써서 급제하려는 응시생이 많아졌다. 돈 있는 집안에서는 열심히 경서를 공부하는 대신 유명인사에게 예상문제 10여 편을 부탁해서 이를 응시생에게 외우게 했다.

"그 자제나 노비 중 뛰어나고 슬기로운 자에게 예상문제를 외워 익히도록 했다. 시험장에 들어가 문제를 받아보면 열 개 중 여덟아홉은 해당이 되니 기억해둔 글을 답안지에 또박또박 바르게 쓰면 될 뿐이었다. 그렇게 비슷한 풍격과 구조를 갖추게 되니 수준이 별반 차이가 없었다. 사서四書 또한 마찬가지였다. 명단을 발표한 후에 이들은 귀인이 되었다."

보통사람들은 역대 문인이 시험에 응시했을 당시 썼던 문장을 모으거나 팔고문 선집選集을 사서 암기하여 과거시험을 보았다. 예를 들면 청대 방포方苞가 편찬한 《흠정사서문欽定四書文》이 이런 종류의 선집이다. 이는 요즘 많이 볼 수 있는 '시험문제와 답안 모음집' 같은 것으로, 방고坊稿나 위묵闈墨이라고 불렸다.

뿐만 아니라 과거 시험장에서의 부정행위 역시 날로 심해졌다. 조정에서 이를 근절하기 위해 발각될 경우 엄벌에 처하기도 하고 과거시험마다 금지사항을 적은 공문을 발표했으나 부정행위는 사라지지 않았다. 부정행위 수단으로는 별의별 것이 다 있었는데, 예를 들면 뇌물로 매수하기, 보고 쓰기, 몰래 준비한 답 휴대하기, 대리 시험 치기, 답안지 찢기, 쪽지 전달하기, 이름 사칭하기, 호적 위조하기 등이었다. 과거는 결국 수단과 방법을 가리지 않고 명예를 얻으려는 자들의 도구로 전락하게 되었다. 이로 인해 1906년 청나라 정부는 과거를 폐지할 수밖에 없었다. 이렇게 천여 년에 걸쳐 이어진 고대 과거제도는 그 모체

인 봉건 전제왕조가 천수를 다하고 없어지기 몇 년 전에 먼저 사라지게 되었다.

3. 과거제도의 공로와 과오

고대 중국에서 과거제도는 매우 모순된 제도였으며, 고대 중국의 문화교육에도 그러한 모순된 영향을 미쳤다. 왕병조王炳照 선생이 《과거제도 만화科舉制度漫話》에서 지적한 것처럼 과거시험은 중앙집권과 지방의 인사이동, 개인의 동기 부여 등의 문제를 해결하는 데 비교적 큰 역할을 했지만 오로지 학문만을 중시하고 다른 활동은 경시하는 사회적 풍조와 요행을 바라는 마음을 조장하여 각종 악습을 초래했다. 과거시험은 학문, 시험 응시, 관직을 연계시켰을 뿐만 아니라 인재 양성과 선발, 임용에까지 두루 영향을 끼쳤다. 그러나 그 부작용으로 학교가 과거제도에 예속되는 현상이 나타났다. 과거시험은 품행이나 특정 가문에 따라 인재를 편향되게 선발하는 문제는 극복했지만 진정한 지식으로 인재를 뽑는 데는 실패했다. 오히려 오로지 공부만 하고 교조를 답습하는 데만 주력하여 융통성 없는 인물만 만들어냈다. 과거시험은 통일된 내용, 기준, 절차, 단계를 마련했지만 형식화, 교조화 및 경직화라는 폐단을 낳았다. 그렇다면 상술한 과거제도의 공로와 과오 간에는 어떠한 필연적인 관련이 있을까? 또한 과거제도가 고대 문화 교육에 미친 영향은 어떻게 분석해야 할까? 또한 과거제도의 흥성부터 쇠퇴에 이르

기까지 역사적 원인과 문화적 배경의 영향은 어떻게 연구해야 할 것인
가?

(1) 과거제도는 중국이 세계 최초로 가장 완벽한 문관제도를 수립했
   음을 증명한다. 또한 과거제도는 고대사회가 통일되고 안정을 유
   지하는 데 상당한 역할을 했다.

근대 서양의 문관제도에는 공개경쟁, 기회균등, 우수인재 선발 등의
기본적인 특징이 있다. 비록 중국 고대의 과거제도와 서양 근대의 문관
제도는 사회적 기초부터 완전히 다르지만, 후자의 일부 기본적 특징과
정신을 과거제도에서도 찾아볼 수 있다. 그래서 중국이나 해외 학술계
에서는 일반적으로 문관제도가 고대 중국에서부터 시작되었다고 본다.

1983년 미국 카터 대통령 재임 당시 인사부 국장이었던 알란 캠벨 교
수는 베이징에서 열린 학술대회에 참가하여 강연을 하던 중 다음과 같
이 말했다.

"저는 UN의 초청으로 중국에 와서 여러분께 문관제도를 강의하다가
크게 놀랐습니다. 왜냐하면 우리 서양의 모든 정치학 교과서에 실린 문
관제도를 언급할 때마다 그 창시자를 중국에서 찾을 수 있었기 때문입
니다."

서양에서는 고대 그리스부터 중세에 이르기까지 시험에 관한 정확한
기록이 없으며, 필기시험도 18세기 이후에야 유럽 대학에서 등장하기
시작했다. 중세 유럽사회는 귀족과 평민 계층으로 나뉘어 있었는데, 두

계층 사이에는 절대 넘을 수 없는 벽이 있었다. 그래서 하층사회의 평민은 상류층으로 진입할 수 있는 기회나 가능성이 없었다.

그러나 중국의 과거시험은 '스스로 응시'할 수 있었다. 비록 아주 철저하지 못했지만 출신, 재산, 지위 등 조건적인 굴레를 벗어나 평등한 (비록 형식상의 표면적인 평등이긴 했지만) 경쟁을 통해 관직에 오를 수 있었다. 이는 당시의 사회적 배경에서 분명 엄청난 변혁이었으며, 세계 각국의 주목을 받은 문제이기도 하다. 특히 18세기와 19세기에는 서양 사회 변혁의 본보기가 되었으며 서양의 문관제도 역시 이를 모델로 창조되었다.

당시 서양 계몽사상가의 저서를 살펴보면, 이처럼 위대한 학자들은 모두 약속이나 한 듯이 중국의 과거제도를 동경하고 찬미했다. 비록 그들도 색안경을 끼고 중국을 관찰했지만 말이다. 예를 들어 명나라 말기에 이탈리아 선교사 마테오리치는 다음과 같은 글을 남겼다.

"서양과의 큰 차이점이자 주목할만한 점은 바로 중국에서는 전국을 지식계층, 즉 보통 '철학가'라고 불리는 사람들이 통치하고 있다는 것이다. 국가를 질서정연하고 체계적으로 관리할 책임은 온전히 그들의 손에 달려 있다."

세세에서 가상 오래된 자본주의 국가 중 하나인 프랑스는 1791년부터 문관고시제도를 시행했으며, 영국은 1853년부터 문관시험을 점차 확대해 나갔다. 만약 당나라 고조무덕高祖武德 5년(622)의 선거選擧 조령을 기준으로 한다면, 중국의 문관제도는 서양에 비해 천백 년 정도나 이른 셈이다. 한나라의 찰거察擧(178년 문제文帝가 "어질고 착하며 정직하

여 직언과 간언을 할 수 있는 자를 추천하라"는 조서를 공포함)를 기준으로
한다면 거의 2000년 정도 빠른 것이다. 그러므로 중국이 세계 최초로
가장 완벽한 문관제도를 수립했다고 해도 과언이 아니다.

(2) 과거제도는 지역과 가문의 한계에서 벗어나 군사력과 상관없는
    지식인(유생) 계층을 양성했다.

   과거제도는 권문세족이 벼슬을 독차지하던 구습을 타파하였을 뿐 아
니라 서족지주庶族之主의 정치 참여 욕구를 실현할 수 있는 길을 열어주
었다. 서족지주의 지식인들과 일부 평민 출신 지식인들이 벼슬길로 나
아갈 수 있는 문이 열린 것이다. 또한 통일된 민족국가가 필요로 하는
정신적 응집력과 비교적 넓은 사회적 기반을 점차 형성해나갔다. 그리
하여 과거제도는 고대사회가 통일되고 안정을 유지하는 데 무시할 수
없는 역할을 했다.
   고대 사회에서 각자의 지역과 가문을 배경으로 한 세습귀족 계층은
국가 통일의 가장 큰 장애물이었다. 그들은 변방 지역을 차지하고 왕을
자처하거나 조정을 통제하고 황권을 위협하는 등 사회분열의 원인 중
하나였다. 예를 들면 위진남북조 시대에는 권문세가에게 유리한 구품
중정제九品中正制가 실시되었는데, 이로 인해 중국 역사상 가장 긴 분열
기가 초래되었다.
   그러나 과거제도는 '본질적으로 귀족정치를 부정'하였으며 권문세족
이 독점했던 정치적 특권을 빼앗고 그들의 세력을 약화시켰다. 또한 정

치 분야에 입문할 수 있는 기회조차 없었던 중하층 사회의 가난한 선비들에게 서광을 비추어주었다. 황제는 과거제도를 통해 그들을 자신의 통제 하에 둘 수 있었다. 이와 함께 문관정치에 부합하는 사회정치사상인 유가사상이 수립되었다. 유가사상은 문관 선발 과정을 통해 지식인의 '공통된 신앙'이 되었으며, 더 나아가 온 사회에 전파되었다. 이로인해 통일과 안정은 민족의 심리구조 속의 원동력이 되었다. 이처럼 과거제도를 통해 형성된 중앙집권, 유생계층, 유가사상의 '삼위일체'의 협력은 중국 고대사회의 장기적인 통일 실현에 중대한 영향을 주었다.

(3) 과거시험은 봉건국가에서 인재를 영입하고 흡수하는 사회적 범위를 확대시켜 인재 발굴 및 양성에 상당한 영향을 미쳤다.

과거제도는 권문세족이 정치를 독점하고 장악한 '권문세족 천하'를 타파하고 보통 선비도 국가의 정치 기관에 들어갈 수 있는 기회를 제공했다. 그리하여 수적으로나 질적으로나 안정적으로 인재를 공급받을 수 있는 경로를 확보하게 되었다. (비록 대다수의 하층민들은 기초적인 교육도 받지 못하여 과거에 응시하여 권력을 누릴 수 없었으며, 벼슬길에 오른 선비들도 목적을 이룬 뒤에 변질되고 타락하는 경우가 많기는 했지만 말이다) 특히 당송 시기에 과거제도가 성숙화, 정형화되면서 활력을 얻었으며 중하층 출신의 '가난한 선비'들이 대거 통치계층으로 유입되어 당송 시대의 인재 배출의 기초가 다져졌다.

예를 들어 중당中唐 시기의 육지陸贄, 배도裴度, 유안劉晏, 한유韓愈, 유종원柳宗元, 백거이白居易, 유우석劉禹錫, 북송 시대의 범중엄範仲淹, 구양수歐陽修, 황정견黃庭堅, 진관秦觀, 유영柳永, 심괄沈括, 소송蘇頌, 왕안석王安石, 사마광司馬光, 소식蘇軾 형제, 주돈이周敦頤, 소옹邵雍, 장재張載, 이정二程 형제, 증공曾鞏 등은 모두 각축전이 벌어지는 과거시험을 통과하여 진사가 되어 자신의 뛰어난 재능을 펼쳐 보일 기회를 얻을 수 있었다. 어떤 의미에서 보면 과거제도가 그들에게 이러한 무대를 제공한 것이다.

심지어 외국인도 과거시험에 참가할 수 있었다. 예를 들어 일본인 아베노 나카마로阿倍仲麻呂(중국 이름은 조형晁衡), 조선인 김가기金可記, 최치원崔致遠, 최언휘崔彥撝, 아라비아인 이언李彦 등은 모두 과거시험을 통해 진사가 되었다. 이 같은 문호개방 정책은 인재를 발굴하고 양성하는 데 매우 고무적인 작용을 했다.

(4) 과거제도는 중국 고대의 문학과 사학에 상당한 영향을 주었다. 과거제도는 당시唐詩와 송문宋文의 번영에 견인차 역할을 했을 뿐 아니라 고대 지식인들의 근면한 학습 전통을 만들어내기도 했다.

과거제도의 시험내용은 보통 문학과 사학 위주였다. 예를 들어 당대唐代의 진사과進士科는 시詩와 부賦를 중심으로 구성되었으며, 천보天寶 시기 이후에는 첩경貼經시험에 불합격하면 시詩로 재시험을 볼 수 있었다. 이로 인해 시를 짓는 능력은 때때로 시험 성적에 직접적인 영향을 미쳤고, 경우에 따라서는 합격을 좌우하기도 했다.

그러다보니 응시생들이 자연스럽게 시가 창작을 중시하게 되면서 중국 역사상 가장 큰 규모의 시인 집단이 탄생하였다. 이러한 배경은 당시의 번영에 결정적 역할을 하였다. 송대宋代 엄우嚴羽는 《창랑시화滄浪詩話·시평詩評》에서 다음과 같이 말했다. "당대唐代는 시詩로서 관리를 선발하여, 대부분 전문적으로 시를 배웠으므로, 송대의 시는 당대의 시에 미치지 못한다." 청대淸代 강희康熙 황제가 편찬한 《전당시全唐詩》의 서문에도 다음과 같이 기록되어 있다. "당대 개국 초기에는 성률聲律로 관리를 선발하여 기지가 넘치는 천하의 영웅호걸들이 모여들었다. 그들은 모두 육의六義 공부를 입신출세의 길로 여기고 전심전력으로 몰두하였다." 《전당시全唐詩》만 해도 거의 5만 수에 달하는 시가 수록되어 있는데, 이는 서주西周부터 수隋나라에 이르기까지 1600여 년 동안 전해 내려온 시가詩歌의 총량보다도 세 배나 많은 숫자이다.

"많은 훌륭한 인재들이 시운을 타고 쏟아져 나와 문체와 내용이 잘 어우러진 수작들이 대거 등장한群才屬休明, 乘運共躍鱗. 文質相炳煥, 衆星羅秋旻" 당나라 시단詩壇에는 이백李白, 두보杜甫와 같은 천재 시인들이 끊임없이 나오면서 풍격이 다양하고 많은 사람들에게 회자되는 불후의 명작들이 탄생하였다. 이는 전무후무한 일이라 할 수 있다.

과거제도는 학문과 관직을 직접적으로 연결시켜 고대 지식인의 학문에 대한 열정과 적극성을 크게 고취시켰다. 그들은 '배워서 뛰어나면 벼슬길에 나간다'는 생각을 가지고 지칠 줄 모르고 밤낮으로 열심히 공부했다. 고대 중국에는 현량자고懸梁刺股(머리카락을 대들보에 묶고, 허벅지를 송곳으로 찌른다), 착벽투광鑿壁偸光(벽을 뚫고 새어 나오는 이웃집의

불빛으로 책을 읽는다), 낭형조서囊螢照書(반딧불을 모아 그 불빛으로 글을
읽는다), 계창야독鷄窓夜讀(서재에 앉아 밤이 새도록 글을 읽는다), 하유공독
下帷功讀(장막을 내리고 깊이 들어앉아 글만 읽는다), 목불규원目不窺園(정원
을 바라볼 겨를 없이 학문에 열중한다) 등 당시의 사회적 상황을 반영한 많
은 고사성어들이 나왔다. 요즘, 중국 학생들의 근면 정신은 여전히 세
계 각국의 학자들의 주목을 받고 있다.

(5) 과거제도는 지식인들이 명예나 이익, 재물을 쫓는 심리를 극대화
    시켰다. 이로써 많은 지식인들을 타락시켰고, 그들의 정신과 인
    격에도 막대한 피해를 입혔다.

　　과거제도의 본질은 '배워서 뛰어나면 벼슬길에 나아간다.'는 것이므
로, 자연히 배움의 목적을 벼슬길에 오르는 것으로 변질시켰다. 실제로
벼슬하는 자는 언제나 극히 일부였지만, 과거시험은 모든 선비들에게
벼슬을 할 수 있다는 가능성을 보여 주었다. 이와 같이 겉으로 보기엔
진실인 것 같지만 사실은 허황되고 막연한 가능성 때문에 고대 지식인
들은 모두 여기에 매달렸다. '비록 오늘 과거에 낙방했더라도 다음 과
거는 합격할 수 있다.'라고 생각하면서 평생을 과거시험에 바치는 사람
도 부지기수였다.
　　청대 포송령蒲松齡의 《요재지이聊齋志異》에 실린 《왕자안王子安》이란
이야기는 과거제도가 지식인들의 마음과 정신을 얼마나 타락시키고 피
폐하게 만들었는지를 잘 묘사했다.

수재秀才가 추위秋闈에 응시하는 모습은 일곱 가지로 비유할 수 있다. 처음 시험장에 들어설 때는 맨발에 바구니를 들고 걷는 모습이 구걸하는 거지와 같다. 이름이 호명될 때는 관리들에게 질책 받고 욕먹는 모습이 죄수와 같다. 시험장에 들어가 있을 때는 입구로 머리를 내밀고 맨발을 내놓은 모습이 늦가을의 곧 죽을 벌과 같다. 시험장을 나올 때는 잔뜩 위축되고 하늘이 무너질 듯 안색이 변한 모습이 마치 새장 안에 갇힌 병든 새와 같다. 시험 결과를 애타게 기다릴 때는 바람에 날리는 풀처럼 놀라고 불안해하며, 과거에 급제하여 득의양양한 모습을 꿈꾸다가 때로는 낙방하여 실의에 빠진 모습을 생각하기도 한다. 때로는 순식간에 뼈가 모두 삭아버린 듯 안절부절못하는 모습이 마치 붙잡힌 원숭이와 같다. 문득 합격통지서를 전해주는 사람이 말을 타고 달려올 때 명단에 자신의 이름이 없으면 갑자기 안색이 바뀌며 죽은 사람처럼 멍하니 있는 모습이 마치 독을 먹고 죽은 파리와 같다. 급제를 하지 못해 막 실의에 빠졌을 때는 의기소침해 하다가 시험관이 보는 눈이 없다 하며 욕을 하고, 책상 위의 문방사우를 모두 던지고 태운다. 태워도 분이 풀리지 않으면 마구 발로 밟고 밟아도 분이 풀리지 않으면 그 파편을 탁류에 버린다. 그런 뒤에는 머리를 풀어 헤치고 산에 들어가 돌벽을 향해 앉아 누군가 과거와 관련된 이야기를 하면 싸워서 쫓아내겠다고 결심한다. 그러나 얼마 지나지 않아 차츰 화가 가라앉으면서 다시 손이 근질근질해지는데, 그 모습이 마치 알을 깨고 둥지에서 나온 산비둘기 같다.

고대 중국의 지식인들은 이처럼 끝없이 돌아오는 과거시험에 묻혀 사라져버렸다. 그러나 그들은 고생을 해도 후회하지 않는다는 마음으로 심혈을 기울여 과거시험에 일생을 바쳤다.

심지어 어떤 응시자는 좀 더 빠른 길을 통해 공명을 꾀하기 위해 수단과 방법을 가리지 않았다. 다음은 《당어림唐語林》의 기록된 내용이다.

"명황明皇 때 과거를 준비하는 선비들은 많았으나 매년 진사에 급제하는 이는 줄어들어 천여 명이 되지 않았다. 서당의 모든 선비들은 서로 조예를 선보이고 탄복하며 결탁하여 붕당을 조성했다. 이를 붕棚이라 칭하고 명망 있는 자를 붕의 우두머리로 추천했다. 권문세족은 견문을 책임지는 관계자를 현혹시켜 시험에 통과할 수 있었기 때문에 낙제자들이 떠들썩하게 시비를 논했지만 시험 성적은 어쩔 수 없었다."

배경도 없고 권세도 없는 서족지주 선비가 발탁되려면 권세 있는 자에게 비굴하게 아첨하며 추천해 달라고 도움을 구하는 수밖에 없었다. 수석 시험관과 추천인에게 뇌물을 주거나 갖은 수단과 방법을 동원하여 시험장에서 부정행위로 통과하는 사례가 워낙 흔했기 때문에 아무도 이를 이상하게 여기지 않았다.

청초淸初 서대춘徐大椿도 과거제도에 얽매인 지식인들의 모습을 다음과 같이 묘사하고 풍자했다.

"서생은 가장 구제하기 어려운 부류이다. 그들의 시문時文은 진창처럼 낡았다. 국가의 원래의 목적은 재능 있는 인재를 구하는 것이었는데, 이것이 남을 속이는 재주로 변할 줄 누가 알았겠는가? 두 구의 파제

破題와 세 구의 승제承題와 아첨이 신성하고 높은 과거급제의 문에 들어서는 지름길이다. 삼통三通, 사사四史가 어떠한 문장이며 한조漢祖와 당종唐宗은 어느 조정의 황제인지 아는가? 책상머리의 수준 높은 문장을 팽개치고 가게에서 그 해 급제자의 답안을 산다. 어깨와 등을 들썩이며 읽으며 한탄을 하니 사탕수수를 씹은들 무슨 맛이 있겠는가? 외롭게 음지에서 한평생을 헛되이 시간만 보내는 것이다. 높은 관직을 얻게 된다 해도 백성이나 조정의 불운이 되는 것이다!" 오경재吳敬梓의 《유림외사儒林外史》에서 묘사한 주진周進, 범진範進 등이 바로 과거제도가 양산한 서생의 전형이다.

(6) 과거제도는 학교교육의 기능을 약화시켰으며 학교교육의 인재양성 목표, 교수내용 및 방법에 상당히 부정적인 영향을 미쳤다.

학교교육의 기능은 정치, 경제, 문화, 심리 등 다방면에 걸쳐 있었으며 사회와 학생 개인에게 큰 영향을 끼쳤다. 그러나 과거제도가 탄생한 후 학교교육의 기능은 갈수록 약화되었으며 학교교육은 점차 과거제도에 예속되었다. 이러한 폐단은 과거제도와 함께 나타났으며 과거제도와 학교 중 하나가 흥하면 하나는 위축되는 상황이 봉건사회 후기까지 끊임없이 계속되었다. 범중엄範仲淹은 송나라 초기에 이미 과거제도를 혁신하고 학교를 창설하자는 의견을 제기했다.

"오늘날 모든 학교에는 현명한 스승이 있기 때문에 《육경六經》을 가르칠 수 있으며 국가와 백성을 다스리는 방법을 전수한다. 그러나 국가에서는 오로지 사부詞賦로 진사를 뽑고, 모든 과에서 묵의墨義로 뽑는다. 이에 선비들은 모두 큰 뜻을 포기하고 작은 길로 몰려든다. 이런 선비들은 뜰을 가득 채울 만큼 많지만 그중 재능과 지식을 갖춘 자는 열 사람 중 한두 명도 되지 않는다. 천하에 위기와 어려움이 가득한데 이처럼 인재가 없으니 경제를 가르치고 경제에 정통한 인재를 선발하여야 나라를 구하고 성하게 할 수 있을 것이다.”

범중엄, 왕안석과 같은 인물들이 학교를 창설하자는 개혁운동을 진행하고, 명청 시대에 ‘과거는 반드시 학교를 거쳐야 한다.’는 규정까지 생겼지만 학교의 쇠퇴는 필연적인 추세였다. 학교는 기껏해야 ‘과거 시험에 응시할 인재를 비축하는 곳’ 정도로 전락하였고, 과거제도에 예속되었다. 이로 인해 청대의 탕성렬湯成烈은 《학교편學校篇》에서 다음과 같이 말하였다.

“국가가 학교를 세우는 것은 과거로 이끌기 위함이니 교화는 이루어지지 않는다. 교화가 이루어지지 않으니 사람들은 당연히 학업에 힘쓰지 않는다.”

‘과거에 응시하는 데 학교 공부는 쓸모없다.’는 말과 일맥상통한다. 과거제도 하에서 학교교육의 인재 양성 목표는 과거시험 참가를 준비하는 것이었고, 과거시험의 내용과 방법은 학교의 교육내용 및 학생의 학습 성적을 검사하기 위해 일상적으로 사용하는 방법이 되었다. 예를 들면 당대의 국자, 태학, 사문학의 교수계획은 과거시험에서 관리 선발

기준으로 이용되는 구경九經을 가르치고 이를 준비시키는 것이었다. 경서는 대·중·소 세 가지로 나뉘었으며 이경二經을 통과하려면 반드시 대·소경에서 각각 한 가지씩 혹은 중경의 두 가지를 익혀야 했다. 삼경三經을 통과하려면 반드시 대·중·소경 각각 한 가지씩을 익혀야 했고 오경五經을 통과하려면 반드시 대경 모두와 함께 《논어》, 《효경》을 공통 필수과목으로 이수해야 하는 규정이 있었다.

청대에 이르러 팔고문으로 관리를 등용하는 제도가 실시되면서 "팔고문은 성행하고 육경은 쇠하며 십팔방十八方은 흥하고 이십일사二十一史는 폐지"되는 상황이 나타났다. 소학교에서부터 팔고문의 구조와 문장구성을 가르치기 시작하면서 정통 유가 경전마저 소홀히 하였다. 학교는 과거시험의 준비기관으로 전락하면서 과거시험에 필요한 부분을 총족시키지 못하면 찾는 이들이 줄어들었다. 대부분의 학생들이 학교에는 등록만 하고 혼자서 팔고문을 공부했다.

(7) 과거시험은 중국 봉건사회의 극단적인 전제성을 촉진시켜 사회에 '관본위' 의식을 만들었으며, 봉건사회의 장기적인 침체를 초래하였다.

김쟁金諍 선생이 《과거제도와 중국문화》라는 저서에서 지적한 것처럼, 과거제도의 발전과정은 행정 인사권을 황제의 손으로 집중시키는 과정이었다. 이로써 황제의 권력 확대와 권문세족의 권력 약화가 동시에 이뤄졌다. 이러한 경향은 물론 사회의 통일과 안정에는 유리하지만 한편으로는 황권의 극단적인 전횡을 야기했다.

과거를 통해 벼슬길에 오른 관료들은 세습되는 지위와 특권이 아닌 황제의 이름 아래 치러진 과거시험에 의해 관직을 얻었기 때문에 황권을 두려워하고 황제를 의지하고 따랐다. 그리하여 황제는 과거제도를 통해 전 관료계층을 지배할 수 있었으며 또한 그들을 통해 전 사회를 통제할 수 있었다.

계몽사상가 몽테스키외는 일찍이 다음과 같이 주장했다.

"권력 있는 사람들은 권력을 끝까지 사용하고 나서야 비로소 멈춘다. 그러므로 권력 남용을 방지하려면 반드시 권력으로써 권력을 제약해야만 한다."

그러나 고대 중국의 중앙집권적 국가 구조에서는 황권을 제약할 수 있는 권력이 전혀 없었다. 이 같은 구조 속에서 황제는 자연히 절대 권력을 가지게 되었으며 천하의 모든 사람들을 마음대로 할 수 있었다. 사람을 살릴 수도 죽일 수도 있었으며 벼슬자리를 주거나 부자가 되게 할 수도 있었다. 한순간에 죄인으로 만들 수도 있었고 거지를 만들 수도 있었다. 이렇게 황제는 천하를 장악하고 백성을 노예처럼 부렸다.

과거제도가 학문, 과거 응시, 관리 임용을 하나로 연결시키면서 학문은 더 이상 한가하게 즐길 만한 성질의 것이 아니었다. 또한 인격 수양이나 지식 습득, 지적 능력 발달을 위한 수단이 아닌 벼슬길에 오르는 수단이 되었다. 일단 거인이나 진사가 되면 한없는 부귀영화를 누릴 수 있었기 때문에 사회에서 문화를 대변하는 계층뿐만 아니라 전 사회에 '관본위' 의식이 형성되었다.

관본위 의식의 첫 번째 특징은 ‘관직을 추구하는 것’이다. 즉 아침저녁으로 벼슬길에 나아가 관직을 얻을 방도만 생각하는 것이다.

두 번째 특징은 ‘관리를 두려워하는 것’이다. 관본위 의식에 사로잡힌 사람들은 관리에게 절대 복종하고 늘 그들의 눈치를 살피며 일했다. 이대소李大釗 선생은 이 점을 심각하게 지적했다.

“중국 사람에게는 한 가지 유전성이 있다. 그것은 바로 응시의 유전성이다. 운동이든 문학이든 제도든 사업이든 모두 응시의 성질을 띠고 있다. 다들 수석 시험관의 입맛에 맞게 아첨하고 맘에도 없는 말들을 한다. 심지어 시대적 사상, 문화운동, 사회심리마저도 마치 수석 시험관을 대하는 것 같다. 그들이 하는 이야기, 쓰는 문장 모두 수석 시험관의 생각을 짐작하여 작성한 답일 뿐, 자신의 실제 생활과는 아무런 관련이 없다.”

세 번째 특징은 ‘청백리를 꿈꾸는 것’으로, 청렴하고 정직한 관리가 사회를 다스리길 희망했다. 포증包拯이나 해서海瑞가 오랫동안 백성들의 칭송을 받았던 이유도 바로 여기에 있다.

관본위 의식의 특징 중 ‘관직을 추구하는 것’이 가장 기초적인 것이지만, 관리가 될 희망이 없었기 때문에 관리를 두려워 하고 청백리를 꿈꿨던 것이라 볼 수 있다.

중국 봉건사회의 장기적인 정체 현상은 여러 가지 원인의 복합적 작용으로 말미암아 초래되었으며, 과거제도는 여러 가지 원인 중 하나였을 뿐이다. 과거제도의 문호개방과 평등경쟁의 특징은 전 지식층을 벼슬길에 전념하게 하여 변혁을 꿈꾸지 못하도록 만들었다. 과거제도가

만들어낸 정치조직과 기구 역시 매우 완비되어 사회조직이 원활하게
움직이는 데 완벽한 통제 기능을 발휘했다. 마치 자급자족형 소농경제
가 단순한 재생산을 반복하는 것과 같이 국가조직이 주기적으로 순환
하는 단순한 방식으로 운영되면서 전반적인 사회 형태 또한 장기간동
안 안정되고 정체되었다.

09

서원과
중국 고대 교육

서원은 중국 고대 교육의 '새로운 시도'이다. 서원은 이전에는 없었던 특수한 교육 형식과 제도로, 관학이 쇠퇴하고 사학이 흥성하지 못한 역사적 배경으로 탄생하였으나 어떠한 의미에서는 고대 중국 교육 개혁의 산물이라고도 할 수 있다.

서원은 송대에 처음 등장한 이후 흥성기와 쇠퇴기를 겪었으며 근대식 학당이 생겨나면서 폐지되었다. 그러나 독특한 풍격의 교육기관인 서원은 여러 대에 걸쳐 사회에서 필요로 하는 현인과 지사志士를 배출했을 뿐만 아니라 체계적인 교수 및 관리라는 우수한 전통도 남겼다. 송대 이후의 교육가들 가운데 서원과 밀접한 관련을 가지지 않은 사람이 하나도 없을 정도였다.

교육역사가 장정번張正藩 교수는 서원이 중국의 교육, 사회, 정치 및 학술 사상 등의 분야에 전반적으로 커다란 영향을 미쳤다고 논평했다. 또한 교육 분야만 두고 말하면 수려한 입지조건, 자유로운 학술 강연, 교수와 훈계의 일치, 평등한 교육, 수준별 교육, 자발적인 연구를 중시하는 정신 등은 현대의 대학과 비교해도 전혀 손색이 없었다고 평가했다.

마오쩌둥 역시 일찍이 장사長沙에 간부를 육성하는 호남자수대학湖南自修大學을 세우고 고대 서원의 학교 운영 경험을 배우고 받아들일 것을 주장했다.

"고대 서원과 현대 학교의 장점을 취해야 한다. 능동적 방법으로 각종 학술을 연구하고, 진리를 발견하기 위해 인재를 기르며 문화 대중화를 위해 학술이 사회 구석구석까지 영향을 미칠 수 있도록 해야 한다."

이를 통해 서원교육은 중국 교육역사상 없어서는 안 될 중요한 부분이며 서원교육에서 쌓은 경험 또한 중국 교육사상의 귀중한 자산이라는 사실을 알 수 있다.

1. 서원의 기원과 발흥

엄밀히 말하면 서원은 송대에 형성되었다고 볼 수 있다. 그러나 서원이라는 명칭은 당나라 때 이미 나타났다. 당시의 서원은 관청에서 도서를 소장하고 교정하는 곳이자 개인이 독서하고 학문을 닦는 곳을 통틀어 이르는 말이었다. 《신당서新唐書·예문지藝文志》에서는 조정이 서원을 설립한 대강의 이유와 과정에 대해 다음과 같이 설명하고 있다.

"현종은 좌산기상시左散騎常侍이자 소문관학사昭文館學士였던 마회소馬懷素를 도서 수정 관리로 명하고 우산기상시右散騎常侍이자 숭문관학사崇文館學士였던 저무량褚無量에게 정비하도록 명했다. 동도東都와 더 나아가 건원전乾元殿의 동서東序까지 확인하도록 했다. 무량은 정관고사貞觀故事

처럼 재상 송경宋璟과 소정蘇頲을 함께 배치하여 책을 관리하게 하고 민간에 전래되는 기록을 빌릴 것을 건의했다. 또한 수도로 돌아가 동궁東宮의 아름다운 정전正殿으로 책을 옮기고 서원을 저작활동을 할 수 있는 곳으로 정비하여, 크고 분명한 궁의 뜻과 동도東都의 복이 밖으로 전해져 서원에 어진 사람들이 모여들고 학문을 연구하는 사람들이 출입할 수 있도록 하게 해달라고 건의했다.”

이를 통해 관청의 서원은 궁전 도서관과 비슷한 곳이었음을 알 수 있다.

같은 시기, 민간에서도 개인이 세운 서원이 출현했다. 진원휘陳元暉 등은 《전당시全唐詩》의 시제詩題 중 열 한 개의 서원을 발견했으며 왕경제王鏡第는 지방지地方志를 조사한 뒤, 열 곳에 하나의 서원이 있음을 발견했다. 실제로는 이보다 훨씬 많았을 것으로 추정된다.

이러한 개인 서원들의 명칭은 대부분 창립자의 이름을 따서 지어졌다. 이비서원李秘書院, 조씨곤계서원趙氏昆季書院, 심빈진사서원沈彬進士書院 등이 그 예이다. 또한 당시의 서원은 개인이 책을 읽고 학문을 수양하는 공간의 성격이 강했다. 관청의 서원이 단순히 책을 보관하고, 서적을 교정하는 곳이었던 것과 달리, 개인 서원에서는 학술 강연을 하고 제자들에게 지식을 전수하는 모습이 나타났다. 예를 들어 '류경림劉慶霖이 서원을 세워 학술을 강의하고'(황료서원皇寮書院) '진향陳向이 사대부들과 학술 강연을 하던 곳'(송주서원松州書院) 등의 기록이 이를 뒷받침한다. 비록 당대의 개인 서원을 송대의 서원과 같은 수준으로 볼 수는 없지만, 교육기관으로서 서원의 원형으로 평가할 수 있다.

송나라 초기에 이르기까지 서원은 비교적 발전하여 점차 정형화되었다. 그 원인으로 다음의 세 가지를 들 수 있다.

첫째, 관학이 본래의 기능을 상실하면서 선비들이 학문을 할 공간이 사라졌기 때문이다. 당나라 말기에서 오대시대까지 중국 고대사회는 극도로 혼란스러웠으며 문화와 교육이 쇠퇴하고 학교에는 잡초가 우거져, 학문을 하고자 하는 사람들은 배울 곳이 없어 어려움을 겪었다. 그러나 송나라 초기에 접어들면서 이러한 혼란 국면이 점차 안정되자 사회는 인재의 필요성을 절감하게 되었다. 이것은 사람들에게 강한 학습동기를 부여했으며 이러한 시대적 요구에 따라 과거에 개인 서원을 기초로 발전된 새로운 형태의 교육기관이 출현하여 관학을 대신하게 되었다.

둘째, 조정의 자금 지원 및 비호를 받았기 때문이다. 송초의 서원은 관학의 부족한 부분을 보완하면서 사회의 인재 수요를 만족시켰고 조정에서는 서원의 이러한 공로를 인정하여 경제적 지원을 해주었다. 당시 수많은 서원은 황제로부터 현판懸板과 서적, 전지田地 등을 하사 받았다. 예를 들어 백록동서원白鹿洞書院은 황제에게 구경九經 인쇄본을 하사받았고(997), 응천부서원應天府書院은 현판을 받았으며(1009) 악록서원嶽麓書院은 서적(999)과 현판을 하사받았고(1015), 모산서원茅山書院도 전지를 받았다(1024). 조정은 자금 지원과 지지를 통해 서원에 대한 통제력을 강화했으며 일부 서원은 개인 서원에서 관청 서원으로 전환되기도 했다.

셋째, 사찰 교육제도의 영향 때문이다. 한나라 말기 중국에 유입된

불교는 나날이 부흥하였으며 당대에 최고조에 이르렀다. 불교를 신봉하는 사람들은 종종 산의 명당자리에 사찰을 세우고 선도禪道를 가르치고 수련했다. 송대 초기의 서원이 산세가 수려하고 인적이 드물고 조용한 곳에 세워진 것도 이와 무관하지 않다.

송대 학자 여조겸呂祖謙은 《백록동서원기白鹿洞書院記》에 송대 초기 서원이 흥성한 원인을 다음과 같이 서술했다.

"건국 초기에는 훔쳐서라도 배우고 싶어 했던 자가 적지 않았다. 전쟁의 위험에서 갓 벗어났을 때는 배우는 자가 적었으나 나라가 평온해지자 문풍文風이 나날이 일어났다. 유생들은 종종 산속에 들어가 한가로이 수업을 받았는데, 그 수가 수십 명에서 백여 명에 이르렀다. 숭양서원嵩陽書院과 석고서원石鼓書院, 악록서원 등이 백록동서원과 함께 특히 유명하여 사람들은 사서원四書院이라 불렀다."

주희朱熹는 《중수석고서원기重修石鼓書院記》에서 송대 초기 서원이 부흥했던 상황을 묘사했다.

"전대의 학교 교육이 정비되지 않아 선비들은 배울 곳이 없음을 안타깝게 여겨 종종 경치 좋은 곳에 학교를 세우고 함께 기거하며 가르치고 배웠다. 위정자들은 이를 칭찬하고 높이 평가하였는데, 숭양이나 악록, 백록동 등이 특히 그러했다."

여기서 언급한 숭양, 백록동, 악록, 석고 등의 사서원 외에도 응천부應天府, 모산茅山, 화림華林, 뇌당雷塘 등의 사서원도 상당히 유명했다.

2. 서원의 발전과 연혁

　서원은 송나라 초기에 갑자기 흥성하며 널리 이름을 떨쳤지만 곧 침체기를 맞았다. 서원의 침체 원인으로는 크게 두 가지를 들 수 있는데, 첫 번째는 바로 과거제도의 영향 때문이다. 송나라 초기까지만 해도 과제제도의 규모는 극히 작아서 태조太祖 때는 매년 급제 인원이 10~20명에 불과했다. 이로 인해 조정에서는 자연히 서원교육을 장려했다. 그러나 과거제도의 규모가 커지면서 서원은 조정에게 있어 있으나마나한 존재가 되어 버렸다. 진종眞宗은 과거를 더욱 중시했으며 직접 《권학시勸學詩》를 써서 학자들을 격려했다.

富家不用買良田	부자는 좋은 밭을 살 필요 없으니
書中自有千鐘粟	책 속에 천 석의 곡식이 있기 때문이네.
安房不用架高梁	편안히 살 좋은 집 지을 필요 없으니
書中自有黃金屋	책 속에 황금 집이 있기 때문이네.
娶妻莫恨無良媒	장가갈 때 좋은 매파 없다 원망 말지니
書中有女顏如玉	책 속에 옥과 같은 여자 얼굴이 있기 때문이네.
出門莫恨無隨人	문을 나서면 따르는 사람 없다 원망 말지니
書中車馬多如簇	책 속에 수레와 말이 화살촉과 같이 많기 때문이네.
男兒欲遂平生志	남자로서 평생의 뜻을 이루고자 한다면
六經勤向窓前讀	창가에서 부지런히 육경을 읽어야 하네.

송초의 황제들은 대부분 과거제도를 제창하고 지원했기 때문에 선비들은 대부분 명예와 실리를 좇아 과거에 뛰어들었다. 서원에 편안히 거하거나 산림에 머물러 있는 선비는 거의 찾아볼 수 없었다.

두 번째 이유는 북송 초기의 경력慶曆(송 인종의 연호), 희녕熙寧(송 신종의 연호), 숭녕崇寧(송 휘종의 연호) 때 일어난 세 차례의 학문부흥운동의 영향 때문이다. 그들은 과거제도의 폐단을 바로잡고 사회를 개혁하는 조치들이 단행했지만, 이미 관학이 크게 성장하고 사학이 쇠퇴한 상황에서 조정 역시 서원의 발전에 관심을 갖거나 신경을 쓸 여력이 없었다.

서원의 쇠퇴를 야기한 가장 결정적인 이유는 바로 반드시 관학에서 삼백일 동안 수업을 받아야만 과거에 응시할 수 있다는 규정 때문이었다. 이 규정으로 인해 서원이 쇠락했다고 해도 과언이 아니다. 왜냐하면 이로 인해 천하의 선비들이 꿈꾸는 인생은 '관학 입학 → 과거응시 → 벼슬 등용'으로 굳어져버렸기 때문이다.

요컨대 서원과 과거제도는 중국 봉건사회에서 양 극단에 있는 교육제도였다. 하나가 쇠퇴하면 다른 하나가 부흥하고 하나가 발전하면 다른 하나는 쇠약해지는 상호 견제의 관계에 있었기 때문이다.

북송 시기에 시작된 서원의 침체기는 남송 시기에 이르러 주희가 백록동서원을 복원하기까지 약 145년간이나 이어졌다. 그러다 마침내 남송 시기에 이르러 다시 부흥기를 맞았다.

순희淳熙 6년(1179), 주희는 지남강군知南康軍으로 부임하자마자 백록동서원 유적지의 실상을 조사하는 방을 붙였으며 직접 조사에 나섰으며 다음과 같은 시구절을 남겼다.

"당시의 흥성했던 모습을 마음속에 간직한 젊은이들이 많다."

주희가 직접 감독하고 재촉한 결과 다음해에 대략적인 복원이 이루어졌으며, 서원의 업무와 강의가 시작되었다. 그는 백록동서원을 복원하기 위해 농토를 마련하고 서적을 모으는 한편, 교사를 초빙하고 학생들을 모집하였으며 학교 교칙을 제정하고 직접 강의를 하였다. 이로 인해 서원의 명성도 높아졌다. 이는 남송시기 서원의 발전에 상당한 영향을 주었다. 각지에서 경쟁하듯 서원 부흥 운동이 일어난 것이다. 예전의 서원을 복원하거나 새로운 서원을 세우는 등 약 이십여 년 간 서원 부흥기가 이어졌다.

남송시기에 서원이 부흥할 수 있었던 이유는 물론 주희의 명성 때문이다. 그러나 객관적으로 볼 때 이는 시대적 요구에 부응하여 나타난 현상이다.

첫째, 학술 보급에 대한 수요 때문이었다. 북송시기의 학술사상은 상당히 활발하게 발전했지만 학자들은 대부분 개인적으로 연구하거나 개별적으로 전수하는 경향이 강했다. 학문의 이론과 체계가 정비되면서 성리학자들의 수준도 높아지고 성숙해지면서 대규모로 학술을 전수해야할 필요성이 대두되었다. 그리하여 기존의 서원을 이용하거나 새로 건립하여 제자들을 모집한 뒤 계승자나 사상 전파자를 양성하기 시작했다. 당시 성리학의 대가들은 대부분 이런 방식으로 후학을 길러냈다. 당시 성리학의 3대 대가인 주희, 육구연, 여조겸은 모두 자신의 서원을 기반으로 자신의 학술과 사상을 널리 알렸다.

둘째, 관학의 쇠퇴 때문이었다. 북송시기 세 차례의 학문부흥운동은 한 때 관학을 강화시켰지만 결국 실패로 끝나고 말았다. 그로 인해 학교는 유명무실한 곳으로 전락했다.

관학의 실패를 야기한 요인으로 크게 두 가지를 들 수 있다. 하나는 관학의 발전과 함께 태학생太學生들이 거대한 정치세력으로 등장하면서 통치자들이 감당하기 어려운 부담으로 작용했기 때문이다. 또 다른 하나는 관학의 규모가 너무 커져서 조정의 재정 부담이 가중되었기 때문이다. 결국 조정은 어쩔 수 없이 학교의 경비 지원을 축소하거나 중지할 수밖에 없었다. 주희는 건녕부建寧府 숭안현崇安縣의 관학 상황을 다음과 같이 묘사했다.

"숭안현崇安縣에는 본래 배우려는 학생은 있었으나 마땅한 장소가 없었는데, 대부大夫 가운데 어진 사람이 교육 사업에 뜻을 두어 자신의 지출을 아껴 충당한 비용으로 인사를 양성했다. 학생 중에는 형편이 안 돼서 공부를 계속하지 못하기도 했는데, 끼니를 해결할 길이 없어 자주 흩어졌다. 이러한 까닭으로 학교 건물이 무너지고 황폐해진지 벌써 십 년도 더 되었다.

관학이 조정의 지원 중단으로 허덕일 때, 스스로 경비를 충당하여 운영되는 서원은 이를 계기로 관학의 대안으로 부상했다. 이 밖에도 과거 제도의 부패, 인쇄업의 발달, 유교의 대가들의 서원 강의 등으로 인해 서원은 다시금 부흥기를 맞이하였을 뿐만 아니라 더욱 발전해나갈 수 있는 원동력을 얻게 되었다. 이렇게 해서 서원은 북송 시기 38개에서 남송 시기에 185개로 급격히 증가했다.

원대에 접어들어서도 서원은 어느 정도 규모를 유지하고 있었다. 원 세조가 중국을 통일한 후 남송의 학자들은 원나라 조정의 관직에 오르지 않고 초야로 물러나 서원을 세우고 제자들을 가르쳤다. 이로 인해 당시 개인 서원이 상당수 설립됐다. 또한 원대의 통치자들은 회유책의 일환으로 "호사가들로부터 돈과 곡식을 거두어 선대의 유학자들이 유가를 이뤄낸 곳과 명현들이 거쳐 갔던 곳에 서원을 세우고 학자들을 길렀다." 이와 함께 정부에서도 서원에 대한 통제와 관리를 강화했다. 서원 책임자인 훈장을 조정에서 위촉 파견했고, 교수敎授, 학정學正, 학록學錄, 직학直學 등도 예부에 예속시켜서 관봉官俸을 받게 했다. 이렇게 해서 서원은 점차 관학화 되기 시작했다. 이로 인해 원대의 서원은 수적인 면에서는 어느 정도 성장했지만 질적인 면에서는 오히려 쇠퇴했다. 예전처럼 유명한 스승이나 유학 대가들이 아닌 과거에서 낙방한 거인들이 훈장직을 맡으면서 서원의 학술 수준이 크게 떨어진 것이다.

또한 서원 인사들이 관봉을 받다보니 어쩔 수 없이 원나라 조정의 눈치를 보게 되었는데, 이는 서원의 독립 정신의 전통을 크게 훼손시켰다. 성종成宗 때 집현集賢에서 서적을 수정하고 저술하던 우집虞集은 당시 자격도 되지 않는 사람들이 무분별하게 교사로 임명되는 폐단을 비판했다.

"스승의 도가 바로 서면 선한 사람이 많아진다. 오늘날의 교관敎官들은 무분별한 자격으로 가르치고 학생들에게 교사라고 부르도록 강요한다. 관리나 학생들은 모두 그들을 믿지 못한다. 이와 같다면 어찌 스승의 도가 바로 서기를 바랄 수 있겠는가?"

관학화 경향은 명대로 접어들면서 더욱 두드러져서 개인이 운영하는 서원의 비율이 20%도 되지 않았다. 이러한 관학화 경향이 중국 봉건사회 후기의 서원의 성격 및 특징에 상당한 영향을 끼쳤음은 의심할 여지가 없다.

명대의 서원은 '침체 → 홍성 → 폐지'의 과정을 거쳤다. 명나라 초기, 수사洙泗와 니산尼山 등 두 개의 서원이 설립됐지만 외관만 화려하고 형식에 치우쳤을 뿐이다. 그래서 명대의 서원은 약 100여 년 간 침체되어 있다가 성화成化(명 헌종의 연호), 홍치弘治(명 효종의 연호) 시기에 이르러 비로소 조금씩 부흥하기 시작했다. 저명한 백록동서원은 성화 원년(1465)에 복원되었다. 가정嘉靖(명 세종의 연호) 시기에 이르면서 서원이 크게 부흥하여 자유롭게 학술을 강연하는 풍조가 나날이 퍼져가면서 명대 서원은 최고의 부흥기를 맞았다. 이 시기 서원이 홍성할 수 있었던 이유는 국가의 제도가 무너지고, 과거제도의 폐단이 매우 심각해진 것과 관련이 있다. 뿐만 아니라 왕양명王陽明, 담약수湛若水 등이 학술 강연을 제창한 풍조의 영향도을 받았다. 《명사明史·열전 제 119列傳第一百十九》에는 다음과 같이 기록되어있다.

"가정嘉靖 시기에 왕수인王守仁은 군사들 중에서 제자를 모았고, 서계徐階는 국정 관리자들에게 강연을 했다. 이러한 풍조는 조정과 백성을 감동시켰다. 그리하여 이미 관직에서 물러난 선비나 원로들이 원대한 뜻을 품고 연합 강연회를 열고 서원을 세웠다."

역사서의 기록에 따르면 왕양명이 용강서원龍岡風書院을 건립하고 귀양서원貴陽書院을 맡았으며 염계서원修濂溪書院을 재건하고 계산서원稽山

書院을 열었으며 부문서원敷文書院을 세웠는데, 가는 곳마다 서원이 흥성하였다.

담약수湛若水는 비록 왕양명과 학설은 달랐지만, 서원에 대해 마찬가지로 깊은 애정을 보여 역사서에서는 그에 대해 다음과 같이 말했다.

"평생 동안 발걸음이 닿는 곳마다 서원을 세워 백사서원에서 제사를 올렸으니 그를 따르는 사람들이 천하에 두루 퍼졌다."

그가 죽은 후 제자들은 그를 기리기 위해 대규모의 서원을 건립했다.

왕양명의 제자들이 세운 서원도 17개가 넘었으며 강서江西, 복건福建, 절강浙江, 호남湖南, 광동廣東, 안휘安徽, 하남河南, 산동山東, 강소江蘇 등지에 두루 분포하고 있었다.

그러나 명대 후기에 접어들어 서원은 잇따라 폐쇄되었고 점차 쇠퇴기로 접어들었다. 가정부는 네 차례에 걸쳐 서원을 폐쇄하였다.

가장 처음 서원이 폐쇄됐던 때는 가정 16년(1537)으로, 유거경遊居敬이 담약수를 '그릇된 학설을 주장하고 그릇된 법으로 학생들을 널리 모집해서 개인 서원을 만들었다'고 탄핵하면서부터였다. 명 세종은 곧 해당 서원의 폐쇄를 명했고, 이를 시발점으로 명대 조정의 서원 폐쇄 바람이 불었다.

두 번째는 이부상서吏部尙書 허찬許贊이 재물을 많이 쓰고 백성을 어지럽힌다는 이유로 관청이 세운 서원을 폐지를 요구했고, 조정은 그의 뜻에 따라 서원을 폐쇄했다.

세 번째는 만력萬曆(명 신종의 연호) 7년(1579), 재상 장거정張居正은 서원을 두고 '문호의 표시만 다를 뿐 당을 만들어 공리공담을 일삼으며'

'크게는 조정을 흔들어 명분과 실상을 혼란스럽게 하며 작게는 추악하고 더러운 것을 숨기고 이익과 명성을 추구한다.'는 이유로 응천부서원 등 64곳을 차례대로 폐쇄했다.

네 번째 서원 폐쇄는 천계天啓(명 희종의 연호) 5년(1625)에 태감 위충현魏忠賢이 주도했다. 그는 동림서원東琳書院의 수많은 유생들이 '조정의 정치를 비꼬고 자신들의 의견을 주장하며 공경公卿에 대해 논하는 데 불만을 품고 국내 서원 폐쇄에 더욱 힘썼다.

네 차례의 서원 폐쇄 조치는 명대 서원에 엄청난 타격을 안겨 주었고, 이후로 서원은 점차 쇠약해지고 침체되었다.

청대 초기까지도 조정의 서원 억제 정책은 크게 개선되지 않았다. 그러다 사회가 비교적 안정된 옹정雍正(청 세종의 연호) 시기부터 서원을 다시 부흥시켜야 한다는 목소리가 조정 내부와 민간에서 나오면서 마침내 서원 금지령이 해제되었다. 옹정雍正 11년(1733), 청 조정은 각 성에 서원을 설립할 것을 통지했다.

"각 성마다 학문과 덕행을 겸비한 선비를 뽑아 학문을 닦게 하여 밤낮으로 소리 내어 읽고 서로 강론하며 열과 성을 다하게 하니 다소 성과를 거두었다."

서원의 운영 경비 또한 조정에서 지원했는데, 예산을 마련하여 자금을 기름불처럼 오래도록 사용할 수 있도록 하였다. 부족한 부분은 국고에서 충당하도록 했다.

이와 함께 서원의 훈장은 각 성의 총독總督과 순무巡撫가 학식이 뛰어난 선비를 초빙하도록 규정하였으며, 서원의 학생들은 각 성의 도원道

員과 포정사布政司가 함께 심사했다. 또한 개인이 서원을 세울 때는 반드시 관청에 보고하고 심사를 거쳐야 했다. 이런 식으로 조정은 관에서 세운 서원에 대한 지도력을 강화했고, 개인이 세운 서원에 대한 감찰과 통제의 기능을 갖췄다. 그러나 금지령을 해지하는 것만으로도 서원의 발전이 이루어질 수밖에 없었다. 기록에 의하면 청대 서원의 개수는 역대 어떤 시기보다도 많았으며 분포범위 또한 넓어서 변경지역은 물론 운남雲南, 감숙甘肅, 신강新疆, 대만臺灣 등지에도 앞 다투어 서원이 설립되었다.

청대의 서원은 크게 네 가지 유형으로 나눌 수 있다.

첫 번째는 성리학 연구를 주로 하는 서원으로, 청나라 초기의 관중서원關中書院, 동림서원東林書院, 자양서원紫陽書院 등이 대표적이다. 이들 서원에서는 송대 서원의 회강會講 및 논박 등의 강의 방식을 고수했다.

두 번째는 경서 및 역사서의 문장을 폭 넓게 배우는 서원이다. 항주의 고경정사詁經精舍와 광주의 학해당學海堂이 가장 유명하다. 이들 서원에서는 수준별 교육과 자유연구를 위주로 한 교수방식을 제창했다.

세 번째는 과거시험 대비를 위주로 하는 서원이다. 청대 서원 중 다수가 이 유형에 속했다. 이들 서원에서는 주로 과거에 필요한 팔고문을 학습하였으며 실제로 과거제에 예속되거나 과거를 준비하는 장소가 되었다.

네 번째는 서양 근대 과학을 배우는 서원이다. 상해의 격치서원格致書院과 하북의 하북서원河北書院이 대표적이다. 이러한 서원은 비록 명칭은 서원이었지만 근대의 고등학교에 더 가까웠다.

광서光緒(청 광서제의 연호) 27년(1901), 청 정부는 장지동張之洞과 류곤일劉坤一의 제안을 받아들여서 각 성 소재지에 위치한 모든 서원을 대학당大學堂으로 바꾸고, 각 부청府廳 및 직례주直隸州의 서원은 중학당中學堂으로, 각 주州와 현縣의 서원은 소학당小學堂으로 바꿀 것을 명했다. 이를 기점으로 당나라 말기부터 근 천여 년 동안 이어온 고대 서원 제도는 완전히 사라지게 되었다.

그러나 서원의 정신과 서원 운영 경험은 결코 과거의 낡은 것이 아니었으며 후세에 계승되어야 할 중국 교육사상의 정수 중 하나라고 할 수 있다.

3. 서원교육의 특색과 공헌

중국 고대의 서원교육은 비록 여러 차례 일어나고 사라지면서 온갖 풍파를 겪었지만 천년 가까이 이어지면서 왕성한 생명력을 갖추게 되었다. 중국 봉건사회 후기의 일종의 특수한 교육기관이라 할 수 있는 서원은 자유로운 강학講學을 강조하고 학술 연구를 중시하며 문호 개방과 스승을 존경하고 학생을 사랑할 것을 주장하였는데, 확실히 관학과 과거는 비할 바가 못 되었다. 서원은 독특한 교육방식으로 중국 고대 교육에 다채로움을 더해주었다. 서원교육을 통해 쌓게 된 학교 운영과 교육에 관한 풍부한 경험 역시 중국 교육사상의 우수한 전통의 중요한 부분이 되었다.

(1) 서원교육은 수업과 학술 연구와 결합하여 서원의 보존, 문화의 창조와 전파 기능을 발휘하였다.

앞서 말한 바와 같이 최초의 서원은 관청에서 도서를 소장하고 교정하는 곳이자 개인이 책을 모으고 학문을 닦는 장소였다. 예를 들면 당대의 여정서원麗正書院과 집현서원集賢書院은 학사學士, 직학사直學士, 시강학사侍講學士, 수찬관修撰官, 교리관校理官, 지서관知書官 등을 조직하였으며 "고금의 경서와 서적 편집과 발간을 관장하여 국가의 대전大典을 변별해냈다. 그들은 도서를 교정하고 고증하였을 뿐만 아니라, '문제를 돌아보고 대처하는' 능력도 갖추었다. 이로 인해 그들은 연구에 몰두하고 비교적 높은 학술 수준을 갖출 수 있었다. 개인 서원은 소장 도서가 매우 풍부하여 항상 많은 학자들이 찾아와 어려운 문제를 묻고 가르침을 구하며 책을 읽고 연구 토론하는 분위기가 형성되었다. 그리하여 서원은 탄생했을 때부터 풍부한 학술 전통을 갖추게 되었다.

송대부터 서원은 학자들의 중요한 터전으로 자리 잡았다. 그들의 사상은 주로 서원의 독특한 환경, 풍부한 장서, 스승과 제자의 토론을 통해 형성되었다. 많은 중요한 학술 서적의 초기 형태 역시 서원의 강학으로부터 비롯된 것이다. 예를 들면 주희朱熹가 백록동서원白鹿洞書院에서 강의한 내용은 《중용수장中庸首章》,《대학혹문大學或問》,《백록동강당책문白鹿洞講堂策問》 등이었다. 그래서 어떤 사람들은 주희의 명저인 《사서집주四書集注》가 바로 "다년간의 교육에서 채택한 교재와 강의를 바탕으로 하여 최종적으로 수정하고 편집하여 완성된 책이다."라고 추

정하고 있다. 송대 활자 인쇄술의 발명은 서원의 기능을 본래의 장서와
교정에서 판각 인쇄와 인쇄로까지 한걸음 더 발전시켰다. 이것은 서원
의 교육 수준과 연구 성과를 반영한 것일 뿐만 아니라 학술 정보를 전
파하고 교육 내용을 풍부하게 하여 서원의 발전과 문화의 전파를 촉진
시킨 것이다.

송대 이후, '서원본書院本'은 중국 고대의 중요한 출판 인쇄의 하나로
광범위하게 퍼졌다. 고대 서원에서 편집, 인쇄한 도서는 대부분 다음
의 몇 가지 유형이다. 첫째는 중요한 고대 경서의 인쇄이다. 예를 들면
광아서원廣雅書院에서 인쇄한 《광아총서廣雅叢書》는 당송 이래의 역사
서적을 모두 거두어 매우 완벽하게 수집하였다. 두 번째는 당대 학자
들의 연구 성과물의 인쇄이다. 예를 들면, 학해당學海堂에서 출판한
《학해당경해學海堂経解》는 청대 경서의 주석에 관한 서적 180종을 포
함하여 모두 1,400권이며 《학해당문집學海堂文集》에는 500명의 학술
논저가 수록되어 있다. 셋째는 서원의 역사 문헌자료의 인쇄이다. 예
를 들면 《명사明史·예문지藝文志》에 실려 있는 손존孫存의 《악록서원
도지嶽麓書院図志》와 유준劉俊의 《백록동서원지白鹿洞書院志》는 바로 서
원에서 인쇄한 서원의 중요한 사료이자 문헌이다. 넷째는 서원의 스승
과 제자의 교육과 연구 성과이다. 예를 들면 악록서원嶽麓書院에서는
탁봉鐸鋒의 《주역周易》강의 원고인―《주역계몽周易啓蒙》을 출판했으며
《악록서원과예嶽麓書院課藝》, 《악록서원과문嶽麓書院課文》, 《악록회과
嶽麓會課》등 학생의 논문집을 간행한 적이 있다. 소주蘇州 정의서원正誼
書院은 장서가 6만 여권에 달할 뿐 아니라 스승과 제자가 매일 공부하

면서 터득하거나 의심되는 내용을 기록하고, 나중에 이러한 일기들을 편집하여 《학고당일기學古堂日記》를 간행하였는데, 스승과 제자 간의 학술 연구에 중요한 역할을 하였다. 이는 교육과 학술 연구를 상호 촉진시키는 원동력이자 자극제가 되어 서원교육의 학술 수준이 상당히 높은 차원으로 발전했으며 고대 문화를 보존하고 창조하고 전파하는 데 있어서도 상당한 공헌을 하였다.

(2) 서원은 자율학습과 지도를 병행하여 학생의 사고 계발을 중시하고 능동적이고 적극적인 학습 태도를 유발하여 지능형 인재를 대량으로 배양하였다.

서원은 풍부한 장서를 특징으로 하며 서원의 교육활동은 일반적으로 책을 중심으로 펼쳐졌다. 서원의 학생들은 교사의 지도하에 성실하게 독서하고 스스로 터득하는 데 대부분의 시간을 보냈다. 교사들은 강의 해석과 요점 정리 혹은 미진한 부분에 대한 지도, 의문점 해결 등 일반적으로 학생들의 수준과 재능에 따라 가르쳤다. 주희朱熹는 일찍이 학생들에 대해 이렇게 말한 적이 있다.

"배우는데 자신을 분식할 수 있도록 도와주는 사람이 없다고 탓하지 말고, 스스로 연구하고 노력해야 한다."

이처럼 그는 학생들에게 스스로 공부하는 과정을 중시할 것을 요구했다.

서원교육은 자율학습을 제창하였지만 자유방임을 주장하지 않고 교사의 지도 역할에 주목했다. 교사의 지도 역할은 주로 다음 두 가지로 나뉜다. 하나는 학생이 스스로 공부하도록 지도하는 것이다. 서원은 학생의 독서 지도를 비교적 중시하였는데, 무슨 책을 읽을 것 인지부터 어떤 책을 먼저 읽고 어떤 책을 나중에 읽으며, 어떤 책을 정독하고 어떤 책을 속독하며, 어떤 책을 암기하고 어떤 책을 대강 훑어보아야 하는지에 이르기까지 상세하게 규정하였다. 많은 교사들은 자신이 독서하고 학문을 닦은 경험을 학생들에게 아낌없이 전수해주었다.

'07 중국 고대의 독서법'에서 언급한 《주자독서법朱子讀書法》과 《정씨가숙독서분년일정程氏家塾讀書分年日程》 등이 그 예이다. 다른 하나는 학생들과의 질의응답이다. 서원교육은 학생들이 의문을 제기하도록 강조하고, 학생들이 어려운 문제를 묻고 답할 수 있도록 격려하였다. 주희는 학생들에게 말했다.

"책을 읽을 때 의구심이 없는 자에게는 의구심을 갖도록 가르쳐야 한다. 의구심이 있는 자에게는 오히려 의구심을 없애도록 가르쳐야 하는데, 이러한 경지에 도달해야 학문의 수준이 발전할 수 있다."

또한 다음과 같은 말도 하였다.

"학자가 독서를 할 때에는 재미없는 부분부터 생각해야 하고, 여러 가지 의구심이 동시에 일어날 때에는 침식을 전폐해야 발전할 수가 있다."

그는 의구심을 갖고 어려운 문제를 질문할 것을 제창하였으며 학생들에게 질문하는 방법에 대해서도 가르쳤다. 한편 많은 서원들은 공부하고 질의하는 상황을 심사하고 관리하였다. 예를 들면 청대 상해의 용문서원竜門書院은 다음과 같이 규정하였다.

"모든 학생들은 각자 활동을 기록하는 일기책과 독서 일기책을 마련하고" "독서하여 터득한 것이 있거나 의구심이 드는 바가 있으면 독서 일기책에 날마다 기록해야 한다. 기록은 거짓이어서는 안 되고 사실적이어야 하며 장황하지 않고 간략해야 한다. 또한 미루거나 일부러 기록하지 않아도 안 된다. 매월 5일과 10일에 교사에게 제출하여 가르침을 구해야 한다." 이는 독서와 지도를 유기적으로 결합한 것이다.

학생들의 능동적이고 적극적인 학습 태도를 핵심으로 하여 자율학습과 교사의 지도를 상호 결합하는 서원의 이러한 교육방식으로 인해 대량의 지능형 인재를 양성할 수 있었다. 예를 들면 송대 도일서원道一書院은 주희와 육구연을 조화시킨 성리학의 대가 오징吳澄을 배출하였다. 그리고 앵도동서원櫻桃洞書院과 지대서원芝台書院에서는 송양宋庠, 송기宋祁, 황주黃注, 황서黃序, 황서黃庶 등 많은 저명한 문학가와 사학가를 배출하였는데, 강서시파의 황정견은 그들 중의 뛰어난 인물이다. 송대의 이정二程도 일찍이 주돈이周敦頤의 서원에서 유학하였고, 명말 청초明末淸初의 왕부지王夫之도 악록서원嶽麓書院의 제자였다. 대부분의 유명한 서원에서 많은 유명한 인물들을 길러냈다. 많은 유명한 인물들도 자신을 배출한 서원을 잊지 않고 성공한 후에 그곳에서 교편을 잡아 더욱 많은 인재를 배출하였다. 송대 범중엄範仲淹은 일찍이 응천서원応天書院에서 5년 동안 공부하여 우수한 인재라 칭송받고도 이곳에서 8년 동안 강의를 하였다.

(3) 서원은 교육과 훈육을 결합하여 완벽한 도덕을 제창하고 인격
    교육을 중시함으로써 인격 수양을 중시하는 서원 정신을 만들
    어냈다.

　장정번張正藩은 일찍이 '교육과 훈육을 통일하는 것'으로 서원교육의
특색을 개괄하고 다음과 같이 주장하였다.

　"송宋, 원元, 명明에서 청대淸代에 이르기까지 수백 년을 거치면서 서
원의 내용과 규칙은 변경되고 보충된 부분이 없지 않았다. 그러나 학술
을 강의하여 사람의 마음을 바르게 하고, 국가와 학교의 부족한 점을
보완하는 서원교육의 목적은 변하지 않았다. 중국의 진정한 서원교육
은 원래 인격교육으로, 자유로운 학술 연구 기풍과 지식의 전수를 넘어
선 것이다."

　서원의 도덕 완성과 인격 교육을 중시하는 특징은 학교 규정에 가장
분명하게 반영되었다. 서원의 학교 규정 가운데 가장 대표적인 것은 주
희가 백록동서원에서 제정한 《백록동서원학규白鹿洞書院學規》이다. 주
희는 다섯 가지 가르침(부자유친父子有親, 군신유의君臣有義, 부부유별夫婦有
別, 장유유서長幼有序, 붕우유신朋友有信), 공부하는 순서, 수양의 핵심(말에
는 충성과 믿음이 있어야 하고言忠信, 행동은 독실하고 공경스러워야 하며行篤
敬, 화를 다스리고 욕망을 억제하며懲忿窒欲, 잘못을 고치고 선행을 행하라遷善
改過), 일을 처리하는 요점(뜻을 바르게 하고正其義, 이익을 도모하지 말 것
이며不謀其利, 도를 밝히고明其道, 공을 따지지 말라不計其功), 사물을 대하는
요령(자기가 하고 싶지 않은 것을 남에게 시키지 말라己所不欲勿施於人, 행하

여 이루지 못하면 그 원인을 자신에게서 찾아라行有不得反求諸己)을 명확히 규정하였다. 상술한 요점을 언급한 후, 주희朱熹는 서원이 글을 배우는 것보다는 인격 수양에 더 치중해야 한다는 교육사상을 명확히 밝혔다. 그는 다음과 같이 말했다.

"내 생각에 옛 성현들이 남을 가르치는 것을 배우는 의미로 삼았던 까닭은 아마도 이를 통해 의리에 대해 분명하게 말하고 자신을 수양한 다음 역지사지로 암기하고 본 것을 글로 써서 명예를 얻고 이익을 취할 수 있었기 때문인 듯하다."

주희가 제시한 서원의 교육사상은 중국 고대 교육에 매우 큰 영향을 끼쳐 역대 서원들이 그의 가르침을 철저히 받들었을 뿐만 아니라 고대 교육의 공통적인 방침으로 자리 잡았다. 예를 들면 청대 강희康熙 연간에 악록서원嶽麓書院의 훈장으로 초빙된 이문李文이 악록서원의 규칙을 제정할 당시 "자립하고 품덕을 갈고 닦으며 인격을 수양하는 데 중점을 두었던" 것은 주희와 일맥상통한다.

이밖에 고대 서원은 학교 교정이 인격 수양에 미치는 영향을 중시하여 서원의 잠비箴碑, 문영門楹, 당련堂聯, 재사斋舍의 명칭을 통해 학생들을 교육하였다. 예를 들면 악록서원嶽麓書院의 문설주에는 다음과 같이 쓰여 있다.

"땅은 형산衡山과 상수湘水에 맞닿아 있으며 큰 연못과 깊은 산에는 용과 호랑이의 기상이 서려 있다. 학문은 추나라와 노나라를 받드니 예의가 바른 길 성현의 마음처럼 바른 길로 향하네."

고헌성顧憲成, 고반룡高攀竜이 주관한 동림서원東林書院에는 다음과 같은 대련對聯이 있다.

"바람소리, 빗소리, 책 읽는 소리 등 모든 소리에 귀 기울이고, 집안 일, 나라일, 천하일 등 모든 일에 관심을 갖는다."

학생들은 매일 이러한 구절을 눈으로 보고 귀로 들었으므로 유익한 점이 참으로 많았다.

고대 서원은 이처럼 교육과 훈육을 결합하고 완벽한 도덕 전통을 중시하여 후대에 '서원정신'으로 불리는 기풍을 형성하였고, 학생의 건강한 성장에 대해 커다란 역할을 하였다. 앞에서 언급한 악록서원嶽麓書院은 송대에 피투성이가 되어 금나라에 저항한 오렵吳獵과 조방趙方을 배출하였으며 명말에는 애국지사 오도행吳道行과 왕부지王夫之가 나왔다. 그 후 당재상唐才常, 심신沈藎, 양창제楊昌濟 역시 모두 악록서원의 애국주의 정신을 계승한 사람들이다. 다시 동림서원東林書院을 예로 들면, 권력의 간악함을 두려워하지 않고 강직하여 아부하지 않았던 고헌성顧憲成, 고반룡高攀龍의 모범적인 언행의 영향으로, 양련楊漣, 좌광두左光門 같은 강직하고 청렴결백하며 기개와 절조를 중시한 많은 뛰어난 인물들이 배출되었다. 명말에는 어려움에도 충성하고 결정적인 시기에 목숨을 바친 인물들도 모두 동림서원에서 나왔다. 동림서원이 "명현들이 원근을 가리지 않고 한 목소리로 호응하고, 천하의 학자들이 모두 동림으로 돌아간다."는 경지에 이를 수 있었던 까닭은 인격이 높고 절개가 곧은 서원정신 때문이다.

(4) 서원은 문호개방과 백가쟁명을 제창하여 독특한 '강회講會' 제도를
만들었으며, 학교교육과 사회교육을 결합하였다.

고대서원은 일반적으로 '열린 교육'으로, 강의를 듣는 사람은 지역과
학파의 제한을 받지 않았다. 유명한 스승이나 대유학자가 학술 강연을
하면 다른 서원의 학생과 명성을 흠모하여 찾아온 학자들을 내쫓지 않
았다. 예를 들면 명대 왕양명王陽明이 계산서원稽山書院에서 직접 강의할
때는 호북湖北, 호남湖南, 광동廣東, 직예直隸, 남감南贛, 안복安福, 태화泰
和 등지에서 강의를 들으러 온 사람이 300여 명에 달했다. 청대 순치順
治 연간에 백록동서원白鹿洞書院에서는 청강하러 찾아온 학자들을 대접
하였으며 다음과 같이 규정하였다.

"서원은 어느 한 지역의 인재만 받아들여서는 안 되며 각지의 우수한
인재들을 널리 모집하여야 한다. 멀리서 풍문을 듣고 도를 흠모하여 학
문을 배우기 위해 찾아온 자들도 거절해서는 안 된다."

뿐만 아니라 각 서원에서는 다른 학파의 대가들을 초청하여 강의하
고 토론하고 논쟁하도록 하였다.

서원에서 만든 '강회' 제도는 바로 학술 논쟁과 정보 교류의 모델이
었다. 이른 바 '강회'란 큰 스승, 스승의 벗 혹은 스승과 제자 심지어는
사회의 서생들까지도 함께 모여 자유롭게 학술을 강의하고 자유롭게
논쟁함으로써 학술 수준을 향상시키는 활동이다. '강회'제도는 송대의
저명한 학자인 여조겸이 처음으로 만들었다. 서기 1175년 (송 효종孝宗
순희淳熙 2년 봄), 여조겸은 주희朱熹, 육구연陸九淵, 육구령陸九齡 및 그 제

자들을 초청하여 학술토론에 참가하게 하였는데, 그 장소가 신주信州의 아호사鵝湖寺였기 때문에, '아호강회鵝湖講會'라 하였다. 당시 '강회'의 주제는 '학문의 방법론'이었다. 주희는 학습은 마땅히 "두루 보고 폭넓게 살펴본 후에 간략하게 정리해야 한다."고 주장하였고, 육구연 형제는 "먼저 사람의 본심을 밝히고 나서 넓게 보아야 한다."고 생각했다. 육구령은 다음과 같은 시를 통해 자신의 관점을 밝혔다.

어려서는 사랑을, 커서는 공경을 알아야 하니
옛 성현들은 오직 이 마음을 전해주었네.
기초가 있어야 집을 지을 수 있으니
터 없이 갑자기 봉우리를 이룬다는 말은 듣지 못하였네.
책의 주석에 마음을 두면 도리어 그 안에 갇히고
심오한 것에 집착하면 도리어 속세에 숨어 살게 되네.
진정한 벗은 서로 갈고 닦도록 도와주니
지극한 즐거움이 여기에 있는 줄 알아야 하네.

육구령은 학습의 근본은 '어려서는 사랑을 알고, 커서는 공경할 줄 아는' 마음을 갖게 하여 집을 짓고 높은 산을 쌓는 것처럼 튼튼한 기초를 마련하는 데 있다고 보았다. 육구령의 시 네 구절을 읽자마자 주희는 여조겸에게 다음과 같이 말했다.

"자수子壽(육구령)는 벌써 자정子靜(육구연)의 배에 올랐군요."

시를 짓고 나서 둘은 다시 토론하였는데, 육구연은 형에게 다음과 같은 시로 답했다.

> 옛 터의 무덤은 슬픔을 일으키고 종묘는 공경하게 하니
> 이것은 사람들의 천고에 없어지지 않는 마음이라네.
> 한 방울의 물이 흘러들어 푸른 바다를 이루고
> 한 주먹의 돌이 쌓여 태산과 화산을 이루네.
> 쉽고 간단한 공부는 오래 가고 발전하지만
> 지루한 일은 마침내 떠올랐다가 가라앉게 되네.
> 낮은 곳에서 높은 곳으로 올라가는 이치를 알고자 하면
> 참과 거짓을 먼저 가려낼 줄 알아야 한다네.

육구연은 한 걸음 더 나아가 '이러한 마음'은 선천적이고 영구적임을 입증하였다. 그는 오직 '이러한 마음'을 위해 노력을 기울여야 발전할 수 있다. 이는 작은 시냇물이 모여 큰 바다가 되고, 주먹만한 작은 돌들이 쌓여 태산泰山과 화악華嶽이 되는 것과 같다. 그러나 주희의 학습방법은 지리멸렬하여 결국 이리저리 떠돌다가 침몰할 수밖에 없었다.

비록 주희는 이 시를 듣고 표정이 약간 어두워지며 기뻐하지 않았지만 그와 육구연 형제의 개인적인 우정은 변함이 없었다. 비록 주희와 육구연 형제의 학술에 대한 관점은 바뀌지 않았지만 토론을 통해 각자의 장단점이 비교적 선명하게 드러나게 되었다. 이는 고대 학술계의 미담이 되었다. 3년 후 주희는 다시 시 한 수로 화답하였다.

덕업과 풍류를 일찍부터 흠모하였더니

이별한지 3년 만에 그 마음 더욱 깊어지네.

우연히 청려장 짚고 차가운 계곡을 나섰더니

그대 또한 가마 타고 먼 길 오셨네.

지난 학문을 의논하는데 깊이가 있고 치밀하였으며

새로운 지식을 함양하여 깊이를 더했네.

다만 걱정되는 것은 그의 학설이 무언의 경지에 이르러

세상에 고금이 있음이 믿기지 아니함이라네.

주희는 여전히 육구연 형제의 학술 주장에 대해 동의하지 않았지만 그들은 상대방의 도덕과 문장을 흠모하였다. 그리고 예의를 갖추어 대했을 뿐만 아니라 제자들 앞에서 항상 상대방을 칭찬하였다. 서기 1181년, 주희는 육구연을 백록동서원으로 초청하여 강의를 부탁하였다. 육구연의 '군자와 소인을 '의義'와 '리利'에 비유한 이론'을 들으며 감동하여 눈물을 흘리는 사람도 있었다. 주희도 육구연의 강의는 "학자의 은밀하고 섬세하며 심각한 고질병을 정곡으로 찌른 것"이라고 여기며 자신이 과거에 이처럼 심오한 강의를 하지 못했다는 점에 대해 부끄러움을 느꼈다. 그는 또 육구연에게 강의 원고를 책으로 쓸 것을 권했는데, 이것이 바로 유명한 《백루동서당강의白鹿洞書堂講義》이다. 주희도 친히 이 책의 발문을 썼다.

'강회' 제도는 명청明淸 시기에 크게 발전하였다. 예를 들면 명대 왕양명의 제자인 전덕홍錢德洪, 왕기王畿 등은 양명학을 전파하기 위해서

전력을 다했다. 역사서에서는 다음과 같이 전하고 있다. "전덕홍은 재야에서 30년 동안 강의를 하지 않은 날이 없었으며, 왕기는 초야에 묻혀 40여 년을 보내면서 강의를 하지 않은 날이 없었고, 북직예北直隷와 남직예南直隷를 비롯하여 오吳나라, 초楚나라, 민閩나라, 월越나라, 강소江蘇, 절강浙江에서 두루 가르쳤다." 각 지역에서 강회가 활발하게 성립되었는데, 경현涇縣의 수서회水西會, 강음江陰의 군산회君山會, 귀지貴池의 광악회光嶽會, 광덕廣德의 복초회復初會 등이 그 예이다. 이러한 강회는 점차 서원의 강학을 지역적인 제사와 학술 활동의 중심으로 확대, 발전시켰으며, 더 나아가 서원의 사회적 영향력을 확대하여 서원도 사회교육의 기능을 맡도록 하였다.

청대의 '강회'는 완벽한 제도로 자리 잡았다. 각 지역 서원의 강회는 모두 명확한 취지(자양강회紫陽講會의 경우 주희와 공자를 받들어 송을 회복하고 명을 회피하며, 성리학을 내세우고 도의 통일을 취지로 삼았음), 상세한 규약(자양강회에는 《자양강당회약紫陽講堂會約》이 있었음), 규정된 일정(자양강회의 경우 월회月會와 대회大會로 나누어 월회는 매월 8일, 23일에 각각 한차례씩 거행하였는데, 사시巳時에 강의를 시작하고, 신시申時에 끝냈음. 대회大會는 매년 9월 15일 주희의 생일이나 3월 15일 주희의 기일忌日에 거행하였는데, 매년 한 차례 혹은 두 차례로 일정치 않았으며, 월회와 대회는 모두 3일을 기한으로 하였음), 엄격한 조직(자양강회의 경우 회종會宗, 회장會長, 회정會正, 회찬會贊, 회통會通 등 직책을 만들어 업무를 처리하였음), 성대한 의식과 전문적인 경비 지출 체계를 갖추었다. 자양강회는 서원을 기지로 삼았지만 사회적인 의미의 지역 학술토론회였다.

(5) 서원은 덕망이 높고 학문이 깊은 명사를 초청하여 성실하고 배
우기 좋아하는 제자들이 공부하도록 하였으므로, 서원의 지명도
뿐 아니라 서원의 강의 수준도 높아졌다. 또한, 스승과 제자 간
에 밀접한 관계가 형성되었다.

중국 고대 서원은 일반적으로 명사를 초청하여 서원의 일을 관장하
도록 하는 것을 매우 중시하였다. 왜냐하면 서원의 훈장(원장院長, 동주
洞主, 산주山主, 장교掌敎, 주강主講이라고도 함)의 이미지가 주로 서원의 명
성, 교육의 성패, 각지의 학생들이 모여드는 관건이 되었기 때문이다.
중국 고대는 송대를 시작으로 대부분의 유명한 사상가들이 모두 서원
에서 강의를 하였다. 예를 들면 육구연은 상산정사象山精舍에서, 주희는
무이정사武彝精舍와 백록동서원白鹿洞書院에서, 여조겸은 여택서원麗沢書
院에서, 장식張栻은 성남서원城南書院에서, 위료옹魏了翁은 학산서원鶴山
書院에서 강의하였다. 원대에 조복趙複은 태극서원太極書院에서, 정단예
程端禮는 가헌서원稼軒書院과 강동서원江東書院에서, 동서同恕는 노재서원
魯斋書院에서 강의하였다. 명대에 왕양명王陽明은 용강서원竜岡書院과 계
산서원稽山書院에서, 담약수湛若水는 백사서원白沙書院에서, 고헌성顧憲成
과 고반룡高攀龍은 동림서원東林書院에서, 왕부지王夫之는 악록서원嶽麓書
院에서 강의하였다. 청대에 손기봉孫奇逢은 백천서원百泉書院에서, 황종
희黃宗羲는 강음정인서원江陰証人書院에서, 이이곡李二曲은 관중서원関中
書院에서, 진세의陸世儀는 동림서원東林書院과 비릉서원毗陵書院에서, 안
원顔元은 장남서원漳南書院에서, 대진戴震과 단옥재段玉裁는 수양서원壽陽
書院에서, 전대흔錢大昕은 종산서원鐘山書院에서 강의하였다.

이런 유명한 스승이 교육을 관장하는 서원에는 각지 선비들이 풍문을 듣고 모여들었다. 심지어 천리를 마다 않고 쌀을 포대에 싸서 찾아와 오두막에 거주하기도 했다. 유명한 스승의 경우 임기가 끝나 이직하여 다른 서원에서 강의를 하게 되면, 많은 제자들이 그를 따라다녔다. 어떤 제자들은 자금을 모아 서원을 만들고 예를 갖추어 스승을 초청하여 강의를 맡아주기를 청하였다. 서원이 오래도록 유지되고 대대로 이어질 수 있었던 배경은 서원을 맡은 유명한 스승들의 열성적인 가르침과 명성을 듣고 찾아온 학생들이 가르침을 받아들이는 겸허한 마음, 그리고 이로 인해 형성된 훌륭한 스승과 제자와의 관계와 불가분의 관계에 놓여 있다. 이것은 봉건사회 후기의 관학의 상황과는 확실히 큰 차이가 있다.

주희는 《학교공거사의學校貢擧私議》에서 일찍이 송대 관학과 과거의 폐단에 대해 맹렬히 비판하였다.

"이른바 태학太學이란 명성과 이익을 위한 장으로, 가르치는 자들은 좋은 부분을 발췌하여 과거의 문장으로 쓰게 하여, 시험장에서 좋은 결과를 얻을 수 있도록 할 따름이다. 선비들 가운데 의리義理에 뜻을 두었다고 하는 사람도 학문을 통해 특별히 추구하는 바가 없고, 분주하게 몰려든 자들도 오로지 과거 급제를 위해서 왔으니 학교에서도 그들의 사사로운 이익을 채워줄 뿐이다. 그렇다보니 스승과 제자가 서로 마주쳐도 길 가다 마주친 사람처럼 낯설다. 간혹 서로 말을 해도 덕행과 도에 대해 논하지 않는다. 매월 글을 쓰고 계절별로 시험을 보는 것은 이익을 추구하고 염치를 무릅쓰는 구차한 마음을 부추길 뿐이니 결코 국가가 학문을 세우고 사람을 가르치는 본래의 뜻이 아니다.”

그는 관학에서 스승과 제자의 관계가 냉랭하고 소원한 근본 원인은 과거의 도구로 전락하여 “명성과 이익만을 추구하는 장소”만 있을 뿐 “덕행과 도라는 실체”가 없기 때문이라고 주장했다. 그리하여 주희는 공명과 이익이 아닌 학문 탐구와 인격 수양을 도모하는 서원교육을 선도하였다.

주희가 지남강군知南康軍로 부임했을 때, 그는 백록동서원白鹿洞書院을 중수하여 복원시켰을 뿐만 아니라 늘 지방 관리의 신분으로 수업을 하여 “매번 머리 손질도 제대로 못하고 도착하여 여러 학생들이 의심나고 어려운 문제를 질문해도 싫증내지 않고 가르쳐주었다. 퇴근해서는 학생들과 함께 냇가를 거닐다가 해가 지고 나서야 돌아왔다.”

그가 지담주知潭州 형호남로荊湖南路의 안무사按撫使로 부임했을 때는 악록서원嶽麓書院을 중수하여 복원했으며, 바쁜 정무 가운데도 시간을 내어 악록서원의 교육에 관여하였다.

“선생은 하루 종일 힘을 다해, 군郡의 업무를 처리하느라 매우 피곤했지만 밤에 여러 학생들과 강론하고 문답 하는데 조금도 피곤한 기색이 없었다. 대부분 자신에게 맞는 실질적인 예를 들어 훈계하고 비근한 예를 싫어하지 않는 한편, 고상하고 원대한 것을 간절하게 흠모하였으니 듣는 사람들이 감동하였다.”

주희는 차근차근 일깨워주었을 뿐만 아니라 학생들에게 엄격하게 요구하였다. 전해진 바에 따르면, 그는 언제나 격일로 악록서원을 방문하여 학생들을 독촉하고 격려하였다고 한다. 한번은 주희가 두 명의 학생을 뽑아 《대학大學》을 강해하도록 했는데, 학생들이 똑똑하게 말하지 못하고 얼버무리자 주희는 매우 화가 나서 서원의 교수, 직사職事 등에게 하루 안으로 규정 하나를 만들어 보내라고 명을 내렸다고 한다. 그는 분개하여 학생들에 이렇게 말했다.

"너희가 이처럼 열심히 하지 않을 거라면 마음 내키는 대로 하거라. 학교는 본래 오는 사람을 막지도, 가는 사람을 잡지도 않는 법인데, 어찌 억지로 잡아둘 수 있겠느냐!"

심지어는 다음과 같은 말도 했다.

"학문을 할 줄 모른다면 어리석은 백성과 다를 바가 무엇이겠는가?"

이 대목을 통해 고대 서원이 학생들에게 어떠한 신분이나 명예, 관직을 줄 수는 없었지만 서원의 유명한 스승들은 열성적으로 학생들을 가르쳤을 뿐만 아니라 엄격하게 관리하고 단속하며 학생들에 대한 요구 수준을 낮추지 않았음을 알 수 있다. 서원의 스승과 제자는 사이가 돈독하고 좋았다. 왜냐하면 그들은 인격의 감화와 학문 전수를 기반으로 하는 공리를 초월한 사제 관계였기 때문이다.

고대 서원의 돈독한 사제관계는 오랜 세월 동안 미담으로 전해졌다. 예를 들면 성리학의 대가인 주희가 세상을 떠날 때, 어떤 사람이 다음과 같은 상소를 올렸다.

"사방에서 가짜 제자들이 모여 가짜 스승의 장례를 치르려 하는데, 그들이 모이면 사람들의 단점에 대해 함부로 말하거나 시정時政의 득실에 대해 그릇되게 의론할 것입니다. 신하에게 단속하도록 명을 내려 주십시오."

송 영종寧宗은 장례의 규모를 규제하고 제한하는 조서를 내렸으나 장례에 참석한 친구들과 제자들이 수천 명에 달했으니, 스승과 제자간의 감정이 얼마나 깊고 돈독했는지 잘 알 수 있다. 동시대의 심학心學의 대가였던 육구연이 세상을 떠난 후 관을 고향으로 운반할 때도 천 명 정도의 제자들이 울며 달려와 상을 치렀으니 이를 통해 스승에 대한 존경심과 추앙하는 마음을 엿볼 수 있다.

명대의 라여방羅汝芳은 스승이 투옥되었을 때 피하거나 꺼리지 않았을 뿐만 아니라 전답을 팔아서 안산顔山 스승을 감옥에서 구명하였으며, 감옥 안에서 6년 동안 모시고 봉양하였다. 심지어는 조정시험에 참가할 기회조차도 포기하였다. 나중에 라여방이 관직에 올랐다가 나이가 들어 고향으로 돌아가게 되었을 때에도 한결같이 스승 안산을 모시면서 차와 과일을 직접 가져다 드렸다. 라여방의 손자가 그를 도우려 하자 그는 다음과 같이 말했다.

"나의 스승이니 너희들이 할 수 있는 일이 아니다."

사제간의 정은 부자보다 나았다. 왕양명의 사제관계도 사람들을 감동시켰다. 《양명연보陽明年譜》에는 일찍이 그가 서원에서 교육할 때 학생들을 평등하고 친절하게 대했다고 기재되어 있다.

"추석 달은 대낮처럼 밝고, 선생은 시중을 드는 이에게 벽하지碧霞池에 술자리를 마련하도록 명하였는데, 문하생과 제자들이 100여 명이었다. 술자리가 무르익고 노래 소리가 울려 퍼졌다. 그러다가 어떤 사람은 투호놀이를 하고, 어떤 사람은 북을 두드리고, 어떤 사람은 배를 띄우니 선생은 제자들이 흥겨워하는 모습을 보고 물러나서 시를 지었다."

스승과 제자가 한데 어울려 즐거워하니 얼마나 보기가 좋은가! 그는 열성적으로 인재를 양성하고 제자들에게 친근하게 대함으로써 학생들의 공경과 추대를 받았다. 그가 세상을 떠나 안장할 때, 천리 밖에서 애도하기 위해 달려온 제자만도 1,000여 명에 달하였다. 그 후 그들 가운데 많은 사람들이 각지에서 속속 서원을 설립하여 스승을 본받고 기리며 양명학을 전파하였는데 그 영향력은 매우 컸다.

(6) 고대서원은 비교적 효과적인 관리체계와 구체적이고 명확한 규정을 갖추고 학생들을 서원 관리에 참가하도록 함으로써, 효율과 성과에 중점을 둔 서원 운영의 특징을 실현했다.

서원이 최초로 출현했을 당시 관리체계는 비교적 간단했다. 서원 관리자는 서원의 조직 관리를 책임지고 서원의 교육 업무를 맡았다. 그 후의 발전 과정 중에 서원의 특색을 갖춘 관리 체계를 점차적으로 형성하였다. 청대 백록동서원白鹿洞書院을 예로 들면, 《백록동지白鹿洞志》 11권에는 당시 서원의 관리 인원과 조건이 상세히 기록되어 있다.

① 주동主洞(1人) : 국내의 저명한 유학자이자 이단을 배척하고 정통 학문을 숭상하며 도를 중시하고 덕이 두터우며 사물의 이치에 정통한 자를 초빙하여, 서원을 주관하게 한다. 만약 적임자가 없다면 잠시 비워도 무방하다.

② 부강副講(1人) : 주로 문장을 읽고 수정하며 의심스러운 점을 분석,

식별하는 자리로, 본 성省에서 오경五経을 통과하고 성실하고 우의
가 있는 자를 초빙하여 맡게 한다.

③ 당장堂長(1人): 수업에 성실하게 참여하는지 책임지고 감시하며 서
원 안의 학생들이 사이좋게 지내도록 장려하는 자리로, 주동主洞과
부강副講이 학생들 가운데 우수한 자를 선발하여 당장堂長을 맡도
록 하는데, 직분을 감당하지 못하면 바로 교체한다.

④ 관간管乾(1人), 부관간副管乾(2人): 동洞 내의 모든 수입, 출납, 쌀,
소금 및 자질구레한 것들의 관리를 전담하고, 부서의 제반 업무를
정리하는 자리로, 동洞에서 재주가 있고 성실한 자에게 맡기며 직
분을 감당하지 못하면 교체한다.

⑤ 전알典謁(2人): 손님과 사방에서 찾아온 학자들의 접대를 전담하는
자리로, 동洞에서 말솜씨와 모습이 세련된 자에게 맡기는데, 계절
에 따라 교체한다.

⑥ 경장経長(5人): 경의재経義斎의 오경五経에 경장経長 한 명씩 배치한
다.

⑦ 학장學長(7人): 치사재治事斎의 칠사七事(예禮, 악楽, 사射, 서書, 수數,
역歷, 율律)에 각각 학장學長 한 명씩 배치한다.

⑧ 인찬引賛(2人): "성인을 배알하고 예를 인도하는 것"을 책임지는
자리로, "목소리가 크고 우렁차며 출입과 속도를 절도에 맞게 할
수 있는 자"에게 맡긴다.

⑨ 화부夥夫(1人): 취사원 1인

⑩ 채초采樵(2人): 하인 2인

⑪ 문두門鬥(1人) : 서원의 문을 열고 닫으며 정원을 깨끗이 쓸고 매일 밤 방울을 울리고 순찰하며 당직하는 업무를 책임진다.

상술한 26명 가운데 관리 인원은 15명(주동主洞, 부강副講, 당장堂長, 경장経長, 학장學長),이며 업무 인원 7명(정, 부관간正副管乾, 전알典謁, 인찬引贊), 잡역 인원 4명(화부夥夫, 채초采樵, 문두門鬥)이다. 주동과 부강만 전임직이고 화부, 채초, 문두는 임시직이며 나머지 20명은 모두 학생 가운데 선발하여 맡긴다. 경우에 따라 학생들은 서원지書院志의 편집과 교정, 서원 전답의 철저한 조사와 농지세 징수에도 참여한다. 즉 서원의 관리는 주로 학생들 스스로 맡아 서원의 인적, 물적 자원과 자금을 크게 절약하는 한편, 학생의 운영 능력을 기르고 서원 운영의 효율성과 수익성을 향상시켰다고 할 수 있다.

서원의 관리를 강화하기 위해서, 고대 서원은 체계적인 규장제도를 제정하였다. 악록서원嶽麓書院의 경우, 대체로 청대에는 각종의 학규學規, 학약學約, 학잠學箴, 계율 등이 총 13종류, 92조 이상이었다. 예를 들면 건륭乾隆 13년에 왕문청王文淸은 《악록서원학규嶽麓書院學規》와 《독서법讀書法》을 만들어 강의실에 게시하여 학생들을 격려하였다. 그 전체 문장은 아래와 같다.

악록서원 학규

늘 부모님의 안부를 살피고, 보름날에는 성현들을 공경하고 알현하라.

습관에 지나침이 있다면 바로잡고, 행동거지는 바르고 엄숙하게 하
라.

옷차림과 식사는 검소하게 하고, 바깥일에는 일절 참견하지 말라.

자리에 앉을 때는 나이순으로 앉고, 절대 단점을 꼬집고 장점을 깎아
내리지 말라.

해가 되는 벗은 피하고, 잡담을 하면서 시간을 낭비하지 말라.

매일 세 번씩 경서에 대해 논하고, 매일 《강목綱目》을 여러 쪽씩 읽
어라.

세상사와 물리에 대해 두루 공부하고, 고문과 시賦와 부賦를 읽어라.

독서를 할 때에는 반드시 필기를 해두고, 수업이 시작되면 하던 일을
멈춰라.

밤늦도록 공부하더라도 아침에 늦게 일어나지 말고, 매사에 의문을
갖도록 힘써라.

왕구계王九溪 선생의 독서법

경서를 읽는 여섯 가지 방법

1. 의미를 정확히 이해해야 한다.

2. 책 속의 이치를 적용할 수 있어야 한다.

3. 책 속의 이치를 확대하고 발전시켜야 한다.

4. 의문을 갖고 연구해야 한다.

5. 책과 다른 견해에 대해서도 살펴보아야 한다.

6. 그 차이점을 이해하고 구별할 줄 알아야 한다.

역사서를 읽는 여섯 가지 방법

1. 역사적 사실을 파악해야 한다.

2. 문장의 표현을 감상할 줄 알아야 한다.

3. 태평성대와 혼란기의 원인을 분석해야 한다.

4. 역사적 배경과 역사의 발전추세를 연구해야 한다.

5. 역사적 인물과 편찬자의 주관적 견해에 대해서도 분석해야 한다.

6. 여러 견해를 살펴보고 자신의 견해를 정해야 한다.

일부 서원은 학생들에게 매일 교과목을 안배하도록 규정했다. 예를 들면, 청나라의 용문서원은 제자들의 일과를 다음과 같이 정했다.

"모든 학생은 각자 활동 일기책과 독서 일기책을 만든다. 활동 일기책에는 새벽, 오전, 오후, 저녁 네 부분으로 나누고 시간별로 대략적인 일과를 적는다.

새벽에 일어나 오전에는 사서 경전과(한 책을 정독한 후에 다른 책을 읽는다) 성리학(매일 여러 장씩 읽는다)을 공부한다.

오후에는 역사서와 중요한 귀감이 되는 책(한 권만 선택해서 읽으며 잡다하게 보아서는 안 된다)과 각 유파의 책(중요한 책을 선택하고 쓸모없는 책을 보는데 시간을 허비하면 안 된다)을 읽거나 시무時務에 대해 상세히 공부한다(실질적이어야 한다). 여유가 있으면 문장을 짓거나(반드시 이치에 맞아야 하고 잡다하고 불필요한 문장을 지어서는 안 된다) 서예를 익힌다(단정한 해서체여야 한다).

저녁에는 과거의 학업을 겸한다(선현의 바른 이치를 밝힌 문장을 많이 읽는다).

물론 조금의 차이는 있어도 되지만 주도면밀하고 빈틈없이 매일 수업과 일들을 제때에 책에 기록해야 한다. 독서를 통해 터득한 바나 의심스러운 점이 있으면 날마다 독서책에 기록해야 한다. 거짓되지 않게 사실대로 기록하고 광범위하지 않게 간략하게 기록하며 미루고 빠뜨려서는 안 된다. 매월 5일, 10일에 스승에게 제출하여 가르침을 구해야 한다. 스승의 지적한 것은 반드시 마음에 새겨야 한다. 매월 한 번씩 문장을 심사하고 한 해가 지나면 학문의 깊이와 수준을 검증해야 한다.

상술한 바와 같이 각종 규약은 대단히 많았는데, 그중 어떤 것은 너무 번거롭고 까다로운 면이 있다. 그러나 그 또한 제자들에게 학문과 도덕을 가르치는 데 간과할 수 없는 역할을 하였다.

10
몽학과 중국 고대 교육

서원이 고대 중국의 고등교육이라면 몽학蒙學은 초등교육이라 할 수 있다. 그렇다면 몽학이란 무엇인가?《주역周易·서괘序掛》에서는 다음과 같이 말하고 있다.

"몽蒙은 몽매한 것으로, 만물의 어린 것을 말한다."

공영달孔穎達은《상서정의尚書正義》에서 다음과 같이 밝혔다.

"몽은 어리석고 어두운 것이다. 어린이는 많은 일에 어리석고 어둡다. 그래서 철부지 어린아이라고 하는 것이다."

결국 몽학은 일종의 계몽 교육이자 계발 교육으로, 어린이들을 깨우쳐 어리석음을 없애는 데 그 목적이 있음을 알 수 있다.

학술계에는 몽학의 연령별 단계에 관한 여러 견해가 존재한다. 어떤 사람은 '주로 8세부터 15세의 어린이들을 대상으로 실시하는 초등교육'이라고 주장한다. 사실 고대 중국인들은 몽학의 연령별 단계를 비교적 융통성 있고 탄력적으로 보았다. 청대의 왕균王筠은 다음과 같이 말했다.

"아이를 교육할 때에는 글자를 가르치는 것을 우선으로 한다. 8~9세에는 정신과 지혜가 점점 성장하기 때문에 사성四聲, 허와 실, 압운, 쌍

성첩운雙聲疊韻 등을 모두 다 가르쳐야 한다.”

그런가하면 최학고崔學古는 이렇게 말했다.

“아이를 가르치고 훈계할 때에는 6, 7세 때부터 아는지 모르는지 따지지 않고 좋은 말로 타일러 공부의 중요성을 알게 해야 한다.”

그러므로 몽학은 8세 이전 단계, 즉 영아 교육과 유소아 교육까지 포함해야 한다. 다시 말해 몽학은 유아기를 위주로 하는 초등 교육이다.

이 시기의 교육은 개인의 일생의 발전에서 매우 중요한 의의를 갖는다. 영국의 교육가 존 로크John Locke는 다음과 같이 말했다.

“유소아기의 기억은 너무 미미해서 거의 느끼지 못할 정도지만 아주 오랫동안 중요한 영향을 미친다.”

또한 루소는 《교육과 아름다운 생활》에서 다음과 같이 지적하였다. “아이는 태어날 때부터 여러 가지 본능과 반사 능력을 가지고 있으며 환경에 의해 여러 가지 습관이 형성되어 다양한 성품으로 발전한다. 이러한 일은 대부분 초기 아동기에 발생하므로, 이 시기에 좋은 성품을 길러 줄 수 있도록 노력해야 한다.”

고대 중국의 교육가들도 아동 교육의 중요성을 일찍부터 인식했다. 예를 들면 남북조시대에 안지추顏之推는 다음과 같이 주장했다.

“어릴 때는 정신을 집중하기 쉬우나 장성한 후에는 생각이 문산되니 반드시 일찍부터 교육하여야 하며 시기를 놓쳐서는 안 된다.”

명대의 심리沈鯉는 몽학을 중시하지 않는 풍조를 비판하며 목소리를 높였다.

“아이를 교육하는 것은 가장 중요하고 어려운 일이다. 일생에 영향을 미치므로 뿌리에 비유할 수 있다. 어릴 때 버릇을 잘못 들이면 커서 고치기 어렵다. 그러나 세상 사람들은 이러한 이치를 깨닫지 못하고 어린이 교육을 경시한다. 학교 선생도 이를 경시하고 가장도 예의를 중시하기는 하지만 제대로 가르칠 생각은 하지 못하고 그저 혼만 낸다. 교육의 연결성의 중요함과 몽학이 대학을 가르치는 것보다 배로 어렵다는 사실을 어찌하여 모르는가?"

심리沈鯉는 몽학은 일생에 걸쳐 영향을 주기 때문에 그 연결성의 중요성과 가르치는 난이도가 대학과는 비교할 수 없을 정도로 어려운 일이라고 보았다. 왜냐하면 몽학은 '인생의 뿌리'를 다지는 과정으로, 한 사람이 일생동안 받는 교육 중 가장 중요하기 때문이다.

몽학은 중국 고대 교육의 특징 중 하나로, 거의 모든 교육사상가들이 몽학에 대해 자신의 의견을 개진했다. 그래서 몽학사상은 중국 교육 철학에서 빼놓을 수 없는 중요한 부분이 되었다.

1. 몽학의 내용

중국의 몽학은 중국의 고대 교육과 함께 나타났다. 일찍이 주周나라에서는 글자 교육 교과서인 《사주편史籀篇》이 나왔다. 그전까지는 구전에 의한 계몽교육이 존재하였던 것으로 보인다. 한대에 이르러 전문적으로 계몽교육을 실시하는 '학교'인 서당이 등장하였으며 완성도가 비교적 높은 계몽교재도 있었다. 예를 들어 《창힐편蒼頡篇》, 《범장편凡將

篇》,《급취편急就篇》,《무상편無尙篇》 등은 어린이에게 글자를 읽고 쓸 수 있도록 가르치는 교재였으며《논어論語》와《효경孝經》은 초급 경학 교재로 사용되었다. 한대 이후, 몽학교재는 급속도로 늘어났는데, 통계에 따르면 각종 몽학 도서목록은(총서를 포함) 215종을 웃돌았다고 한다. 본 장에서는 고대 몽학교재 중 대표적인 것을 분석하여 이를 기초로 고대 몽학 교육의 전반적인 모습을 살펴보고자 한다. 고대 몽학교재를 내용 별로 구분하면 대략 다음의 다섯 가지로 나눠볼 수 있다.

(1) 종합적 몽학교재

이러한 종류의 교재는 주로 아동이 글자를 배우는 동시에 약간의 기초 지식을 배울 수 있도록 돕는다. 한대 및 당대 이래로 나타난 종합적 몽학교재 중 비교적 영향력이 컸던 것으로《급취편》,《삼자경三字經》,《천자문千字文》, 그리고《유학경림幼學瓊林》을 들 수 있다.《급취편》은 한당시기에 가장 널리 사용된 글자 교육교재로, 한 원제 때 황문령黃門슈인 사유史遊가 편찬했다. 성명, 옷차림, 농예, 음식, 음악, 생리학, 무기, 조류, 짐승, 의약, 인간사 등 다방면의 내용을 담고 있으며 전문이 압운으로 이뤄져 있고 칠언, 삼언 및 사언구가 대부분이다. 제10장 '농예와 음식'을 예로 들어보자.

벼, 기장, 수수, 피, 조, 참깨, 메벼
전병, 보리밥, 단 콩국.

해바라기, 부추, 파, 염교, 여뀌, 차조기, 생강

무이, 소금, 된장, 식초, 간장.

유채, 마늘, 냉인, 갓, 산수유, 향신료

오래된 순무와 양하는 겨울철에 저장해두고,

배, 감, 자두, 복숭아는 서리를 기다린다.

대추, 살구, 박, 산앵두, 산자, 물엿

밭에서 나는 채소나 과실은 좋은 식량이 된다.

《삼자경三字經》은 송대 이후에 가장 널리 사용된 몽학교재로, 남송의 왕응린王應麟이 지었다고 전해진다. 배움의 장점, 명물에 관한 상식, 역사지식, 도덕 설교, 독서의 순서 등의 내용을 담고 있으며 삼자일구三字一句 형식으로 구절마다 운을 맞춰 쓰어 졌다. 첫 머리글은 다음과 같다. 예로 들어보자.

인간의 본성은 본래 선하다. 원래는 성품이 서로 비슷했으나 습관에 의해 달라진다.

만일 가르치지 않으면 성품이 바뀌니 도를 가르치는 것을 귀하여 여겨야 한다.

옛날 맹자의 어머니는 좋은 이웃을 구하기 위해 아들이 공부하지 않으면 이사를 했다.

두연산竇燕山은 좋은 방법으로 다섯 아들을 잘 가르쳐 모두 이름 날렸다.

기르되 가르치지 않으면 아버지의 잘못이고, 가르치되 엄하지 않으면 스승의 게으름 때문이다.

자식이 공부하지 않는 것은 그릇된 일이니, 어려서 공부하지 않는데 늙어서 무엇이 되겠는가?

《천자문千字文》 또한 고대에 광범위하게 사용되던 몽학교재인데, 《천자문》의 탄생과 관련하여 신기한 이야기가 전해진다. 양무제梁武帝가 자녀에게 글자를 가르치기 위해 은철석銀鐵石이란 사람에게 중복되지 않게 천 자를 고르게 한 다음, 주홍사周興嗣에게 주며 순서를 정리하여 음대로 맞추라고 명했다. 그런데 천 개나 되는 글자를 하룻밤 안에 편집하여 올리느라 주홍사는 그만 머리가 하얗게 세어버렸다. 무질서한 천 개의 문자가 작자의 하룻밤 노력으로 절묘한 문장으로 정리되었다. 《천자문》은 천문과 지리, 역사와 정치, 동물과 식물, 도덕규범, 민간의 성어, 농업 지식 등의 내용을 담고 있으며 글자를 익히는 것을 위주로 한다. 첫머리의 몇 구절을 살펴보자.

하늘은 검고 땅은 누렇고, 우주는 넓고 거칠다.
해와 달은 꽉 찼나가 이시러지고, 별은 넓게 벌려져 있다.
추위가 오면 더위가 가고, 가을에는 수확하고 겨울에는 저장한다.
남은 달로 해를 이루고, 음과 양으로 양기를 조절한다.
구름이 올라가 비가 되고, 이슬이 맺혀 서리가 된다.
금은 여수에서 나고, 옥은 곤륜산에서 난다.

검의 이름은 거궐巨闕이라 하고, 구슬은 야광이라 한다.

과일은 자두와 능금이 귀하고, 채소는 겨자와 생강을 중히 여긴다.

바닷물은 짜고 냇물은 싱겁고, 비늘 있는 것은 물에 잠기고 날개 있는 것은 하늘을 난다.

용사는 복희 씨, 화제는 신농 씨, 조관은 소호 씨, 인황은 인황 씨이다.

글자를 처음 만들고, 옷을 입게 하였다.

자리를 내주어 나라를 사양하고, 요임금 도당이 순임금 유우에게 나라를 맡겼다.

《유학경림幼學瓊林》은 중국 몽학교재 중 가장 두껍고 큰 책이다. 명대의 정등길程登吉이 쓴 것으로, 사언이나 오언 혹은 삼언이나 칠언의 길이에 제약 받지 않고, 오로지 대구對句만 신경 썼다. 그래서 비교적 융통성이 있고 외우기가 쉬운 편이다. 천문, 대지, 계절, 조정, 문신, 무관, 증손부자, 형제, 부부, 숙질, 사제, 친구 및 손님과 주인, 혼인, 부녀자, 외가 친척, 탄생과 노화, 신체, 의복, 인간사, 음식, 집, 기용, 진귀한 보물, 빈부, 질병과 죽음, 학문과 예술, 과거제도, 제작, 기예, 감옥, 불교와 귀신, 새와 짐승, 꽃과 나무 등 33편으로 나누어진다. 이는 유아교육의 백과사전이라 할 수 있으며 고대 몽학교재 중에서도 특히 귀한 종합적 몽학교재이다. 다음은 《형제兄弟》편의 일부분이다.

천하에는 부모가 없는 사람은 없으나 세상에서 가장 얻기 어려운 것이 형제이다.

반드시 형제에게 명예를 선사하고, 형제를 바르게 대접해야 한다.

옥 같은 형과 금 같은 아우, 형제가 현명하면 사람들의 부러움을 산다.

첫째는 훈(취주악기)이고, 둘째는 지(죽관악기)이니 서로 마음이 통해야 한다.

다음은 《송옥訟獄》 편의 첫 부분이다.

세상 사람들은 불공평한 일에 분개하지만 성인은 송사가 없음을 중시한다.

위에 죄인을 불쌍히 여기는 군주가 있으면 형벌도 비를 맞고 물이 오른 것처럼 생기가 돌고,

아래에 억울한 백성이 없으면 백성들의 가슴도 시원해진다.

감옥도 천국이 될 수 있고, 바닥에 동그라미를 그리고 감옥처럼 갇혀 살 수도 있다.

위에서 소개한 종합적 몽학교재는 내용이 풍부하고 간결하고 세련되며, 특히 문장이 협운으로 구성되어 외우고 기억하기가 쉽다. 이러한 교재를 통해 아이들은 글자를 익히면서 동시에 상식을 배울 수 있기 때문에 아동의 심신의 발전과 학습적 특징에 비교적 알맞은 교재라고 볼 수 있다.

(2) 윤리도덕 몽학교재

윤리도덕 몽학교재는 사람 된 도리와 일처리, 사람을 대하는 태도를 가르치고 삼강오륜의 윤리도덕의식을 함양하는 데 목적이 있다. 윤리도덕은 몽학의 가장 중요한 내용 중 하나이다. 명대 왕양명은 이에 대해 다음과 같이 말했다.

"옛날의 교육자는 사람을 가르칠 때 도덕으로 가르쳤으나 후세에는 먼저 시, 사, 부, 변문, 잡문을 암송하였으며 선왕에 대해 가르치지 않았다. 오늘날에는 아이에게 어버이에 대한 효도, 형제끼리의 우애, 임금에 대한 충성과 벗 사이의 믿음과 함께 예의와 염치를 가르친다."

윤리도덕에 관한 교재 중 비교적 영향력 있는 것으로《동몽훈童蒙訓》,《소이외전少儀外傳》,《성리자훈性理字訓》,《제자규弟子規》,《증광현문增廣賢文》,《소아어小兒語》 등이 있는데, 그중 《성리자훈》이 가장 유명하다. 《성리자훈》은 주희의 제자 중 정단몽程端蒙이 지은 것으로, 송 원 시기에 정약용程若庸이 원래의 30조에 자연의 이치, 인간의 본성, 학력, 선악 등 광범위한 내용을 보충하여 183조로 구성했다. 4자구로 되어 있으며 성리학 관련 지식을 비교적 간단하고 광범위하게 소개했다. 주희는 일찍이 이 책을 다음과 같이 칭찬했다.

"글자를 가르치는 면에서 대단히 훌륭하여 언어가 많지는 않지만 큰 규모의 《이아爾雅》라 할 수 있다."

정단몽의 원작 중 몇 조를 선택하여 살펴보자.

하늘의 이치가 널리 퍼져 만물에 부여되니 이를 명命이라 한다.

사람들은 천성을 부여받아 선하지 아니한 것이 없으니 이를 성性이라 한다.

몸의 주인으로 성격을 지배하는 것이 있으니 이를 심心이라 한다.

사물을 느끼고 움직이며 바라는 것이 있으니 이를 욕欲이라 한다.

마음과 생각을 다하여 집중하는 것이 있으니 이를 경敬이라 한다.

처음과 끝이 한결같은 것이 있으니 이를 일一이라 한다.

하늘의 명과 자연의 이치로 사람이 부여받는 천성이 다섯 가지이니 이를 천리天理라 한다.

사람은 본성에 따라 사물을 느끼고 바라게 되어 귀와 눈, 입과 코가 바라는 대로 움직이니 이를 인욕人慾이라 한다.

《제자규弟子規》는 영향력이 상당했던 몽학교재로서, 청대 이육수李毓秀가 지었다. 3자구에 협운으로 되어있어 읽기가 편하고 외우기가 좋다. 비록 읽기는 쉽지만 집에서 효도하고 밖에서 공손하라는 '입효출제入孝出悌'의 내용을 더욱 두드러지게 다뤘기 때문에 몽학의 가장 좋은 교재라고 불렸다. 전 교재에 걸쳐 공자의 "제자는 집에서는 효를 행하고 나가서는 공경하여 신중하고 믿음을 보여야 하며 사람들을 사랑하고 가까이 해야 한다. 이를 행하고 힘이 남거든 학문에 힘쓰라."는 사상을 상세히 해석하고 그 의미를 충분히 살렸다. 《제자규弟子規》는 세상에 나오자마자 한 시대를 풍미하면서 사람들은 《삼자경》을 등한시하게 되었다. 다음은 《제자규弟子規》의 한 구절이다.

모든 사람은 사랑을 필요로 하니, 하늘과 땅이 만물을 받아들이는 듯해야 한다.

덕을 행하면 이름이 높아지니, 외모로 사람을 높이 평가하지 않는다.

재능이 많은 자는 명망을 얻게 되니, 말로써 사람을 따르지 않는다.

재능이 있다고 이기적이거나 가벼이 비방해서는 안 된다.

아첨을 많이 하거나 자부심이 모자라거나 옛것을 싫증내고 새것만 좋아하지 말라.

한가하다고 일을 훼방을 놓거나 불안하다고 아무 말이나 해선 안 된다.

결점이 있어도 들추어 내지 말고 이기적이어도 말하지 말라.

선하다고 말하는 것이 바로 선이니 이를 알고 더욱 힘써 생각하라.

악하다고 알리는 것이 바로 악이니 병이 깊어지고 화를 불러온다.

서로 선을 권하면 덕이 바로 세워지니 재앙이 오지 않고 도가 부족하지 않게 된다.

윤리도덕 몽학교재 중 《증광현문增廣賢文》 역시 많은 영향을 미친 교재였다. 비록 책의 저자가 누구인지는 알 수 없지만, 《증광현문》은 청대 후기부터 전국 방방곡곡, 가가호호마다 갖춰 놓을 만큼 많은 사랑을 받았다. 《증광현문》은 중국 고대사회의 아름다운 문장과 속담이나 속어, 격언이나 잠언 등을 모은 것으로, 내용이 매우 광범위할 뿐만 아니라 중국인의 전형적인 인생관과 처세 원칙 등을 반영했다. 그러므로 아동을 위한 인생의 교과서라 할 만하다. 그중 한 부분을 발췌하여 살펴보자.

옛날의 좋은 글들의 가르침을 배우도록 음과 문장을 모아 놓았으니 많이 보고 많이 들어라. 현재를 잘 알려면 과거를 거울로 삼아야 한다. 과거가 없이는 현재도 없기 때문이다. 자기를 알고 남을 알며 처지를 바꾸어 생각해보라. 술을 대하면 자신이 얼마나 마실지를 알고, 시詩를 대하면 더불어 읊을 줄 알라. 온 천하를 다 알고 나야 높은 자리에 앉은 사람 마음을 안다. 서로 처음 만났을 때처럼 좋게 지내고, 늙을 때까지 원한을 갖지 않도록 해라. 물가에 가야 물고기의 습성을 알고, 산에 가야 새소리를 알 수 있다. 쉽게 불었다가 빠지는 것이 계곡물이고, 쉽게 뒤집히고 변하는 것이 소인의 마음이다. 운이 가버리면 금도 쇠가 되고, 때가 오면 쇠도 금이 된다. 모름지기 독서를 해서 마음을 가다듬어라. 한 자를 익히는 것에 천금의 가치가 있다. 사람을 만나 말을 하면 이론이 분분하고, 모두를 바쳐도 마음을 합치기가 어렵다. 꽃을 피우려고 꽃나무 심어도 꽃은 피지 않고, 무심히 꽂은 버들가지 크게 자라 그늘을 드리운다.

고대의 윤리도덕적 몽학교재를 전체적으로 살펴보면, 종합적 몽학교재와 마찬가지로 간결한 언어로 함축적이고 포괄적인 뜻을 전달하면서 알기 쉽고 표현에 생동감이 넘치며 외우기 편하다는 특징이 있다. 그 밖에도 아동이 실제 생활 속에서 윤리도덕 규범을 익힐 수 있도록 하였으며, 아동이 받아들일 수 있는 형식의 윤리도덕 교육의 출현이라는 점에서 의의가 있다. 그 내용 중에서 봉건적 잔재를 배제한다면 고대의 윤리도덕 몽학교재는 아동 교육의 방법과 형식을 개선하는 데 큰 도움이 될 수 있다.

(3) 역사 소재의 몽학교재

역사 소재의 몽학교재는 역사 이야기나 역사 인물의 미담 및 본받을 만한 행동을 선별하여 기본적인 역사지식을 전달함으로써 아동의 정서를 함양하고 역사적 책임감을 기르게 한다. 이한李瀚의 《몽학蒙學》, 왕령王令의 《십칠사몽구十七史蒙求》, 호인胡寅의 《서고천문敍古千文》, 황계선黃繼善의 《사학개요史學提要》, 진약陳櫟의 《역대몽구歷代蒙求》, 왕예王芮의 《역대몽구歷代蒙求》와 손한중蕭漢沖의 《용문편영龍文鞭影》 등은 모두 역사지식을 주로 소개한 몽학교재이다. 그 밖에도 주희의 《소학》, 여본중呂本中의 《동몽훈童蒙訓》, 여조겸呂祖謙의 《소의외전少儀外傳》 등도 많은 역사 이야기와 역사 인물의 본받을 만한 언행 및 미담을 선택하여 윤리도덕 교육 과정에서 활용되었다. 《삼자경》이나 《천자문》과 같은 종합적 몽학교재 역시 역사 교육의 기능을 갖추었다. 본 장에서는 그중에서도 중요하다고 여겨지는 《역대몽구》와 《오언감五言鑒》, 《역대국호총괄가歷代國號總括歌》 등 세 종류를 소개하겠다. 원대에 왕예가 저술한 《역대몽구》는 4자구로 되어 있으며 간결한 문장으로 다양한 역사적 사실을 다루고 있다. 정진손鄭鎭孫은 이를 편찬하고 주석을 달면서 《역대몽구》가 수 천 년에 걸친 인물의 등장, 나라의 흥망성쇠, 군자와 현인 등 다양한 내용을 분명하면서도 확실하게 전달하고 있다고 찬사를 보냈다.

이 책의 진한사秦漢史에 관한 대목이다.

진도 함양에서 황제라 자처하고 6국을 멸망시키니 그 기세가 호랑이처럼 맹렬하였다.

분서갱유는 주의 제도를 변화시키고 진항이 궐기하여 삼세에 전파되는 것을 저지했다.

한나라의 고조는 활달하고 도량이 컸으며, 기력이 왕성하여 제위를 드높였다.

열두 군주에게 전해져 문제와 경제가 백성을 풍요롭게 했으나 중천에 재난이 찾아왔다.

새로이 등장한 왕망은 지략으로 한의 옥새를 훔쳤으나 머지않아 찬탈당하고 멸망하였다.

적미는 관내로 들어가 분자에 즉위하였고, 진인이 있어 재기할 조짐이 있었다.

광무는 묘략으로 과감한 결단을 내리고, 남양으로 달려가 재난을 평정하였다.

십삼 년간 전해져오며 동한이라 불렸고, 다시 이백 년 뒤 영헌에서 멸망하였다.

《오언감》의 작가는 명대의 대학자 이연기李延機이다. 이 책은 삼황기三皇紀, 오제기五帝紀, 도당기陶唐紀, 유우씨기有虞氏紀, 하후씨기夏後氏紀, 상기商紀, 주기周紀, 춘추기春秋紀, 전국기戰國紀, 진기秦紀, 서한기西漢紀, 동한기東漢紀, 삼국기三國紀, 서진기西晉紀, 동진기東晉紀, 남조송기南朝宋紀, 남조제기南朝齊紀, 남조양기南朝梁紀, 남조진기南朝陳紀, 수기隋紀, 당기唐紀, 양기梁紀, 당기唐紀, 진기晉紀, 한기漢紀, 주기周紀, 송기宋紀, 원기元紀, 명기明紀 등 모든 편을 오언 협운의 형식으로 상고시대에서 명의 역사에 이르기까지 서술했다. 역사소재의 몽학교재 중에서도 비교적 내용이 풍부하고 편폭이 길며 역사 발전 맥락을 상당히 뚜렷하게 묘사했다는 특징이 있다. 예로 이 교재에서는 삼국역사를 이렇게 썼다.

조조와 손권이 일어나 균형을 이루며 한과 대적했다. 조조의 아들 조비가 대업을 이루고 황제의 지위를 찬탈했다. 국명을 위魏라 하고, 군사를 일으켜 한을 멸망시켰다. 손권은 국명을 오吳라 하고 천하를 큰 혼란에 빠트렸다. 남경에 자리를 세우고 그 곳에 거하던 백성들을 몰아냈다. 유비와 첨예하게 대전하며 삼국에서 영웅들이 나타났다. 관우와 장비, 제갈량은 한나라의 이름을 드높어 하늘에 닿게 했다. 천하를 셋으로 나누어 서로 각축을 벌이고 공격했다. 이렇게 50년이 지나자 사방이 곤궁해졌다. 양자강에는 쇠빗줄이 가라앉고, 제업은 모두 헛되이 되었다.

《역대국호총괄가》는 청대에 포동리鮑東裏가 지은 것이다. 그는 수많은 역사소재 몽학교재를 편찬하였는데, 《사감제요변독史鑑節要便讀》,

《양재훈몽자편釀齋訓蒙雜編》,《직성부명가결直省府名歌訣》,《입삼사평구결廿三史評口訣》 등이 대표적이다. 《역대국호총괄가》는 역사소재 몽학 교재 중에서도 문장이 단순하고 간략하기로 유명하다. 다음은 《역대국호총괄가歷代國號總括歌》의 전문이다.

반고는 처음으로 삼황을 전하였고, 나무위에 집을 짓고 살던 수인燧人의 공을 잊을 수 없었다.

오제에 대해 말하는 것이 일치하지 않았고, 복희씨와 헌원은 어지럽고 미약한 행위를 다스렸다.

주우부터 역수를 기록하였고, 하의 우왕, 상의 탕왕, 주의 문왕에 이르렀다.

춘추전국은 역수를 할 가치가 없었고, 승리한 진은 옛것을 멸시하고 어찌 난폭해졌는가?

한은 순을 취하고 혼란한 맹주를 다스렸고, 새롭게 찬탈하여 즉시 멸망했다.

광무는 중흥하여 명칭이 동한으로, 촉한은 오, 위로 국경이 나뉘었다.

양 진 시기에는 세상이 더욱 혼란스러워 10개 중 6국이 강국을 자처하였다.

송, 제, 양, 진은 남국을 계승하였고, 원, 위, 제, 주는 북방과 전쟁을 했다.

수는 겨우 한번 세상을 얻고 나서 300년 역사가 당으로 귀속되었다.

주량은 찬위한지 오래지 않았고, 후당도 짧기는 주량과 같았다.

진한은 주에 이르는 짧은 시간에 다하였고, 오대국의 세력에 슬퍼하였다.

적절한 시기에 나라를 10개로 할거하여 조, 송, 탕은 세상의 운을 쓸어 담았다.

오로지 북쪽 변경과 서쪽이 혼란스러웠으며 금이 궐기하여 더욱이 견딜 수 없게 했다.

두 황제는 북쪽의 토지를 정벌하여 변경을 빼앗고, 염제가 복건성에서 장강 남쪽으로 수도를 옮겨 대항했다.

원은 계속해서 혼일하였고, 국토는 황량할 정도로 넓었다.

아직 백 년이 되기 전에 다시 돌아와, 주명은 토벌하려는 명을 잠시 연장했다.

요의 바다는 막 숫아오른 태양이 동쪽에서 떠오르고 횃불은 꺼질 뿐만 아니라 남을 빛도 없다.

청은 천하를 장악하고 만년 동안 전해졌고, 글로 남겨져 후세에 전해졌다고 일컬어졌다.

요와 순은 현재까지 4천 년에 이르렀으니 민족은 어찌 행복하고 함께 평안하지 않겠는가.

역사 소재의 몽학교재에는 계급 착취적 사학의 관점이 배어있기는 하지만 집필 형식은 대구와 대련, 협운 등이 아름다운 조화를 이루고 있다. 그래서 소리 내어 읽고 암송하기가 편하며 배우기 좋고 기억하기 쉽다. 특히 체계적으로 복습하기가 편한데, 이런 점은 참고하고 본받을 만하다. 또한 역사 소재의 몽학교재는 최소의 글자로 최대의 내용을 담아내는 데 뛰어났다. 일례로 《역대국호총괄가歷代國號總括歌》는 총 255자로 반고에서 청에 이르기까지 중국의 역사를 모두 설명했다. 현재 역사 교육에 사용되는 《조대가朝代歌》는 이를 본받은 것이다.

(4) 시가詩歌·사詞·부賦의 몽학교재

이러한 교재는 아동에게 알맞은 시가詩歌·사詞·부賦를 선택하여 문장과 정서와 아름다움에 대한 훈도와 교육을 하는 한편, 기본적인 창작 능력을 가르쳤다. 공자孔子는 일찍이 시가 교육을 제창하였지만 진정으로 아이들에게 시가를 가르쳐야 한다고 제창한 사람은 주희이다. 그의 《훈몽시訓蒙詩》는 시가詩歌·사詞·부賦와 관련된 최초의 몽학 교재이다. 그러나 성리학 성향이 너무 짙어 널리 전해질 수 없었다. 그 후 진순陳淳의 《소학시례小學詩禮》, 만곡천萬斛泉의 《동몽수지운어童蒙須知韻語》, 호연胡淵의 《몽양시교蒙養詩教》, 왕수汪洙의 《신동시神童詩》 및 《당시삼백수唐詩三百首》와 《천가시千家詩》가 등장하였으나 영향력이 가장 컸던 것은 끝에 언급한 세 가지이다. 《신동시神童詩》는 북송北宋 말기에 왕수汪洙에 의해 쓰였으며 역사서에서는 그가 8, 9세에 시와 부에 능봉하여 신동이라 불렀다고 전한다. 후대에 그의 시를 모아 《왕신동시汪神童詩》를 편찬하였다. 사실 시집으로는 이백李白의 시와 남조南朝 진陳나라의 마지막 황제 진숙보陳叔寶의 시도 있어 후세 사람들이 아이들을 가르치는 데 커다란 도움이 되었다. 시 속에는 학문을 권하는 내용이 자주 등장한다. 그러나 "모든 것을 다 하찮게 여기고 글을 읽는 것만 귀하게 여기네." 등의 구절은 오늘날이나 과거에나 모두 비판을 받았다. 다음에서는 제4편의 학문을 권하는 시에 대해 살펴보도록 하자.

천자가 영웅호걸을 중히 여겨 백성들에게 글을 가르치니

모든 것을 다 하찮게 여기고 글을 읽는 것만 귀하게 여기네.

젊어서 부지런히 공부를 하면 글로써 출세할 수 있으니

조정에 가득 찬 귀한 사람들 모두 글을 읽은 사람이라네.

부지런히 공부하여 원하는 것을 얻고자 불을 밝히며 만 권의 책을 읽네.

그렇게 세 번의 겨울이 지나면 풍족해지는데 지금 배를 곯는다고 누가 웃을 수 있으랴.

어려서부터 재능을 갈고 닦고 공부하면 평생 동안 큰 뜻을 펼칠 수 있으니

다른 이는 가슴에 보검을 품었지만 나는 칼과 같은 붓을 들었네.

시가詩歌·사詞·부賦의 몽학 교재 가운데 아이들이 앞으로 시의 대구나 대련의 표현을 구사할 수 있도록 창작능력을 길러주는 교과서도 있었다. 축명祝明과 반영潘瑛의 《성률발몽聲律發蒙》, 맹불孟紱의 《주해계몽대우속편注解啓蒙對偶續編》, 사수겸司守謙의 《훈몽변구訓蒙騈句》, 거만육車萬育의 《성률계몽聲律啓蒙》, 조외암趙畏岩의 《삼자금三字錦》 등이 그 예이다. 《훈몽변구訓蒙騈句》의 작가 사수겸司守謙은 천재였으나 단명하여 20

여 세에 세상을 떠나 시문이 한 편밖에 전해지지 않는다. 그의 시는 글자나 구가 서로 대구를 이루며 협운을 사용하여 아이에게 시에 대한 홍미를 유발하는 데 효과적이다. 다음에서 몇 구절을 살펴보자.

하늘은 북쪽으로 돌고, 해는 동쪽으로 뜨네.

봄바람이 약하고 아침 해가 흐릿하니

문밖의 다리에는 서리가 앉아 미끄럽고 강가의 길에는 눈이 녹기 시작했네.

나라를 위하는 충신의 마음은 붉게 타오르지만 봄에 마음 들뜬 미인의 얼굴은 붉지 않네.

맹자가 학자가 된 것은 자애로운 어머니가 세 번이나 이사를 하며 공을 들였기 때문이며

증삼이 도를 깨우친 것은 성인聖人이 한결같이 공을 들였기 때문이네.

《성률계몽聲律啓蒙》 또한 비교적 큰 영향을 미친 몽학 교재로, 성운의 격률과 대구에 관한 지식을 유기적으로 결합하여 부족한 부분을 보완하였으며 흐름이 명쾌하고 운율이 잘 어우러져 읽기 쉽고 입에 잘 붙으며 재미가 있다.

구름이 있으면 비가 있고, 눈이 있으면 바람이 있으며, 석양이 있으면 푸른 하늘이 있네.

기러기가 오면 제비가 가고, 새가 잠들면 벌레가 우네.

세 자짜리 검이 있으면 백팔십 근의 활이 있고, 산의 북쪽이 있으면 강의 동쪽이 있네.

인간 세상에 청서전淸暑殿이 있으면 하늘 위에는 광한궁廣寒宮이 있네.

강기슭의 새벽안개 속에 푸른 버들이 있으면 뜰 안의 봄비 속에는 붉은 살구꽃이 있네.

아침에 길을 떠나는 귀밑머리가 하얗게 센 나그네가 있으면 저녁에 안개비 내리는 냇가에서 도롱이 입고 낚시하는 노인이 있네.

이를 통해 훈몽시는 도덕교육의 성향이 매우 짙었다는 사실을 알 수 있다. 훈몽시는 아동들이 시를 암송하는 과정에서 자연스럽게 봉건사회의 윤리도덕과 세계관, 인생관을 받아들일 수 있도록 하였으므로 필요 없는 내용도 많다. 이러한 시들은 대부분 아동들이 익숙하게 읽고 외워 작가와 한 마음이 될 수 있도록 요구하였다. 이는 당시 삼백 수를 숙독하여 입으로만 읊지 않고 정확하게 외우게 되면 아동들에게 시를 감상하고 창작하는 능력을 키워주는 데 상당한 효과가 있었기 때문이다.

(5) 명물 및 자연과학지식 몽학 교재

이러한 교재는 명물에 관한 지식과 전통적인 천문, 지리, 의학, 생물 등의 자연과학에 관한 전문지식을 주요 내용으로 하여 아동의 지식을 늘려주고 학술에 대한 흥미를 유발하였다. 이러한 몽학교재는 전문분야가 있었는데, 송대宋代의 《보천가步天歌》(천문분야)와 《발몽산경發蒙算

經》, 원대元代의 《산학계몽算學啓蒙》, 명대明代의 《당송위생가唐宋衛生歌》, 청대清代의 《교식몽구交食蒙求》(천문분야)와 《경의운언經義韻言》 등이 그 예이다. 종합적인 교재로는 송대 방봉진方逢辰의 《명물몽구名物蒙求》가 가장 유명하다. 이 책은 천문과 지리, 산천과 고을, 꽃과 나무, 농사와 절기, 음식과 복식服飾, 건물과 기물, 날짐승과 들짐승 등의 명칭을 두루 포함하고 있어 포괄적이며 짜임새가 있고 실용적이며 형식이 자유롭고 창의적이다. 다음은 일찍이 《소사서小四書》에 수록된 천문 현상에 관한 내용이다.

하늘은 높은 데 땅은 낮은 데 있으며 하늘과 땅으로 사물의 위치가 정해지네.

가볍고 맑은 기운은 하늘이 되고, 무겁고 탁한 기운은 땅이 되었네.

하늘에는 해와 달과 별이 있으며

비와 이슬은 대지를 적시고 바람과 천둥은 만물을 깨우네.

구름은 일어나는 이유는 물이 증발하여 위로 올라가기 때문이며

비가 내리는 이유는 구름이 쌓여 쏟아져 내리기 때문이네.

양의 기운이 음의 기운과 맞닿으면 바람이 불어 폭풍이 몰아치고

양의 기운이 음의 기운에 모이면 갈라지며 천둥이 치네.

비가 그치면 무지개가 뜨고, 천둥이 치면 번개가 치네.

기운이 흩어지면 연기와 노을이 되고, 기운이 한데 뭉치면 우박이 되네.

해는 중천에 뜨면 곧 기울고, 달은 꽉 차면 곧 이지러지네.

이처럼 만물은 가면 오고 나아가면 물러나며 사라지면 생기고 가득
차면 텅 비네.

별이 들고 환한 때에는 우주가 높고 넓게 보이니

해는 밝고 하늘빛은 푸르며, 부드러운 바람이 불고 비 그친 뒤 달빛은
은은하네.

흐리고 어두운 때에는 안개가 자욱하여 희미하고 아득하니

해와 달은 구름에 가려 밝지 아니하고 혜성은 불꽃을 내뿜네.

그리하여 성인聖人들은 음의 기운을 누르고 양의 기운을 받들었네.

《시경》에서는 눈을 대비하라 하였으며 《주역》에서는 서리를 경계하
라 하였네.

명물의 상식에 관한 이러한 몽학교재에서도 도덕교육의 중요성을 간
과하지 않았다. 다음의 내용을 살펴보도록 하자.

인간은 태어나서 서로 모이게 되니 가르치지 않을 수 없네.

임금은 어질고 신하는 충성스러우며 아버지는 자애롭고 자식은 효도
해야 하고,

부부 간에는 구별이 있고 친구 간에는 믿음이 있으며

어른과 아이 간에는 순서가 있어야 하니 이것을 인륜이라 하네.

이상으로 다섯 가지 몽학교재에 대해 개략적으로 살펴보았는데, 이
를 통해 우리는 고대 몽학 교육의 대체적인 내용을 알 수 있었다. 이러

한 내용은 많은 공통적인 특징이 있다. 예를 들면 모든 내용 속에 윤리 도덕에 관한 부분을 넣어 도덕교육을 강조하였다는 점이다. 언어는 간략하나 모든 뜻이 들어있으며 생동감이 넘치며 운율에 신경을 써서 읽기가 편하며 외우기가 쉽다. 이 밖에도 작가들 중에 유명한 학자들이 많다. 예를 들면 주희朱熹, 왕응린王應麟 등 학술의 대가들이 직접 책을 편찬하여 교재의 수준을 높이고 권위를 더해 주었다. 한편 몽학교재 편찬을 업으로 삼은 학자들도 있었는데, 청대淸代에 포동리鮑東裏는 평생 동안 많은 역사 몽학교재를 편찬하였다.

2. 몽학의 특징

고대 학자들은 몽학에 대해 특별한 관심을 가졌다. 교육가들이 아동을 가르치면서 일부 특징을 갖춘 몽학 이론과 아동 교육 방법이 점차적으로 형성되었는데, 이는 의심할 나위 없이 귀감으로 삼고 계승할 만한 점이 많았다. 노신魯迅은 일찍이 이렇게 말했다.

"만약 어떤 사람이 역사서를 만들어 중국에서 역대로 아동을 교육한 방법을 명확히 기록하여, 사람들에게 고대에서부터 지금에 이르기까지 어떠한 영향을 받아왔는지를 알려준다면, 그 공은 우禹임금(어쩌면 한 마리 곤충에 불과했을지도 모르지만)과도 견줄 만할 것이다.

70여 년이 지났지만 어느 누구도 체계적이고 명확하게 '중국의 역대 아동교육 방법'에 대해 기록하지 못했다. 이는 유감스러운 일이다. 본인 또한 여기에서 이러한 우임금과 같은 위업을 완성하지는 못하였다. 단지 자료를 닥치는 대로 긁어모으고, 남들이 빠뜨리거나 부족한 부분을 보충하는 한편, 고대 몽학의 이론과 실천의 주요 특징에 대한 초보적인 연구를 진행했을 뿐이다. 본인은 고대 몽학이 아래의 다섯 가지 기본적인 특징을 가지고 있다고 생각한다.

(1) 조기교육의 중시

몽학 자체가 조기 교육이다. 일반적으로 15세 이전의 몽학 단계에서 고대 교육가들은 되도록 빨리 계몽해야 한다고 제창하였다. 다시 말해 조기교육을 강조하였다. 서진 시기의 갈홍은 다음과 같이 말했다.

"어렸을 때의 기억은 쉽게 잊히지 않지만 크면 주의력을 잃기 쉽다. 그러므로 학문을 닦는 것은 일찍 시작해야 한다."

즉 되도록 빨리 교육 받고 정신을 전념해야 여러 가지 지식을 쉽게 받아들일 수 있으며 공부하는 습관을 길러 앞으로의 성장에 좋은 기반을 마련할 수 있다는 것이다. 송나라 교육가 이정二程 형제(정이와 정호)도 적극적으로 조기교육을 강조했다. 그들은 다음과 같이 주장했다.

"옛 사람들은 어려서부터 공부를 시작하고 밖을 구경하고 이야기를 들었다. 좋은 것만 보여주고 클 때 까지 이상한 물건을 보이지 않게 해야 성공하기 쉽다. 요즘 사람들은 어릴 때부터 나쁜 것을 보고 자라서 함부로 말을 하고 나쁜 습관이 몸에 배고 날마다 좋은 습관을 잃어버리니 천리天理가 남을 수 있겠는가?"

이처럼 '조기교육'은 학문을 닦는 기초로, 사람이 발전하는데 중요한 역할을 한다고 보았다. 만약 이러한 근본이 없으면 토대가 없는 집과 마찬가지이니 성공하기 어렵다.

조기교육의 시작에 대해 어떤 교육가들은 다음과 같이 말했다.

"스스로 밥을 먹고 말을 할 수 있을 때부터 가르쳐야 한다."

예를 들면 청대 왕부지王夫之는 '습관과 성격 형성' 이론에서 출발하여 아동이 자유롭게 말할 수 있을 때 훈육을 해야 한다고 주장하였다. 그는 다음과 같이 썼다.

사람의 모든 것은 선한 성질을 가지고 있다. 그중에 선하지 못하게 하는 것이 있으니 그것은 바로 습관이다. 습관은 어른이 되면서 생긴다. 귀로 듣는 것을 제한하면 하늘이 준 총명함을 잃게 되고, 눈으로 보는 것을 제한하면 하늘이 준 밝음을 잃게 될 것이다. 말과 행동을 하기 시작할 때 아버지와 형의 영향을 받고, 좋고 싫음을 알게 되었을 때 이웃과 인척의 영향을 받는다. 그 귀와 눈과 생각을 움직이면 태산을 볼 수 없고, 천둥소리도 들리지 않는다. 보고자 듣고자 하면 제대로 보고 듣지 못하게 되어 놀라게 되고, 마음으로 받아들이기 어려울 것이다. 그러므로 습관과 성격이 형성된 다음에는 엄격한 스승과 이로운 벗이라도 충고하고 격려할 수 없으며 과한 상과 벌로도 바로잡을 수 없다.

그는 아동교육은 일찍 시작해야 한다고 보았다. 아동이 지각이 생겨나고 말을 하기 시작할 때 해야만 좋은 소양과 행동을 갖출 수 있다. 이것은 사실 만들기는 쉬어도 고치기는 어렵다는 교육의 중요한 규칙을 말한다. 사람이 태어나면서 만들어지기 시작했다면 교육도 그때부터 시작되어야 한다.

또한 어떤 교육가들은 조기교육이 태교에서부터 시작된다고 주장한다. 한나라 유향劉向의 《열녀전列女傳·주실지모周室之母》에서 문왕文王의 어머니인 태임太任의 '태교'에 대해 이렇게 기재하고 있다.

"문왕의 어머니는 지임씨摯任氏 씨의 둘째 딸이었다. 왕계王季에게 시집을 가서 왕비가 되었다. 태인太任은 단정하고 위엄이 있으며 인품이 고결했다. 임신을 했을 때에는 나쁜 것을 보지도 듣지도 않고 나쁜 얘기를 하지 않고 태교를 했다. 돼지우리에서 문왕을 낳았는데, 문왕은 태어날 때부터 현명했다. 문왕은 똑똑해서 어머니가 하나만 가르쳐도 열을 알았다. 군자들은 태임이 태교를 잘 했다고 칭찬했다.

옛날 임산부는 반듯이 누워 자고 모서리에 앉지 않았으며 똑바로 섰다. 이상한 것을 먹지 않고 예쁜 것만 먹고 자리가 바르지 않으면 앉지 않았다. 또한 나쁜 것을 보지도 듣지도 않았다. 밤에는 열심히 시를 암송하고 바른 일에 대해서만 논했다. 그래야 용모가 단정하고 재덕을 겸비한 아이를 낳을 수 있기 때문이다. 그리하여 임신을 했을 때는 좋은 환경을 유지하도록 신경 써야 한다. 어머니가 선善을 생각하면 태아도 착해지고 악惡을 생각하면 태아도 악해진다. 사람마다 태어날 때부터 다른 것은 어머니의 생각한 바가 달랐기 때문이다. 문왕의 어머니는 태교를 잘 알았다."

유향보다 앞서 등장한 서한의 교육가는 《태교胎敎》라는 글을 지어 다음과 같이 주장했다.

"태교는 귀한 책이고 귀중한 내용을 담고 있어 종묘에 두어 후세에 깨우침이 되도록 해야 한다."

그 후 동한의 왕충王充, 남북조의 안지추顔之推, 서진의 장화張華, 당대의 손사막孫思邈, 송대의 주희朱熹, 이정二程, 진자명陳自明, 원대의 주진형朱震亨, 명대의 만금萬金, 허상경許相卿 등의 대량의 저술이 있다. 예를 들면 왕충은 귀가 먹고 다리를 절며 눈이 머는 것은 뱃속에서 안 좋은 기운을 받아 상처를 입었기 때문이며, 양설羊舌은 태어났을 때 승냥이나 이리와 같은 소리를 냈으며 어른이 되어서는 성질이 포악해져 화를 입어 죽었다. 어머니 뱃속에 있을 때 이러한 영향을 받은 인물로는 단주丹朱, 상균商均 등이 있다. 그러므로 운명의 근본은 《예기》의 태교법에 있다.(《논형論衡·명의편命義篇》)

안지추顔之推는 말했다.

"옛날에 성군이 되는 태교법이 있었다. 임신 3개월이 되면 궁을 나가 별궁에서 지내면서 악한 것은 보지 않고, 도리에 맞지 않는 말을 듣지 않으며, 소리와 색깔과 맛은 예로써 절제한다."(《안씨가훈顔氏家訓·교자敎子》)

장화張華의 《박물지博物志》에는 다음과 같이 기록되어 있다.

"임산부는 추악한 것이나 못생긴 동물을 보지 않고, 이상한 음식은 먹지 말아야 한다. 곰, 호랑이, 표범을 보지 말고 소의 심장, 흰 개의 고기와 잉어의 머리를 먹지 말아야 한다. 좋은 자리에 앉고 예쁜 것만 먹어야 한다. 시를 읽고 고운 음악을 듣고 음란한 말을 듣지 말고 사악한 것을 보지 말아야 한다. 이렇게 해서 낳은 아기는 현명하고 단정하며 장수한다. 이를 부모의 태교법이라고 한다.”

손사막孫思邈은 《천금방千金方·양태養胎》에서 다음과 같이 말했다.

“태아는 3개월 때부터 점차 모습이 변하기 시작하나 천성이 정해지지는 않는다. 그러므로 임신 3개월부터는 코뿔소, 코끼리 등의 맹수나 보석과 보물을 보며, 현명한 사람과 학식과 덕망이 높은 대가를 만나고, 의식 음악, 종과 북, 제기, 전쟁, 장식품을 보고 향을 피우고, 시와 책, 고금의 잠언을 읽어야 한다. 생활하는 곳은 청결하고 조용해야 하며 반듯하게 잘리지 않은 것은 먹지 말고, 바르지 못한 자리에는 앉지 말아야 한다. 거문고와 비파를 켜서 마음을 가다듬고 온화하게 하며, 욕구를 절제하면 마음이 맑아진다. 이렇게 해서 아이를 낳으면 건강하여 장수하며 충효와 인의를 알고 지혜로우며 병이 없게 된다. 이것이 문왕의 태교법이었다.”

만금萬金의 《부인비과婦人秘科·양태養胎》에서는 다음과 같이 기록되어 있다.

“수태 후에는 기쁨이나 노여움, 슬픔이나 즐거움을 절제한다. 지나치게 기뻐하면 마음이 상해서 기가 흩어지고, 지나치게 화내면 간이 상해서 기가 올라간다. 생각이 너무 많으면 비장이 상해서 기가 막히고, 너무 슬퍼하면 폐가 상해서 기가 굳으며, 너무 무서워하면 신장이 상해서 기가 내려간다. 어머니의 기가 상하면 태아의 기도 함께 상한다.”

이러한 주장은 황당하고 과학적이지 않은 면이 없지 않지만 설득력 있는 부분도 있다. ‘해로운 색을 보거나’ ‘추악한 사물을 보거나’ ‘함부로 말하거나' '화를 내면' 임산부의 정서에 나쁜 영향을 줄 수 있다. 태아에게 환경이 부적합하면 중추신경이 제대로 발달하지 못해 저능아가 태어날 수 있다. '음란한 소리'와 같은 소음은 태아를 불안하게 하여 태어난 후에도 정서 불안을 일으킬 수 있다. 반대로 거문고와 비파를 타면 마음이 안정되고 기분이 편안해져 태아가 건강하게 자랄 수 있기 때문에 매우 유익하다. 그래서 좋은 '태교'란 뱃속에서 태아가 바르게 자랄 수 있는 환경을 만들어주는 것이다. 옛날 사람들이 제기한 명제를 현대과학 이론과 기술로 설명하고 발전시킬지는 좀 더 연구해볼 필요가 있다.

(2) 가정교육의 중시

고대 중국 사회에서 가족은 생산 및 생활의 단위였을 뿐만 아니라 교육의 기본 단위였다. 아동의 학교 공부 여부를 떠나 가정교육은 언제나 이루어 졌기 때문이다. 초등학교에 가기 전 어린이들에게 집은 첫 번째 학교이며 부모들이 첫 번째 선생님이다. 그러므로 고대 교육가들은 가정교육을 특별히 강조하였다. 청나라의 육세의陸世儀는 다음과 같이 말했다.

"어린아이들의 교육은 외부 교육뿐만 아니라 가정교육이 가장 중요하다."

다른 청나라 교육가 손기봉孫奇逢은 다음과 같이 말했다.

"어리석음을 깨우치는 것이 가정에서 첫 번째로 할 일이다."

육세의나 손기봉은 모두 가정교육이 계몽교육의 관건이자 기초라고 보았다. 바로 이러한 이유로 인해 중국 역사에는 가정교육에 관한 미담들이 아주 많다. 맹모삼천孟母三遷, 악모자자嶽母刺字, 삼낭교자三娘敎子 등이 그 예이다. 그리고 가정교육에 관한 이론과 문헌도 매우 많다. 안지추顔之推의 《안씨가훈顔氏家訓》, 원채袁采의 《원씨세범袁氏世範》, 방상붕龐尙鵬의 《방씨가훈龐氏家訓》, 오린징吳麟徵의 《가계요언家誡要言》, 진굉모陳宏謀의 《오충유규五種遺規》, 손기봉孫奇逢의 《효우당가훈孝友堂家訓》 등이 그러한 서적들이다. 부모로서 시가와 격언의 형식으로 자녀들을 훈계하는 글들은 수없이 많아서 그 수를 다 셀 수 없다. 가정교육에 있어서 고대 교육가들은 아래와 같은 문제들을 강조하였다.

① 부모의 언행이 자녀에게 미치는 영향을 중시했다.

청나라 초기에 육세의는 다음과 같이 말했다.

"자식을 교육함에 있어서 첫 번째는 집안을 잘 다스리는 것이고, 그 다음이 스승을 선택하는 것이다. 집안을 잘 다스리지 못하면 자식이 어려서부터 사랑, 미움, 즐거움을 바로 알지 못하여 좋은 선생님이 있어도 쉽게 고칠 수 없다."

이것은 가정이 아동교육에서 중요한 위치에 있으며 학교가 그 역할을 대신할 수 없음을 뜻한다. 만약 부모가 집안을 잘 다스리지 못하면 후에 훌륭한 스승의 가르침을 받더라도 그 효과는 매우 미약할 것이다. 그래서 육세의는 부모가 행동을 통해 아동을 교육할 것을 강조했다.

"자식을 가르치는 데 있어서 반드시 자신이 솔선수범해야 한다. 사람들의 자녀를 보면 그 부모가 특별히 감독하지 않아도 행동이 바르고 성품이 좋은 것은 부모를 닮는 것이므로 모두 몸소 실천하여 가르쳐야 한다. 이를 생각하면 어찌 스스로 반성하지 않을 수 있겠는가.”

장리상張履祥도 이렇게 말했다.

“사람들은 누구나 자기 자식이 잘 되기를 바라지만 자신을 수양할 줄은 모르고 당혹스러워 한다.”

부모의 ‘자기 수양’이 자녀교육에 의미가 있음을 강조하고 있다. 이처럼 부모의 영향을 강조한 이유는 무엇일까? 그것은 부모와 자녀는 혈육의 정을 나눈 사이로, 아침저녁으로 서로 함께하며 슬픔과 기쁨을 함께 하기 때문에 자녀가 어머니의 몸 밖으로 나온 뒤에도 부모와 매우 긴밀한 관계를 맺고 있기 때문이다. 자주 보고 들어서 익숙하고 습관이 되어 자연스럽게 부모에게서 은연중에 영향을 받게 된다. 안지추는 이를 풍화風化의 과정이라고 했다. 풍화는 위에서 아래로 내려가는 것이며 앞에서 뒤로 영향을 주는 것이다. 이것은 윗사람이 모범을 보이면 아랫사람이 본을 받는 ‘풍화’로 어떠한 강제도 필요 없다.

② ‘사랑’과 ‘가르침’을 결합하여 ‘함부로 미워하거나 사랑하지 말 것’을 주장하였다.

아이에게 사랑을 주는 것은 부모의 천성이다. 그러나 아이들을 과보호 하면 바라는 것과 정반대의 결과가 초래되어 아이는 부정적인 영향을 받는다. 그래서 고대 교육가들은 사랑과 교육이 균형 잡혀야 함을 강조했다. 안지추는 다음과 같이 주장했다.

"부모는 위엄이 있으면서 자상해야 자녀들이 부모를 섬기고 효도한다. 세간에서 이렇게 하지 않고 가르치지는 않고 사랑만 주는 경우를 보았다. 아이가 음식을 먹을 때 마음대로 행동하면 벌을 줘야 하는데 칭찬을 하고, 문책을 해야 하는데 웃어주면 아이가 철이 들었을 때 법률이나 규율 따위를 안중에 두지 않게 된다. 교만이 습관이 되어버리면 죽을 만큼 호되게 때려도 소용이 없고 나날이 분개하여 원망이 쌓이게 되고, 성장할 수 없게 하여 마침내 덕을 망치게 된다."

안지추는 부모로서 제일 중요한 것은 위엄을 세우면서 자애로운 부모가 되는 것이라고 했다. 아이한테 사랑을 표현해야 할 때에는 자애로워야 하며, 아이에게 교육을 시킬 때에는 위엄이 있어야 한다. 그렇지 않으면 무엇을 따라야 할지 모르고, 좋고 나쁨도 몰라서 도덕이 무너진다. 육세의는 부모가 자녀교육에 신중하지 못하면 자녀에 일생에 도움이 안 된다고 하였다.

"사람들이 자식을 기르는 모습을 보면 아이들이 뭔가를 알기 시작할 때, 농담으로 때리고 욕하는 것을 가르치고, 말소리와 얼굴빛을 놀이로 삼아 습관이 되게 한다. 이러한 것이 내면으로 깊이 스며들면 인재가 어찌 성공할 수 있겠는가?"

송나라 교육자 원채는 '사랑'과 '가르침'의 관계에 대해 꽤 독창적인 생각을 갖고 있었다. 그는 가정교육 전문저서라고 할 수 있는 《안씨가훈》에 버금가는 《원씨세범袁氏世範》에 다음과 같이 음미해 볼만한 말을 썼다.

사람들은 자식이 갓난아기일 때에는 너무 사랑하는 나머지 나쁜 행동이라는 사실을 잊어버리고 제멋대로 하도록 내버려두는 경우가 많다. 이유 없이 소리 지르고 그칠 줄 모르면 유모를 나무란다. 이러한 부모는 잘못된 사랑을 하고 있는 것이다. 나이가 점점 들어감에 따라 사랑하는 마음은 점점 줄어들고, 약간의 흠만 있어도 미움이 생겨나게 된다. 작은 결점이 모여 큰 혐오감이 되고, 친척과 친구를 만나게 되면 아첨하는 말을 늘어놓을 것이 분명하다. 자식이 자라서 불효를 한다 해도 자식의 잘못이 아니라 그 부모가 제대로 혼내지 않았기 때문이다. 애증의 사사로움은 먼저 어머니에게 있다. 아버지가 이러한 이치를 모르면 어머니의 말을 따라도 문제가 해결될 수가 없다. 아버지는 이러한 상황을 반드시 상세히 살펴서 자식이 어릴 때는 엄격하게 대하고 자식이 크면 사랑이 모자라지 않도록 해야 한다.

원채는 부모에게 일반적으로 두 가지 경향이 나타나기 쉽다고 보았다. 어릴 때 너무 귀여워해서 해달라고 하는 것을 다 해주고 아이의 잘못한 행동에 대해 나무라지 않는다. 그러다가 아이가 크면 엄하게 요구하고 결점을 꼬치꼬치 들추어내고 아이가 조금이라도 잘못하면 무거운 벌을 준다. 이것은 아이를 가르치고 키워서 사람으로 만드는 과정에 있어서 부모가 교육 방법을 몰라 제멋대로 사랑하고 미워하는 일반적 폐단이다. 그러므로 부모들은 자녀교육에서 이 두 가지 경향을 반대로 하면 된다. 좋은 습관과 행동을 기르기 위해서 어릴 때 아이한테 엄하게 요구하고 크면 사랑을 표현을 해주는 것이다. 사실 원채가 지적했던 폐단은 요즘 부모들에게도 자주 나타나는 경향이다. 그러므로 이러한 주장은 현실적인 의의를 가지고 있다고 할 수 있다. 이것은 다른 측면에서 보면 원채의 어렸을 때부터 자녀교육을 해야 한다는 관점을 강조한다.

위에서 서술한 두 가지 외에도 중국 고대 가정교육은 몇 가지 뚜렷한 특징을 갖고 있다.

첫째, 중국 고대 가정교육은 아이가 태어날 때부터 죽을 때까지라는 긴 주기의 특징을 갖는다. 고대 중국에서 가정교육은 인간의 탄생에서부터 사망에 이르기까지 모든 여정을 포함한다. '부모님 말씀을 어기면 안 된다.'는 것은 중국 고대사회의 도덕 준칙 중에 하나였다. 부모님께서 돌아가서도 알게 모르게 부모의 영향을 받고 부모의 유언을 따른다. 아버지의 철학과 사업적 성과는 아버지가 돌아가시면서 사라지는 것이 아니라 자녀교육을 시키는 수단으로 계속 자녀를 단속하고 격려하며 채찍질하는 가정교육의 원천이다.

둘째, 중국 고대 가정교육은 자녀의 사회생활까지 지도, 감독할 것을 강조한다. 고대 중국에서 부모들은 자녀가 곁에 있든 고향을 떠나 있던, 직장에서 높은 자리에 있든 낮은 자리에 있든 항상 자녀에게 관심을 가졌다. 그리고 부모들은 언제나 자녀의 행동을 감시했다. 자녀가 한 것을 알아도 모르는 체하며 주의하지 않고, 못 들은 체하며 상관하지 않는 부모는 거의 없다. 자녀가 가정을 이루고 출세를 하여 공을 쌓고 작위를 얻어도 이와 같다. 《열녀전列女傳》에는 다음과 같이 기록되어 있다.

전국시대 초나라 장수 자발子發이 진나라의 공격을 받고 식량이 끊겼다. 사병들은 콩을 나누어 먹는데 자발은 혼자서 진수성찬을 누리고 있었다. 때를 기다렸다가 진을 무찌르고 돌아왔으나 그의 어머니는 문을 잠그고 열어주지 않았다. 사람을 보내 아들에게 다음과 같이 말했다.

"사람이 죽어나가는 사지에서 혼자서만 편안하게 지내다니……. 너는 내 아들이 아니다. 그러니 내 집에 들어올 수 없다."

아들 발은 어머니께 잘못을 빌고서야 집에 들어갈 수 있었다.

셋째, 중국 고대 가정교육을 담당하는 주체는 아버지였다. 아버지는 고대 가정에서 가장 높은 사람이었다. 유가의 삼강오상三綱五常의 윤리는 중국사회를 통치하고 일상생활을 지배하였다. 아버지는 아들의 강綱이며 남편은 아내의 강이다. 이는 고대사회의 행동규범이었다. 경제적 위치와 사회의 도덕적 지원으로 인해 아버지는 '특별한 법률적 특권이 필요 없는 통치 지위'를 갖고 있었다. 아버지는 자녀에 관한 모든 것을 관여하고 조종하며 어머니의 자녀교육 방식까지 바꿀 수 있었다. 이에 비해 가족의 구성원으로서 어머니는 아버지와 같은 권위가 없었다. 여성이 아내가 되기 전에는 아버지한테서 생활에 필요한 것을 받다가 아내와 어머니가 된 후에는 남편한테서 받는다. 남편이 죽은 다음에는 아들이 어머니를 부양한다. 그래서 여자는 '어릴 때는 아버지를 따르고, 결혼해서는 남편을 따르고, 남편이 죽으면 아들을 따른다.'는 기형적 도덕규범을 지킨다. 다른 한편으로는 유가의 효제孝悌라는 도덕규범은 자녀에게 어머니를 존중하고 효도해야 한다고 가르친다. 이로 인해 어머니는 가정교육에서 두 번째 주체가 되었다. 이처럼 어머니는 '통치'를 받는 사람이자 가정교육의 두 번째 주체이기도 하다. '현명한 아내'와 '좋은 어머니'라는 두 가지 중요한 임무는 이렇게 생겨났다. 가정교육의 성패는 아버지에게 달려있다. 《삼자경》에서는 잘 가르치지 못하는 것은 아버지의 잘못이라고 지적하였는데, 이것이 그 명확한 근거이다.

(3) 행위교육의 중시

고대 교육가들은 아동의 심신의 특징에서부터 출발하여 몽학은 행위교육을 중시해야 하며 행위 습관을 훈련시켜야 한다고 강조하였다. 예를 들면 주희는 다음과 같이 말했다.

"고대 교육은 소학과 대학은 있지만 가르치는 도리는 똑같다. 소학은 황제한테, 아버지한테, 형제들한테 어떻게 하는지를 가르치고, 대학은 소학에서 배운 것을 설명해준다. 황제한테, 아버지한테, 형제들한테 그렇게 해야 하는 이유를 가르친다."

그는 《동몽수지童蒙須知》에서 명확하게 지적하였다.

"동몽童蒙의 학습은 옷, 모자, 신발에서부터 시작한다. 그 다음에 말과 걸음마, 청소와 위생, 독서와 쓰기 등 다른 세세한 부분까지 포함한다."

분명히 동몽 단계의 주요 임무는 아동에게 행위습관을 훈련시켜 그들이 무엇을 어떻게 할 것인지 알도록 하는 것이다. 즉 그 방법을 가르친다. 대학 단계에서는 왜 그렇게 해야 하는지 이치를 깨닫게 한다. 즉 이유를 가르친다."

송나라 여대림呂大臨도 상술한 두 단계의 교육 내용과 변증법적 관계를 체계적으로 서술하였다.

"소학의 가르침은 예藝와 행行이다. 대학의 가르침은 도道와 덕德이다. 예악禮樂은 술수를 막으니 예藝이며, 효, 우정, 화목, 결혼, 임무, 불쌍히 여기는 것은 행이다. 자신의 지식을 늘려 수신에 이르는 것이 덕이고, 그렇게 천하를 다스리는 것이 도이다. 그러므로 가르침은 배움이 뛰어넘을 수 없는 것으로, 반드시 소학을 배우고 난 후에 대학을 배워야 한다. 스스로 배우는 자는 대학에 이르러 더 나아갈 수 없으며, 스스로 덕을 이루는 자는 소학의 일을 다 해도 이룰 수 없다."

그는 소학교육의 내용은 예악으로 술수를 막는 예와 효, 우정, 화목, 결혼, 임무, 불쌍히 여기는 행이고, 대학교육의 내용은 수신하여 덕을 쌓고 치국평천하하는 도라고 생각하였다. 전자는 기초로, 도덕의 수양에 치우쳐 있고, 후자는 전자가 발전한 것으로, 이론의 지도에 치우쳐 있다. 높은 덕을 갖고 싶으면 소학의 공부를 못하면 안 되고, 깊고 넓은 지식을 갖고 싶으면 대학의 공부를 못하면 안 된다.

이는 행위 훈련에 치우쳐 있는 몽학은 사람의 됨됨이를 위한 기초임을 말해준다. 중국 고대교육가들이 쓴 몽학교재는 명확한 행위 훈련의 기본적 요구에 치중해 있지는 않다. 주희朱熹의 《동몽수지童蒙須知》, 도희영屠羲英의 《동자례童子禮》, 진호陳瑚의 《소학일정小學日程》, 정단몽程端蒙과 동수董銖의 《정동이선생학칙程董二先生學則》, 진덕수眞德秀의 《가숙상의家塾常儀》, 고분형高賁亨의 《동학십계洞學十戒》등은 모두 명확하고 구체적으로 학생들의 행위규범을 규정하고 있다. 《동자례》는 몸과 마음을 나누어 단속하였는데, 안에서는 아버지와 형을 따르고 밖에서는 스승과 선배를 따르고 서당에서 배우는 일에 대한 세 부분으로 나누어져 있다. 신체의 청결, 단정한 의복, 두 손 모으기, 엄숙하게 인사하기, 예를 갖추기, 무릎을 굽히기, 서기, 앉기, 행동, 말, 듣기, 먹기, 마시기, 청소, 대답, 들어가고 나감, 온화하고 청렴한 품성, 자기 성찰, 출입, 반찬을 건네기, 시중들기, 수행, 만남, 병역 집행, 수업, 초하루와 보름날, 아침과 저녁, 거처, 접견, 독서, 작문 등 30여 개 항목을 통해 행위규범의 세부 사항까지 명시하고 있다. 거처의 내용을 살펴보도록 하자.

몸을 단정하게 바르게 앉는다. 책, 붓과 벼루 등의 물건은 모두 가지런히 놓는다. 책을 읽을 때는 자주 사용하는 물건은 조용하게 꺼내고, 손가는 대로 아무렇게나 어질러서는 안 된다. 책을 다 읽었으면 제자리에 두어 뒤섞이게 해서는 안 된다. 남에게 빌려온 책과 물건은 장부를 만들어 기록하여 제때에 돌려줘야 하며 잊어버려서는 안 된다.

이러한 규범은 응용하기 편하여 아동들이 배울 때 그대로 따라 하기만 하면 되므로, 행위 습관의 훈련에 큰 도움을 주었다. 현대 심리학의 관점에서 보면 아동의 행위 훈련에서도 아동의 심신의 발전에 부합하는 객관적인 규율을 중시한다. 감지—운동 단계에서는 아동은 보기를 모방하는 능력이 매우 뛰어나기 때문에 행위의 모방과 습득은 중요한 의미가 있다. 7살 때부터 아동은 구체적 조작기에 접어들어 점점 자기 중심에서 벗어나 초보적인 책임감과 자율의식이 생겨난다. 12살 때부터 소년기(혹은 청년 전기)의 아동은 형식적 조작기에 들어서게 된다. 이 때 아동에 대해 피아제는 다음과 같이 말했다.

"구체적 사물 중심에서 점점 벗어나서 눈앞에 없거나 앞으로 생겨날 것에 흥미를 가지는 방향으로 발전하게 된다. 이 연령 단계에서는 현실적인 것뿐만 아니라 원대한 이상도 품게 되며 이론을 정립하기 시작한다."

이를 통해 아동은 12살 때부터 비교적 추상적인 이론을 받아들일 수 있으며, 그 이전에는 주로 본보기 모방을 통해서만 행위와 습관을 형성할 수 있음을 분명히 알 수 있다. 이것은 중국 고대 학자들이 15세 이전에 몽학을 가르쳐야 하며, 15세 이후의 학생들은 이를 알고 행한다는 주장과 일치한다. 물론 옛 사람들이 오늘날의 경지에 이르렀던 것은 아니며 그럴 가능성도 없다.

사실은 행위교육의 강조는 도덕윤리 교육의 강조이다. 몽학에서 도덕윤리 교육은 행위규범과 행위 훈련의 형식으로 행해진다. 양자는 불가분의 관계이다. 행위 훈련에 관한 각종 규정에는 정결, 예의, 규칙, 겸양 등 품성 교육의 내용이 많다.

(4) 바른 교육의 중시

중국 고대 교육가는 몽학의 바른 교육에 비교적 주목하고, 바른 교육을 통해 아동에게 긍정전인 영향을 미칠 수 있다고 보았다. 명대 교육가 왕정상王廷相은 다음과 같이 말했다.

“어릴 때 가르쳐 혼란에 빠지기 전에 바르게 지도하면 순순히 받아들이게 된다……. 장사가 괴팍한 습관이 몸에 배었다면 바른 길로 인도해도 고집을 부리기 때문에 나쁜 습관을 고칠 수 없다. 순순하게 받아들여야 그것을 바르게 변화시킬 수 있다. 그러므로 이치에 맞게 깨우쳐주어야 한다.”

여기서 말하는 ‘바른 길’이란 바로 바른 교육을 의미한다. 다시 말해 아동에게 정확한 것을 가르쳐야 먼저 받아들인 것이 중심이 되는 효과를 얻을 수 있고, 도덕교육이 수동적이지 않게 된다. 명대 왕양명은 아동의 심리적 특징에 따른 바른 교육의 의미를 논술한 적이 있다.

대체로 아이들은 노는 걸 좋아하고 구속당하는 걸 싫어한다. 초목은 새싹에서 시작되어 좋은 환경을 주면 잘 자라고, 나쁜 환경을 주면 시들어버린다. 오늘날 어린아이를 가르칠 때는 반드시 격려하여 기쁨을 주고 스스로 할 수 없는 것도 해내게 해야 한다. 때맞춰 내리는 비와 봄바람은 꽃과 나무를 적셔 싹이 나고 잘 자라니 날마다 몰라보게 성장하게 된다. 그러나 서리를 맞으면 활기를 잃고 그날로 말라버린다.

청대 장행간張行簡도 다음과 같이 간략하게 서술했다.

“인생의 어린 시절은 봄기운이 발생하는 때이다. 잘 가르치려면 언제나 잘 자라도록 이끌고 장려하여야 한다. 다시 말해 가르칠 때 반드시 칭찬하고 격려하는 말을 해야 한다.”

청대 왕균王筠은 우둔하고 고집스러운 아동에 대한 바른 교육의 의미에 대해 논술하였다. 그는 둔하고 고집스러운 아이들에게는 특히 바른 교육이 필요하다고 보았다. 바른 교육을 통해 즐거운 마음을 체험하여 스승의 말을 잘 들을 수 있도록 한다. 이와 반대로 빈번하게 체벌을 가하면 그들은 겁을 먹고 공부를 하지 않거나 반항하게 되어 교사가 제대로 대응하지 못하는 진퇴양난에 빠지게 된다.

3. 훈몽訓蒙의 방법

고대 중국에서는 훈몽을 매우 중시했으며, 수많은 교육가들은 훈몽의 방법에 대해서 매우 독창적인 견해를 제시했다. 또한 훈몽의 방법을 전문적으로 연구한 이론 저작들도 나타났다. 송대 왕일휴王日休의 《훈몽법訓蒙法》, 명대 일명佚名의 《교자양규教子良規》, 청대 진방생陳芳生의 《훈몽조례訓蒙條例》, 왕균王筠의 《교동자법教童子法》, 당표唐彪의 《부사선유법父師善誘法》, 장행간張行簡의 《숙중쇄언塾中瑣言》과 석천기石天基의 《훈몽집요訓蒙輯要》 등이 대표적인 예이다.

훈몽은 일반적으로 몽사蒙師가 관장하여 진행했기 때문에 몽사의 수준과 교육 방법이 훈몽의 효과에 직접적인 영향을 주었다. 그래서 고대 교육가들은 몽사에 대해 비교적 높은 요구기준을 제시했으며 몽사를 신중하게 선택할 것을 주장했다. 청대의 최학고崔學古는 다음과 같이 말했다.

"스승이 되는 것도 어려우나 몽사가 되는 것은 더욱 어렵다. 몽사를 잃으면 훗날 성과를 내기가 어렵고, 몽사를 얻으면 훗날 역량을 드러내기가 쉽다. 이와 같으니 어찌 신중하지 않을 수 있겠는가!"

몽학 스승은 모든 교사 중에서 가장 어렵고 임무가 가장 막중하며 역할 또한 가장 큰 것으로 여겨졌다. 왜냐하면 몽학의 효과가 앞으로의 교육의 효과에 직접적인 영향을 미치기 때문이다. 바로 이러한 이유로 고대의 선견이 있는 교육가들은 모두 몽사를 경시하는 사회 풍조를 반대했다.

청대의 장리상張履祥은 이를 두고 다음과 같이 지적했다

"몽사의 책임이 막중한데, 세상은 이를 비천하게 여긴다. 온 세상의 배움이 추해지니 세상은 이것을 존중해야 하는데 이러한 사실을 모르는구나."

청대의 또 다른 교육가 당표唐彪는 몽사 업무의 어려움과 이에 상응하지 못하는 열악한 대우 및 몽사의 영향력 등의 관점에서 몽사를 존중해야할 필요성을 강변했다.

사람들은 단지 경사經師만 존중할 줄 알지, 몽사를 존중할 줄 모른다. 경사는 서로 결속되어 후하게 대하지만 몽사는 오히려 박하게 대우받고, 갈수록 그 박함이 더해진다. 경사는 늘 즐거이 식사를 대접받으나, 몽사는 대부분 스스로 해결해야 하고, 설령 식사가 제공되더라도 초라할 뿐이다. 몽사가 아이의 학문을 가르치고 그것을 감독하고 질책하는 수고는 말로 다 할 수 없다. 귀는 듣는 것을 멈추지 않고, 눈은 보는 것을 멈추지 않으며 입술은 타고 혀는 해지니, 그 고초가 경사의 수배에 달한다. 사람들이 한평생 배우는 학문은 모두 10세 안에 이루어진다. 따라서 학생의 말과 행동에 대해 늘 훈계하여 올바른 결과에 이르게 해야 한다. 경서에 정통해야 하며, 서예와 집필을 익혀야 한다고 분명히 가르쳐야 한다. 절음切音과 평측平仄은 고르게 연습해야 하며, 경서의 해석에서 단락을 나누어 읽는 데 규칙이 있어야 한다. 이러한 능력의 습득은 온전히 몽사에게 달렸다. 이는 품행이 단정하고 학문이 우수하며 근면하고 엄격하지 않으면 충분히 감당할 수 없다. 몽사의 노고가 이와 같고 그 중요함이 이와 같으니 어찌 제자가 어리다고 그 선생을 경시할 수 있겠는가?

당표唐彪는 몽사를 존중하지 않는 세태를 날카롭게 비판했을 뿐만 아니라 몽사가 글을 배우는 아이들의 평생의 학문에 끼치는 영향에 대해 자세히 서술했다. 그러면서 오직 품행이 단정하고 학문이 우수하며 근면하고 엄격한 인재만이 몽사가 될 자격이 있으며 몽사는 매우 신성한 직업이라고 역설했다.

훈몽의 구체적인 방법 가운데 고대 교육가들은 주로 글자 익히기, 글씨쓰기, 독해, 작문 등 네 가지 부분에 주력했다. 이는 또한 고대 몽학이 언어교육에 편중되었던 것과 언어교육을 통해 윤리도덕교육을 진행했던 전통을 반영한 것이다. 본 장에서는 위의 네 가지 부분을 간략하게 분석해보고자 한다.

(1) 글자 교육법

　몽학교육의 첫 걸음은 바로 글자 익히기이다. 최학고는 이에 대해 다음과 같이 설명했다.

　"5, 6세 때에는 네모난 포대기에서 벗어나지만 아직 동심에서 벗어나지 못하는 시기이다. 집과 부모님의 품을 그리워하며 천성과 본성이 순진하니, 만약 학교에 입학하여 공부하고자 하면 매일 바르게 앉는 습관, 조용히 하는 습관, 글자를 익히기 등을 우선적으로 가르쳐야 한다."

　왕균 역시 다음과 같이 지적했다.

　"훈몽으로 인재를 양성할 때에는, 글자 익히기가 우선이다."

　글자 익기기의 효율성을 높이기 위해 고대 교육가들은 몇 가지 상당히 효과적이고 실현 가능한 방법을 제시했다.

　첫 번째는 나무 블록을 이용한 방법이다. 당표는 나무 블록을 이용한 글자 익히기 방법을 다음과 같이 설명했다.

　"아이가 태어나 3, 4세에 이르면 말을 할 수 있게 되면서 지식이 조금씩 늘어난다. 이 시기부터 한 변이 1치—寸인 정사각형 나무판을 천 개 만들고 칠을 하여 주서朱書의 천자문을 나무판 하나마다 새긴다. 그리고 나무판을 나무 상자에 담아두고 제자들로 하여금 매일 열 자나 세 자~다섯 자씩 익히게 한다. (글자를 많이 익히면 유모나 노비 등은 이를 검사한 뒤에 상을 준다. 이렇게 글자를 익히도록 유도하면 혼내고 나무라는 것보다 훨씬 나은 효과를 거둘 수 있다) 글자를 복습할 때에는 나무판을 모아 문장을 만든 뒤 그것을 읽게 하거나 모았다가 흐트러뜨리기도 하며, 어지럽게 늘어놓았다가 가지런히 정리하게 하면서 가지고 놀도록 한다. 그렇게 하면 글자를 인지하고 익히게 된다. 만약 총명한 아이라면 100일 안에 다 익힐 수 있다. 천 자를 다 익히면 다시 《삼자경》이나 《천가시千家詩》 등의 책을 익히게 한다. 이렇게 하면 1년에 천 자에서 이천 자를 익힐 수 있다."

이것은 현대의 글자퍼즐 놀이와 유사하다. 먼저 글자의 의미를 인식하게 한 뒤, 이를 기초로 모으거나 흐트러뜨리면서 문장을 만들어 뜻을 통하게 하여 가르치는 것이다. 또한 칭찬의 역할을 강화해서 아이가 글자를 배우고자 하는 동기를 부여하는 방법도 소개했다.

두 번째는 종이를 이용한 방법이다. 최학고는 이를 다음과 같이 설명했다.

"종이로 글자를 익힌다는 것은 무슨 뜻인가? 훈몽에서는 가르치는 것을 가벼이 해서는 안 된다. 먼저 종이를 한 변의 길이가 1치 2푼一寸二分되도록 정방형으로 자른다. 그리고 책을 읽으면서 책 속의 모든 글자를 종이 위에 해서체로 쓰고, 종이 뒷면에는 다시 동음을 쓴다. 예를 들어 문文과 문聞, 장張과 장章 등 음이 같은 글자를 종이 앞뒤에 써서 하나하나 익히게 한다. 만약 총명한 아이를 발견하면 따로 선별해서 글자의 표면적인 뜻을 간단히 강의하고 대강 해설해준다. 글자를 인식하는 것이 끝나면 다시 그것을 실에 꿰어 놓는다. 매일 열 자씩 혹은 수십 자씩 복습정리하며 한번이 끝나면 다시 시작하며, 천 자에 이르면 다른 방법을 사용한다."

종이를 이용한 방법의 원리는 나무 블록을 이용한 방법과 유사하며 어떠한 특정한 구체적인 글자를 인지하는 것부터 시작할 것을 강조했다. 그러나 최학고는 종이 뒤에 또 동음자를 쓰면 하나를 배우며 둘을 기억할 수 있기 때문에 일거양득의 효과를 얻을 수 있다고 주장했다. 그는 또한 제때 하는 복습을 중시했으며, 매일 매일 복습을 통해 익힌 글자를 더욱 확실히 기억하게 해야 한다고 거듭 강조했다.

세 번째는 책을 통한 방법이다. 이것도 최학고가 고안한 것이다.

"어떻게 책에서 글자를 인지할 수 있는가? 생소한 책을 가르칠 때는 먼저 한 글자 한 글자 짚어가며 보다가 모르는 글자가 나오면 빨간색으로 동그라미를 하고, 책 위에 검정색으로 써보게 하면 나중에 쉽게 기억할 수 있다."

책을 통한 글자 익히기 방법은 종이를 이용한 방법을 통해 초보적으로 익힌 글자를 활용하여 읽기 연습을 시키는 것이다. 책을 읽다가 생소한 글자가 나오면 주의를 끌 수 있도록 빨간색으로 표시하고, 다시 검정색으로 쓰기 연습을 시킨다. 이는 글자 익히기와 읽기가 서로 결합된 방법이라고 할 수 있다.

네 번째는 먼저 글자 익히기에 집중한 다음 읽기를 진행하는 것이다. 청대의 왕균은 글자 익히기 문제를 두고 많은 연구를 했다. 그는 먼저 글자를 익히는 데 집중하고 나중에 다시 글 읽기를 진행해야 한다고 주장했다.

"글자를 인식하는 것이 우선되어야 하며 급하게 책을 읽을 필요는 없다. 제자 둔鈍은 1,000여 자를 익힌 후 그것을 강의할 수 있고, 2,000여 자를 익힌 후 책을 읽을 수 있었다."

그래서 왕균은 책을 읽으려면 반드시 기본적인 어휘(2,000자)를 습득해야 한다고 보았다.

현대 교육심리학 관점에서 본다면, 왕균이 제안한 방법은 분명 근거가 있다. 왜냐하면 글자 익히는 데 집중하면 한자의 특징에 근거해 분류하고 비교할 수 있는 능력이 생기며 글자 형성의 규칙을 알 수 있을 뿐 아니라 글자를 익히는 과정 역시 쉬워지기 때문이다. 또한 학습의 중점을 명확히 하여 글자를 익히는 속도를 높일 수 있고, 학습의 흥미를 고취시키며 글자를 익히는 효율도 높일 수 있다. 그래서 일정한 수량의 한자를 익히면 곧 많은 양의 교과서를 읽을 수 있게 된다.

다섯 번째는 간단한 것에서 복잡한 것으로 나아가는 이미지 직관법直觀法이다. 왕균은 이 방법에 대해 다음과 같이 설명했다.

"먼저 상형자와 지사자의 독체자獨體字를 가르친다. 일日과 월月을 익힐 때는 곧 하늘의 해와 달을 가리키며 설명하고, 상上과 하下를 익힐 때는 곧 위와 아래에 있는 물건으로 설명한다. 독자체을 익힌 후에는 곧 합체자合體字를 가르친다."

여기서 주지하는 바와 같이, 한자는 형태形, 음音, 의미意 등 3요소로 구성된다. 글자의 형태를 식별하는 방법을 사용하여 한자의 상형 문자로서의 직관적인 기능을 십분 발휘하면 학생들이 글자의 형태와 뜻을 확실히 익히기가 쉬워진다. 또한 한자의 합체자는 편방과 부수, 독체자 등으로 구성된다. 그러므로 먼저 소량의 편방과 부수, 독체자를 익히면 나중에 많은 한자를 쉽게 배우고 이해할 수 있는 기초를 다질 수 있다. 이미지 직관법은 간단한 것에서 복잡한 것으로, 쉬운 것에서 어려운 것으로 나아가는 인지 규칙에도 부합한다.

고대 교육가들은 식자 교육이 지나치게 단조롭거나 무미건조해지지 않도록 많은 주의를 기울였으며, 글자 익히기 교육의 가시적인 성과를 거두기 위해 기초적인 읽기 연습을 준비했다. 또한 글자 익히기와 관련된 교재를 다수 편찬했다. 이러한 교재들은 대부분 문장이 짧고 협운을 이루고 있어서 보기에도 재미있고 읽기도 쉬웠다. 《삼자경》이나 《천자문》이 전형적인 예이다.

(2) 쓰기 교육법

중국 고대 학교교육에서 쓰기 학습은 매우 중요한 과목이었다. 그러나 교육가들은 글자 익히기나 읽기 교육이 이뤄진 후에 쓰기 교육을 진행해야 한다고 주장했다. 이는 읽기와 쓰기가 같이 이뤄져야 한다고 보는 현대의 초등교육과 크게 다른 부분이다. 고대 교육가들이 이렇게 주장한 데에는 세 가지 이유가 있다.

첫째, 고대에는 종이, 묵, 붓, 벼루 등 글을 쓰는 도구가 매우 복잡했다. 둘째, 유아의 신체발육 정도가 붓을 자유로이 다루기에는 부족했기 때문이다. 셋째, 고대의 쓰기 교육은 시작부터 서예 예술 훈련의 일환으로 진행되었기 때문이다. 그래서 왕균은 다음과 같이 주장했다.

"글쓰기를 너무 빨리 시작하면 안 된다. 어릴 때에는 손이 작고 뼈가 약해서 붓을 쥐는 법을 익히기가 어렵다. 그러니 글씨 쓰기는 8, 9세에 배워도 늦지 않다. 글쓰기를 배울 때에는 원비탑元秘塔이나 장공비臧公

碑의 것을 배워야 한다. 너무 작은 글씨로 익히지 말고 대체로 3분三分 크기가 좋고, 아무리 작아도 5분五分으로 하는 것이 좋다.”

고대 학교의 글쓰기 훈련의 방법은 다음 네 가지에 중점을 둔다.

첫 번째는 몸의 자세身法, 손가락의 위치手法, 붓을 잡는 강도把筆法, 글을 쓰는 방법作字法 등을 명확하게 가르치고 기본 기능을 익히도록 한다. 최학고는 《소학》에서 이 부분에 대해 자세히 설명했다.

“글을 쓸 때, 어깨와 등이 곧아야 하며 가슴은 책상에서 3촌의 거리를 두고, 얼굴은 등과 3촌의 거리를 유지해야한다. 손가락은 마치 허공을 쥔 것처럼 엄지로 밀고, 검지로 아래로 누르고, 중지로 고리를 만들고, 약지로 받치며, 식지는 위로 든다. 붓을 잡을 때는 힘을 주고, 붓을 세울 때는 곧게 해야 한다.”

붓을 잡는 네 가지 요소는 비우고(손가락의 중심이 손바닥에 가까이 가지 않음), 둥글고(손등을 둥글게 함), 바르게(붓대를 바르게 함), 힘주어 잡음(손가락을 붓에 붙이고 꽉 잡음)이다.

글씨를 쓰는 네 가지 방법은 ‘가로는 평평하게, 세로는 곧게 한다.’ ‘굵게 쓰기를 적게 하고, 가늘고 촘촘한 것을 많게 한다.’ ‘꺾어 올리기를 짧게 하고 점을 둥글게 한다.’ ‘가로와 세로의 여백을 균등히 한다.’ 등이다.

최학고는 글자 쓰기 연습의 기본 요령을 짧고 간결한 말로 설명함으로써 아이들이 쉽게 마음속에 새기고, 기본 기능 훈련을 지속하면서 안정적으로 발전해나갈 수 있도록 했다.

두 번째는 교사의 지도 역할을 중시한다. 당표는 다음과 같이 말했다.

"글쓰기는 가장 어려운 것으로, 격식을 제대로 아는 사람이 몇 되지 않는다. 만약 교사의 글씨가 보기 안 좋고 바르지 않으면 글자를 잘 쓰는 다른 사람을 청해 대신 쓰게 해도 무방하다. 만약에 사람들의 비웃음이 두려워 다른 사람을 청해서 쓰지 않는다면 이는 바로 자신을 속이는 일이다. 만약 동가東家가 다른 사람을 청해 글자의 형식을 쓰고 가르쳤다고 그를 가벼이 여긴다면, 이는 크게 잘못된 행동이다. 교사의 우열은 글자에 있지 않고, 가르치는 방법이 좋은지 나쁜지, 학생에게 유익한지, 그렇지 않은지에 있기 때문이다."

그는 교사가 반드시 글씨를 보기 좋게 잘 써야 하는 것은 아니지만 학생들에게 시범을 보일 때에는 반드시 품격 있는 글자가 필요하다고 보았다. 그래서 다른 사람을 청해서 글을 쓰게 해도 무방하다고 했다. 교사에게 중요한 것은 글씨를 잘 쓰는 게 아니라 글쓰기를 잘 가르칠 수 있는 좋은 방법을 아는 것이다. 그래야 학생이 가르침을 통해 배움을 얻을 수 있다.

세 번째는 적지만 정확하게 쓰는 것이다. 왕허王虛는 이렇게 말했다.

"아이들이 처음 입학했을 때는 두 글자 정도 쓰게 하고 말아야지 과도하게 쓰게 해서는 안 된다. 두 글자를 단정하게 쓸 수 있게 된 후에 글자를 바꿔야 한다. 만약 글자를 한 번에 많이 쓰고자 하면 성취하기가 더욱 어려울 것이다."

그러면서 글씨를 베껴 쓰는 연습을 할 때는 열과 성을 다해 진지하게 해야 하며 많이 쓰고 빨리 배우려고 조급해하지 말 것을 학생들에게 당부했다.

네 번째는 모의 연습을 하는 것이다. 당표는 이를 다음과 같이 설명했다.

"글씨 쓰기의 중점은 붓을 잡는 것에 있다. 붓을 잡는 요령은 손바닥을 온전히 비우고 손가락이 자유롭게 움직이게 하는 데 있다. 아이가 처음 글쓰기를 배울 때는 선생의 운필을 따라 하게 한다. 먼저 아이들이 손 안에 아무것도 쥐지 않은 채 다섯 손가락을 모으게 한다. 그것을 펼치려고 할 것이나 손 모양을 유지한 채로 있게 한다. 모의연습을 하고자 하는 사람은 작고 가벼운 둥근 나무나 혹은 바늘로 작은 천을 닭 모양으로 둥글게 만들고, 아이들에게 손으로 잡게 한 후 선생이 운필을 지도하면 아이의 손가락과 손바닥만 겨우 움직이게 되어 시간이 지날수록 글자를 쉽게 쓸 수 있게 된다."

그는 글씨 쓰기의 관건은 '손바닥을 비우고 손가락을 자유롭게 움직이는 것'이라 생각했다. 그래서 때때로 붓 대신 작고 가벼운 둥근 나무나 천을 작게 뭉친 것을 손에 쥐고, 교사가 손을 받쳐준 상태에서 매끄럽게 글자를 쓰는 연습을 시켰다. 이렇게 교사가 손으로 아이의 손을 잡고 모의연습을 시키면 나중에 정확한 글씨 쓰기 습관을 기르는 데 매우 효과가 있다. 이 밖에도 처음에는 글씨를 크게, 나중에 작게 쓰며, 먼저 점선이 있는 격자에 쓰고, 후에 격자가 있는 곳에 쓰며, 다시 격자가 없는 곳에 쓰는 법 등이 있다.

(3) 읽기 교육법

'07 중국 고대의 독서법'에서 고대 중국의 독서법에 대해 비교적 자세하게 소개했다. '07 중국 고대의 독서법'에서 언급한 독서법은 주로 스스로 하는 학습법이었다. 그러나 아동기는 독립적으로 학습하기 어려운 시기이다. 그래서 고대 교육가들은 반드시 읽기 지도를 해야 한다고 보았다. 특히 몽학 교육에서 중요한 것은 아이들이 독서에 흥미를 갖도록 하는 것이라고 생각했다.

왕균은 이에 대해 이렇게 말했다.

"학생들은 사람이지, 돼지나 개가 아니다. 책을 읽게만 하고 설명하지 않으면 경을 읽듯 중얼거릴 뿐이니, 나무판을 씹는 것과 같다. 아둔한 사람과 따르기만 하는 사람은 그저 시키는 대로 할 뿐이고, 영민한 사람은 기꺼운 마음으로 하지 않는다. 사람은 모두 기쁨을 찾으려고 하니, 누가 힘든 것을 찾겠는가? 책을 읽는 것은 비록 장난치고 노는 것만큼 기쁘지는 않지만, 책 속에서 즐거움을 얻으며 책과 하나가 될 수 있다."

왕균은 또한 교사는 반드시 생동감 있는 모습의 묘사와 적절한 설명을 통해 아이들이 독서에 흥미를 느끼고 배우고자 하는 욕망을 갖도록 해야 하며, 이렇게 하면 아이들 스스로 책 읽는 즐거움과 묘미를 느낄 수 있게 된다고 주장했다.

읽기 교육의 구체적인 방법을 가장 체계적이고 상세하게 논술한 사람은 아마 최학고일 것이다. 그는 《유훈幼訓》에서 아이들에게 독서를 가르치는 구체적인 과정 및 방법을 순차적으로 서술했다. 이를 간단히 소개하고자 한다.

첫 번째는 책을 공경하는 태도를 길러주는 것이다.

"아이들이 성현들의 책을 읽을 때 공경할 줄 모르고 매일 더러운 먹물이 묻은 손가락으로 책을 훼손시켜 책이 본 모양을 알아볼 수 없을 정도로 상하는 것은 모두 스승의 불찰이라. 그러므로 나이가 많고 적음에 상관없이 학생들 모두가 책을 공경하도록 해야 한다. 아침에 일어나면 먼저 손을 씻고 앉게 한다. 평소에는 책에 손을 대지 않도록 주의시키고, 여름에는 더욱 경계시킨다. 책은 반드시 책상 끝에서 2치┼ 거리 안에 펴야 하며, 책장을 넘길 때는 오른손 엄지를 이용하고, 책의 옆쪽을 받치고 왼쪽 모서리를 들어 올려 검지로 넘기며, 손톱에 긁히거나 침이 묻지 않게 해야 한다."

이것은 아이들에게 책을 사랑하고 공경하는 습관을 길러주기 위함이다.

두 번째는 한 글자씩 짚는 것이다. 최학고는 다음과 같이 말했다.

"무릇 책을 읽을 때는 글자를 학생들이 하나하나 짚어가며 읽도록 한다."

이는 아이들이 글자 하나하나를 똑똑히 알도록 하기 위해서이다.

세 번째는 구절별로 읽는 것이다. 최학고는 이를 다음과 같이 설명했다.

"책에는 많은 글자와 구절이 있다. 한 글자, 하나의 구절이 모여 글이 된다. 글 안에는 수많은 구가 있지만 맥락에 따라 한 구절씩 끊어서 읽어야 한다. 그렇게 하면 뜻을 바르게 알 수 있다.”

이는 아이들에게 구절별로 끊어 읽는 법을 가르쳐서 글의 뜻을 파악할 수 있도록 하는 것이다.

네 번째는 책을 소리 내어 읽는 것이다. 최학고는 다음과 같이 주장했다.

“더하지도 빼지도 말고, 반복하지 말고, 억양을 높이지도 낮추지도 말며, 빠르거나 느리게 하지 말아야 한다. 제일 나쁜 것은 흥분하여 욕을 하거나 개구리 울음소리처럼 읽는 것이고, 흥이 나지 않게 귀뚜라미나 파리 울음소리처럼 읽는 것이다. 이와 같이 읽을 때는 반드시 크게 꾸짖어야 한다.”

다섯 번째는 정독하는 것이다. 다음은 최학고의 설명이다.

“다섯 수를 표준으로 삼고, 매일 각 수마다 20번씩 읽는다. 5일 동안 읽으면 100번이 되지 않는가? 그런 후에는 반드시 날을 정해 100번을 읽도록 한다. 이렇게 하면 곧 200번을 읽게 된다. 오늘 읽은 것을 내일과 모레 또 읽고, 이렇게 5일째에 이르면 마음속에서나 입에나 모두 익어 자연스러워진다. 생소할 때는 5일 동안 정독하고, 다 외웠을 경우에는 앞의 5일 것을 가져다가 읽는다. 이처럼 매 수를 10일씩 읽게 되니 어찌 책에 익숙해지지 않을 수 있겠는가?”

이는 일종의 연환連環 독서법이다. 즉 매일 읽는 양을 제한하고 당일 배운 것을 백번 읽고 이전에 배웠던 것을 20번 읽으며 매일매일 새롭게 나아가는 것이다. 에빙하우스Hermann Ebbinghaus의 망각곡선에서 보면, 이러한 독서법은 기억의 규칙과 일치한다.

여섯 번째는 책에서 읽은 부분을 검사하는 것이다. 최학고는 이에 대해 다음처럼 설명했다.

"다섯 수를 정하고 모자라는 부분이나 생소한 부분을 모두 검사한다. 만약 처음에 학생이 힘들어하면 적게는 두세 수를 익히게 하되 책 속에서 익숙하지 않은 부분을 시킨다. 만약 학생들이 많으면 선별해서 외우게 해도 된다. 스승이 힘이 들지라도 학생들이 모두 이해할 수 있도록 해야 한다."

이는 곧 아이들이 정독한 후에 검사를 해서 익숙하게 외웠는지 아닌지를 알아보는 것이다.

일곱 번째는 책을 정리하는 것이다.

"10일이 되었을 때, 10일간 읽은 문장과 책을 모으고 정리해서 오전 안으로 다 정리한 다음 오후에는 정독하게 한다. 20일이 되었을 때는 20일간의 책을 모두 모으고 정리하는데 이틀 동안 정리하고, 다음날 오전까지 정리를 마친 후 오후에는 책을 정독하게 한다. 한 달이 되었을 때는 한 달 동안의 책을 모으고 정리하게 하되 3일간 정리하고, 삼일 째 되는 날 오전에 정리를 마치게 한다. 한 절기가 지나면 한 절기의 책을 모으고 정리하되 5일 안에 해야 한다. 책 한권을 다 읽었으면, 전체적으로 한번 정리하고, 한해가 끝날 때에는 한해의 책들을 한번 정리해야 한다."

이는 학생들이 읽은 모든 책을 시간을 정해서 체계적으로 정리하도록 요구한 것이다

여덟 번째는 책을 암기해서 쓰는 것이다.

"생소한 책을 암기한 후 책을 덮고 암기한 내용을 쓰게 한다. 체가 바뀐 소자小字로 쓰지 않게 한다. 중복된 글자가 있어도 생략하고 겹치는 기호를 쓰면 안 되며, 반드시 연이어 두 글자를 써야 한다. 한 절의 글은 두 수로 나누어 읽고, 반드시 전 수의 반절을 같이 연이어서 쓰게 한다."

이는 책을 암기하여 쓰는 것에 대한 구체적인 요구사항이다.

아홉 번째는 예전에 배운 것도 함께 정리하는 것이다.

"공부할 것을 읽을 때는 반드시 정리를 겸하게 하며, 한 권이라도 빠뜨려서는 안 된다. 만약 《대학》을 다 읽고 《중용》 읽기를 시작하면, 《중용》은 생소한 책이 되며 《대학》은 익숙한 책이 된다. 읽으면서 정리하면 끝없이 반복하여 익숙하지 않은 책이 하나도 없게 된다."

이것은 아이들에게 수시로 과거에 배운 지식을 복습하도록 하는 것이다.

열 번째는 책을 외우는 것이다. 최학고는 책을 외울 때 다음과 같이 요구했다.

"스승과 학생은 입과 귀가 서로 하나가 되어 외우며, 학생이 유창하지 않은 부분이나 실수한 부분은 모두 지적하여 그냥 넘기지 말아야 한다."

열한 번째는 책을 설명하는 것이다.

"제자가 8, 9세일 때부터 지혜가 점점 자라는데, 이때는 매일 읽은 책을 한 구절씩 설명해 줘야 한다. 재능이 출중한 자는 한 번 설명하면 깨닫고, 영특하지 못한 자는 매일 설명하면 시간이 오래 걸리더라도 점점 깨닫게 된다."

이는 아이들이 교재를 더욱 잘 이해할 수 있도록 교사가 인내심을 갖고 제때에 책의 내용을 설명해줄 것을 요구하고 있다.

"제자들이 아무리 우둔할지라도 매일 좋은 말을 들으면 반드시 깨닫게 되고, 스스로 더 알고자 하며 기꺼이 배우고자 할 것이다."

(4) 글짓기 교육법

글짓기 교육은 작문 교육이라고도 하며, 아이들의 교육에서 매우 중요한 부분을 차지한다. 왕균의 《교동자법敎童子法》과 최학고의 《소학少學》은 이 부분에 관해 매우 상세하게 설명했다. 이를 종합하여 정리해 보면 아래와 같은 요점을 추려낼 수 있다.

첫째, 적절한 작문 지도를 통해 학생들이 주제를 깊이 이해하도록 돕는다. 최학고는 다음과 같이 말했다.

"학생들에게 작문을 가르칠 때, 반드시 먼저 책의 목적을 분명하게 설명한다. 매번 글짓기 주제를 제시할 때는 먼저 전체 문장의 본래의 뜻과 한 구절, 처음부터 끝 부분까지 어떤 것을 중시하고 어떤 것을 가벼이 여겨도 되는지 분명하게 설명해서 숙지하도록 한다."

무엇보다도 먼저 학생들이 글의 주제를 바르게 이해해야만 비로소 작문의 구체적인 순서와 제목을 정할 수 있다.

둘째, 학생 스스로 글의 주제를 선택해서 자기가 익숙한 생활에 대한 글을 쓰게 하는 것이다. 이에 대해 왕균은 다음과 같은 예를 들었다.

"나는 허자정태사何子貞太史가 조카에게 시를 짓게 하는 모습을 보았다. 제목을 모두 스스로 선택하게 했다. 즉 지금 자신이 처한 일들 중 하나를 골라 제목을 삼는 방법이었다.”

아이들이 스스로 주제를 선택하게 되면 그들이 말하고자 하는 것을 글로 표현할 수 있기 때문에 흥취가 가득한 문장을 쓸 수 있다. 이는 또한 아이들이 작문에 대한 흥미를 유발하는 데 어느 정도 도움이 된다.

셋째, 학생들을 구속하지 않는 것이다. 먼저 자유롭게 해주고 나중에 관여해야 한다. 왕균은 다음과 같이 말했다.

“시문을 지을 때에는 반드시 자유롭게 해야 한다. 자유로운 야생마처럼 발로 힘차게 뛰고 힘차게 외치며 구속받지 않다가 오래 지나면 반드시 스스로 싫증을 느끼고 구속을 받아들이게 된다. 이때에 규칙을 제시하면 기뻐하며 순종하고 따르게 된다.”

그는 아이들에게 작문 연습을 시킬 때는 먼저 대담하고 자유롭게 쓰게 하고, 생각을 활짝 열고 쓰게 하며, 어떠한 규칙에도 얽매이지 말게 해야 한다고 했다. 이처럼 자유로운 연습을 거치고 나서야 아이들에게 취할 것과 버릴 것을 구분할 수 있도록 지도하고, 구조를 생각하게 하며, 복잡한 것을 단순하게 만드는 법을 가르쳐 작문의 수준을 높여야 한다. 왕균은 또한 다음과 같은 예를 들어 설득력을 높였다.

“왕목주王木舟 선생이 14세에 입학했을 때 쓴 글은 1,000여 자였고, 18세에 고향에서 4등을 했을 때에는 글이 700자였으며, 40세에는 600여 자에 미치지 못했다. 이것으로 볼 때 자유로움이 다하면 반드시 구속을 받아들이게 된다는 사실을 알 수 있다.”

넷째, 작문을 교정할 때는 격려와 칭찬을 위주로 해야 한다. 고대 교육가들은 처음 작문을 배우는 사람의 문장을 교정할 때에는 지나치게 삭제하거나 고쳐서 글을 쓰고자 하는 적극성에 타격을 주지 않도록 주의해야 한다고 주장했다. 왕균은 다음과 같이 말했다.

"자유로움을 위주로 해야 하며 이것이 많으면 많을수록 좋다. 그러나 허자虛字의 활용이 매끄럽지 못하면 그것을 조금 쉽게 조금 바꾸고, 자연스럽게 고쳐주는 것을 위주로 해야 한다."

장행간도 다음과 같이 말했다.

"수정이 너무 많으면, 작문하고자 하는 흥미를 막게 된다. 또한 강한 사람은 분노하게 되고, 약한 사람은 안정감이 무너지게 되니, 이는 높은 누각처럼 크게 속박하게 되며, 더 깊은 사고를 할 수 없게 만든다. 혼자서 고민하며 상대와의 사이를 가로막는 벽이 생기고 스승과 제자의 뜻이 서로 잘 맞지 않아 함께 하지 못하게 된다."

격려와 칭찬을 위주로 하지 않으면, 학생의 작문에 대한 흥미에 부정적인 영향을 줄 뿐만 아니라 작문에 대한 자신감마저 잃게 할 수 있으며, 심지어 스승과 제자의 관계도 그르칠 수 있다.

다섯째, 학생들의 작문 연습 과정에서 종종 나타나는 고원 현상高原現象을 극복하도록 돕는 것이다. 왕균은 다음과 같이 말했다.

"제자가 아이 티를 벗을 때, 그 글이 변하면 아름답지 않더라도 꾸짖지 말아야 한다. 글이 바로 잡히도록 도와주고 스스로 바뀌기까지 기다려 주면 마침내 그의 문장력은 크게 향상될 수 있다. 예를 들면 누에가 그렇다. 처음은 알에 불과하나 점점 머리와 몸이 생기고 움직이게 되는데, 이때는 알보다 낫다. 누에고치가 허물을 벗을 때는 누에만 못하지만 서서히 변화의 과정을 거쳐 나방이 된다. 작문이 새롭게 바뀌지 않는다면, 최후에 그는 인재로 쓰일 수 없게 된다. 그러니 여러 번 변화되어야 반드시 발전할 수 있다. 만약 변화에 무딘 스승을 만나 변화를 저지 받는다면, 이는 곧 슬퍼해야 할 일이다.”

왕균이 제시한 것은 작문 연습 중에 물결처럼 앞으로 나아가는 규칙이다. 연습의 효과가 일정시간 동안 동일한 수준에 머물러 있고, 향상되지도, 후퇴하지도, 상승하지도 않는 때가 있다(하강하는 경우도 있다). 이것이 바로 작문의 고원현상高原現象이다. 학생들에게 ‘글은 변했으나 아름답지 않은 고원현상’이 나타나면, 교사는 그것을 꾸짖지 말고 바로잡을 수 있도록 지도하며, 학생 스스로 변화될 수 있도록 기다려주면 마침내 작문 실력이 크게 향상될 수 있다.

여섯째, 학생들에게 좋은 글을 많이 읽고 마음속에 새기도록 하여 작문에 유용한 글귀와 소재를 축적하도록 지도하는 것이다. 최학고는 다음과 같이 말했다.

“많이 선별하고 많이 읽게 하라. 만약 하루에 수천 마디를 읽고 그때마다 그것을 마음속에 새기면 어찌 글이 풍부하지 않을 수 있으며, 글짓기가 어렵겠는가? 첫째는 책을 보는 것이요, 또 하나는 깨닫는 것이다.”

엄선된 좋은 책을 소리 내서 읽고, 그중 훌륭한 내용을 익숙해질 정도로 익히고 기억하면, 시간이 지남에 따라 자연히 글귀가 풍부해지고 자유롭게 쓸 수 있게 된다는 뜻이다.

일곱째, 작문의 구체적인 순서를 전수하는 것이다. 고대 작문 교육의 근본적인 목적은 차후의 응용에 있었는데, 대부분 과거 응시에 대비한 것이었다. 과거시험의 대부분은 모두 오래된 고정 격식이 있었기 때문에 학생들이 처음 공부를 시작할 때 교사들은 마땅히 이러한 구체적인 내용에 주의를 기울여야 했다. 최학고는 팔법八法(파승破承, 기강起講, 입제入題, 기고起股, 허고虛股, 중고中股, 후고後股와 속어결구束語結句)과 오요五要(목적어, 주어, 허사, 실사가 분리되고 합하는 이치, 문맥, 순서, 전환, 창조를 알아야 함), 사십자결四十字訣 및 '공문서의 변화' 등에 대해 상세하게 서술했다. 이런 내용들은 비록 자질구레하고 낡은 것들이지만, 구체적인 지도 역할을 한다.

중국 주영신 교육문집 2

근원과 찬란 –중국 고대 교육사상사

초판 1쇄 발행일 | 2009년 12월 28일

저자 | 주영신
역자 | 최영준
펴낸이 | 박영희
표지 | 강지영
편집 | 이선희, 최인애, 김성심, 김정자, 조용숙
교정·교열 | 이은혜
책임편집 | 강지영
펴낸곳 | 도서출판 어문학사
　　　　132-891 서울특별시 도봉구 쌍문동 525-13
　　　　전화: 02-998-0094 / 팩스: 02-998-2268
　　　　홈페이지: www.amhbook.com
　　　　e-mail: am@amhbook.com
　　　　등록: 2004년 4월 6일 제7-276호

인지는 저자와의 합의하에 생략함

ISBN 978-89-6184-083-5 94370
　　　　978-89-6184-081-1 (set)

정가 | 30,000원

※ 잘못 만들어진 책은 교환해 드립니다.